KB008916

정상은 없다

정상은 없다

NOBODY'S NORMAL by Roy Richard Grinker

Copyright © 2021 Roy Richard Grinker

Korean translation rights arranged with Anne Edelstein Literary Agency LLC, c/o Ayesha
Pande Literary, New York through Danny Hong Agency, Seoul.

이 책의 한국어판 저작권은 대니홍 에이전시를 통해 저작권사와 독점 계약한 메멘토에 있습니다.
저작권법에 따라 한국 내에서 보호받는 저작물이므로 무단 전재와 복제를 금합니다.

로이 리처드 그린커

정해영 옮김

정상은 없다

문화는 어떻게 비정상의 낙인을 만들어내는가

메멘토

차례

3부   육체와 정신

베들럼에서 나오는 길

정상인이라는 개념은 사실 좋은 사람이라는 개념의 변형이다.
즉, 그것은 사회가 좋다고 보는 개념이다.
—루스 베네딕트, 1934

내가 여섯 살 때 할아버지가 최신 출판물 한 부를 주셨다. 경계성 인격장애를 진단하는 법에 관한 책이었다. 할아버지는 책에 이렇게 쓰셨다. "계속 이어 갈 내 손자에게." 내가 문장을 온전히 읽을 줄 몰랐기 때문에, 할아버지가 그 뜻을 말해 주셨다. 나도 할아버지처럼 정신과 의사가 될 거라는, 그런 커 집안에서 4대째 대를 잇는 정신과 의사가 될 거라는 뜻이었다.

나는 정신과 의사가 아니다.

우리 가족은 물론 깊이 실망했지만, 나는 정신과 의사와 결혼하고 정신보건을 연구하는 인류학자가 되어 그 실망을 어느 정도 만회했다. 그리고 이 책이 정신의학과 우리 집안에 관한 이야기인 만큼,

나는 우리 집안의 유산을 '계속 이어 가는' 셈이다. 이 책에는 19세기 후반에 신경학자이자 정신과 의사로 활동했고 정신병이 있는 사람이 생물학적으로 열등하다고 믿은 증조할아버지 줄리어스부터 사하라 이남 아프리카와 동아시아의 자폐증에 관한 연구를 통해 그 고루한 관점을 거부한 나 자신에 이르기까지 4대에 걸쳐 우리 가족의 일과 삶이 곳곳에 스며 있다.

이 책은 전 세계의 많은 사회가 몇 세기 동안 정신 질환에 그늘을 드리웠던 낙인에 도전하고 있는 오늘날로 우리를 데려온 많은 문화적, 역사적 맥락을 연대순으로 기록한다. 비록 말로 표현하지는 않아도 내가 만난 사람들은 대부분, 심지어 적절한 의료 체계를 갖추지 못한 저소득 국가에서도 뭔가 긍정적인 일이 일어나고 있다고 느낀다. 미국에서 정신 질환을 가진 사람들의 60퍼센트가 여전히 정신건강 관리를 받지 않고 있지만,[1] 정신 질환은 우리 삶에서 예전보다 인정받으며 가시적인 부분이 되었다. 우리는 정신 질환이 생각보다 흔한 상태라는 것 그리고 정신 질환이 개인적으로든 다른 사람과 맺는 관계 때문이든 우리 모두에게 영향을 미친다는 것을 인정하고 있다. 사실 정신 질환과 전혀 관련 없는 사람이 있다고 상상하는 건 불가능하다. 21세기에는 레이디 가가와 수영 선수 마이클 펠프스처럼 우리가 찬양하는 많은 사람이 자신의 정신적 몸부림에 대해 공공연하게 이야기하고, 새천년 세대는 부모 세대에 비해 정신과 진단을 받은 사실을 공개하고 치료받으려는 의지가 있다. 내 딸 이저벨처럼 자폐증이 있는 많은 사람이 몇십 년 전만 해도 수치의 징표로 여기던 다양한 차이를 찬미하기까지 한다.

　마치 서로의 다름과 차이가 대수냐는 듯한 이런 전개는 우리가 낙인에 굴복할 필요가 없다는 것을 보여 준다. 낙인은 우리의 생물학이 아니라 문화 속에 있다. 그것은 사회에서 학습되는 과정이고, 우리는 우리가 가르치는 내용을 바꿀 수 있다. 그러나 우선 낙인의 역사를 알아야 애초에 그것을 만들어 낸 사회적 힘을 겨냥하고 낙인을 줄이는 사회적 힘을 강화할 수 있으며, 치료를 가로막는 많은 장벽을 향해 "이제 그만!"이라고 말할 수 있다.

　　　　　　　　　로이 그린커라는 이름이 나와 같은 우리 할아버지는 다행히 증조할아버지의 불쾌한 관점을 나눠 갖지 않았고, 정신과 의사로 일하면서 상당한 시간 동안 낙인을 지우려고 노력했다. 운 좋게도 할아버지 댁 건넛집에서 자란 나는, 빈에서 지그문트 프로이트의 환자로 보낸 시간을 가끔 회상한 할아버지가 얼마나 자주 프로이트의 소망에 대해 말했는지를 기억한다. 그중 하나는 의사가 사람들을 비참에서 구해, 완벽한 삶은 아니라도 평범한 불행으로 이끌 수 있으면 좋겠다는 것이었다. 다른 하나는 정신적 고통이 보편적인 상태임을 입증하는 것이었다. 어쩌면 프로이트는, 우리 모두가 신경증 환자라는 사실을 이해한다면 치료받는 것을 수치스럽게 느끼지 않을 수 있다고 말한 것이리라. 심지어 어떤 정신적 문제는 흔한 감기처럼 누구나 때때로 걸리는 병으로 여겨질 수 있다. 그럼 더 많은 학생이 정신과를 전공과목으로 선택하고 싶어 할 것이다.

나는 모두에게 정신 질환이 조금은 있고 정신적 고통은 정상적 삶의 일부이며 모든 질병의 위계 안에 정신 질환이 존재한다고 믿는 집안에서 자랐다. 예를 들어, 불안증이 감기보다는 더 심각하고 암보다는 덜 심각해도 여전히 평범한 사람들이 평생 직면하는 질병의 범위에 있다고 보았다. 그렇다고 내가 정신 질환의 낙인에 대해 무지하지는 않았다. 우리 집 밖에서는 대부분의 사람들이 정신 질환에 대해 수군대고 숨죽여 말했기 때문이다. 그러나 사람들은 암이나 치매, 성병에 대해서도 수군대고 숨죽여 말했다. 정신 질환에 대한 낙인과 육체적 질환에 대한 낙인의 차이를 알아내기까지는 상당한 시간이 걸렸다.

그 깨달음은 내가 열일곱 살 때 찾아왔다. 할아버지가 정신병원에서 청소와 서류 정리를 하는 아르바이트 자리를 내게 마련해 주셨을 때다. 어느 날 수척한 모습의 같은 반 여학생과 우연히 마주쳤다. 그 애는 환자였고, 내가 그 애를 본 것만으로 소동이 벌어졌다. 교장 선생님, 그 애의 부모님, 우리 부모님과 할아버지, 그 애의 담당 의사, 내 아르바이트 선임 등 많은 사람한테 그 애가 입원했다는 걸 비밀로 하라는 경고를 하도 들어서 마치 내가 범죄자라도 된 듯한 기분이었다. 그 애가 자기 상태와 주변에서 일어난 소동을 동시에 상대하며 얼마나 불편했을지, 나로서는 그저 상상만 할 수 있을 따름이다.

나는 그때 우리 사회가 정신병을 얼마나 무섭고 부끄러운 것으로 여기는지를 깨달았다. 그것은 첫째, 질병 자체와 둘째, 사회의 부정적 판단이 결합된 이중 질병이었다.

해마다 미국 성인 중 20퍼센트 정도에 해당하는 6000만 명 이상이 정신 질환의 기준에 부합한다.[2] 이들의 질환은 대부분 가볍고 단기적이며 제한적이다. 그러나 심각한 결과를 낳는 경우도 있다. 가장 치명적일 수 있는 거식증의 사망률이 어떤 면에서는 10퍼센트 가까이 된다.[3] 정신 질환과 거의 항상 연관된 자살은 미국 10대의 세 번째 사망 원인이고, 사망자의 대부분은 정신건강 관리를 받아 보지 못했다. 2013년에 미국 질병통제예방센터가 전국의 고등학생을 대상으로 한 설문 조사에서 학생들 가운데 13퍼센트 이상이 자살을 계획한 적이 있으며 17퍼센트는 '자살을 진지하게 생각했다'고 답했다.[4] 그러나 많은 학생이 가족에게 말하는 것을 부끄럽게 여겼다. 정신 질환은 해마다 전 세계의 질병 부담 가운데 적어도 12퍼센트를 차지하며 남수단, 소말리아, 우간다 같은 저소득 국가에서는 심각한 정신 질환과 지적 장애가 있는 사람들이 마을에서 감금되거나 학대받으며 살 수밖에 없는 경우가 많다.[5]

왜 더 많은 사람이 치료받으려고 하지 않을까? 사실 치료에 대한 많은 장벽이 질환 자체에 내재한다. 예를 들어, 우울증이 심각한 사람은 병원에 가려는 의지 자체가 없거나 자신은 우울한 게 당연하다고 믿을 수 있다. 또 거식증이 있는 사람은 극도의 체중 감소를 반길 수 있기 때문에 치료받고 싶지 않을 것이다. 그러나 대부분의 경우,

사회적 낙인이 가장 큰 문제라고 전문가들은 말한다. 미국 보건복지부에 따르면, 낙인은 여전히 '정신 질환 및 보건 분야의 진보에 가장 무서운 장벽'이다.[6] 국립정신건강연구소NIMH의 소장을 맡은 바 있는 스티븐 하이먼은 낙인을 국제적인 '공중보건 위기'라고 불렀다.

그런데 '낙인'이 정확히 뭘까? 심지어 학술 문헌에서도 낙인은 각기 다른 두려움과 편견과 수치심을 종종 무정형의 한 단어로 응집하는 기본 개념이 되었다. 학자들은 에이즈와 알츠하이머병과 조현병('정신분열병' 또는 '정신분열증'으로 불렸으나 '분열'이라는 비가역적인 단어에서 오는 부정적 인식과 편견을 없애고자 2011년 약사법 개정을 통해 조율되지 않은 현악기의 불협화음 같은 상태를 나타내는 '조현병'으로 바뀌었다.—옮긴이)만큼 다른 질병, 나미비아 시골과 시카고 도심만큼 다른 장소, 수렵채집인과 대학생만큼 다른 집단 들의 낙인에 대해 말한다. 그러나 아주 일반적인 차원에서 그들은 하나같이 사회의 규범과 다른 방식으로 생각하거나 행동하는 사람이 소외되고 혐오의 대상이 되는 과정을 말한다. '낙인'을 뜻하는 스티그마stigma라는 단어는 날카로운 도구로 몸에 낸 표시를 뜻하는 고대 그리스어에서 왔으며, 그 복수형 스티그마타Stigmata는 십자가에 못 박힌 그리스도의 상처와 오랫동안 연관되었다. 그러나 우리 시대에 낙인은 뭔가 다른 의미를 품게 되었다. 정신 질환의 낙인은 당신의 정신적 상태가 당신의 정체성을 규정할 때, 사람들이 당신을 결함 있고 무능하다고 여길 때, 당신이 사람들의 눈에 보이지 않을 때 또는 사람들이 당신의 고통을 보면서 그것이 당신 탓이라고 생각할 때 나타난다. 그것은 사회가 인간의 차이에 특정한 빛을 비출 때 생기는, 누군가의 원치 않는 그림자다.

1963년에 사회학자 어빙 고프먼은 지배 질서에 따르는 것을 미덕으로 여기는 사회에서는 모든 사람이 삶의 어느 시점에 낙인의 고통을 경험한다고 말했다. 그리고 그가 글을 쓰고 있던 비교적 너그럽지 못한 사회적 상황에서는 '젊고 결혼해서 자녀를 두고 도시에 살며 북부 출신으로 백인 이성애자 개신교도이며 대학 교육을 받고 정규직에 종사하고 (피부색, 키, 몸무게를 포함해) 신체 조건이 좋고 최근 운동을 한 이력이 있는 남성'을 제외하면 누구나 낙인의 영향을 받을 것이라고 말했다.[7] (여성을 포함해!) 다른 모든 이는 잠재적 차별과 편견에 취약하다. 물론 세상 어디에나 어떤 형태로든 낙인이 존재하지만, 낙인의 대상은 시간과 장소에 따라 다르다. 사실상 피부색, 종교, 빈곤, 성별, 질환, 정신장애, 기형, 강간 피해, 혼외 출산, 심지어 이혼에 이르기까지 무엇이든 불명예스러운 정체성으로 이어질 수 있다. 분명 예나 지금이나 정신 질환은 사람들이 수치스럽게 여기며 숨긴다. 정신 질환을 숨길 수 없을 때는 주위의 숙덕거림을 통해 낙인을 경험하거나 따돌림과 괴롭힘, 공격 그리고 일자리나 주거지를 비롯한 많은 기회의 박탈을 통해 낙인의 위력을 느낀다.

그러나 우리가 정신적 고통을 악화시키는 수치심과 비밀주의를 줄이며 관리와 치료를 가로막는 장벽을 부수는 중이라는 증거가 있다. 예를 들어, 외상 후 스트레스 장애PTSD의 치료를 받으려는 것은 점점 더 약점이 아닌 강점과 탄력성의 증거로 여겨지고 있다.[8] 어린 시절에 시작되는 상태에 대한 인식의 증대가 조기 개입 프로그램과 학교의 지원으로 이어졌다. 미국 교육부에 따르면, 현재 미국 공립학교에 다니는 전체 어린이 가운데 13퍼센트가 일종의 특수교육을 받고 있다. 그리고 정신적·육체적 장애가 있는 사람들이, 18세나 21세부터는 성인이며 독립적으로 생활해야 한다는 기대와 같은 기존 규범과 발전 단계를 거부하기 시작했다. 동성애나 트랜스젠더 또는 젠더플루이드(남성이나 여성뿐만 아니라 다양한 젠더를 유동적으로 넘나드는 성 정체성.—옮긴이)가 병의 징후가 아니라 개인적, 사회적, 정치적 정체성이 되고 있다. 내 딸 이저벨이 '자폐증'이라는 단어를 자기 재능, 예컨대 복잡한 그림 퍼즐을 위아래를 뒤집은 채 맞추는 신묘한 능력을 묘사하는 데 쓸 때 나는 가끔 증조할아버지가 이저벨을 어떻게 생각했을지 궁금해진다.

오늘날 유명인들은 자신의 정신 질환을 인정한다. 운동선수들은 이제 큰 경기에서 우승한 뒤 심리치료사에게 감사를 보낸다. 2017년 코미디언 데이비드 레터맨이 케네디센터에서 주는 마크 트웨인 유머상을 받았을 때, 그의 정신과 의사가 무대에 함께 올랐다. 가수 브루스 스프링스틴은 자신이 받은 우울증 치료에 대해 그리고 과거에 자기 아버지의 정신 질환이 제대로 논의되고 진단되지 않은 이유에 대해 말하고 글도 쓴다. 우리는 프란치스코 교황이 한때 아르헨티나에서 정신분석가에게 치료받은 사실도 안다. 힙합, 특히 '이모 랩Emo Rap'이라는 새로운 장르의 뮤지션들은 이제 아프리카계 미국인 공동체에서 오랫동안 침묵하던 정신 질환과 트라우마, 자살 같은 주제에

대해 이야기한다.[9]

요즘은 영화와 TV 프로그램도 정신 질환을 조명한다. 예를 들어, 그 의미가 계속 변하고 있는 '자폐 스펙트럼 장애ASD'를 생각해 보자. 자폐증은 이제 수치심의 원천이 아니고, 경우에 따라 다소 좋은 의미까지 갖게 되었다. 자폐증 캐릭터가 아동물뿐 아니라 성인물에도 흔히 등장한다. 〈세서미 스트리트〉와 〈파워 레인저〉의 자폐증 캐릭터가 있고, 〈빅뱅 이론〉·〈실리콘밸리〉·〈커뮤니티〉·〈굿 닥터〉 같은 TV 프로그램에 자폐 성향이 분명한 주인공이 등장한다. 여러 상을 받은 소설을 바탕으로 한 연극 〈한밤중에 개에게 일어난 의문의 사건〉의 주인공도 자폐증이 있다.

우리가 새천년 세대에게 귀를 기울이기만 하면 지금 일어나는 변화를 감지할 수 있다. 내 수업에 참여하는 학생들 중 한 명은 고등학생 때 주의력결핍 과잉행동장애ADHD 치료를 받으려고 애쓴 경험에 대해 이야기했다. 그 학생의 아버지가 '너는 ADHD가 아니고, 좋은 성적을 낼 만큼 열심히 공부하지 않았을 뿐'이라고 말했다는 것이다. 그녀는 병원에 가 보겠다고 애원했지만, 결국 대학생이 된 뒤 자신이 직접 나설 수 있을 때까지 기다려야 했다. 그녀가 수업 시간에 이렇게 말했다. "ADHD로 진단받은 날이 신입생 시절 중 최고의 날이었어요. 왜냐하면 사람들이 내가 멍청하거나 게으르지 않고, 더 나은 성과를 위해 치료가 필요할 뿐이라는 사실을 분명히 알게 되었기 때문이죠."[10] 또 다른 학생은 "나는 정상인normal people이 싫어요."라고 찍힌 티셔츠를 입었다. 신경다양성 운동을 지지한다는 뜻이었다. 이것은 특히 자폐증을 규정하는 신경학적, 인지적 차이와 '결핍'이 인간의 다양성상 보편적 측면이라고 주장하는 운동이다. 이런 관점에서는, 사람들의 다름이 질병이나 장애가 되는 경우는 대개 사회가 그렇게 만들 때뿐이다. 계단을 대신하는 경사로나 승강기가 없을 때만 휠체어 사용자가 '장애인'이 되는 것과 마찬가지다. 신경다양성 운동에서 나온, 정상을 가리키는 단어 '신경전형인'이 말 그대로 '정상'을 뜻하지는 않는다. 비판적인 의미에서 이것은 정상에 대한 사회의 정의에 부합하는 사람을 가리킨다.

최근에 내가 학생들에게 이런 유병률 추정치를 들려주었다. 미국 어린이 중 8~9퍼센트 정도는 ADHD 증상이 있다. 몇몇 주에서는 자폐증 유병률이 2퍼센트다. 8~10퍼센트는 불안장애가 있다. 성인 가운데 1퍼센트 정도는 조현병을 앓고 있다. 2.5퍼센트가 넘는 성인에게 조울증이 있다. 18~25세 성인의 우울증 유병률이 약 11퍼센트다. 한 학생이 농담으로 물었다. "그럼 이제 아무도 정상이 아닌가요?" 나는 그렇다고 대답했다. 애초에 누구도 정상이 아니다. 오랫동안 우리는 사회에 누구를 받아들이고 누구를 거부하는지 결정하기 위해 '정상'이라는 개념을 썼으며, 이제 정상이라는 것이 유해한 허구임을 깨달을 때다. 학생들은 낙인이 줄어든 것이 우리가 이제 신경다양성을 포함한 다양성을 동일성보다 중시하기 때문이고, '자기 삶에 전보다 개방적이기 때문'이라고 말하곤 한다. 그러나 왜 더 개방적인지를 물으면, '낙인이 줄어들었기 때문'이라고 대답한다. 이런 순환적 사고는 우리가 지금 보고 있는 변화를 여전히 설명할 수 없다는 사실을 드러낸다.

사실 오랜 시간에 걸쳐 낙인을 형성하는 역사적, 문화적 힘들을 근본부터 깊이 탐구한 학자들이 많지 않다.[11] 낙인이 이미 항상 존재한다는 가정하에 연민을 품고 낙인 연구에 매진한 많은 연구자가 과거보다는 현재에 집중했다. 꼬리표와 고정관념이 어떻게 사람을 소외하는지, 정신 질환을 가진 사람들이 어떻게 위상을 잃고 차별당하는지, 그리고 사람들이 필요에 따라 자신의 정신적 문제를 비밀로 하거나 사회적 교류를 피하고 스스로를 고립시키는 방식으로 정상이라고 여겨지는 것에 가급적 동화되고 낙인이 따라붙는 속성을 은폐하는 식으로 자신의 차이를 관리하는 방식에 연구의 초점을 맞춘 것이다. 그러나 우리는 특정한 낙인이 왜 발생했으며 어떤 힘이 그것을 지탱하는지에 대해서는 많이 알지 못한다.[12] 예컨대 어째서 한 사회는 동성애를 정신이상의 한 형태로 보는 반면, 다른 사회는 그것을 범죄로 보고, 또 다른 사회는 그것을 인간 발달의 정상적인 부분으로 보는가? 어째서 한 전쟁에서는 트라우마가 군인들의 나약함과 여성성을 의미하는 반면, 다른 전쟁에서는 애국심을 의미하는가? 유럽과 북미의 산업화된 현대사회는 정신 질환과 관련된 낙인의 역사에서 무엇을 배울 수 있는가? 이런 지식을 어떻게 이용하면 낙인이 따라붙는 질환이 있는 사람들의 치료와 관리를 개선할 수 있는가? 그래서 우리가 어떻게 역사적 배경이 다른 사회의 사람들이 겪는 고통을 줄이는 데 도움을 줄 수 있는가?

이런 질문에 대한 답은 기초과학에서 찾기 어렵다. 우리는 정신 질환을 현미경으로 보거나 실험실에서 시험할 수 없으며 앞으로도 결코 그럴 수 없을 것이다. 그것은 유전자, 아동기, 재산, 가난, 교우관계, 교육 등 우리 상상보다 많은 원인에 따라 만들어지는 경험이다. 그러나 미국 국립정신건강연구소의 전 소장을 비롯한 정신보건 전문가들은 우리가 정신 질환의 정확한 생물학적 원인을 발견하고 더 효과적인 치료법을 개발해 낙인을 줄일 수 있는 날이 올 거라고 본다. 미국 국립보건원 프랜시스 콜린스 원장은 자신이 국립인간유전체연구소 소장으로 있던 때를 떠올리며 '상세한 분자 특성 정의를 토대로 인간의 모든 질환을 이해하고 가능하면 재분류하기 위해 노력을 집중할 때가 되었다'고 말한다.[13] 이런 관점에서 정신 질환은 유전적 돌연변이와 신경계 질병의 산물, 다시 말해 자아 또는 사회의 병이 아닌, 뇌의 병일 것이다.

우리는 마침내 특정 정신 질환의 원인을 발견하고, 그에 따라 낙인을 줄일 가능성을 배제해서는 안 된다. 우리가 HIV/에이즈와 그것의 전파에 대해 더 많이 알게 되고 치명적 질환을 만성질환으로 바꿀 만큼 효과적인 치료법을 개발하면서 에이즈에 대한 공포와 은폐가 줄어들기 시작했다. 종양학에서 화학요법과 면역요법의 성공을 고려하면, 많은 암도 마찬가지다. 20여 년 전까지도 암이 비밀스러운 질환이었고 사망 기사에 단순히 '장기적인 질환 후 사망'이라고 적혔지만, 요즘은 암으로 사망하는 사람들에 대한 기사가 의도적으로 모호하게 쓰이지 않는다. 그러나 뇌의 복잡성을 고려할 때, 정신의학은 아직 그 정도의 언저리에도 미치지 못했다. 몇 십 년 동안 진정 새롭다고 할 만한 정신의학 치료제는 개발되지 않았으며, 의사들이 기존 의약품에 대해 주장할 수 있는 개선은 기껏해야 점진적인 수준에 그친다.

대부분의 정신 질환을 일으키는 원인에 대해 과학자들이 아는 것이 극히 적은 데다 정신 질환은 알려진 원인이 **없다**. 어찌 보면 당연하다. 정신 질환은 한 사람의 삶 속 고통이나 장애와 관련된 행동양식이다. 1980년부터 여러 차례 출판된『정신 질환의 진단 및 통계 편람DSM』이 다루는 수백 가지 정신 질환 중 원인을 언급하는 것은 (트라우마에 따른 외상 후 장애, 사랑하는 사람을 잃은 뒤에 겪는 사별 장애 또는 아동기의 비정상적 보살핌에 따른 반응성 애착장애 등) 몇 가지에 그친다. 그리고 (MECP2라는 유전자의 돌연변이가 일으키는 레트 장애처럼) 구체적인 원인이 식별되면, 해당 장애는 DSM에서 빠지고 유전학과 신경학 영역에 배치된다. 미국정신의학협회APA는 실제로 의사들에게 어떤 증상이 '비정신적인 질병'이나 '어떤 물질의 직접적인 생리 작용'에 따라 생길 가능성을 배제한 뒤에야 정신 질환 진단을 내리라고 말한다.

여기서 나는 암이나 에이즈와 달리 신경학적 또는 정신적 장애에 대한 낙인은 생물학적 설명으로 줄어든다는 증거가 없다는 점을 지적해야겠다. 발작 증상이 있는 뇌전증만 해도 그 생물학적 기반과 생리학, 유용한 치료법의 존재에 대한 인식이 널리 퍼져 있지만 아시아와 중앙아메리카, 사하라 사막 이남 아프리카 같은 지역에서 여전히 아주 큰 낙인이 따라붙는 상태 중 하나다.[14] 질환의 원인과 치료법을 찾는 것이, 특히 정신 질환의 경우, 반드시 낙인을 없애 준다는 보장은 없다. 우리가 나중에 보겠지만, 전기경련요법처럼 효과적이고 안전한 뇌 관련 치료법에 대해서도 사람들이 적대감까지는 아니라도 여전히 두려워하거나 쉬쉬하는 반응을 보인다. 사실 인간의 다양성에 대한 생물학적 모델이 간혹 이로움보다 해로움을 가져오기도 한다.

내 전공인 문화인류학은 인류를 생물학 용어로 정의하려는 유럽의 초기 진화론적 시도에 대한 반발로 탄생했다. 19세기 사상가들이 과학이라는 무기를 이용해 처음에는 자연법칙이 전 세계의 모든 사람을 지배한다고 주장하더니 나중에는 비서양 사회의 다양한 사람들이 자연적으로, 다시 말해 선천적으로 유럽인들과 다르며 따라서 선천적으로 열등하다고 주장했다. 또한 같은 근거로, 가난하거나 정신 질환이 있거나 발달장애가 있는 유럽인들도 선천적으로 열등하다고 믿었다. 인류학은 세계에 존재하는 놀랄 만큼 다양한 믿음과 관습을 조명함으로써 의사와 과학자, 정책 입안자 들이 한때 생물학적 주장으로 정당화한 (인종과 계급, 성별, '정신이상'의 제도화 같은) 배제의 메커니즘에 도전한다.[15] 문화는 그 자체가 많은 차별의 근거가 되는 선천적 차이에 대한 환상을 만들어 냈다. 진정 인간의 '본성'으로 여겨지는 뭔가가 있다면, 그것은 바로 문화를 통해 자연적 본성을 초월하는 고유한 능력일 것이다.

따라서 이 책은 진보의 역사에 관한 책이지만, 과학 지식 진보의 역사에 관한 책은 아니다. 지난 수 세기에 걸쳐 의학적 진보도 과학적 진보도 정신 질환의 낙인을 줄이지 못했다. 낙인은 문화사를 통해 설명할 수 있는, 인간이 만든 배척의 형식을 띤 사회적 과정이다. 정신 질환에 대한 우리의 판단은 다양한 시대와 장소에서 사람들이 생각하는 이상적인 사회, 이상적인 사람에 대한 정의에서 나온다. 낙인은 특히 자본주의와 개인주의, 개인의 책임에 대한 이데올로기 그리고 전쟁과 인종주의, 식민주의의 복잡한 유산처럼 뿌리 깊은 구조적 조건의 결과로 생겨나기도 하고 사라지기도 한다. 정신 질환에 대한 우리의 역동적인 개념은 더 폭넓은 문화적 변화의 물결에 휩쓸리며, 과학이나 의학이 정신 질환의 수치심을 줄여 주는 듯 보일 때도 사실은 문화의 종으로서 그렇게 하는 것이다.

　　　　　　　　　모든 역사와 마찬가지로, 정신 질환과 관련된 낙인의 역사는 한 방향으로만 진행되지 않는다. 우여곡절과 의도하지 않은 결과, 위대한 진보와 충격적인 퇴보가 있다. 미국에서 많은 소수자 공동체들이 정신보건 관리를 덜 받는데, 서비스에 대한 접근 기회의 부족뿐 아니라 정신장애를 가족의 비밀로 하는 문화적 경향과 의료기관에 대해 학습된 불신도 그 이유다. 회원들이 공동의 문제를 해결하고 알코올중독에서 벗어나는 것을 돕기 위한 알코올중독자들의 모임인 '익명의 알코올중독자들AA'은 여전히 익명으로 남아 있다. 그리고 '정신보건'이라는 단어 자체가 질병의 함의를 피하기 위해 고안되었다. 미국의 국립 연구소들이 (국립암 연구소, 국립알레르기·감염병연구소처럼) 해당 질환에서 온 이름이 붙은 반면, 정신 질환을 연구하는 주요 연방 기관에는 정신질환연구소 대신 국립정신건강연구소라는 이름이 붙었다. 대중매체에서 군인들이 PTSD에 대해 공개적으로 이야기하지만, 정신 질환이 나약함의 징표라는 지속적 믿음은 많은 현역 군인들이 도움을 구하기 어렵게 하는 장애물이다.[16] 사이언톨로지 교회는 로스앤젤레스 선셋 대로에 '정신의학: 죽음의 산업'이라는 이름의 무료 박물관을 운영함으로써 홀로코스트부터 9·11테러에 이르기까지 모든 사태에 대한 책임을 정신의학에 묻고 있다.

지속적인 낙인은 사람들이 도움을 구하지 못하게 한다. 미국에서 정신병의 발병부터 첫 치료까지 평균적으로 걸리는 시간이 74주나 된다.[17] 최근 인간의 차이를 수용하고 인정하는 분위기가 조성되었지만, 조현병과 약물 남용을 비롯한 많은 상태가 자기통제와 자율성이라는 근대적 이상을 위협하기 때문에 여전히 낙인과 두려움의 대상이다.

그러나 이 책에서 나는 상황이 얼마나 많이 개선되었는지를 보여 주고 싶다. 여러분을 1941년으로 데려갈 것이다. 당시 스물세 살이던 존 F. 케네디의 여동생 로즈메리가 보인 감정 기복과 반항적 기질을 치료하기 위해 그녀의 가족은 그녀에게 뇌엽 절제술을 받게 했는데, 이것이 심각하고 영구적인 뇌손상을 일으켰다. 여러분은 심리학의 역사에서 아주 유명한 에릭 에릭슨도 만날 것이다. 1944년에 그가 다운증후군을 안고 태어난 아들 닐을 보호시설에 보내고는 친구와 다른 자녀 들에게 아기가 사산되었다고 말했다. 다운증후군 아이가 있다는 사실이 자신의 명성에 해를 입힐까 봐 두려웠기 때문이다. 그리고 1949년에는 국방부 장관을 지낸 제임스 포레스털이 우울증 진단을 받는 수치심을 피하는 대가로 목숨을 잃었다. 즉각적이고 적절한 치료를 받지 못해 자살하고 만 것이다. 1960년대에 의사들은 자폐증을 형편없는 양육 탓으로 돌렸고, 따뜻하고 다정한 부모 세대를 냉담하고 가학적이라고 규정했으며 자폐아를 정신분석가 브루노 베텔하임이 '어머니의 검은 젖'이라고 표현한 것으로부터 분리하려고 보호시설에 보냈다.[18] 정신보건 관리의 든든한 옹호자인 배우 글렌 클로즈는 침묵이 자신의 여동생을 자살 직전까지 몰아갔다면서 '나는 정신 질환에 대한 어휘조차 없는 집안에서 자랐다'고 했다. 스티븐 힌쇼는 1960~1970년대에 아버지가 몇 달씩 집을 떠난 것을 몰랐다고 말했다. 그는 성인이 되어서야 아버지가 조울증 때문에 자주 입원한 사실을 알았다. "유년기와 청소년기에 나는 그 문제에 대해 한마디도 묻지 말아야 한다는 것을 직감적으로 알았다."고 그는 말했다.[19]

뒤에서 나는 정신 질환이 있는 사람들이 어떻게 비정상이라고 평가되고 소외당하며 차별당하고 실험 대상까지 되었는지, 그 역사를 추적할 것이다. 낙인과 질환은 물론 전혀 다른 개념이지만 유럽과 북미에서는 수백 년 동안 정신 질환이 낙인과 불가분적으로 엮여 왔고, 그래서 이 둘의 역사가 하나라고 말할 수 있다. 우리는 순응을 향한 행진이 처음 시작된 산업혁명기부터 많은 정신 질환과 다양한 존재 방식에 대한 낙인이 역사상 그 어느 때보다 줄어든 현재까지 차근차근 살펴볼 것이다. 정신 질환은 발명된 순간부터 낙인이 찍힌 근대적 현상이다.

이 책은 정신 질환에 대한 낙인의 역학을 이해하는 데 도움이 될 만한 몇 가지 역사적 양상을 연대순으로 다룬다. 그중 하나가 자본주의다. 자본주의 사회에서 일할 수 없다는 것은 본질적으로 근대성과 관련된 질병이며 정신 질환에 대한 낙인의 원천이 되었다. 낙인은 무지에서 나오는 게 아니라 정신 질환이 게으름의 증거, 다시 말해 이상을 이룰 수 없는 성격의 증거라는 개념에서 나온다. 여기서 이상이란, 자기 자신과 사회를 위해 생산하는 것을 뜻한다.[20] 정신 질환에 이름을 붙이고 낙인을 찍으려면 처음에는 그것을 실패한 노동자의 질환으로, 그다음에는 몸이 아닌 성격의 질환으로 정의해야 했다. 정신 질환이 인종이나 성별과 사회계급의 불가피한 결과물이 아닌, 개인과 개인의 책임에 뿌리를 둔 연구 대상으로 보여야 했다. 그것은 한 사람을 정의해야 했고, 단지 사회질서에 대한 적응력 부족을 나타내기보다는 인간성을 말살하는 지속적인 열등의 표시여야 했다.

이런 재정의 가운데 상당 부분이 (아수라장을 뜻하는 단어 베들럼 bedlam이 생겼을 만큼) 유명한 베들렘왕립병원처럼 어떤 이유로든 새로운 형태의 경제활동에 참여할 수 없는 사람들을 감금하고 통제한 수용소에서 만들어졌다. 그렇다고 자본주의가 정신적 장애를 만들어 냈다는 뜻은 **아니다**. 그보다는 자본주의에서 정신장애가 새로운 의미를 획득했다고 보는 편이 옳을 것이다. 사람들이 감금된 상태에서야 의사들이 처음으로 정신 질환자를 대규모로 관찰하고 그들의 질병을 명명하고 분류할 어휘를 개발할 수 있었다.

대부분의 북미와 서유럽 사회에서는 자본주의의 틀에서 개인이라는 개념을 창조했기 때문에 낙인이 찍힌 사람들은 이상적인 근대의 노동자, 즉 자율적이고 자립적인 개인이라는 개념에 부합하지 않는 경향이 있다. 세습적 차이가 최소한에 그치는 미국 같은 나라에서는 독립성과 사회적·경제적 계층 이동성 그리고 생계를 스스로 책임지는 데 높은 가치를 둔다.[21] 일찍이 1835년에 알렉시 드 토크빌은 이상적으로 말해 미국인은 '본질적으로 오롯이 혼자 힘으로 존재하는', (아마도 하느님을 제외하면) 아무에게도 의지하지 않으며 책임 있는 자기 자신의 주인이라고 언급했다.[22] 그렇다면 일하는 능력이 제한되는 장애를 가진 많은 사람이 눈에 띄기를 원치 않고, 치료와 관리조차 받지 않으려는 것이 놀랍지도 않다. 자본주의를 통해 발전된 독립성과 생산성이라는 이상은 사회주의가 등장하기 한참 전부터 자리 잡았으니, 사회주의 국가들도 별반 나을 것이 없다.

따라서 자본주의 같은 경제적 힘이 근대 노동자의 이상에 반대되는 것으로 정신 질환의 낙인을 만들어 냈다면, 자본주의의 변화가 낙인과 우리의 자아에 대한 생각에도 영향을 주었을 수 있다는 결론에 이르게 된다. 요즘은 점점 '신경다양성이 있는', '정상이 아닌' 또는 '자폐 스펙트럼 장애가 있는' 사람이라고 불리는 이들을 포함해 예전에 교육과 직장에서 소외되던 사람들을 위한 새로운 편의와 접근 가능성의 확대를 경제적 변화가 이끈 것이 사실이다. 가치를 인정받는 21세기 노동자는 자영업자, 재택근무자, 시간제노동자일 수 있으며 가사나 자원봉사와 일을 병행하거나 가상공간에서 상호작용할 수 있고 심지어 부모와 함께 사는 사람일 수도 있다. 이들이 사교적으로 서툴거나 과학과 기술에 대한 관심이 적을 수 있으며 직접 대면보다 온라인으로 소통하는 것을 더 편하게 느낄 수도 있다. 또한 남들이 힘들어하거나 싫어하는 행정·기술 업무의 반복적인 작업을 즐길지도 모른다. 한때 스티브 실버먼이 '괴짜 증후군geek syndrome'[23]이 있다고 표현한 빌 게이츠와 몇몇 기업인처럼 과거에는 과학과 컴퓨터에만 집중된 협소한 관심 때문에 비하되던 사람들이 오늘날 우리의 영웅이 되었다. 첨단 기술 경제는 그야말로 따분한 괴짜들을 위한 역습의 장이 되었다.

내가 여기서 추적할 또 하나의 역사적 양상은 전쟁이다. 정신 질환이라는 개념이 등장한 배경이 된 수용소와 마찬가지로 제1·2차 세계대전, 한국전쟁, 베트남전쟁은 많은 정신 질환을 세상에 드러냈으며 정신의학과 심리학이 진정한 학문으로 등장하는 배경을 제공했다. 실제로 정신보건 분야의 역사는, 더디고 점진적인 지식의 증가보다는 전쟁 중 지식의 폭발적 증가와 전쟁 뒤 의사와 연구자 들이 전쟁에서 배운 것을 망각하는 과정의 되풀이가 특징이다.

수용소가 정신적 문제에 대한 수치심을 심화한 반면, 전쟁은 군대와 민간인 사회 모두에서 그것을 줄였다. 전시에는 정신의학적 장애가 전투 중이든 아니든 받아들일 만한 스트레스 반응이 되었다.

병사들은 사실상 군대에서 고용한 사람들이기 때문에 민간 부문에서라면 실업자가 되었거나 낙인이 찍혔을지 모를 사람들 중 상당수가 새로운 공동체로 통합되었고, 군대에 순응하는 과정에 이들의 성격적 차이는 두드러지지 않는 경우가 흔했다. 미국과 영국 모두 사람들이 전쟁에 참여하면서 비게 된 수많은 일자리를 그전에 실업 상태였던 장애인들이 채웠다. 그러나 전시와 그 직후는 낙인에 맞선 싸움에서 거둔 승리가 매우 불안정하고 위태로울 수 있다는 사실도 우리에게 보여 주었다. 정신 질환에 대한 수치심이 전쟁 전으로 돌아가곤 했기 때문이다. 20세기 내내 전쟁이 끝난 뒤 만성 정신 질환의 경제적 비용이 정부 예산에 부담이 되고 정신적, 육체적 장애를 가진 사람들이 일자리를 다시 참전 용사에게 내주며 낙인이 점차 회귀하는 양상이 반복되었다. 이런 양상은 이라크와 아프가니스탄의 분쟁처럼 전쟁이 여러 해 동안 계속될 경우에만 깨졌다. 이 전쟁들이 시작된 이래 미군은 미국 역사상 그 어느 때보다 정신 질환의 낙인에 더 집중했고, 정신 치료와 관리를 가로막는 장벽을 없애려는 노력이 계속되고 있다.

군진정신의학military psychiatry은 전체 정신의학의 축소판이라고 볼 수 있다. 군진정신의학을 통해 우리는 가끔 과장된 형태로 정신 질환의 진단과 치료, 도덕적 판단에 관한 대강의 경향을 엿볼 수 있다. 예를 들어, 제2차 세계대전 때 북미 지역에 배치된 우리 할아버지 같은 과학자는 많은 것을 처음으로 깨달았다. 미국 사회에서 정신 질환이 얼마나 흔한지, 신체 외부에서 생긴 스트레스 인자가 어떻게 정신적인 문제를 일으키거나 악화시키는지, 더 많은 의사가 정신과 의사로 훈련을 받아야 한다는 것 그리고 가장 중요한 깨달음은 정신 질환을 수용소와 병원 밖에서 치료할 수 있다는 것이었다. 전쟁에 즉각 대응하는 차원에서 해리 S. 트루먼 대통령은 국립정신건강연구소를 세우고, 의사와 연구자들 사이 표준화를 위해 정신 질환의 진단에 대한 편람을 만들도록 군에 명령했다. 이렇게 DSM 초판이 제2차 세계대전 중에 군에서 (메디컬203으로 불리며) 처음 만들어지고, 1952년에는 군에서 민간용으로 편집되었다.

그러나 1973년 무렵 민간 정신의학계는 베트남전쟁에 반대하는 방침에 따라 정신과 군의관들의 미국정신의학협회 가입 금지안을 결의했다. 많은 사람이 군진정신의학은 좋게 봐도 주류 정신의학과 관련이 없고 최악의 경우 정신적 외상을 입은 사람을 전투 현장에 돌아가도록 설득하기 위한 비윤리적 노력이라고 주장했다. 이들은 치료 공동체와 집단치료, 예방적 조치로서 정신의학 선별검사, 급성 스트레스반응의 치료, 단기적 심리치료, 지역사회 정신의학 같은 그들 자신의 개념과 활동이 모두 군에서 시작되었다는 사실을 이미 잊었거나 어쩌면 애초에 알지 못했다.

내가 추적할 세 번째 역사적 양상은 정신 질환의 점진적 의료화다. 의료화란 가령 트랜스젠더가 '성별 불쾌감'이 되거나 특정한 체질량에 이르는 것이 '비만'이 되거나 출산이 거의 완전히 산부인과 의사의 영역에 들어가게 되는 것처럼, 비의료적인 문제를 포함한 일상생활의 측면을 마치 의료적인 것처럼 이해하는 과정이다.[24] 우리가 우리 자신을 질병의 언어로 설명하고 사유할 때 그리고 우리가 자신의 문제에 대해 기술적이거나 과학적인 해결책을 추구할 때 우리는 질병과 낙인의 사회적 기원을 시야에서 놓칠 수 있다. 곧 보겠지만, 모든 사회와 모든 시대에 육체적·정신적 고통을 이해하는 나름의 방식이 있다. 경제와 친족, 정치, 기술을 포함한 사회의 여러 측면이 우리가 질병과 장애를 경험하고 이야기하고 판단하는 방식을 형성한다. 의료화는 그 자체로 문화의 산물이며 첫째, 우리가 육체와 정신을 분리할 수 있다는 믿음과 둘째, (마치 문화가 그저 생물학적 진실을 가리는 성가신 요인이라는 듯) 우리가 사는 환경에서 정신을 분리할 수 있다는 믿음에 기반을 둔 이데올로기적 태도다.

육체와 정신의 분리는 서양철학의 문제적 유산 중 하나다. 이 분리가 없었다면, 우리는 뇌에 자리 잡은 정신이 그 나름의 문제를 가질 수 있다는 개념을 만들지 못하거나 정신의학 같은 전문 분야를 결코 개발하지 못했을 것이다. 육체와 정신의 구분이 없었다면 오늘날 정신 질환에 대한 낙인이 더 적을 수 있고, 전기경련요법처럼 뇌에 직접 작용해 생명을 구하는 정신과 치료가 생명을 위협하는 심장 질환으로부터 사람을 구하는 제세동기의 전기충격보다 큰 낙인을 떠안지 않을 수 있을 것이다.

가령 의사가 두통이나 요통을 앓는 환자에게 엑스레이나 진단검사 결과 '육체적으로는' 아무 이상이 보이지 않는다며 심리치료가 도움이 될지도 모른다고 말할 때처럼, 육체와 정신의 구분은 어느 하나의 의료 모델에 부합하지 않는 신체적 증상을 겪는 사람들이 정신건강에 대해 관리받는 것을 계속 방해하고 있다. 많은 환자는 그런 제안을 들었을 때 마치 의사가 자신들을 포기한 것 같은 또는 '그냥 스트레스일 뿐'이라거나 '기운을 내라'고 말하는 것 같은 모욕을 느낀다. 신체적 질병을 겪는 사람들 중에 정신건강 관리에서 도움을 얻을 수 있는데도 육체적 증상이 정신과 관련이 없다고 판단하기 때문에 그리고 육체적 질환은 사회적으로 받아들여지는 반면 정신 질환에는 낙인이 따라붙기 때문에 치료를 시도하지 않는 경우가 얼마나 많을지 누가 알겠나? 전투 현장 근처에도 가지 않았는데 몇 주 동안 충격을 겪은 사람과 똑같이 '탄환 충격shell shock'이라는 전쟁 신경증을 겪은 제1차 세계대전 병사들처럼, 정신 질환에 대한 낙인은 많은 환자가 무의식적으로 정신적 고통을 육체를 통해 겪도록 유도할 수 있다. 그 병사들은 사회적으로 받아들여지고 본인과 주변 사람들이 이해할 수 있는 증상을 보인 것이다.

사실 긴장하면 속이 울렁거리거나 손바닥에 땀이 나듯 우리 모두 날마다 일시적으로 신체를 통해 감정을 표현하는데도, 미국에서는 몸의 지속적인 증상에 대한 심리학적 설명을 거부하는 경향이 있다. 운동장애와 비간질성 발작, 부분 실명, 함구증, 마비, 피부 발진, 설사, 만성통증 같은 장애는 모두 정신의학적 상태가 될 수 있다. 서구 산업사회 밖에 있는 사람들 대다수는 육체를 통해 정신적 고통을 느끼는 경향이 있기에, 이런 사실에 의문을 제기하지 않는다. 그들은 불안을 복통으로, 슬픔과 절망을 사지의 화끈거림과 따끔거림 등으로 느낀다.

마지막으로 용어에 대한 설명이다. 이미 눈치챘을지도 모르지만, 나는 정신과 의사들의 기술적 용어인 '정신장애mental disorder'가 아닌 '정신 질환mental illness'을 쓴다. 그 이유는 이렇다. 우선 '장애'는 '정상적인' 정신 같은 것이 있다고 암시하는데, 사실 우리는 정상적인 정신에 대해 사실상 아무것도 모른다. 또한 장애는 정신 질환이 있는 사람들을 무질서하거나 분열된 정신을 가진 것으로 표현하는 낡은 방식을 소환하고, 비기술적인 데다 경멸적으로 정신의학적 상태를 가리키는 수많은 단어와 표현을 강화한다. 이런 표현 중 상당 부분은 '나사 풀리다', '맛이 가다', '뭔가 빠지다', '다중이' 등과 같이 무질서와 분열에 대한 은유다. 둘째, 장애는 신체 또는 정신의 정상적이고 체계적인 기능을 저해하는 질병을 암시하는 것과 달리 '질환'은 아픔이나 손상의 경험을 암시한다. 인류학자이자 정신과 의사인 아서 클라인먼이 주장하듯 질병과 장애는 임상의들의 용어이며 환자의 고통 호소를 이해하는 의학적 틀이지만, 질환은 그런 질병의 개인적·사회적 의미이며 '증상과 고통의 경험…… 아픈 사람과 가족 구성원 또는 더 넓은 사회적 관계망이 증상과 장애를 어떻게 인식하고 어떻게 수용하며 어떻게 반응하는지에 관한 것'이다.[25] 질병은 우리의 관심을 생물학적 과정으로 이끄는 반면, 질환은 실제 삶의 양상을 조명한다.

궁극적으로 정신 질환은 우리가 과학과 의학에 기대하는 것과 똑같은 종류의 합리적이고 객관적이고 비인격적인 질병 모델에 결코 적합하지 않을지도 모른다. 정신의학이 실패해서가 아니라, 우리가 애초에 정신의학이 그것이 아닌 다른 무엇이기를 기대하기 때문이다. 심지어 어떤 의학 분야도 그 무엇에 부합하지 않는다. 몇 세기 전에는 그저 기술로 여겨지던 의학이 이제 숫자와 영상을 등에 업고 마치 절대적 진리인 양 여겨지고 있다.[26] 이것은 오류다. 소아과 의사들은 무엇이 '정상적인' 성장과 발달인지를 추정한다. 심장병 전문의는 어떤 혈압 수치가 높은지, 정상인지, 낮은지를 판단한다. 내과 의사는 사람이 일주일에 마실 수 있는 술의 양과 '건강'을 유지하려면 몇 시간 동안 운동해야 하는지와 같은 생활양식을 권고한다. 예를 들어, 2020년의 특정한 혈압 측정값은 저혈압이나 정상 혈압 또는 고혈압에 대한 절대적인 수치가 자연적으로 존재하기 때문이 아니라 2020년에 의사들이 '정상'이라고 합의한 수치와 비교를 통해서만 고혈압에 대한 객관적인 징후로 여겨질 수 있다. 사실 고혈압은 질병도 아니며 질병 위험의 척도다. 1차 진료 의사들이 피로와 육체적 고통을 치료하는 데 많은 시간을 보내지만, 피로와 고통은 진단명이 아니며 측정할 수도 없다.

따라서 정신의학은 거짓 우상, 실제로 존재하지 않는 무언가를 흉내 내고 있다. 의사들이 하는 일이 진실의 발견인 경우보다는 그들이 개발하고 합의해 받아들인 모델에 따라 관찰한 내용의 설명인 경우가 더 많다. 그들은 또한 실제 질병보다 증상을 치료하는 경우가 훨씬 더 많다. 정신의학적 상태가 다른 의학적 상태보다 덜 객관적이거나 사실에 기초한 정도가 낮은 것으로 보이는 이유는 순전히 우리를 현혹해 그것이 객관적이라고 믿게 하기에 충분한 수치와 영상이 아직 확보되지 않았다는 데 있다.

방금 유방암 진단을 받은 여성을 생각해 보자. 그녀는 의사가 육안으로 볼 수 있는 질병이 있고, 그래서 우리는 그 질병이 정신 질환에 없는 분명한 경험적 실재가 있다고 가정한다. 임상병리사는 종양과 그 세포를 현미경으로 연구하고 실험실 검사를 통해 그것의 특성을 묘사할 수 있다. 그러나 이것은 시작일 뿐이다. 진단을 받고 나면 이 여성의 미래에 대한 관점이 변할 가능성이 크다. 배우자나 다른 가까운 가족처럼 그녀가 가장 안정적이고 친밀하다고 생각한 관계가 변할 수 있다. 그녀가 가깝다고 생각한 친구들이 암에 대한 불안감 때문에 멀어지고, 그냥 아는 사이라고 생각한 사람들이 응원을 아끼지 않는 가까운 친구가 된다. 어떤 식으로든, 그녀의 주변에 동원되는 사회적 관계망이 진단 전과 달라질 것이다.

살고 있는 사회에 따라, 이 여성은 마법사나 마녀 같은 악의적인 힘이 암을 만들었다고 생각하거나 본인 또는 가까운 누군가가 잘못해서 신이 벌을 내렸다고 생각할 수도 있다. 또는 자신이 암에 걸릴 유전적 기질을 물려받았다고 믿으며 자기 딸의 미래를 걱정하게 될 수도 있다. 그녀가 시도하는 치료의 종류도 그녀가 속한 문화의 영향을 받을 것이다. 건강을 위해 교회에서 기도하거나, 수술이나 화학요법이나 방사선 치료를 받거나, 한방 치료를 받거나, 무당을 찾을 수도 있다. 유방이 여성성과 매력이라는 개념과 밀접하게 연관된 사회에 산다면, 그녀의 여성성에 대한 그녀 자신의 느낌과 다른 사람들의 인식이 변할 것이다. 그래서 유방암에 대한 가치관과 의미는 때로 시각예술과 시詩라는 확대경 밑에서 가장 잘 이해되기도 한다.

질병 경험, 달리 말해 '질환'으로서 질병은 종양 세포나 박테리아 또는 바이러스 분자나 우리 DNA에 새겨져 있지 않다. 그리고 언젠가 우리가 정신 질환을 생물학적 물질과 메커니즘으로 환원하는데 성공해도, 그 질환의 의미는 여전히 우리 자신이 만들어 나갈 것이다.

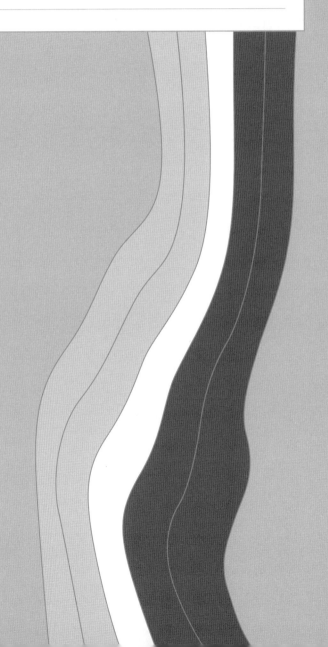

1부

자본주의

1

자립적 인간형의 탄생

과거는 낯선 나라다. 거기서는 사람들이 다르게 산다.
—L. P. 하틀리, 『중매자The Go-Between』(1953)

　　　　　　　　　　여전히 수렵채집에 의존하는 준오
안시(줄호안시, 산족, 부시먼이라고도 하며 인류의 가장 오래된 부족으로
알려져 있다.—옮긴이)는 아프리카 남서부 나미비아의 칼라하리사막
외딴곳에 산다. 그곳에 마지막으로 간 2017년, 나는 머릿속에서 가
끔 분노한 목소리가 들린다는 탐조라는 남자를 만났다. 그는 한 달
에 한 번 항정신병약인 클로르프로마진을 구하기 위해 20킬로미터
가까이 떨어진 병원까지 걸어서 간다. 내가 탐조와 그의 아내, 두 자
녀와 그의 오두막 앞에 앉았을 때 그 마을 전체 주민 20여 명이 같이
이야기하려고 모였다. 어떤 불편한 기색도 망설임도 없이, 탐조의 아
내가 말했다. "남편이 약을 먹지 않으면 머릿속 목소리가 돌아온다

는 걸 다 알아요. 사람들은 남편이 생각으로 사람을 죽일 수 있다고 해요." 그 목소리는 탐조에게서 나오는 것이 아니라, 그의 사촌에게 성폭행을 당했다는 젊은 여성이 사는 이웃 마을에서 복수를 위해 보낸 혼령에게서 나온다. 그녀의 친척들이 탐조의 마을로 보낸 혼령은 무작위로 탐조의 몸에 정착했다. 그의 병은 그의 잘못이 아니다.

전통적인 치유사는 혼령을 잠재우기는 해도 아예 없앨 수는 없었다. 그래서 탐조가 서양의학을 찾았다. 약을 주는 병원의 직원은 탐조의 기록에 '조현병'이라는 진단명을 썼다. 하지만 이런 기술적 단어는 병원에나 유용할 뿐이다. '이상하다'거나 '미쳤다'는 뜻을 나타내는 비속어 하나를 제외하면, 준오안시에게는 조현병을 가리키는 단어가 따로 없으며 미친 사람도 미친 징후를 보일 때만 미친 것으로 여겨진다. 적어도 당분간은 탐조에게 환각이나 환청 증상이 없기 때문에, 그는 미친 것이 아니고 낙인도 따라붙지 않는다. 그는 거의 분명하게 북미와 유럽에서 조현병이라고 부르는 것과 똑같은 상태를 보인다. 준오안시가 증상을 다르게 개념화할 뿐이다. 탐조는 병원에서나 조현병 환자지 집에서는 그저 악귀의 희생자다.

다른 마을에 사는 아홉 살짜리 소년 게쉬는 말을 못한다. 그는 앞니 아래에 혀를 대고 반복적으로 "뜨⋯⋯" 소리를 내고, 그러다 침을 흘리기도 한다. 그는 얼굴 앞에서 손가락을 특이하게 움직이고 남들과 시선을 거의 맞추지 않으며 혼자 있기를 좋아한다. 이 수렵채집인들의 마을에 낡은 여행 가방이 하나 있는데, 다른 아이들은 그것이 마치 당나귀인 양 올라타고 노는 반면에 게쉬는 그저 지퍼만 열었다 닫았다 하기를 좋아한다. 게쉬의 또래 친구들은 자신들과 너무 다른 게쉬를 가끔 놀리는 한편 보살피기도 한다. 이곳에서 부모들은 자식에게 남을 괴롭히지도, 대거리하며 싸우지도 말라고 가르친다. 준오안시는 이렇게 평화로운 사회라서 인류학 문헌에 '무해한 사람들'로 소개되어 있다.[1]

게쉬의 부모는 게쉬가 걸음마를 배울 무렵 홍역으로 죽을 뻔했는데 그때부터 문제가 생겼다고 말했다. 그들은 게쉬를 병원에 데려간 적이 없지만 아이가 자폐증의 전형적인 증상을 다 보이기 때문에, 만일 미국 의사에게 데려갔다면 자폐증 진단을 받았을 것이다. 부모와 이웃들은 게쉬에 대해 따뜻하게 이야기한다. 그의 아버지가 내게 물었다. "왜 우리가 게쉬를 병원에 데려가야 하죠? 그 애는 홍역을 견디고 살아남았고 염소도 잘 몰아요. 염소가 밤이나 낮에 어디 있는지 항상 알죠." 그는 게쉬가 기억력이 비상하고 그들이 덤불에서 칼이나 화살 같은 걸 잃어버리면 곧잘 찾아낸다고도 했다. 혹시 그나 아내가 사망한 뒤에 게쉬를 누가 돌볼지 걱정되지 않느냐는 질문에, 그는 혼란스러운 듯한 표정으로 이웃들을 가리키며 말했다. "우리가 다 한꺼번에 죽지는 않겠죠."

나는 준오안시 사회를 목가적인 이상향으로 미화할 생각은 없다. 그러나 그들에게 배울 점이 있다. 그들은 우리가 기피해 온 차이를 받아들이는 사회를 만들었다. 그곳에서는 누구도 조현병이나 자폐증 같은 상태가 사람 자체를 규정한다고 생각하지 않는다. 그러나 유럽과 북미에서는 오랫동안 독립적인 개인을 이상화하고 아주 많은 자본을 생산하는 이에게 위엄을 부여하며 아주 적게 생산하는 이에게 낙인을 찍었다. 사실 유럽인들이 산업혁명 초기에 처음 정신 질환 범주를 고안한 것이 바로 이런 독립성에 대한 집착 때문이었다. 비생산적인 노동자를 뚜렷이 구별되는 별개의 정체성으로 분리한다는 발상이었다. 자본주의 사회에서 정신 질환과 가족에 의존하는 건 수치의 표지가 되었다. 그 반면 게쉬 아버지의 관점은 보살피는 사람이 많고 폭넓은 사회적 지원이 존재하는, 그가 살고 있는 사회에서 나왔다. 이런 마을에서는 누구도 서구 자본주의 사회에서 이상적인 인간형으로 여기는 자립적 개인이 되는 것을 기대하지 않으며, 그래서 장애가 있는 사람들이 낙인을 훨씬 덜 안고 살아간다. 미국에서 자폐아를 둔 부모라면 십중팔구 인생의 어느 시점엔가 받게 되는 질문, 즉 "당신의 자녀가 독립적으로 살 수 있을까요?"를 게쉬와 탐조의 사회 같은 데서는 아무도 던지지 않는다.

우리는 마서스비니어드섬(이 섬에 처음으로 발을 디딘 유럽인 탐험가가 자기 딸의 이름을 따서 '마서의 포도밭'이라는 이름을 붙였다.—옮긴이)에 처음 정착한 영국인들처럼 과거의 사람들이 신체적 장애에 대한 낙인을 막아 낸 방법에서도 교훈을 얻을 수 있다. 매사추세츠주 보스턴에서 130킬로미터 정도 떨어진 이 섬은 오늘날 우드홀에서 여객선으로 겨우 45분 거리에 있는 풍요로운 휴양지다. 그러나 250년 동안 이곳은 소규모 영국인 정착민과 그 후손 들의 터전이었다. 영국인들이 도착한 1600년대 초에 이 섬은 원주민인 왐파노아그족 수천 명의 공동체가 점유하고 있었다. 섬 전체가 식민지가 되면서, 원주민 수는 빠르게 줄어든 반면에 영국인 집단은 커졌다. 여러 세대에 걸쳐 정착민은 그들끼리 결혼했고, 보스턴은커녕 60킬로미터 정도 떨어진 섬 낸터킷에도 거의 가지 않았다.[2] 1700년대 중반에는 영국인 주민 3100명 사이에 존재하는 성씨가 서른 가지뿐이었고, 수십 년 간 이어진 근친혼의 폐해가 나타나기 시작했다.

폐쇄된 유전자 풀에서 유전적 장애가 등장했다. 1800년대 말 어떤 마을에서는 주민 중 거의 4분의 1이 어느 정도의 유전적 청각장애를 갖게 되었다. 그러나 청각장애인과 부분적 청각장애인과 청인들이 서로 소통할 수 있는 수어를 고안했고, 자신들과 비교할 다른 집단이 없는 섬 주민들은 청각장애가 그저 인간들 간의 다름 중 하나일 뿐이라고 여겼다. 사실 청각장애가 일반적이라서, 20세기에 수집된 구전 역사에 따르면 정착민 후손들은 친구와 가족 중에 누가 청각장애인이고 청인인지를 기억하기도 어려웠다. 1980년에 한 노인이 이렇게 말했다. "여기서는 다들 수어를 쓰죠."

미국 본토는 이 공동체와 상황이 전혀 달랐다. 19세기 말 무렵, 미국 교사들은 학생들이 수어를 쓰지 못하게 했다. 그들은 수어가 어린이의 지적, 사회적 성장을 저해하고 사회의 생산적 일원이 되는 것을 가로막는 원시적이고 거의 야만스러운 소통 방식이라고 믿었다. 의사들도 청각장애인이 자식을 낳아 결함을 물려주고 진화적 진보를 막을 가능성을 줄인다는 명목으로 그들의 결혼을 강력하게 만류했다. 마서스비니어드에서는 청각장애가 정상적인 차이였다. 다른 데서는 이것이 결함이었고, 청각장애 아동은 다른 아이들과 분리되어 입 모양을 보고 상대방의 말을 알아내는 독순술을 학습하는 교육과정을 따랐다. 제1차 세계대전이 끝날 무렵에는 미국의 청각장애 아동 중 80퍼센트 정도가 수어 없이 교육받았다.[3]

시간이 흘러 사람들이 마서스비니어드를 떠나고 새 주민들이 정착함에 따라, 유전적 청각장애는 사라졌다.[4] 그러나 1952년에 유전적 청각장애를 가진 마지막 섬 주민이 사망하고 몇 년 뒤에도 현지인들은 수어를 기억했고, 많은 청인이 습관적으로 다른 청인과 수어를 계속 썼다.[5] 본토와 달리 그들은 청각장애인이 지목당하는 존재가 아니었다는 것 그리고 모두가 수어를 썼기 때문에 그것은 장애가 아니었으며 낙인찍히지 않았다는 것을 기억했다. 집단으로서 딱히 구별되는 존재가 아니었기 때문에, 들을 수 없는 사람이 '청각장애인'으로 분류되지도 않았다. 섬 주민들이 수어를 발명한 것의 미덕은 신체적 상태에 대한 문화적 적응을 창출했다는 점이다. 그들은 어떻게 자연이 아닌 문화가 정상과 비정상으로 여겨지는 것을 만들고 정의하는지를 보여 주는 최고의 예라고 할 만한 것을 준다. 청각장애라는 생물학적 상태를 만들어 낸 것은 사회적 고립과 근친혼이라는 문화지만, 그 문화는 장애를 없애 버릴 만큼 강력하고 창조적이었다. 듣지 못하는 사람이 공동체에 온전하게 통합되어 모두와 소통할 수 있었기 때문에, 마서스비니어드에서는 어느 누구도 진정한 '청각장애'는 없었다고도 말할 수 있다.

낙인에 대한 연구는 대부분 사회학자 고프먼이 쓴 『낙인: 손상된 정체성의 관리에 관한 비망록』(1963)의 영향을 어느 정도 받았다고 볼 수 있다. 사실 사회과학의 주요 개념이 단일 텍스트와 이토록 깊이 관련된 다른 경우를 나로서는 생각할 수 없다. 고프먼은 낙인을 상호작용적이고 수행적인 것, 즉 대중의 편협과 무지와 두려움의 결과로 일상생활의 상호작용 속에서 전개되는 것으로 생각했다. 그의 관점에서는 사회의 기대와 다른 개인적 속성이 있는 사람은 낙인의 부담을 안게 된다. 이들은 자신의 불명예스러운 상태를 숨기거나 노출을 줄일 수밖에 없다. 그러나 고프먼의 주된 관심사는 일상적인 사회활동을 연구하는 일종의 미시사회학이었기 때문에, 의도치 않게 그의 연구는 미국 내외에서 낙인을 만들어 내는 더 큰 역사적이거나 문화적인 차이에는 상대적으로 큰 관심을 두지 않았다.

나미비아와 마서스비니어드의 사례가 보여 주는 것처럼, 낙인은 시간과 장소에 따라 매우 다를 수 있다. 낙인은 무지 때문에 또는 개인이 일상생활과 대중적인 노출을 제대로 해 나갈 수 없어서 생기는 것이 아니라, 이상적인 사람에 대한 사회의 정의에서 비롯된다. 탐조와 게쉬의 질환 경험처럼 미국에서도 질환 경험은 사회와 역사를 통해 형성된다. 우리는 산업사회에 살기 때문에, 시간이 지나면서 낙인이 커지거나 줄어드는 이유에 관한 많은 질문에 대한 답은 자본주의의 역사에서 찾을 수 있다. 실제로 북미와 유럽에서 낙인은 게으른 사람에 대한 근대적이고 자본주의적인 오명에서 생겼다. 의사와 정치인, 그 밖의 공중보건 '전문가'들은 심각한 지적장애나 행동장애로 일할 수 없는 이들을 포함해 자신이 경제적으로 비생산적이라고 생각하는 사람들을 고립시켰다.

탐조처럼 악귀를 믿지는 않을지 몰라도 우리는 물신숭배에 빠져 있으며 자본축적과 무한한 욕구를 숭배하기 위한 사당을 지었다.[6] 또 자원을 최대한 활용하는 사람과 생산하는 사람과 자유시장을 숭배하며 개인의 자립을 국가나 교회, 공동체의 관심보다 높이 둔다. 시장가치는 이제 우리가 보통 '경제'라고 생각하는 것의 경계를 넘어 우리 삶의 모든 측면에 스며들어 있다. 대학에서는 대규모 연구보조금이 더 많은 돈을 가져다주기 때문에 셰익스피어보다 화학을 중시하고, 보험사는 우리의 목숨과 신체기관의 금전적 가치를 결정한다. 자본주의가 이렇게 다양한 일련의 현상을 형성할 수 있다면, 자본주의가 건강과 질병에 대한 우리의 태도를 어떻게 형성하는지도 물어야 타당할 것이다.

우리가 곧 보겠지만 탐조의 질환이 준오안시 문화의 산물인 것처럼, 정신 질환은 우리 문화의 산물이다. 정신 질환은 임상병리 실험실 검사로 입증될 수 없고 탐조는 자신이 초자연적 악귀의 희생자임을 증명할 수 없지만, 우리는 모두 자신이 이해할 수 있는 설명에 진실의 아우라를 부여한다. 대부분의 북미 사람들은 정신 질환의 이름을 만들고 분류하는 전문가들에게 합의 이상의 근거가 있을 거라고 가정한다. 우리는 마치 '전문성'이 (사람 이름 뒤에 붙는 박사 학위처럼) 어떤 사람이나 기관이 소유할 수 있는 실재적인 것인 양 과학자에게 힘과 권위를 부여하고, 과학의 활동과 정신을 시행착오와 최선의 추측과 오류 가능성으로 이해하는 것이 가장 좋다는 사실을 편리하게 망각한다. 정신 질환은 또한 그 이름을 내걸고 우리가 수행하는 많은 활동과 우리가 지출하는 수십억 달러와 긴밀하게 연결되어 있다. 진단 면담과 출판물, 치료법, 연구 기금, 보험급여, 학술 컨퍼런스 같은 것들이 그 지속적인 존재 여부를 진단명에 의존한다. 우리가 어떤 상태가 실제로 존재한다고 믿지 않는다면 그리고 진단을 꾸준히 공급할 수 없다면, 그 상태에 관한 재단과 병원·치료법·연구 프로그램·학교·컨퍼런스를 잘 유지할 수 없을 것이다.

그러나 정신 질환의 범주는 고통을 일으키는 행동양식에 대한 이해를 돕기 위한 임시적인 이름 또는 틀일 뿐이다. 내 딸 이저벨처럼 자폐증 진단을 받은 누군가는 사람들이 뭐라고 부르건 언어와 사회적 의사소통, 반복적인 행동과 관련된 어려움을 안고 살아갈 것이다. 우리가 이저벨을 자폐증이라고 부르는 것은 지금 우리가 그런 개념이 통하는 사회, 그리고 (적어도 현재는) 이저벨이 가진 다름의 유형을 이해하고 그녀에게 이롭다고 생각되는 서비스를 조직하기 위해 비교적 낙인이 적은 모델을 제공하는 사회에 살기 때문이다. 그러나 자폐증이라는 개념이 얼마나 오래 지속될지는 아무도 모른다. 아주 똑똑한 과학자들이 한때 영원할 거라고 믿었지만 지금은 쓰지 않는 질환명이 많다. 히스테리, 신경쇠약, 아스퍼거 장애도 그렇다. 물론 사람들은 여전히 정신적 괴로움을 종종 심각한 신체적 증상으로 바꿔 드러내고(한때 히스테리라고 불린 것), 여전히 불안하거나 우울할 때 두통과 피곤과 짜증을 느끼고(한때 신경쇠약이라고 불린 것), 여전히 언어 지체를 제외한 자폐증의 모든 증상을 보이는(한때 아스퍼거 장애라 불린 것) 사람들이 존재한다. 이런 질환들이 여전히 실재하는데 우리가 다른 이름으로 부를 뿐이다.

우리가 자본주의 전의 정신 질환에 대해 아는 것은 대부분 고대 이슬람 의학 문헌 중 심리적 문제에 대한 묘사에서 나온다. 이 문헌들 중 상당 부분이 고대 그리스어 기록을 아랍어로 옮긴 것이다. 이 문헌들은 정신 질환과 신체 질환의 차이가 없음을 암시한다. 북아프리카에서 이븐 임란이 쓴 10세기 문헌은 '어두운 생각', '공황', '불운한 느낌' 같은 주제를 전문적으로 다루며 몸에서 흑담즙(고대 서양 의술에서 혈액, 점액, 황담즙과 함께 인체를 구성한다고 믿은 액체다.—옮긴이)을 배출하도록 약초 달인 물과 운동, 알코올 섭취 줄이기를 처방한다. 중세 이슬람 사회는 대체로 사람들의 차이에 제법 관대했던 것으로 보인다. 14세기에 알마크리지가 쓴 연대기는 자신이 오래전에 죽은 술탄이라고 주장한 이집트 사람들에 대해 기술하는데, 일반적으로 그들이 실제로 정치적 위험을 일으킬 때만 처벌받았다고 한다.[7] 1500년대의 기록부터 19세기 핀란드의 인류학자 에드바르드 베스테르마르크의 저작까지 학술적이거나 대중적인 문헌이 '광인'의 존재를 기술하는데, 광인은 본래 신의 은총을 받아 광기를 경험한 사람을 가리키며 해를 끼치지 않는 이상 경외의 대상이었다.

북미와 서아시아에서 정신 질환이 있는 사람들은 '진jinns' 같은 영귀에 사로잡혔거나(이런 믿음이 지금도 있으며 '진'에서 정령을 뜻하는 영어 단어 '지니'가 나왔다.) 신이나 악마의 눈 또는 원수가 쓴 마법을 포함해 혼령의 괴롭힘을 받는다고 여겨진 경우가 많다.[8] 15세기 무렵에는 광인 수용소가 (오늘날의 모로코) 페스에 세워졌다. 그곳에서 때때로 환자를 묶고 채찍질을 했지만 주기적으로 사원에 데려가기도 했으며 평생 가두기보다는 치료하는 데 목표를 두었다. 환자는 기도뿐만 아니라 목욕, 약초, 거머리, 아편, 향기 나는 식물, 미래에 대한 희망을 위해 의사와 나누는 대화 등으로 치료받았다.

한국의 경우, 조선 후기 『승정원일기』에는 정치 활동과 함께 오늘날이라면 '정신의학'이라고 불릴 만한 건강 관련 기록이 있다. 그중 어떤 상태는 오늘날에도 거의 같은 모습으로 존재하는데, 바로 화병[9]이다. 다만 당시에는 이름이 살짝 달랐다. 화증火症이라고 부른 것이다.[10] 조선 시대에 이 질환은 21세기보다 훨씬 많은 증상이 있었고, 그중 정신병도 포함되었다. 화병은 DSM 제5판DSM-V, '고통의 문화적 개념' 용어 해설에 병으로 실려 있으며, 한국의 중년 여성이나 이주여성 사이에서 특히 흔하다. 일부 학자들은 이것을 한국의 '국가적 질환'이라고 부른다.[11] 화병은 불이 병을 일으킨다는 중국인들의 믿음과 화, 특히 풀지 못하고 표현하지 못한 화가 두근거림과 불면증과 속에 응어리가 있는 느낌 같은 신체적·정신적 문제로 이어진다는 한국인들의 오랜 믿음을 결합하는 개념이다.

화병을 앓은 유명한 인물 중 사도세자가 있다. 불안으로 심신이 약해지고 아버지 영조에게 공개적으로 모욕당한 사도는 갑자기 분노가 치솟는 경향을 보이게 되었다. 그는 내면의 화를 다스릴 수 없었다.[12] 1805년에 그의 아내 혜경궁 홍씨는 『한중록』에 그가 궁인들을 겁탈하거나 살해하고, 강박적으로 옷을 갈아입었으며, 왕을 죽이겠다고 위협하기 시작했다고 썼다. 1762년 여름, 국법에 따라 사도를 처형하려면 사도의 친모와 아내와 아들도 처형해야 한다는 사실을 아는 영조가 그들의 목숨을 구할 계획을 구상했다. 아들 사도의 병을 고치겠다면서 여름에 그를 8일 동안 뒤주에 가둬 죽음에 이르게 한 것이다.[13] 양반과 평민이 모두 사도와 비슷한 증상을 겪었는데, 분노와 증오와 우울 같은 감정은 사회적 부당함 때문에 생기거나 영적인 세계와 인간 세상 사이 불균형이 일으킨다고 생각되었다. 무당들은 어떤 사람이 감정적인 괴로움을 겪을 때 그 사람의 몸이나 정신뿐 아니라 세상에 잘못된 것이 있다고 믿었다.

1880년대 한국의 한 신문이 '영국의 정신병원'이라는 영문 기사에서 '정신이상'이라는 것의 존재를 알릴 때까지,[14] 한국에 '정신 질환'이라는 범주가 없었다. 한국 의사들은 곧 영국과 독일의 문헌을 입수했고, 일본의 식민 통치가 시작된 뒤 1913년에 유럽과 미국의 선교사들이 한국의 병원에 최초의 정신 병동을 열었다. 이 병동에서 한국 의사들의 주된 관심은 식민지 시대의 많은 비극적 결과 중 하나인 자살이었다. 일본인은 한국인을 2등 시민 취급하고 한국의 문화와 종교를 탄압하며 한국인이 일본식 이름과 일본어를 쓰도록 강요하고 한국 여성을 성노예로 징집했다. 일본의 잔악 행위와 함께 자살이 증가하기 시작했을 때, 식민 당국은 신경 쓰지 않았다. 일본 행정가들은 자살이 단순히 근대화와 산업화의 자연스러운 부산물이라며, 시장에서 성공적으로 경쟁할 수 없는 사람들은 소외되거나 자살을 통해 사회에서 스스로를 소외하는 것이라고 말했다.[15]

정신의학이 처음 의학의 한 분야가 된 유럽에서도 19세기까지는 정신 질환이 다른 병이나 문제 행동과 뚜렷이 구분되지 않았다. 그 결과, 정신이상으로 분류되는 사람들이 존재하기 훨씬 전부터 수 세기 동안 존재한 정신 질환자 수용소가 감옥이기도 했다. 범죄자들만 가둔 장소는 영국에서 1700년대에야 처음 건설되었다. 중범죄자들의 대규모 공개 처형과 해부를 종식하고[16] 그들의 잠재적 갱생을 위해 '교정 시설'을 지으려는 인도주의적 노력의 일환이었다. 그리고 1700년대 말 무렵 개혁가들이 정신 질환자를 범죄자와 분리하기로 결정할 때까지는 감옥이 흔치 않았다.

따라서 1800년대 초쯤 서유럽에서 이런 감옥 또는 수용소는 대부분 범죄자와 주정뱅이, 이단자, 신성모독자, 실업자, 노숙인, 신체 장애인 들이 차지했고 오늘날 정신 질환자나 지적장애인으로 생각할 만한 사람은 드물었다. 재소자들의 유일한 공통점은 일하지 않는다는 것이었다. 영국과 프랑스에서는 심각한 정신 질환이 있는 사람이 집에서 생활할 수 없을 만큼 위험하거나 가정을 위해 일하지 않을 때만 수용소에 갔다. 범죄자가 아닌 사람에게 감금은 최후의 수단이었다. 그렇다고 정신 질환이 있는 사람이 집에서 친절한 대우를 받지는 않았다. 아픈 가족을 사슬로 묶는 가정이 많았다. 그러나 그 사람이 안 좋은 취급을 받은 이유가 **정신** 질환이라고 불리는 것에 있지는 않았다. 19세기가 도래하기 전에는 '정신 질환'의 뚜렷한 범주도, 심리학이나 정신의학이라는 분과 학문도 없었다. 또한 진정한 '정신이상' 수용소, 즉 정신병원이 없었으며 무법자와 비생산적인 사람들의 일반적인 수용소만 존재했다.

19세기 이탈리아와 영국에 있던 최초의 정신이상 관련법은 타인에게 해를 끼치지 않는 정신 질환자는 가족과 생활해야 한다고 명시했다. 이것은 그들을 작은 별채에 가두거나 나무에 사슬로 묶어 둔다는 뜻이었다.[17] 가족 구성원, 특히 자식을 돌보는 것은 가족의 도덕적 책임인 데다 일할 수 있는 사람은 경제적으로 필요하기도 했다. 환청을 듣지만 가계에 기여할 수 있는 사람은 다리를 쓰지 못하는 사람보다 수용소에 감금될 가능성이 낮았다. 자본주의 전에 공동체는 독립적인 개인들의 조직이었기 때문에, 유럽 시골의 가정은 원칙적으로 자급자족을 했다. 토지를 소유하지 못한 가난한 사람도 자신이 나고 자라 생활하는 땅과 목초지에 대해 관습적 권리는 가졌다.

자본주의 전 유럽의 농부를 상상해 보자. 봉건영주라면 자신과 가신들을 돌보겠지만, 대부분의 농부는 주로 가족을 위해 생산하고 약간의 잉여 농산물만을 거래한다. 농부의 세계는 신이 미리 정하고, 교회와 국가가 강제한다. 이때는 인간이 자유의지를 통해 완성된다는 18세기 계몽주의가 등장하기 전이고, 따라서 농부는 인간의 선택과 이동성에 대해 제한적인 개념만 있었다. 세상의 중심은 인간이 아닌 신이다. 농부는 개인적 자아가 내적으로 구동하는 자기 계발이나 자율성 또는 인성 발달의 기풍을 찾기가 몹시 힘들었을 것이다. '자립적 개인'이라는 세속적 자본주의 이념 그리고 개인의 노력과 성공을 중시하는 풍조가 없기 때문에 농부는 큰 이윤을 추구하지 않는다. 물론 탐욕스러운 사람은 있었다. 그러나 그것은 그 사람의 성격 때문이지 그 사람이 경쟁적 시장에서 자신을 위해 싸우기 때문이 아니었다.[18]

유럽 정부들이 마침내 일하지 않는 사람들을 수용할 시설을 세우게 되는데, 그 전에 경제가 변해야 했다. 봉건주의에서 자본주의를 향한 점진적 이행은 정부가 유럽에서 그리고 아메리카 대륙의 스페인 식민지에서 자급자족하는 농부들을 생활 터전에서 내쫓기 위해 대규모 토지 사유화 운동을 시작하도록 동기를 부여했다. 농부들이 주로 자기가 먹을 것만 생산했기 때문에, 신흥 부르주아는 농부들이 경제성장과 진보의 장애물이라고 믿었다. 17세기 무렵 영국에서는 소작인을 쫓아내고, 지대를 올리고, 세금을 올리고, 자급농을 억제하고, 소규모 농장을 없애기 위해 '인클로저' 정책을 시작했다.[19] '인클로저'는 사람들이 관습적 권리에 따라 토지에 접근하지 못하도록 사유지에 울타리를 치는 것이었다. 예전에는 토지를 소유하지 못한 사람과 가난한 사람 들이 (법적 권리는 없지만) 전통에 따라 시골에서 자급자족으로 생계를 이어 갈 수 있었고, 공동체에서 경작이나 사냥이 용인되었다. 인클로저는 이런 권리를 없앴다. 그것이 가난한 사람들의 권리를 박탈했고, 세금이 오르면서 많은 소규모 지주들이 도시의 시장에 팔거나 수출할 식량을 생산할 수 있는 부유한 지주에게 땅을 팔았다.

시골 마을들은 온통 황폐했다. 가난하거나 심각한 정신 질환 또는 지적장애가 있어서 자급할 수 없는 많은 사람이 일자리를 찾기 위해 공동체를 떠나 도시로 갔다. 18세기 경제학자 제임스 스튜어트 경은 이렇게 사람들이 생활 터전에서 쫓겨나는 현상을 자본주의와 젠더의 측면에서 유창하게 설명했다. "그들의 부모인 땅이 어떤 의미에서는 자신의 젖가슴에서 그들을 추방했다. 그들이 한가로이 젖을 먹을 수 있는 땅이 없어졌다. 산업은 그들을 모이게 했고, 그들은 노동으로 스스로를 부양해야 했으며 아이를 양육하려면 잉여생산을 해야 했다."[20] 사람들이 대가족을 떠나 도시로 이주하면서 친족 관계는 약해졌다. 그리고 시간이 흐르면서 산업화된 도시 사회는, 집에서라면 용인되었을 남과 다른 점이 있는 사람들을 통제할 책임을 지게 된다.[21]

자본주의하에서 가난한 사람의 삶은 봉건시대와 다름없이 비참했지만, 그 방식은 달랐다. 자본주의 경제는 자본주의 사회에서만 존재할 수 있기 때문에 산업혁명 과정에서 새로운 종류의 사회적 존재가 형성되었다. 그것은 오직 자본주의만이 고안할 수 있었을 근대적인 개인, 자유로운 사람이다. 노동자가 전통과 단절하고는 스스로를 자유롭게 경쟁하는 개인으로 상상하기 시작했고, 개인으로서 모든 사람이 처음부터 평등하다는 거짓 믿음을 갖게 되었다. 정부는 억압과 속박으로부터 해방, 재산 소유권, 읽거나 쓸 줄 몰라도 신과 직접 소통할 수 있는 자유를 약속한다.[22] 18세기와 거의 겹치며 '계몽주의' 또는 '이성의 시대'로 알려진 이 시기 유럽에서는 산업사회와 과학을 위한 새로운 위계, 말하자면 비경제활동보다 노동이, 신앙보다 이성이, 정치적·종교적 권위보다 개인의 자유가 우위에 서는 위계가 자리 잡았다.

또한 개인이 공동체 농지나 가정을 벗어나면 자기 자신을 감독하고 통제할 자유와 권한을 갖게 되며 강압적 외력의 통제를 받을 필요가 없었다. 개인은 도덕적 능력이 있고 '자신에게 충실하며' 자기 성격과 경제적 생산성을 개선하고 완전하게 할 수 있다고 여겨졌다. 그리고 질환이나 상해나 나이 때문에 정신적으로나 신체적으로 장애가 있어서 스스로를 책임질 수 없다면, 보호시설로 보내졌을 것이다. 이론상 모두가 자신의 운명을 통제하는 세상에서 우연한 고통은 없었다. 모든 개인이 자신의 불행에 대한 책임이 있었다. 따라서 수용소는 게으른 자를 종종 야만적으로 불결한 방에 격리하고 처벌하기 위해 고안되고, 감옥은 죄책감을 낳기 위해 고안되었다.[23] 근대성은 피해자에게 책임을 묻는다.

유럽 역사에서 이 시기 사람들이 감금되었을 때와 집에 있을 때 중 어느 쪽이 더 나은 대우를 받았느냐는 질문은 의미가 없다. 어느 쪽이든 끔찍한 삶이었을 테니까. 다만 집에서는 그들이 질병의 본보기가 아니라 그냥 가족 구성원이었다는 점이 중요하다. 집에서는 장애가 있는 사람이 '미치광이 존'이나 '벙어리 제인'으로 알려졌을 것이다. 그런데 시간이 흐르면서 수용소에서는 게으른 사람이 '정신이상자', '불구자', '백치' 같은 새로운 유형의 사람이 되었다. 의사들이 정신장애와 신체장애를 주로 경제적으로 제 기능을 못 하는 측면에서 정의하게 되었으며 이런 관점은 오늘날 정신 질환과 설명되지 않는 신경학적 증상을 '기능장애'라고 정의한다는 사실 그리고 세계보건기구의 정신보건 정의에 '생산적 일'이라는 문구가 포함된다는 사실에서 여전히 남아 있다.

나는 누군가 자본주의 언어로 사람들을 평가하기 위한 계획을 세웠다고 말하려는 게 아니다. 역사적 변화는 의도적인 활동의 결과인 경우가 드물고, 여러 원인이 복합적으로 작용해 우리의 믿음과 행동을 형성한 결과이며, 마침내 그런 변화가 일어날 때까지 무슨 일이 일어나는지 인식조차 못하는 경우도 많다. 그래서 프로이트와 막스 베버, 바뤼흐 스피노자, 카를 마르크스 같은 근대의 위대한 사상가들이 사회과학의 목적은 우리의 세계관을 형성하는 강력하지만 숨겨진 힘을 드러내는 것이라고 주장했다. 마르크스의 유명한 말처럼, "인간의 의식이 그들의 존재를 규정하는 것이 아니라 그들의 사회적 존재가 그들의 의식을 규정한다".[24] 따라서 우리가 우리의 의식을 만들어 낸 역사적 과정을 밝혀낼 때까지는 의도적으로 그것을 바꿀 수 없다.

미셸 푸코는 『광기의 역사』에서 1656년을 프랑스 사회가 가난한 사람들에 대한 태도를 관용에서 대규모 감금과 통제로 바꾼 시기로 지목했다. 당시 칙령에 따라 파리의 몇몇 건물에서 종합병원이 문을 열었고, 그곳에서 강력한 행정

관리자들이 게으르고 가난한 재소자들을 감독하게 된다. 그중에는 그로부터 300여 년이 지난 1984년에 푸코가 최후를 맞이한 살페트리에르병원도 있다. 칙령에는 이 병원의 목적이 '모든 무질서의 원천인 구걸과 게으름을 방지하는 것'[25]이라고 명시되어 있다.

이 병원은 의료 기관이나 자선 기관이 아니었다. 어떤 이유로든 노동으로 산업혁명을 뒷받침하지 못하는 사람들을 제거하기 위한 장치였다. 일하는 사람은 자유로울 자격이 있지만, 일하지 않는 사람은 사고로 신체장애가 생겼어도 배척되어 마땅했다. 이곳은 사실 병원도 아니고, 곧 지어질 경제적 가치가 제법 큰 수용소들과도 달랐다. 재소자들이 시의 잡무를 수행했지만, 이들을 감금한 것은 값싼 노동력이 필요해서가 아니었으며 비이성적이고 도덕적인 결함 때문에 일하지 않는 사람들에게 마땅하고 도덕적인 조치였다. 또한 많은 엘리트들이 하층민이 일으키는 잠재적 반란의 싹을 잘라 버리는 수단으로 빈민의 감금을 환영했다.[26] 병원이 문을 연 지 1년도 채 안 되어 프랑스의 가난한 무직자 남녀 수천 명이 들어갔고, 불과 몇 십 년 뒤에는 더 많은 수용소가 세워지며 파리 인구의 거의 1퍼센트가 감금되었다.

르네상스 시대 유럽에서 사회적 부적응자들에 대한 배척을 보여 주는 흔한 시각적 표현 방식이 '바보들의 배'인데, 이것은 독일 작가 제바스티안 브란트의 15세기 후반 풍자에서 나온 이미지다. 그의 책 『바보배』는 글과 알브레히트 뒤러의 삽화를 통해 육지에는 감금 공간이 없어서 배에 잔뜩 실린 채 해안에서 멀어지는 기이한 형체,

아마도 너무 위험해서 집에 있을 수 없는 사람들을 상징하는 형체를 묘사한다. 브란트의 책이 출판되고 몇 년 뒤, 네덜란드 화가 히에로니무스 보스는 지금 더 유명해진 또 다른 바보들의 배를 그렸다.[27] 이 그림은 목가적인 풍경 앞에 농부 여덟 명과 배에 앉아 있는 수도사와 수녀를 보여 준다. 그림 속 '바보'는 전형적인 궁정 광대의 모습으로 레깅스와 모자 달린 옷을 입고 있다. 한 농부가 머리에 유리잔을 올린 채 균형 잡고 있으며 다른 농부는 국자를 노처럼 쓴다. 한 명은 다른 농부를 때리려는 몸짓이고 두 명은 물속에 있다. 그중 배에 매달려 있는 사람이 어쩌면 익사할 위험에 빠진 것 같지만, 다른 사람들은 이런 상황을 모르고 있다. 배에 탄 사람들은 이성과 합리성이 결여되어 공통 목적이 없어 보인다.

아마 보스가 참고했을 브란트의 작품에서 보이듯, 바보의 이미지가 철저히 경멸적이지 않은 것은 화가와 작가 들이 종종 바보나 미치광이를 통해 사회와 정부와 교회를 비판했기 때문이다. 바보는 궁정 광대처럼 권위에 도전할 자유가 있고, 따라서 바보로 가득 찬 배는 '광기 속에 표류하는 것처럼 보이는 사회'[28]를 상징했다. 바보는 아직 정신이상자가 아니다. 그저 '얼간이'일 수 있고, 구원으로 가는 길에 있는 신성한 바보일 수도 있다. 그러나 분명 보통 사람들보다 순수하고, 세속적인 부패와 이유 따위에 오염되지 않았으며, 어쩌면 신의 은총을 받은 사람이고 보살핌을 받아야 할 사람이었다.[29] 이와 마찬가지로 중세 사람들은 관용이 구원을 가져온다는 기대 때문에라도 가난한 사람들을 얼마간 친절하게 대했다.[30] 그러나 유럽에서 자본주의와 과학적 이성이 성장하면서 교회의 자선사업이 점차 쇠퇴하고 개인주의와 개인의 책임윤리로 대체되었다. 일단 게으른 자들을 수용할 시설이 세워지자, 가난한 사람들의 정체성이 바뀌었다. 이제는 그 사람이 그저 어려움에 처한 누군가가 아니라 극빈자, 즉 새롭고 수치스러운 존재에 속하게 되었다.

'정신이상자'나 '광인'이라는 범주가 등장하기까지는 시간이 좀 더 걸린다. 1700년대 중반까지 '정신병자'나 '광인'이라는 단어가 영국 병원 기록에 거의 안 보이는데, (정신이상이 흔하지만 입 밖에 내지 않는 사망 원인이라는 오랜 믿음이 있었어도)[31] 정신 질환에 대한 의학적 범주가 없던 것이 큰 이유다. 1700년대 말에 이르러서도 정상 궤도를 벗어난 일탈에 대한 범주는 여전히 매우 적었고, 정신적으로 심각한 장애가 있는 사람은 부랑인과 신체장애인과 범죄인으로 이루어진 더 일반적인 집단에 포함되었다.

영국의 수용소 인원이 절정에 이른 1800년대 중반까지도 '정신이상'은 여전히 대충만 분류되어 있었다. 1838년에 아이작 레이라는 미국인 의사가 정신이상은 '백치'와 '치우'로 나눌 수 있다고 했다. 백치는 선천적인 비정상이 일으키는 반면, 치우는 살아가면서 생긴 정신이상이 일으킨다는 것이다.[32] 아일랜드에서는 1866년 리머릭 정신병원에 수용된 환자 약 500명이 '치료가 가능해 보이는 광인', '치료가 불가능해 보이는 광인', '광인 백치', '광인 간질 환자'로 분류되었다.[33] 19세기 잉글랜드에서 (가난한 실업자 남성과 여성, 아동이 육체노동을 통해 먹을 것과 잠자리를 구할 수 있던) 구빈원 차원에서만 빈민에게 복지를 제공한 구빈법은 이 모든 단어를 각각 정의하지도 않고 썼다.[34] 수학자들이 정상분포처럼 통계적 평균을 표현하려고 '정상'과 '비정상'이라는 단어를 만들어 낸 19세기 중반까지 이런 단어들은 인간 행동의 범주에 쓰이지 않았다.

'정신이상insanity'이라는 영어 단어는 라틴어 '인사니타템insānitātem'에서 나왔는데, 이것은 단순히 '건강하지 않음'을 뜻한다. 예를 들어, 18세기의 누구에겐가 '정신적 이상'이나 '도덕적 이상'이 있을 수 있어도 '정신이상' 자체가 특정 진단명은 아니었으며 이 단어가 사람의 정체성을 규정하지는 않았다. '광증'은 진단명이 아니었다. 이것은 다른 무언가의 증상이었다. 광증을 뜻하는 영어 단어 루너시lunacy는 달의 상태 때문에 일어나는 뇌의 퇴행이나 일시적인 이성의 상실을 나타내는 증상이었다. 루너시가 달을 뜻하는 라틴어 루나lūna에서 나온 것도 이런 이유다. 중증 정신병은 예외로 하고, 대부분의 사람들은 심리학 용어가 아닌 피곤·발한·마비·통제가 안 되는 동작과 불면증 같은 육체적 증상으로 감정적 고통을 경험하고 표현했다.

만성적인 슬픔과 감정 기복과 불안을 경험한 사람, 극단적으로 음식을 거부하는 사람, 환청과 환각이 있는 사람 또는 알코올에 중독된 사람이야 항상 있었어도 사람 자체가 순전히 그들이 다른 점에 따라 규정되지는 않았다. 남성에게 성적으로 끌리는 남성이 '동성애자', 알코올에 중독된 사람이 '알코올중독자', 환청을 듣는 사람이 '조현병 환자'가 된 것은 지난 세기다. 그리고 최근에야 정신 질환이 어떤 사람의 행동이 아닌 사람 자체에 고프먼이 말하는 '손상된 정체성'으로 낙인을 찍게 되었다. 우울감이나 상사병처럼 슬픔이나 우울증 같은 것을 가리키는 이름은 분명 전에도 있었지만, 이런 것은 정체성이 아닌 감정이었으며 이런 문제들에 대한 이야기는 공작이나 백작 또는 셰익스피어의 햄릿 왕자처럼 부유하고 교육받고 칭호가 있는 사람들에게 해당했다. 작가 앤드루 솔로몬은 '햄릿이 처음 무대에 오른 1609년에 우울감이 질병인 것 못지않게 특혜에 가까웠다'고 기록한다.[35] 이마누엘 칸트의 책을 읽은 뒤 "내가 '그의' 문제를 가졌으면 좋겠구먼." 하고 말했다는 가난한 농부를 통해 알 수 있듯, 순수하게 '정신적인' 고통이 다른 모든 사람에게는 생각할 수 없는 것이었다.

유럽의 과학자들은 인간을 다른 동물과 구분할 수 있는 특징이 무엇인지 알아내기 위해 오랫동안 고심했다. 수용소 그리고 이상적인 인간의 모습에서 벗어난 것처럼 보이는 재소자들이 그 답을 주었다. 인간은 동물과 달리 이성이 있다는 것이었다. 우리는 일찍이 1609년에 쓰인 『햄릿』에서 오필리아가 미쳐 버린 상황에 셰익스피어가 이성이 없는 인간은 인간이 아니라고 말하는 구절을 발견한다.

그녀는 실성해 판단력을 잃어버렸소,
판단력이 없다면 우리는 그저 허깨비나 짐승일 뿐.
—4막 5장

새로운 17세기 수용소의 관리자들이 보기에 일을 못 하고 스스로를 제대로 통제할 수 없는 것은 이성의 부족, 즉 개인이 사회질서에 부합하는 방식으로 생각하고 행동할 수 없기 때문이었다.[36] 수용소에서 일하는 사람들은 기록을 통해 종종 재소자들을 믿을 수 없는 육체적 힘이 있고 심한 더위와 추위와 고통의 영향을 받지 않는 짐승으로 묘사했다. 그들은 길들이고 통제해야 하며, 통제를 받아들이는 대가로 무료 식사와 잠자리를 제공받는 짐승이었다.[37]

1795년에 윌리엄 블레이크가 그린 〈네부카드네자르〉, 즉 구약성서 「다니엘서」에서 하느님에게 벌을 받아 광인이 되었다고 하는 고대 왕처럼 18세기 내내 정신 질환자들은 의료 서적부터 미술 작품에 이르는 각종 매체에 반인반수로 나타났다. 블레이크는 긴 머리를 풀어 헤치고 벌거벗은 채 짐승 발톱이 달린 네발로 밀림을 기어 다니는 네부카드네자르를 보여 준다.[38] 정신병원 재소자는 작가와 팸플릿 집필자 들이 정치적 비이성을 비판하며 쓸 수 있는 비유로, 비인간성과 불합리성의 상징이 되었다. 예를 들어, 「리전 클럽The Legion Club」(1736)이라는 시에서 조너선 스위프트는 아일랜드 의회의 부당함을 폭로하기 위한 은유로 수용소를 이용했다.

> 그들을 같은 사슬로 묶으라,
>
> 그들이 함께 굶주리고 악취를 풍기게 하라,
>
> 둘 다 다루기 힘든 경향이 있으니,
>
> 날마다 채찍질하고, 마땅하게 채찍질하라,

그들을 교화할 가망은 없지만,

어쩌면 전갈 회초리가 그들을 길들일지도 모르니.[39]

육체적 기형도 동물적 기질과 정신 질환을 시사했다. 아직 육체와 정신을 뚜렷하게 구분하지 않았기 때문에, 기형적인 사람은 정신이상일 가능성도 높다고 여겼다. 셰익스피어의 희곡에서도 이런 낙인이 악당의 몸에 표시된 것을 볼 수 있다. 바로 『리처드 3세』가 단신에 (우리가 한때 '꼽추'라고 경멸적으로 부른) 척추장애인인 리처드가 청중에게 자신은 육체적 괴물이자 정신적 괴물이라고 말하는 장면으로 시작한다. 범죄 성향이 몸에 새겨져 있다는, 셰익스피어가 희곡을 쓰던 때의 지배적 믿음을 고려할 때 그는 분명 리처드가 성격에 따라 운명이 결정되었다는 뜻으로 글을 썼을 것이다. 리처드가 이렇게 말한다. "나는 악당임을 입증하기로 작정했다." 17세기 의사들은 신체적 특징을 이용해 다양한 인간들을 마치 서로 다른 종인 것처럼 구분했다. 특정한 사람들은 특정한 방식으로 보이거나 행동하거나 말하는 경향이 있고, 어떤 사람들은 특유의 냄새까지 났다. 그래서 기독교인들은 유대인들에게서 나쁜 냄새가 난다고 널리 믿었다.[40]

육체의 통제는 일탈을 통제하는 데 중요했다. 아메리카 식민지의 청교도처럼 일부 공동체에서는 아기를 포함해 이성이 없는 사람은 적절한 규율이 있어야 사회에 통합되는 동물이라고 믿었다. 청교도는 아기가 짐승처럼 기어 다니지 않도록 나무로 만든 보행기에 앉혔고, 아기가 목을 계속 똑바로 가누도록 버팀목을 썼으며, 걸음마를

배우는 아기가 최대한 빨리 완전한 인간의 자세를 잡을 수 있도록 척추에 나무 막대를 대기도 했다.[41]

17세기의 위대한 철학자 르네 데카르트가 정신은 육체와 별개라고 주장했을 때, 그는 유럽의 상류계급에게 빈민 통제를 위한 구실을 제공했다. 인간의 정신과 육체가 별개라면, 엘리트가 정신에 이끌리는 반면에 밭이나 공장에서 일하는 교육받지 못한 농부는 동물처럼 본능에 이끌릴 것이다. 따라서 엘리트들은 가난한 사람이 상전의 요구를 듣지 않거나 빵 한 덩이를 훔치는 것같이 사소한 죄라도 저지르면 당국이 죄책감 없이 체벌할 수 있다고 생각했다. 따라서 범죄건 장애건 행동의 문제에 대한 규율이 가난한 사람에게는 정신이 아닌 육체에 집행되었다. 하층민 노동자의 육체를 이렇게 대상화한 결과, 1700년대에는 거의 내내 영국에서 사람을 처형할 수 있는 범죄가 150가지도 넘었다. 영국에서 교수형이나 참수형에 처해진 수많은 사람들이 종종 '죽은 물건'이라고 불렸다. 그들은 사형capital punishment의 희생자이자 자본 처벌punishment of capital의 희생자였다.[42]

여성을 향한 마녀사냥도 인클로저 시대 동안 자본주의 사회의 발전에서 아주 중요한 육체적 통제였다. 마법에 대한 고발이 최고조에 이르고 자본주의가 등장하는 무대가 세워지고 있던 16, 17세기에 영국에서는 가난한 이웃을 돌볼 책임이 지역공동체에서 수용소와 구빈원 같은 시설로 옮겨지고 있었다. 자본주의의 가장 초기 단계에도 사람들이 자선에 눈살을 찌푸렸다. 따라서 마녀사냥과 처형은 빈자와 부자, 남자와 여자, 이웃과 이웃이 서로 반목하고 대적하게 만들었다. 만일 당신이 먹을 것을 구하는 가난하고 늙은 과부의 청을 거절하면, 다음 날 당신의 말 한 마리가 죽는다. 밭에 심을 씨앗을 구하는 여성의 청을 거절하면, 다음 주에 비가 오지 않는다. 뭔가 내주기를 거부한다면, 이웃을 돕는다는 전통 도덕적 의무를 위반하는 것이다. 당신은 내적 갈등을 느끼고 당신의 불행을 그녀 탓으로 돌린다. 그럼으로써 당신은 죄인이 아닌 피해자가 된다. 그래서 마법에 대한 두려움이 죄책감에 대한 방어기제가 되었다.[43]

마녀사냥은 계급과 성을 둘러싼 투쟁의 핵심이 되었다. 수천만 명이 죽임을 당했는데, 대다수가 가난한 여자였다. 자본주의로 이행하는 과정에, 자식을 포함한 재산의 극대화를 위해 강화된 가부장적 질서가 있었다. 인구 증가가 개인적, 국가적 부의 핵심이라고 확신한 남성들은 생식과 여성의 몸을 통제하는 데 방해가 되는 것은 다 두려워했다. 여성은 기껏해야 도덕적으로 남성만 못한 존재, 최악의 경우 경제적 진보를 막는 책략을 꾸미는 음모자로 여겨졌다. 영국, 프랑스, 스페인에서 남자들은 여자들이 임신을 회피하거나 유아를 죽이거나 소아 질병을 일으키거나 악마와 성관계를 맺는다고 의심했다. 한 역사학자는 이렇게 썼다. "마녀사냥의 절정기에는 주민 수가 몇 천 정도인 작은 마을이나 도시에서 몇 년 또는 겨우 몇 주 간격으로 여자들이 수십 명씩 화형당했으며 어떤 남자든 안전하다고 느끼지 못하고 마녀와 살지 않는다고 확신하지도 못했다."[44] 여성은 지위가 낮을수록 이성 없이 마치 기계처럼 육체의 지배를 받을 가능성이 컸다. 따라서 자본주의를 향한 이행은 한마디로 몸에 대한 공격이었

다.[45]

　과학자들은 곧 남성보다 여성이 자연에 긴밀하게 연결되어 있으며 여성의 몸은 자연적으로 아기를 낳고 먹이도록 만들어졌다고 주장한다. 월경조차 달의 움직임과 유사하다. 그 반면 남성은 (여성을 포함한) 자연을 통제하도록 만들어졌다. 그리고 이런 관점에서 여성은 이성과 합리성보다 몸의 지배를 더 많이 받기 때문에, 남성보다 정신 질환에 취약했다. 그리고 오래지 않아 자본주의를 위해 여성의 몸을 이용하는 과정이 의학의 언어를 바꾼다. 의사들이 출산을 '노동'과 '배달'로, 월경을 '실패한 생산'으로, 폐경을 '쇠퇴하는 공장'이라고 부르게 된다.[46]

2

정신 질환의 발명

감옥의 담장 뒤에는 사회를 가두는 법을 거역하는 사람들이 있다.
—『스스로를 파괴하라』(1968), 세르지 바드, 영화감독

정신 질환을 명명하거나 분류하게
된 것은 정신에 대한 새로운 과학 지식 때문이거나 감금을 위한 정
신 질환자 색출 때문이 아니다. 푸코는 이렇게 쓴다. "그 현상을 만
들어 낸 것은 감금의 심연 자체다."[1] 감금이 있기 전까지 의사들은
단일한 장소에서 그토록 많은 일탈자들을 본 적이 없다. 그러므로
감금은 의사가 사람들을 관찰하고 정신 질환이라는 개념을 만들고
육체의 질병과 정신의 질병을 분리하고 정신의학을 새로운 의학 분
야로 확립하려고 시도할 수 있는 조건을 만들었다. 그리고 정신 질
환이 곧 연구 대상으로 떠오를 이 세계에서 대체로 선의를 가진 의
사들은 감금이 진정한 진보라고 믿었다.

정신 질환자는 달갑지 않은 존재로 공동체에서 배척되면서도 과학과 합리성의 신세계에 이제 막 개념적으로 포함된 새로운 종류의 인간이었다. 의사들은 환자가 일단 지역사회에서 분리되어 새로운 규칙과 일과가 있는 새로운 시설에 배치되어야만 증상이 개선되어 마침내 사회에 다시 합류할 수 있다고 믿었다. 수전 손택은 19세기 결핵도 마찬가지였다고 지적했다. "결핵과 마찬가지로, 정신이상은 일종의 추방이었다." 그러면서 이렇게 덧붙였다. '약물 때문이든 정신병 때문이든 분명하게 보이는 극도의 심리적 경험에 대한 가장 흔한 은유가 여행인 것'은 우연이 아니었다.[2] 20세기가 시작할 무렵, 미국과 유럽에서 결핵이 통제되고 줄어들자 결핵 요양소는 정신이상자 수용소로 바뀌었다.

영국과 프랑스에서 추방과 비이성은 예술과 문학에서 두드러졌다. 1330년 이래 영국의 가장 유명한 수용소 베들렘은 런던에서 가장 가난한 소수의 재소자들을 위한 집이었다. 베들렘은 한 시기에 몇 십 명의 재소자만 두었는데도 영국인 모두가 그 이름을 알았다. 부모는 자녀가 버릇없이 굴면 그곳에 보낸다고 경고했다. 베들렘은 셰익스피어의 『리어왕』에서 글로스터의 에드거가 '베들렘 거지', '불쌍한 톰'으로 위장할 때 등장한다. 「사랑의 루너시」(1637)라는 영국의 발라드는 이곳의 공포를 말했다.[3]

이곳 베들렘은 고문의 장소로다.
여기서 여전히 들리는 두려움 가득한 소리.

이곳에서는 정신에 불만이 가득하구나.

그리고 여전히 가득한 공포.

어떤 자들은 비통하게 사슬을 흔들고,

어떤 자들은 욕을 하고, 어떤 자들은 저주를 퍼붓고, 어떤 자들은

포효하고,

어떤 자들은 두려움에 차서 울부짖고,

어떤 자들은 자신의 옷을 찢고 있네.

한 세기 뒤 사람들은 '베들렘의 미친 톰'⁴에 대한 노래를 불렀고, 소설과 시에서 베들렘을 계속 말했다.

17·18세기 수용소의 그림을 살펴보면, 경범죄자뿐 아니라 조증이나 우울증 또는 환각증 같은 증상으로 철창에 갇힌 사람들의 이미지도 있다. 뒤틀리고 고통스러워하는, 때로는 폭력적이고 때로는 성적으로 도발하는 몸이 있다. 18세기 내내 수용소는 비참한 장소였다. 1700년대 후반에 프랑스에서 쓰인 보고서에는 파리 바로 남쪽의 비세트르병원에서 축축한 방에 지푸라기만 깔고 자는 환자들에 대한 내용도 있다. 파리의 살페트리에르병원 재소자들은 자주 역류하는 하수구 근처에 있는 방에서 생활했다. 병원 감시자인 데포르트 씨가 살페트리에르를 이렇게 묘사했다. "방에 쥐 떼가 출몰했다. …… 발과 손, 얼굴이 물린 미친 여자들이 발견되었다."⁵ 18세기 말 영국에서는 관람료를 내고 베들렘의 정신이상자들을 구경하는 이들이 있었고, 많은 이들이 이곳의 참상을 묘사했다. 관람객들은 겨울에

도 옷을 입지 않은 재소자들, 벽과 침대에 사슬로 묶여 있는 남녀를 보았다. 간수들이 움직임을 통제할 수 있도록 마치 동물처럼 쇠줄을 목에 찬 남자도 있었는데, 그 줄은 벽에 고정된 쇠사슬에 연결되었다. 1799년 재소자 중에는 정신이상 진단을 받고 4개월 간 어머니와 떨어져 지낸 네 살배기도 있었다. 의사들은 어린아이에게 이성이 있다고 생각하지 않았기 때문에 이런 경우가 아주 특별하지는 않았을 수 있다.[6]

1770년대 후반 영국에서 감옥 개혁 운동을 펼친 존 하워드가 유럽 전역에 생긴 수많은 수용소를 방문했을 때 종종 중범죄자가 파산자, 정신이상자와 같은 공간에 수감된 것을 보고 충격을 받았다.[7] 그는 감금의 목적이 새로운 자본주의 체제에서 이상적인 사람의 모습을 크게 벗어난 사람들을 수용할 공간을 새로 만드는 것이라고 이해했다.[8] 유럽 전역에서 그를 포함한 몇몇 사람들이 더 정밀하게 사람들을 통제하고 보살필 수 있도록 여러 범주를 두는 효율적이고 인간적인 정책을 제안했다. 범죄자와 거지, 환청을 앓는 사람은 각각 서로 다른 정체성과 통제 및 규율, 제도가 필요했다. 영국인들은 범죄자를 정신이상자와 분리하려고 최초의 감옥을 세웠다. 달리 말해, 정신이상이라는 범주가 발명되고 나서야 감옥이 발명되었다.

수용소의 맥락에서 '정신이상'은 점차 독자적인 이름과 낙인, 즉 다른 차이와 구분되며 실재하는 비참한 사회적 정체성으로서 형태를 갖추었다. 정신이상과 우울증 및 몇몇 호칭과 함께 정신의학이라는 직종이 서서히 등장했지만, 최초의 정신과 의사는 사실 진짜 의사가 아니었다. 그들은 대부분 행정관이고 관리자였다. 우리 증조할아버지 줄리어스가 정신분석을 시도한 19세기가 도래할 무렵에도 대부분의 의사와 모든 의과대학이 정신의학을 정식 의학 분야로 여기지 않았다. 정신과 의사는 마치 환자들과 같은 질병이 있는 것처럼 낙인이 찍히기도 했다. 심지어 20세기에도 할리우드 극작가와 영화제작자는 정신과 의사를 성격적 결함이 있고 이중적인 신경증 환자로 정형화한다.

1700년대 후반, 종종 '정신의학의 아버지'로 불리는 유명한 프랑스 의사 필리프 피넬이 정신병원을 재소자와 의사 모두에게 더 나은 장소로 만들기 위한 임무를 주도했다. 그는 환자를 대하는 데 규율이 있었지만, 가능하다면 대화와 친절로 대하기도 했다. 그가 파리에 감금된 환자 수천 명의 다양한 인지 및 정서 장애를 기록하기 위해 '광기'에 대한 논문을 썼다. 그의 접근법이 '도덕 치료'로 알려지는데, 여기서 '도덕moral'의 뜻이 우리가 오늘날 생각하는 것은 아니다. 보통 옳고 선한 것을 생각하지만, 피넬에게 이것은 정신적인 면을 뜻했다. 즉 물질적인 존재와 상반되는 정신과 성격을 나타냈다.[9]

피넬의 이런 개념을 통해 비이성에 대한 새 정의가 나타났다. 광기를 뜻하는 프랑스어 '폴리folie'가 전에는 사회적, 경제적 삶의 규칙을 따르지 못하는 것을 의미했다. 이제 광기는 사회에서 사람이 소외되는 것뿐 아니라 육체에서 정신이 소외되는 것, 즉 '정신이상aliénation mentale'[10]을 가리키기도 했다. 과거와 단절하며 의사들이 뇌에 자리 잡고 있는 정신의 독자적인 질병이 있을 수 있다고 주장했다.

그리고 정신이상은 정확히 그런 것이 되었다. 그냥 아무 일탈이 아닌 독자적으로 '정신병 의사'가 연구하고 치료해야 할 질병군이 된 것이다.

정신병자 수용소라는 것이 생기기 한참 전에, 데카르트는 자신이 확신할 수 있는 것은 자신이 미치지 않았다는 것뿐이라고 주장하면서 근대적인 낙인의 개념을 처음으로 암시했다. 그는 자신은 이성적이며 미친 사람처럼 보이거나 행동하지 않는다고 말했다. 1970년대에 우리 할아버지가 쓴 것처럼, 데카르트는 우리를 형성하는 모든 요소에서 '정신'적인 것을 분리해 정신 질환에 낙인이 찍히게 되는 발판을 놓았다. 19세기 중반에 접어들면서 의사들이 육체와 정신의 통일을 강조했지만,[11] 육체와 정신이 항상 서로 영향을 미친다고 말하는 것은 여전히 이 둘이 별개임을 인정하는 것이었다.[12]

그러나 정신 질환을 별개의 상태로 정의하고 과학이라는 미명하에 정신 질환자를 소외하고 침묵시키기 위한 장치로 기관과 시설을 만든 것은 철학자가 아니라 새로운 의사와 정신병원 관리자다. 정신 질환과 낙인은 함께 탄생했다.

계몽주의 시대에 과학은 단순히 지식에 대한 탐구가 아니었다. 그것은 인간성을 개선하기 위해 지식과 이성을 이용하는 방법에 대한 탐구이기도 했다. 올바른 방법을 이용하면, 수용소가 재소자를 단속하고 빠르게 변하는 시대에 사회와 국가를 약화하는 격정을 통제하며 장애가 있는 정신을 치료하는 데 도움을 줄 수 있었을 것이다. 그래서 수용소 관리자들은 자신들의 시설을 창의적인 치료법의 실험실로 이용했다.

고양이 피아노를 생각해 보자. 독일의 의사 요한 라일이 감각이 무뎌졌거나 긴장증이 있는 환자의 활력 회복에 도움을 주기 위해 고양이 피아노라는 것을 고안했다.

> 〔고양이들을〕 꼬리를 뒤로 잡아당겨 일렬로 둔다. 그리고 꼬리 위에 바늘이 박힌 건반을 설치한다. 건반을 누르면 고양이가 소리를 낼 것이다. 환자가 고양이들의 얼굴 표정과 연주를 놓칠 수 없도록 배치하고 이 악기를 연주하면, 롯의 아내(구약성서 「창세기」에서 부패와 타락의 도시 소돔과 고모라에서 탈출하던 중 미련 때문에 뒤를 돌아보다가 소금 기둥이 되었다는 여성이다.—옮긴이)라도 굳은 상태에서 의식이 깨어 있는 상태로 되돌려 놓을 것이다.[13]

라일은 빨갛게 달군 쇠와 채찍을 이용하거나 사람을 익사시키듯 물에 담그는 행위를 포함한 고문도 분명하게 옹호했다.[14] 심지어 19세기 중반에 벨기에 의사 조셉 귀스랭은, 물웅덩이에 담글 환자가 들어 있는 철창 우리를 '중국 사원'이라며 묘사했다. 자신이 익사할 줄 아는 환자가 충격을 받아 새로운 상태, 새로운 삶에 접어들게 한다는 것이다. 또한 스웨덴의 의사 게오르그 엥스트룀의 보고서가 사실이라면, 그는 우울증에 빠진 환자를 개미 떼가 우글거리는 자루에 넣어 감각을 살아나게 했다. 독일에서는 J. H. 레만이 비슷한 환자들

을 뱀장어가 가득한 욕조에 넣었다고 주장했다.[15]

이런 장치들이 실제로 만들어지거나 사용되었는지 그리고 그 증거의 유무와 관계없이, 여기서 의미 있는 요점은 많은 곳에서 정신의학이 정신에 충격을 주기 위한 시도로 시작되었다는 것이다. 이것이 마치 현대 전기경련요법의 전조처럼 들리겠지만, 사실 둘 사이에는 공통점이 거의 없다. 그러나 이런 발명들의 이론적 근거는 경련요법과 공포 요법이 환자가 억눌린 공격적 사고를 인식하고 분출하는 데 도움을 주며 그 뒤에는 심리치료로 그런 사고에 대해 이야기할 수 있다는 20세기 중반의 정신분석 이론과 닮았다. 우리 할아버지는 공동 저자와 '전멸의 공포가 **유아적 무력감**을 조성할 수 있으며, 이것이 환자가 치료사를 자신을 보살피는 부모 같은 존재로 받아들이게 한다'[16]고 썼다. 이와 유사하게, 라일을 비롯해 여러 의사들은 공포심을 이용해 사람들을 무감각하거나 우울한 상태에서 '깨어나게' 하고, 그들이 자신의 감각을 날카롭게 인식하고 자신에게 이성이 없다는 사실을 의식하게 하려고 했다.

21세기 독자에게는 너무 잔인하게 들릴 이런 방법에 사실은 치료 의도가 있었다. 라일에게 정신이상자는 겁을 줘야 할 대상이 아닌 치료해야 할 대상이었다. 그는 가혹한 치료법뿐 아니라 성관계와 운동, 좋은 식단도 권장했다. 라일은 정신이상자보다 문명을 더 두려워하는 것처럼 보이는, 프로이트의 전조가 되는 정서를 드러내기도 했다. 그는 사실 정신이상자가 세상의 다른 사람들보다 더 미쳤다고 볼 수 없다는 것, 어쩌면 덜 미쳤을지도 모른다는 것을 보여 주려고 했다. 1803년에 그는 '정신병원'의 '대혼란'이라는 것에 대해 썼다.

> 선조에 대한 자긍심, 이기주의, 허영, 탐욕 그리고 다른 모든 인간
> 적 약점을 보여 주는 허상이 광활한 세상의 바다에서처럼 방향타
> 를 이 대혼란으로 이끈다. 그러나 비세트르와 베들렘의 모든 바보
> 가 거대한 세상이라는 정신병원의 바보들보다 개방적이고 순진하
> 다. 이 세상에는 복수심에 찬 파괴가 난무한다. …… 그러나 〔정신
> 병원에서는〕 어떤 마을도 불타지 않고 어떤 사람도 피 흘리며 흐느
> 끼지 않는다.[17]

사실 1808년에 (고대 그리스어 중 정신과 영혼을 뜻하는 '프쉬케
psukhē'와 의사를 뜻하는 '이아트로스iatros'를 합해) '정신의학'이라는 단
어를 만든 사람이 바로 라일이다. 가끔 '독일의 피넬'로 불리는 라일
은 정신의학을 육체와 정신의 복잡한 관계를 다루는 의학 분야로 생
각했다.[18]

자본주의와 함께 '질서', '법', '규제' 등 통제를 나타내는 새로운
정신의 어휘가 등장했다. 보스와 윌리엄 호가스의 그림에 나타난 정
신병원의 혼란에 대한 오래된 이미지가 18세기 후반에는 마치 수용
소가 잘 운영되는 병원이나 안식처인 것처럼 질서와 평화의 이미지
로 대체되었다. 수용소 안에서든 밖에서든, 규제와 분류는 사회가 적
절히 기능하는 데 핵심적이었다. 산업혁명 태동기에 자본주의 신봉
자들에게는 인간을 포함한 사물의 세계에 자연의 질서가 있었다. 그

것은 어떤 사람과 공동체가 다른 사람과 공동체에 종속되며 육체가 관리되고 조직되도록 요구하는 위계적 질서였다. 엘리트와 노예주는 하인이나 노예가 자유롭지 않다거나 차별받는다고 생각할 수 없었다. 그들은 자연적으로 그들이 속한 자리에 있을 뿐이었다. (우리가 모두 알다시피, 미국 독립선언문의 저자들이 '모든 인간이 평등하게 창조되었다'고 썼을 때 '모든 인간'은 백인 남성 지주만을 가리켰다.) 또한 엘리트는 수용소 사람들이 학대당하고 있다고 상상할 수 없었다. 피넬은 수용소 재소자들을 쇠사슬에서 풀어 주는 대신 구속복을 입히면서 진심으로 그들을 해방한다고 생각했다.[19]

유럽 국가들이 수용소를 개혁한 것은 죄의식 때문이 아니라 자본주의의 요구 때문이었다. 저임금 노동자들이 점점 더 경제에 중요해졌기 때문에, 성장하는 부르주아 계급은 감금이 '경제적 실수'[20]라는 것을 깨닫게 되었다고 푸코는 말한다. 도시나 시골에서 아무도 하지 않는 하찮은 일을 싼값에 할 수 있는 사람들을 왜 수용소에 가두거나 숨기나? 1800년대 초에 프랑스에 갇혀 있던 사람들 중 대다수는 여전히 범죄자나 정신이상자였지만, 감금의 목적은 바뀌기 시작했다. 여전히 엄격한 규율과 징계가 수용소와 감옥 생활을 지배했지만, 그 정도가 점점 덜해지기 시작하면서 재소자의 건강과 일할 수 있는 능력을 회복시키기 위한 인간적인 접근법 쪽으로 기울었다.

이런 변화의 원동력 중 하나는 정신 질환을 순전히 의학적이거나 생물학적인 질병으로만 이해할 수 없다는 합의의 등장이다. 정신 질환은 정신과 마음의 질환이기도 했고, 따라서 순수하게 육체적인 질병보다 인간의 개입에 더 잘 반응했다.[21] 이런 관점이 영국과 미국에서도 재현되어 1800년대 중반 무렵 수용소 관리자들은 모든 환자가 온전한 정신을 되찾을 수 있다고 믿기 시작했다. 환자들이 빨리 일어나 가정으로 돌아갈 수 있도록 수용소 체류 기간이 2년 미만으로 크게 줄었다.[22] 19세기 말로 향하면서 수용소의 직원 구성도 달라진다. 수용소 관리자들이 단순히 광기를 관리하기보다 치료하는 정신병 의사(정신과 의사의 전신)에게 점차 권한을 내주었다.[23] 그러나 이 중요한 이행 과정에 종종 도덕 치료의 시대라고 불리는 단계를 거쳐야 했다.

1790년, 60세의 퀘이커교도 사업가이자 박애주의자인 영국 요크셔의 윌리엄 투키는 같은 공동체에 사는 또 다른 퀘이커교도 한나 밀스가 불과 6개월간 수용소에서 생활하다 알 수 없는 이유로 사망한 사실을 알게 되었다. 한나가 학대를 받았는지 여부는 확실히 아는 사람이 없지만 투키의 딸 앤이 이 소식에 충격받아 아버지에게 인간적인 정신병원을 열어 달라고 간청했고, 1796년에 그가 그렇게 했다. 그는 이것을 그냥 '요양소'라고 불렀다.[24]

영국의 투키 가문 요양소는 프랑스의 피넬 병원과 마찬가지로 감금과 수용에서 치료와 관리로 점차 이행하는 과정에 있었다. 그러나 '도덕 치료'라고 알려진 투키의 방법이 처음부터 친절과 정서적 지원을 토대로 하지는 않았다. 도덕 치료는 모든 환자가 다른 모든 인간처럼 이성의 능력이 있지만, 어디까지나 육체가 정신에 대한 통제력을 되찾을 수 있을 때만이라는 가정에서 시작했다. 새로운 재소자들은 수용소에 자신을 전적으로 의탁해야 했다. 먼저 환자를 철저히 무력화해 수용소 관리자에게 저항할 수 없게 하고, 필요하면 실제로 겁박하는 것이 전략이었다. 환자는 병원 구내에서 돌아다닐 자유가 있어도 지속적으로 감시받았으며 병원을 떠날 수 없었다. 요양소를 질서와 절제의 공간으로 만들기 위한 행동 규칙이 많았고, 할 일을 하지 않는 재소자는 육체적 구속과 징계를 받았다. 재소자는 문자 그대로 치료를 수동적으로 받는 사람이었고, 따라서 (형용사) '참을성 있는' (명사) '환자'로서 '페이션트patient'의 이중적 의미에 부합했다. 그러나 궁극적인 목적은 외적인 강압을 자기통제로 대체하는 것이었다. 퀘이커식으로 '친구'라고 불리는 재소자들이 자율성을 보이고 보상과 처벌 체계에 긍정적으로 반응하며 증상을 극복하기 시작하면 그들에게 새로운 자유가 부여되었다.

퀘이커교도인 투키는 폭력적인 치료법의 적용을 만류했지만, 도덕 치료의 시대에 대부분의 수용소에서 의사들은 여전히 환자에게 구토와 굶주림과 탈수를 일으키고 피를 뽑고 두피에 산을 투여해 물집이 생기게 했다. 투키와 같은 시대의 개혁가 프랜시스 윌리스는 심지어 자신의 유명한 환자인 조지 3세를 길들여야 하는 짐승처럼 대했다. 반복적인 조증을 치료한다면서 왕을 사슬로 말뚝에 묶고 매질을 하고 굶긴 것이다. 도덕 치료의 시대에 (비록 영국의 왕이라도) '미친' 사람에게는 규율과 두려움이 필요했다.

투키와 피넬 같은 관리자들은 병원 운영에 그치지 않고 환자들에 대한 상세한 관찰 내용을 작성하고 과학 논문을 발표하기도 했다. 그리고 점점 늘어나는 이런 문헌에 기초해 수용소에서 수집한 지식을 사회 전체에 적용할 것을 권했다. 축적된 지식 덕분에, 이들은 일터와 가정·거리·학교와 감옥 등 다양한 장소에서 인간의 행동을 통제하는 방법에 관한 전문가가 되었다. 이혼에서 망상, 조증, 수음에 이르기까지 건전하지 않은 모든 것이 점차 정신과 의사의 전문 분야에 포함되었다. 사실 피넬은 우울감이나 건강염려증처럼 일반인들 사이에서 볼 수 있는 차이점이 수용소에도 있으며 좀 더 극단적인 방식으로 나타날 뿐이라고 썼다.[25] 시대를 앞서 간 그는 망상과 환각을 포함한 정신 질환이 일반 대중 사이에도 분포되어 있으며 하나의 스펙트럼에 존재하는 것으로 볼 수 있다고 암시했다. 그는 우울증이나 조증, 환청 증세가 있는 사람들 가운데 어떤 이들은 별 지장 없이 사는 반면에 어떤 이들은 심각한 지장이 있다고 지적했다.

정신장애에 대한 이 새로운 관점에 따라, 의사들은 가장 흔하고 사적인 행동까지도 정신의 기능에 관한 증거로서 연구하도록 서로를 부추겼다. 성性은 특별한 호기심의 대상이었는데, 많은 의사가 성기에 정신 질환을 이해하고 치료하는 열쇠가 있다고 믿었기 때문이다. 심지어 고대 그리스인들도 정서장애가 성적 욕구와 기관, 특히 자궁의 문제에서 생긴다고 믿었다. (그래서 '히스테리'라는 말은 그리스어로 자궁을 뜻하는 히스테라에서 왔다.) 고대 그리스인들은 남성과 여성 모두에게 자궁이 존재하고, 다만 여성의 경우 몸속에 있는 반면에 남성은 몸 밖에 (나중에 해부학자들이 '음낭'이라고 부르는 것으로) 있다고 믿었다. 1800년대 초에 한 역사학자는 '의사와 교육자 들이 환자의 성적 습관에 집착하게 되었다'[26]고 썼다. 초기 성형수술은 생식기나 코처럼 사람들이 성과 관계있다고 믿은 신체 부위에 손을 대 성적인 욕구나 행동을 바꾸려는 시도에서 비롯했다. 1800년대 말 무렵 대부분의 과학자들은 코의 형태가 사람의 성격을 반영하며 코와 질 조직, 코피와 월경의 주기성은 비슷한 점이 있다고 믿었다. 유럽에서는 프로이트를 비롯한 많은 정신분석가가 환자를 외과의에게 보내 코 수술을 받게 했다. 그래서 의사들이 독일의 초기 성형외과 의사 요한 야콥스를 향해 불필요하게 환자의 코 모양을 바꾸었다며 비판했을 때, 그는 자신이 성형수술을 하지 않는다며 자신은 코가 아니라 정신을 수술한다고 반박했다.[27]

새롭게 등장한 정신의학계에서 성과 관련해 수음만큼 지적인 열정을 불러일으킨 것이 거의 없다. 수음이 정신 질환의 주요 원인이라는 믿음이 널리 퍼졌기 때문이다. 또한 수음은 혼자 은밀하게 하는 경향이 있기 때문에, 반사회적인 행동과 연결되었다. 19세기에 프랑스와 영국, 독일의 의사들은 수음이 모든 성도착과 자기 파괴적 행동의 근간이라고 믿었으며 이것을 '자학 행위'(이에 해당하는 영어 self-abuse가 '자위행위'의 완곡한 표현이기도 하다.—옮긴이)라고 불렀다. 자본주의 논리가 어떻게 육체와 정신으로까지 확대되었는지를 보여주는 예로, 한 의사가 수음으로 정자를 낭비하는 것을 '돈을 창밖에 던지는 행위'[28]에 비유했다.

수음처럼 비정상적인 성행위는 정신 질환의 뿌리일 뿐 아니라 자연을 거스르는 범죄이며 국가에 대한 위협이었다. 이것이 나라 전체의 퇴보를 불러올 수도 있었다. 이런 믿음이 오늘날까지 일부 복음주의자와 정치적 보수주의자들 사이에 남아 있다. 일찍이 1775년 파리에서 J. F. 베르트랑은 밀랍 박물관을 열어 다양한 질병과 육체적 쇠락의 단계를 겪는 '수음자'(수음 때문에 음경이 없어진 소년과 질에 궤양이 생긴 여자)를 묘사했다. 박물관은 40년 동안 문을 열었고, 어떤 해에는 학교의 현장학습으로 인기를 끌었다. 수음자들은 반사회적일 뿐 아니라 국가에 잠재적 반역자였다. 유대인의 경우 국가의 적이자 강박적 수음자로 정형화되었다. 결혼과 올바른 성과 사랑만이 발타자르 베커 박사가 '오싹한 자기 오염의 죄'라고 부르는 것을 막고, 설사와 여드름·마비·척추 기형·간질·기억상실·피곤·자살처럼 수음에서 비롯한 모든 질병을 예방할 수 있었다.[29]

"흑사병도, 전쟁도, 수두도, 비슷한 다른 폐해도, 수음 습관만큼 인간성에 재앙 같은 결과를 불러오지 않았다. 그것은 문명사회를 파괴하는 요소다."[30] 1854년에 프랑스 의사 T. 파르뱅은 이렇게 쓰면서 과장한다는 생각이 없었다. 영국에서는 '수음' 때문에 정신병자 수용소에 들어간 사람들이 있었고,[31] '수음자'가 진단명이 되었다. 20세기에 접어들어 미국의 어떤 의사들은 수음 빈도를 낮추기 위해 소년과 소녀 모두에게 할례를 하자는 주장까지 펼쳤으며, 역사학자들 사이에는 영어권 국가에서 태어난 소년들에게 할례를 일반적으로 하게 된 이유가 바로 이것이라는 데 상당한 합의가 있다.[32]

오늘날 식탁에서 콘플레이크나 그래놀라를 먹는 사람들 중에 자신의 아침 식사가 애초에 수음을 막기 위해 발명되었다는 사실을 알거나 알고 싶어 할 사람은 거의 없을 것이다. 영양학자인 존 하비 켈로그와 그의 동생 윌 키스 켈로그는 미시간주 배틀크리크에서 요양원을 운영했다. 만성질환자들이 남북전쟁 때 유명한 의사였던 와이어 미첼이 '휴식 요법'이라고 이름 붙인 방법에 따라 편안한 휴식과 처방된 식단을 통해 건강을 회복할 수 있는 곳이었다. 켈로그는 지나친 성욕 및 성행위와 관련된 기능 장애가 거의 모든 정신적, 육체적 질병의 근원이라고 믿었다. 성기를 쾌락의 도구로 삼는 것은 중독을 일으키고 전신에 충격을 준다고 생각했다. 또한 그것을 치료하는 열쇠가 식단이라고 믿었다. 자극적인 음식은 수음 욕구를 포함한 성욕을 자극하지만, 자극적이지 않은 음식은 성욕을 억제한다는 생각이었다. 존 하비 켈로그는 수음하는 사람에게 나타나는 징후로 정신이상 외에도 서른아홉 가지를 열거했다. 여기에 수줍음과 변덕, 수면 부족, 수면 과다, 혼자 있기를 좋아함, 여드름 등이 포함되었다. 그는 또한 헛간과 다락방, 한적한 숲속 등을 일탈 장소로 지목했다. 사람들은 켈로그가 많은 부모에게 염탐을 부추겼다는 의혹을 품고 있다.[33]

켈로그 형제는 옥수수와 귀리, 밀을 구워서 조각낸 혼합물을 만들었다. 당시 이들은 무가당을 고집하며 일부러 맛없게 만들었다. 그리고 '그래눌라' 시리얼이라고 불렀는데, 나중에 다른 시리얼 제조자가 이미 쓰는 이름이라는 것을 알게 돼 '그래놀라'로 바꿨다. 또한 켈로그는 수음을 막는 방법으로 채식과 운동과 요구르트 관장을, 수음을 고통스럽게 하는 방법으로 남성은 포피를 은 철사로 묶고 여성은 음핵을 석탄산으로 태우는 것을 주장하기도 했다.[34] 존 하비 켈로그는 청중 앞에서 자신은 결혼 생활에서 부부 관계를 결코 하지 않았으며 자녀들은 모두 입양했다고 주저 없이 말했다.[35] 성교 정신이상과 '혼자 하는 성적 놀이'라는 것을 예방한다며 장로교 목사 실베스터 그레이엄도 설탕을 더하지 않은 그레이엄 크래커를 만들었다. 자극적이지 않은 음식과 모든 절제가 성적인 자극을 줄인다는 믿음 때문이었다. 그레이엄은 수음이 단신과 나쁜 자세, 대머리, 충치, 정신지체, 궤양 및 기타 질병을 일으킨다고 믿었다.[36]

그레이엄과 켈로그가 당대의 특이한 사상가는 아니었다. 19세기 중·후반 미국에서 가난한 도시 거주자들이 자신이 처한 역경에 반응하는 방식이 산업사회를 세속적이고 사악하고 불순하다고 비난하는 것이었다. 영국에서 의사와 기자 들은 산업도시를 소돔과 고모라, '동성애와 수음의 온상이 되는 밀림'[37]에 비유했다. '정신이상'인 미국인의 수를 집계하기 시작한 과학자들에게 증거는 명백했다. 정신이상자들은 도시에 집중되어 있으며 빈민가, 감옥 또는 수용소에 살았다. 더욱이 당대의 유명한 작가와 화가 들은 '자위행위'가 인간의 힘과 이성을 고갈시키는 성적 과잉의 한 형태라고 썼다. 오랫동안 수음이 잘못된 행동이라는 죄의식을 불러일으킨 것도 놀랄 일이 아니다. 사람들은 자신이 사는 시대의 가치관을 내면화하기 때문에, 굳이 사회가 망신을 주지 않아도 수치심을 느낄 수 있다. 죄의식은 관객이 필요 없고, 사람들은 반사작용으로 스스로에게 낙인을 찍을 수 있다.

　궁극적으로 이런 경제적, 사회적 사고의 변화로부터 가장 중요하지만 가장 알려지지 않은 혁명이 나왔다. 그것은 사회질서의 발전에 그리고 '비정상'적인 존재의 창조와 소외에 광기 못지않게 중요한 혁명이다. 나는 지금 '여성'의 발명을 말하는 것이다. 여성은 1700년대 말 이전에는 없던 인간의 범주로, 그때까지 세상에는 오직 남성만 있었다.

3

분열된 몸

가장 엄격한 탐구자는
여자가 안팎이 뒤집힌 남자임을 알게 된다.
—『아리스토텔레스의 걸작』(1684)

16세기의 위대한 저술가인 미셸 드 몽테뉴가 프랑스 북부 마른강 변에 살던 10대 소녀, 마리 가르니에에 관한 이야기를 썼다. 그녀는 특별할 것이 없지만 턱에 털이 조금 돋아 있었다. 다른 소녀들은 그녀를 '수염'이라고 부르며 놀렸다. 어느 날 그녀가 밀밭에서 돼지를 쫓다가 넓은 배수로를 만났다. "그녀가 온 힘을 다해 도약하는 순간, 뚜렷한 남성성의 징후가 모습을 드러냈다."[1] 마리는 어머니에게 내장이 밖으로 나오고 있다고 말했다. 당황한 의사들이 그녀를 진료했는데, 그녀가 말하는 내장이 사실은 음경과 음낭이라고 결론지을 수밖에 없었다. 그들은 그녀가 힘을 너무 많이 써서 몸의 열이 그녀를 남자로 바꿔 놓았다고 말했다. 이

제 그녀에게 남자 이름이 필요해졌기에, 레농쿠르의 추기경이 그녀의 이름을 제르맹으로 바꾸고 그녀에게 남자 옷을 주었다. 마을 소녀들은 멀리뛰기를 너무 힘껏 해서 지나치게 열을 내면 위험하다고 경고하는 노래를 지어 불렀다. 다부진 체격에 숱진 붉은 수염이 있는 성인이 된 제르맹은 샹파뉴의 비트리 르 프랑수아에서 친위대에 들어갔다.

옛날에는 이렇게 남자가 된 여자에 대한 이야기가 제법 많았다. 여자가 된 남자에 대한 이야기도 있었다. 오늘날 우리에게는 말이 안 되는 이야기들이다. 1700년대 후반까지는 모든 서양 문명에서 단일한 기본 성(남성)이 남자와 여자로 다르게 발현된다고 믿었지만, 이제 과학자들이 그렇게 믿지 않기 때문이다. 옛날에는 이브의 몸이 아담의 갈비뼈에서 나오거나 이브와 아담이 하느님에게서 나온 것처럼, 남성의 몸과 여성의 몸이 각각 동일한 성의 우월한 형태와 열등한 형태라고 믿었다.

산업혁명 시기의 긴급한 경제적 요구는 과거의 성별 유동성과 단절하고 남성과 여성의 정체성과 사회적 구실을 고정하는 데 중요하게 작용했다. 자본주의는 또한 여성의 종속을 심화하는 도구가 된다. 남자들은 여자들이 집에 머물도록 유도하고, 여자들을 혼외 임신으로부터 보호하고 여자들이 노동자의 건강과 생산성을 뒷받침하게 해야 한다는 명목으로 그런 고립을 정당화했다. 또한 의사들은 수음이나 구강성교, 항문성교, 동성애 같은 비생산적이고 비생식적인 성 행위가 인구 증가와 산업 성장을 제한한다는 이유로 그것이 병적이

고 위험하다고 보기 시작했다.[2]

이런 단성 사회에서 양성 사회로 이행하는 이야기를 빼고는 정신 질환의 낙인을 온전히 말할 수 없을 것이다. 초기의 정신과 의사들은 여성의 가장 위험하고 가장 이해하기 힘든 특징인 여성 고유의 성과 섹슈얼리티에 대한 주제를 빠르게 끌어안고, 책을 너무 많이 읽는 여성이나 일자리를 원하는 여성 또는 남편에게 복종하지 않는 여성처럼 생물학적으로 규정된 성 역할에 저항하는 여성들을 정신 이상으로 여기기 시작했다. 그 결과, 여성의 섹슈얼리티에 대한 연구와 다루기 힘든 여성을 통제하려는 노력이 모두 근대 정신의학적 사고의 초석이 된다.

1700년대 말까지 여성의 생식기는 해부학적 명칭조차 없었다. 음핵은 음경, 자궁은 내부 음낭이라고 불렀다. 난소는 고환이고, 음문과 음순은 포피였으며, 나팔관은 부고환이었다. 사실 21세기의 생물학자라면 누구나 알겠지만, 이것들은 사실 쌍을 이루는 상동기관이며 남성과 여성의 생식기는 임신 3개월까지 사실상 동일해 보인다. 물론 남자와 여자, 두 성별의 정체성은 자연이 아닌 사회에서 나왔다. 마리 가르니에가 남자가 되었을 때, 그녀의 성별은 바뀌었어도 성은 바뀌지 않았다. 살면서 성별이 바뀐 사람들 중 상당수가 오늘날의 개념으로는 간성이었다. 간성이란 어릴 때는 소년이나 소녀로 성장하다 사춘기에 발달 과정과 사회적 정체성이 바뀐 상태로, 의학 문헌에 잘 설명되어 있다. 이런 단성 세계에서 엘리자베스 1세는 스스로를 연약한 동정녀라면서 국가의 남편이라고도 칭했고, 예술가들은 이브의 배우자인 아담이 임신한 모습을 표현할 수 있었다.[3] 계몽주의 전에는 가슴 달린 그리스도의 그림까지 있었다.

서구에서 남자와 여자가 모두 한 가지 성에 속한다는 믿음은 몇 세기에 걸쳐 많은 작가가 모든 생물체가 하나의 위계에서 조화롭게 대립하며 연결되어 있다고 제안한 사고의 결과였다. 마치 일각고래가 일각수와 상반되는 것처럼 남자가 많은 면에서 여자와 상반되지만, 이들은 한 가지 연속체에서 다르게 발현되는 생명일 뿐이었다. 이 세상에서 남자와 여자가 모두 피를 흘리지만, 여자의 경우 체온이 남자보다 낮고 그에 따라 배출해야 할 피가 있어서 월경을 했다. 더욱이 모유, 혈액, 정액, 지방 등 모든 체액은 서로 바꿀 수 있었다. 예를 들어, 임신이나 수유 중인 여성은 남은 피를 모유로 바꾸기 때문에 월경을 하지 않았다.[4] 피가 너무 많은 남자는 코피를 흘릴 수 있는데, 그럼 정액이 부족해질 것이다. 이런 상응성은 오늘날 정액과 월경혈에 같은 단어를 쓰는 사회에도 있다.[5]

1800년대 초쯤에는 유럽의 사고에서 그 역이 참이 되었다. 그 전에는 사회가 성을 규정했는데, 성이 사회를 규정하게 된 것이다. 자본주의 전 단성의 세계에서 사람은 마리 가르니에처럼 남성성의 연속체에서 이동할 수 있었다. 그런데 남성과 여성이 공존하는 양성 세계에서, 성은 고정되고 여성의 신체 구조를 표현하는 새로운 단어들로 의학 문헌에 새겨졌다. 우리가 성적 유동성을 현대에 등장한 현상으로 생각하는 경향이 있지만, 사실 서양 문명의 기나긴 역사에서 성이 고정된 지는 2세기밖에 되지 않았다. 또한 많은 비서구 사회들에서는 오랫동안 셋이나 넷 또는 다섯 가지 성별이 있었고, 그에 대한 낙인이 거의 또는 전혀 없었다. 인도에서 '히즈라'는 (대부분 남성의 생식기를 가지고 태어나지만) 남성도 여성도 아니며 일반적으로 존경받는 존재다.[6] 인도네시아 술라웨시섬에 사는 부기족은 남성, 여성, 성전환 여성, 성전환 남성, 양성 또는 간성 등 다섯 가지 성별을 인정한다.[7] 폴리네시아에서는 남성도 여성도 아닌 '마후'가 남녀 모두와 성관계를 하고 성적인 낙인은 찍히지 않는다.[8]

단성에서 양성을 향한 이 다소 갑작스러운 변화는 여성이나 남성의 육체에 대한 새로운 지식의 결과가 아니었다. 1800년대 과학자들이 1700년대 과학자보다 인체 구조에 대한 지식이 그다지 많지는 않았다. 변한 것은 인간을 안정된 범주로 나눠야 한다는 요구였으며, 이 요구는 점점 더 산업화되는 유럽에서 사회질서를 위해 아주 중요했다. 달리 말해, 과학 자체는 아무것도 바꾸지 않았으며 변화는 새로운 현실을 정의한 문화의 작품이었다. 그리고 이 세계에 성이라는 것이 하나의 스펙트럼 또는 연속체고 인간이 그것을 따라 이동할 수 있다는 생각이 끼어들 여지는 거의 없었다. 산업화 시대 영국의 노동계급 가정에서 남성과 여성이 모두 일한 경우가 대다수였는데도 남성과 여성의 구실, 가정과 일, 공적인 영역과 사적인 영역의 뚜렷한 구분이 필수적이었다. 또한 남자다움과 남성의 특권, 우월성에 관한 이데올로기는 남자들이 생각하는 여자들처럼 여리고 약해질 위험이 없는 강하고 독립적인 남성 노동자라는 새로운 이미지에 잘 맞아떨어졌다. 단성 세계에서는 여자들이 건강한 성욕이 있는 열정적인 존재로 여겨졌다. 그런데 양성 세계에서 이상적인 여성은 히스테리와 정신이상처럼 여성에게서 비롯된 질환에 걸리기 쉬운 약하고 수동적인 존재였다.

범죄자와 정신이상자 그리고 전에는 게으른 노동자라는 이름으로 한데 묶인 다양한 부류의 사람들이 고정된 정체성을 갖게 되었고, 남자와 여자도 마찬가지였다. 여자는 자신이 선천적으로 남자와 비슷하다고 주장할 기회가 인정되지 않았고, 남자는 (비록 불완전한 남자라도) 이상적인 '만물의 척도'[9]가 되었다. 초기 자본주의는 남자와 여자를 별개의 성으로 분리하는 데 그치지 않았다. 자본주의는 새로운 사회적 위계질서 속에서 남자가 여자를 종속시킬 수 있게 했다. 세상은 이제 (예를 들어, 사냥꾼과 군인으로서) 살생을 통해 명성을 얻는 남성과 생명을 줄 운명을 타고난 여성 그리고 농업과 예술, 건축을 비롯한 다양한 생산을 통해 세상을 바꾸는 창조적인 남성과 단순히 번식만 하는 생식적인 여성으로 이루어졌다. 시몬 드 보부아르의 표현에 따르면, 여성은 남성보다 인간이라는 종의 동물적 본성에 '더 예속된 존재'였다.[10]

여성이 자연과 더 긴밀하게 연결되어 있다는 증거로, 월경은 달의 주기를 따랐다. 광증을 뜻하는 '루너시'가 라틴어 루나에서 온 것처럼, 월경을 뜻하는 '멘스트루에이션'은 달을 뜻하는 또 다른 라틴어 멘시스mensis에서 왔다. 생물학자의 관점에서 '난소는······ 여성 경제 전체의 원동력'이 되었다.[11] 생물학자의 기계론적 언어로든 자본주의자의 언어로든 여성의 몸, 따라서 여성은 자연적 기능으로 환원되었다. 난소는 난자를 생산하는 공장이 되어 배란과 수정을 통해 출산을 수행하고, 노예처럼 예속된 상태라면 인간의 재산을 더 많이 생산할 수 있을 것이었다.[12] 19세기의 한 의사는 여성의 생물학적 구조가 어떻게 정서적 혼란을 일으키는지에 대해 말하며 여성이 '주기성의 희생자'[13]라고 썼다. 그리고 성적인 차이가 사회가 아닌 몸을 통해 결정되었기 때문에, 여성은 낙인을 안고 태어났다.

역사학자들에 따르면 1800년대 초쯤 "도덕 담론에서 이성적이고 능동적이고 결단력 있는 남성과 감정적이고 자애롭고 영향을 잘 받는 여성이 겹치는 부분은 거의 없었다. 여성은 그 어느 때보다 더 절대적인 의미에서 '타자'로 그려졌다".[14] 이런 분리는 전문가들이 여성을 정신 질환에 취약한 존재로 보는 경향을 비롯해 여성성에 대한 고정관념을 더욱 쉽게 고착화했다. 1798년, 프랑스 철학자 피에르 장 조르주 카바니스가 여자는 남자보다 물리적으로 약해 보이고 (남자의 몸집이 큰 것을 감안해 조정해도) 뇌의 부피가 작은 경향이 있기 때문에, 항상 건강이 위협받고 일상생활에서 '고통이 지배적'이라고 주장했다.[15] 따라서 여성은 집에만 머물면서 "자신처럼 이성이 덜 발달되어 있고 구속받으며 살 운명인 노약자와 아이를 돌보기에 가장 적합하다".[16] 카바니스는 미혼 여성이 치매와 정신지체에 더욱더 취약하다고 확신했다. 결혼은 이런 질병으로부터 여성을 보호하는 수용소와 같았다.

노예제와 자본주의, 정치권력이 아프리카로까지 팽창하면서 여성의 몸, 특히 비유럽권 여성의 몸을 본성에 따라 고착된 것으로 보려는 유럽인들의 노력이 더욱 심화되었다. 1810년, 남아프리카공화국의 흥행업자인 헨드리크 세자르가 (자신이 '호텐토트족의 비너스'라고 이름 붙인) 사라 바트만이라는 남부 아프리카 여성을 런던 무대에 전시했다.[17] 바트만은 죽을 때까지 5년 동안 영국과 프랑스의 극장에서 자신을 넋 놓고 바라보는 대중 앞에서 옷을 입거나 벗은 채로 노래를 부르며 '원시적' 인체 구조의 예로 계속 전시되었다. 그녀가 죽자 유명한 동물학자 조르주 퀴비에가 해부한 뒤 그녀의 생식기를 파리에 있는 인류박물관에 전시했다가 2002년에야 비로소 본국으로 보냈다.[18] 기괴한 쇼는 아니었지만, 다른 아프리카 여성들도 인종에 관한 새로운 과학이라는 미명하에 실험실에서 전시되었다. 이런 여성들을 그들의 몸, 특히 성기로 환원함으로써 일부 과학자들은 아프리카인은 유럽인과 전적으로 다른 종이라는 주장까지 할 수 있었다.[19] 유럽 의사들이 유럽 여성 생식기의 과장된 형태로 본, 아프리카 여성의 신체적 특징은 문란한 성향을 갖게 하고 그들을 운명에 옭아맸다. 문명은 스스로를 통제할 뿐 아니라, '우월한 종'이 (여성을 포함한) '타자'를 위해 그들의 성적 충동을 통제하기도 했다. 영국 식민지 문학은 (탐험가 헨리 모턴 스탠리가 '암흑의 대륙'이라고 부른) 사하라 이남 아프리카 전체를 유럽의 지배와 침투를 기다리는 신비한 미지의 여체에 비유하기도 했다.[20] 프로이트도 여성의 섹슈얼리티를 심리학의 '암흑의 대륙'이라고 불렀다.[21]

19세기에는 사랑이 도덕적이고 신성하다면 성은 불경했다. 즉 사랑이 고유하게 인간적이고 정신적이라면, 성은 동물적이고 물질적이었다. 정신과 육체를 분리한 유럽 사회에서 정신의학이 계속 성장함에 따라 사랑은 정신, 성은 육체와 연결되었다. 따라서 사랑의 문제는 육체가 아닌 정신의 문제가 되었다.[22] 사실 단순히 '광기'나 '정신이상'이 아니라 구체적인 이름을 갖게 된 최초의 정신 질환이 '색정광'인데, 이것은 때로 망상적인 짝사랑에 따른 광기를 말한다. 17세기 초 영국인 의사 리처드 네이피어의 기록을 보면, 2000건이 넘는 광기 사례 중 10퍼센트 정도는 사랑이 원인이었다.[23] 그 반면 육체의 질환은 사랑의 장애가 아닌 육체의 성욕이 초래했다. 1800년대 후반 의사들은 결핵이 성욕을 잃은 사람을 우선적으로 괴롭히는 질병이라고 설명하기 시작했다. 심지어 의사들은 성교를 결핵 치료법으로 처방하기도 했다. 이와 반대로 암은 지나친 성욕이 초래하는 질병이 되었다.[24]

1800년대 후반 영국에서는 수용소 재소자가 대부분 여성이었는데, 이렇게 된 큰 이유는 유례없는 가난과 실업이었다. 대체로 도시에서 빈곤이 심각할수록 더 많은 사람이 수용소에 들어가고, 여성은 남성보다 일자리를 선택할 기회가 적었다. 의사들은 여성의 신체를 특정 정신 상태와 연결하기 시작했다. 히스테리와 여성 색정증, (지나친 수유에 따른 허약함과 영양실조로 어머니에게 일어나는) '수유 정신이상', '난소 정신이상' 같은 상태들이다.[25] 여성들은 문화가 아닌 자연의 지배를 더 크게 받는다고 생각되었기 때문에 이성이 부족하고 자신의 감정과 행동에 대한 통제력도 부족하기 쉽다고 여겨졌다.
1872년 영국에서는 수용소 재소자 5만 8640명 중 (54퍼센트인) 3만
1822명이 여성이었다.[26] 같은 시기 미국에서는 뉴욕백치수용소에 구
금된 여성들처럼 보호시설에 수용된 여성들이 남성보다 상당히 긴
기간 구금되었다.[27]

여성의 정신이상을 특징짓는 행동들은 빅토리아시대 여성들의
이상화된 이미지와 양립할 수 없었다. 정신이상이 있는 여성은 수동
성 결여와 양성 세계의 성적인 질서에 대한 반항이 두드러졌다. 정
신이상인 여성은 여성으로 사는 것을 싫어했다. 남자에게 종속되는
데 반항하고 성을 지나치게 즐겼다. (물론 모두 남자인) 의사들은, 집
을 떠나서 간호사가 되고 싶은 욕망을 예로 들며 이런 것이 정신이
상이 시작되는 징후니 잘 살피라고 환자에게 경고했다.[28]

양성 세계의 발명처럼, 이성애와 동성애의 구분도 자본주의에서
나왔다. 자본주의하에서 가족이 더는 모든 생산 활동의 중심이 아니
기에, 남자와 여자는 친족 관계 밖에서 그리고 이성애에 기반한 가
족 밖에서 노동력을 자유롭게 팔 수 있었다. 역사학자 존 데밀리오
에 따르면, 자본주의는 '일부 남성과 여성이 동성에 대한 성적·감
정적 이끌림을 중심으로 사생활을 조직할 수 있는 조건을 창출'했
다.[29] 데밀리오는 '전통적인' 가족이 불안정해졌다고 주장했다. 그 결
과, 사람들은 가정을 보호하고 불순응주의자를 악마로 몰아가는 데
투자를 늘렸다. 급기야 의사들은 가족의 이상에서 벗어난 사람과 그
이상을 고수하는 사람을 정의하기 위해 동성애 또는 동성애자와 이

성애 또는 이성애자라는 개념을 개발한다.

그러므로 '동성애'와 '이성애'는 최근의 발명품이다. 물론 남자와 남자, 여자와 여자의 성관계는 오래전부터 있었으며 교회와 국가가 모두 동성 성관계를 비난했다. 그러나 유럽의 섹슈얼리티를 연구한 유명 역사학자 조지 모스가 지적한 것처럼, 가톨릭교회는 '전체적인 인성이나 삶의 방식에 대한 결론을 이끌어 내기보다 개인의 성행위를 판단'했다.[30] 사실 1892년에 심리학자들이 이런 단어들을 만들어 냄으로써 성적인 기호를 기준으로 정의된 새로운 종류의 근대적 개인(그리고 새로운 종류의 '비정상')을 창조할 때까지는 이성애자도 동성애자도 (이성애도 동성애도) 존재하지 않았다. 결국 21세기 초에야 비로소 의사들이 동성애를 그냥 일탈이 아닌 정신병으로 생각하기 시작했다. '동성애'는 워낙 새로운 단어라서 『옥스퍼드영어사전』 1976년판에야 등록되었다.

고대 그리스인들도 사람을 동성애자나 이성애자로 분류하지 않았다. 그저 부적절하다고 생각되는 성행위를 저지른 사람을 '성도착자'로 분류했을 뿐이다. 동성 성관계가 전적으로 용인되는 경우가 그렇지 않은 경우보다 많았다. 지배적인 쪽 또는 남성 역을 하는 쪽이 수동적이거나 여성 역을 하는 쪽보다 지위가 높은 경우에는 용인되었다. 예를 들어, 어떤 남자가 남성 역으로 소년이나 남자 노예나 여자와 성교할 경우에는 그 행위가 다른 적절한 성관계와 눈에 띄게 다르지 않았다.[31] 그 반면 (남자만 해당하는) 시민이 여성 역으로 소년이나 노예를 비롯해 시민이 아닌 사람과 성교할 경우, 그는 도착적 행위를 저지르는 것이었다. 그러므로 성관계는 사람들이 '함께' 하는 것이 아니라 지위가 높은 사람이 지위가 낮은 사람에게 '일방적으로' 하는 것이었다. 성적 수동성은 남성의 정력 및 가부장제라는 이상과 양립할 수 없었고, 오늘날도 라틴아메리카의 많은 지역과 대다수의 미국 교도소에서 이런 위계적 논리를 여전히 볼 수 있다. 이런 곳에서는 동성 간 성관계가 꼭 당사자가 '동성애자'임을 뜻하지는 않는다.[32]

심지어 신세계의 청교도 사이에서도 남자들 간의 성관계는 처벌받기보다 용인되는 경우가 훨씬 더 많았다. 물론 바람직하지 않은 행동으로 여겨지긴 했지만 따돌림을 당할 행동은 아니었다. 역사학자들이 아는 한 뉴잉글랜드에서 청교도가 성적인 비정상을 이유로 누군가를 처형한 경우는 딱 두 번뿐인데, 그 이유는 그가 '동성애자'라는 것이 아니라 그가 여러 남자와 성관계를 했다는 것이었다.[33] 헨리 8세가 1533년에 질외성교를 불법으로 만든 항문성교 금지법을 통과시켰을 때 남자들이 분명 다른 남자와 성관계하다 적발되는 것을 두려워했지만, 이 두려움은 여자와 질외성교를 하다 적발되는 것에 대한 두려움과 비슷한 수준이었다. 그때는 동성애라는 범주가 없었으니, 그들은 분명 동성애자로 불리는 것을 두려워하지 않았다. 그러니까 19세기 말까지 신체적으로 친밀한 남자들 또는 여자들이 자신의 행동이 발각되면 완전히 새로운 종류의 사람, 즉 단순히 문화적 규범을 위반한 사람이 아닌 '동성애자'로 찍힐까 봐 두려워하는 것 자체가 불가능했다. 그래서 젊은 에이브러햄 링컨과 그의 친구조슈아 스피드의 낭만적인 관계에 관한 정보가 많아도,[34] 링컨이 동성애자였는지 이성애자였는지를 묻는 것조차 이치에 닿지 않는 일이다.

그러나 일단 정체성이 만들어지고 나니, 동성애자는 사회불안의 희생양이 될 수 있었다. 이런 상황이 21세기까지 이어졌으며 매카시 시대에는 동성애가 국가와 경제에 대한 음모와 연결되기도 했다. 사실 동성애는 정신의학이 여전히 행동을 규제하기 위한 방법으로 남아 있게 하는 데 도움이 된 주요 심리 상태 중 하나다. 교도소 마당 중앙에 있는 감시탑이 주변을 훤히 비추듯, 20세기 초 심리학자와 정신과 의사 들은 동성애를 정신병으로 만들면서 성과 섹슈얼리티의 위험성을 강조한다. 정신병리학은 감시와 징계의 알리바이였다.

자본주의와 산업화는 정신 질환 범주와 동성애, 이성애뿐 아니라 과학과 과학적 측정에 대한 열정도 만들어 냈다. 19세기 의사들이 정신이상과 성매매 및 다른 형태의 범죄를 포함해 문명의 퇴보를 시사할 수 있는 온갖 '병폐'에 대한 통계를 내기 시작했다. 학문 분야로서 통계의 역사는 행동에 관한 정신병리학과 함께 시작되었다고 주장할 수 있다.[35] 과학자들이 통계를 많이 낼수록 질병이 많은 것처럼 보였다. 그리고 통계 자체가 역학적 질문에 답하는 진실인 것처럼 이해되었다. 수용소에 여성이 많다면, 당연히 여성은 병들기 쉽다고 추론했다. 전문가들은 자신이 발명해 집계하고 있는 질환이 유행병처럼 빨리 퍼지는 것 같은 현상을 어떻게 설명해야 할지 몰라 쩔쩔맸다.

1845년 영국에서 모든 시민에게 사회복지 서비스를 제공한다는 뜻으로 광인법이 통과된 뒤, 영국의 모든 자치주와 자치구가 광인 수용소를 지어야 했다.[36] 결과는, 이른바 정신 질환자들이 지역사회에서 빠르게 소외된 것이다. 이 법이 통과되고 15년 만에 영국에서 정신병자의 수가 두 배로 늘었다. 영국에서만 이런 게 아니다. 1870년대 무렵 미국에서는 '지역에 병원을 짓는 것 자체가 …… 가족들이 문제 있는 친척을 보호시설로 보내는 상황을 받아들이기 쉽게' 했다.[37] 영국에서건 다른 나라에서건 합의된 조건이 많지 않았지만, 옛 기록의 증상 설명을 연구한 역사학자들은 이런 사례 중 대다수가 지금 같으면 조증, 우울증, 강박증, 정신병이라고 불릴 것들이라고 말한다.[38] 통계학자들은 영국에서 '정신이상'이 1844년에 802명 중 한 명이었지만 그 비율이 계속 증가해 1870년에는 400명 중 한 명이 되었다고 보고했다.[39]

1871년, 당대 의료계의 유명 인사였던 영국의 정신과 의사 헨리 모즐리가 「정신이상이 증가하고 있는가?」라는 논문을 발표했다. 모즐리가 확실한 답을 갖고 있진 않았지만, 회의적인 대중에게 질병 발생 자체의 증가가 아닌 다른 이유가 있다고 말했다. 그는 수명 증가와 집계 방법 개선 같은 이유와 함께 자본주의의 등장으로 가족 구성원이 자유롭게 생산 활동에 참여할 수 있도록 개인을 가정 밖에서 관리하려는 정부의 지원이 증가했다고 강조했다. 이미 10년 전에 영국광증위원회는 정신이상자 비율이 증가한 이유를 감시의 개선으로 보았다. 아마도 맞았을 것이다. 경제성장을 위해서는 노동자가 필요했기 때문에, 노동하지 않는 자들을 추적하고 재활시키는 것이 중요했다.[40] 정신 질환의 관리가 지역사회에서 국가가 운영하는 시설의 손으로 넘어간 미국에서도 비슷한 과정이 뚜렷하게 나타났다. 30년 사이에 정신이상으로 분류된 미국인의 비율이 두 배로 늘었다. 1850년의 통계를 보면, 미국 전체 인구 2100만 명 가운데 정신이상자가 1만 5610명이었다. 1880년 미국 인구조사는 전체 인구 5000만 명 가운데 정신이상자를 9만 1997명으로 기록했다.[41]

물론 실상은 가족을 압박한 산업화 때문에 친척이나 이웃이 아프거나 늙어서 일할 수 없는 사람들을 점점 돌보기 어렵게 되거나 돌볼 의지가 없어지게 된 것이었다. 영국 전체에서 수용소 재소자는 대부분 거리의 부랑인이 아니라, 정부에 비생산적인 친척을 입소시켜 달라고 신청한 가정에서 나온 사람이었다.[42] 1700년대 말의 정책이 계속 이어지면서 사람들이 감금되고 있었다. 의사가 치료제를 고안하거나 유용한 치료법을 입증했기 때문이 아니라, 개인을 가정에서 배제하는 것이 경제적 생산성에 도움이 되었기 때문이다. 그리고 일단 사회에서 배제되면, 그 배제를 이해하고 정당화하기 위해 그들은 어떤 식으로든 분류되어야 했다.

1790년부터 1820년까지 미국 정부가 수용소 재소자들에 관한 자료를 수집했지만, 나이·인종·성별·거주지같이 기본적인 정보에 국한되었다. 1830년까지는 시각장애나 청각장애 같은 신체장애가 있는 사람들의 수조차 집계하지 않았다. 1840년에야 비로소 미국 정부가 '정신이상과 백치'를 한 범주로 묶어 인구조사에 추가했지만, 해당하는 사람들이 공적으로 관리되는지 사적으로 관리되는지를 기록하는 수준에 그쳤다. 통계학자들은 1840년대 인구조사에서 부족한 표준화에 질색했다. 인구조사를 하는 사람마다 자신이 구할 수 있는 기록에 근거해 누가 정신이상이고 백치인지를 혼자서 결정했다. 또한 인구조사에서는 '시각장애'와 '청각장애'를 포함한 장애 관련 용어를 정의조차 하지 않았다. 1843년에는 1839년에 설립된 미국통계협회가 미국 하원에 인구조사 자료가 유효하지 않다고 말했다.

그럼에도 인구조사의 체계는 다음 세 가지 예외를 제외하면 50년 동안 달라지지 않았다. 첫째, 1850년에 정신 질환과 정신지체(백치)를 구분하기 시작했다. 둘째, 1860년 무렵 인구조사는 특정 병원에서 나타난 정신이상의 원인을 열거했다. 정신이상의 원인을 나타내는 (빈곤, 수음, 출산, 뇌전증, 월경 억제, 사랑 같은) 단어를 모두 합하면 거의 300가지였다. 셋째, 의사들이 (조증, 우울증, 치매 등) 장애에 이름을 붙이며 설명하기 시작하고 추측성 원인에 관심을 덜 기울임에 따라 1880년 인구조사에서는 그 전까지 300개였던 원인이 10여 가지로 줄어들었다.[43] 이런 변화는 의료 전문화 단계 초기의 무계획적인 접근법을 보여 주는 시행착오의 문제였지만, 그 과정에서 정신의학적 분류가 오늘날의 분류에 가까워지기 시작했다. DSM 그리고 대체로 이것을 따르는 세계보건기구의 국제질병분류ICD 정신보건 부문은 둘 다 인과성보다는 증상의 분류에 관해 서술한 매뉴얼이다.

의사들은 정신 질환의 특성에 대해 자신이 설명하는 것이 남성, 여성, 백인, 흑인, 부자, 빈자 등 모든 사람에게 딱 들어맞는지 그리고 감금이라는 방법이 모든 환자에게 정당한지 확신할 수 없었다. 그래서 19세기에 일어난 정신 질환자 감금에 대한 논쟁은 또 다른 감금이라고 할 수 있는 노예제에 대한 논쟁과 맞물렸다. 예를 들어, 노예제에 찬성하는 경제학자들은 노예해방이 농장 생산에 크게 의존하고 있는 미국 경제에 끔찍한 영향을 미칠 거라고 믿었다. 철학자와 종교 지도자는 이른바 열등한 인종의 노예화는 인간 본성의 법칙처럼 결코 폐지되어서는 안 될 당연한 제도라고 주장했다. 많은 의사의 관점에서, 아프리카계 미국인은 충동과 본능을 억누를 수 없기 때문에 정신이상에 취약한 존재였다. 그들은 노예제가 그런 통제력 상실을 막을 수 있는 구조를 제공한다고 주장했다.[44] 1843년 『보스턴 쿠리어』는 자유주인 오하이오와 인디애나, 일리노이에서 '흑인' 88명당 한 명꼴로 정신이상자라고 보도했다. 매사추세츠·메인·뉴햄프셔·버몬트주의 평균을 내면 30명당 한 명이고, 메인주만 보면 14명당 한 명이었다. 어떤 마을에서는 모든 '유색인종'이 정신이상으로 분류되었다. 자유주를 통틀어 볼 때 흑인은 144.5명당 한 명이 정신병자였다. 그 반면 남부 노예주 전체에서 흑인 정신병자는 1558명당 한 명에 불과했다.[45]

간단히 말해, 흑인은 자유인의 정신이상 비율이 노예보다 열한 배나 높았으며 백인의 정신이상 비율은 자유주와 노예주가 동일했다. 백인 정신이상 비율 면에서 자유주와 노예주가 동일하다는 사실은 정신 질환과 노예제가 관련 있다는 의사들의 주장을 뒷받침했다. 노예제 찬성론자였던 존 캘훈이 미국 의회에서 이렇게 주장했다. "여기 노예제가 꼭 필요하다는 증거가 있습니다. 아프리카인은 자기 관리를 할 수 없어서 자유 때문에 부담이 커지면 광기에 빠지고 말 겁니다. 후견인이 되어 주고 정신적 죽음으로부터 보호해 주는 것이 그들에게는 자비입니다."⁴⁶ 1851년에 의사들이 반항하는 노예를 대상으로 '배회증'이라는 새로운 정신 질환 명칭을 쓰기 시작했다. 이것은 자연법칙과 성경 말씀을 거스르고 주인에게서 달아나려는 충동으로 정의되는 정신이상이었다.

통계학자이자 의사인 에드워드 자비스 박사는 캘훈의 주장을 뒤집었다. (그러나 수십 년 동안 캘훈을 비롯한 정치가들이 같은 주장을 되풀이하는 것은 막지 못했다.)⁴⁷ 처음에는 자비스도 노예들이 복잡한 정신활동에 따른 부담이 없기 때문에 정신적으로 건강하다는 생각을 수용하고 이렇게 썼다. "가장 수준 높은 문명과 정신 활동 상태에서 가장 심한 정신착란이 온다. 정신적으로 가장 무기력한 이곳에 정신이상이 가장 적다는 것을 알게 된다."⁴⁸ 이것은 영국 의사들이 식민지에서 노예제를 정당화하고 영국에서 '하류층'의 정신이상 비율이 높은 것을 설명한 논리와 같다. (이쯤 되면 의사들이 백인 정신 질환자 치료에 노예제를 처방하지 않은 이유가 궁금해진다.)

그러나 자비스는 곧 광범위한 오류를 발견했다. 예를 들어, 흑인으로 보고된 환자들 중 대부분이 사실은 **백인**이었다. 그는 인구조사의 거의 모든 통계 수치가 보호시설에서 나온 것도 지적했다. 첫째, 북부는 남부보다 병원이 (그리고 의사가) 많았다. 둘째, 북부에서는 주정부가 흑인 관리 비용을 지불한 반면에 남부에서는 노예 주인이 노예를 수용소에 보내고 싶으면 그 비용을 부담해야 했다. 그러니 노예를 시설에 보내는 것은 경제적으로 현명하지 못했고, 결과적으로 시설에 들어가는 노예가 적었다. 버지니아에는 '정신이상 노예를 시설에 입소시키거나 수용하지 못하게 하는' 법까지 있었다.[49]

그럼에도 그런 믿음은 노예제 폐지 이후에도 오랫동안 이어졌다. 1921년의 한 기사에서, 워싱턴 DC 세인트엘리자베스병원의 한 정신과 의사는 노예가 자유인이 되었을 때 아프리카에서 자유롭게 살던 흑인이 미국 남부에서 노예가 되었을 때보다 더 큰 어려움을 겪었을 거라는 뻔뻔하고 인종주의적인 주장을 했다.

약 300년 전까지 이 인종에 속하는 가족들의 선조는 대부분 중앙 아프리카 밀림에 사는 야만인이나 식인종이었다. …… 세월이 흐르고 (첫 번째보다 더 큰 이행이었을) 새로운 특권과 함께 시민권이 부여된 이 인종은 새로운 질서에 지적인 준비를 제대로 못했다. …… 낮은 도덕 수준 때문에, 자연적 본능과 욕구를 채우는 데 아무런 죄의식을 느끼지 못한다. 이들의 방종과 비행의 바람직하지 못한 영향은 정신병의 강력한 원인이다.[50]

이로부터 30년 뒤에도 미국 정신보건 전문가들은 여전히 아프리카계 미국인들을 문명인과 야만인의 대립 구도 면에서 생각했다. 1953년에 한 정신과 의사가 이렇게 썼다. "남부에 원시사회를 벗어난 지 얼마 안 된 흑인 집단이 대거 존재한 것이…… 정신보건의 그림을 복잡하게 만들었다."[51]

인종과 정신 질환을 연결하는 것은 아프리카계 미국인들에게 해를 끼쳤을 뿐 아니라 모든 집단에 대한 고정관념을 강화했다. 인종주의적 관념을 생산하고 재생산한 장본인은, 종종 무지하거나 교육받지 못했다고 생각되는 평범한 사람들이 아니라 과학자와 의사 등 수준 높은 교육을 받은 '전문가'들이었다.[52] 편견과 차별은 종종 위에서부터 시작된다. 20세기 중반에도 한동안 백인 의사들은 아프리카계 미국인이 쉽게 화를 내고 공격적이며 상대적으로 고통에 둔감하고 (짧고 퉁명한 말, 표현 부족, 세상에 대한 관심 부족, 신체적·언어적 무반응성, 의지·자발성·주도성 결여 등) 이른바 조현병의 부정적 증상으로부터 영향받기 쉽다고 묘사했다. 미국인 의사들은 우울하고 의심이 많은 아프리카계 미국인 환자를 조현병으로 오진하는 전통을 만들기 시작했다. 그리고 우리 할아버지 같은 제2차 세계대전 시기 정신분석가들은 '조현병'으로 분류된 사람들이 '대화 치료'에서 도움받는 데 필요한 인지능력이 부족하다고 믿었기 때문에, 이들은 진단 후에 정신과 치료를 전혀 또는 거의 받지 못했다. 우리 할아버지가 쓴 책 중 가장 영향력 있는 『스트레스 받는 남자들』은 전쟁에 지친 병사 수백 명에 대한 성공적 치료를 묘사해 외상 후 스트레스라는 정신분석적 개념을 대중화했다. 그러나 할아버지가 묘사한 환자

는 모두 백인이었고, 할아버지는 왜 그런지를 굳이 언급할 이유를 찾지 못했다.[53]

흔히들 주장하는 흑인과 백인의 심리적 차이 뒤에 숨은 문화적 원인을 강조한 저명하지만 외로운 목소리의 주인공 중 한 명이 인류학자이자 정신과 의사였던 에이브럼 카디너다. 1951년 저서 『억압의 표시』를 통해 그는 아프리카계 미국인 남자가 뚱하고 화를 잘 낸다는 고정관념이 현실에 기반한 것이지만, 그 현실은 생물학이 아닌 문화적 경험이라고 주장했다. 그는 '흑인의 성격'이 어릴 때 시작되어 미국의 사회적, 경제적 불평등 때문에 영속되고 반복되는 충격적이고 인종주의적인 모욕의 결과라고 말했다. 인종주의적 편견은 (오늘날 우리가 자기 낙인이라고 말하는 현상처럼) 자신이 열등하다고 믿는 사람이 스스로를 소외하며 마땅히 신뢰하지 않는 세상에서 한발 물러나, 랠프 엘리슨이 '보이지 않는 인간'이라고 말한 존재가 되도록 만들었다.[54] 이 내재된 낙인은 W. E. B. 듀보이스가 '이중의식'이라고 말하는, 사람이 자기 자신을 타인의 눈을 통해서만 보는 상황을 가리킨다.

남부의 백인들은 자신의 힘을 이용해 흑인들에게 상처를 입히고 침묵시키고 그들의 육체와 정신까지 훼손했다.[55] 노예는 몸짓이나 불만스러운 표정 때문에, 또는 말을 너무 많이 하거나 너무 크게 한다는 이유로 매질을 당하고 몸이 훼손되었다. 따지고 보면 서양인 구경꾼에게 '자연의 불가사의'로 전시된 사라 바트만을 비롯해 아프리카 여자들은 결코 저마다 정체성이 있는 개인이 아니었다. 이들은 유럽인이 은유로 만들어 버린 몸뚱이였다. 아프리카계 미국인 사회 개혁가인 프레더릭 더글러스는 오래전에 흑인의 몸이 그 자체로 의사소통의 행위라고 지적했다. 그리고 위대한 노예 폐지론자이자 참정권 운동가인 소저너 트루스가 얼마나 많은 백인 남성 지주가 자신의 젖을 먹고 자랐는지 말하려고 대중 집회에서 가슴을 드러냈을 때, 그녀는 저항 행위로 자신의 몸을 이용하고 있었다. 자신을 보라고 요구하는 동시에 자신은 이용당하고 짓밟힌 사람이자, 여자이자, 어머니이자, 노예이자, 생각과 감각이 있는 사람이자, 백인 남자 남성성의 원천이라고 주장하고 있었다.[56] 학자인 캐롤 헨더슨이 지적한 것처럼, 민권의 시대인 20세기에 접어들고도 한참 동안 흑인의 몸은 여전히 행진과 연좌 농성에서 일종의 '언어 행위'이자 저항의 메커니즘으로 남았다.[57]

백인이 다름의 표시로서 흑인의 몸에 느낀 흥미의 잔재는 1974년에 제약 회사 맥닐 래버러토리즈가 조현병 치료제로 시판한 할돌 광고에 그려진 흑인 권력 운동을 상징하는 불끈 쥔 주먹 이미지에서도 엿볼 수 있다. 광고는 할돌이 성난 흑인 남자를 치료하는 약인 듯한 인상을 준다. 한때 백인 중산층 남성과 여성의 질병이던 조현병이 민권 시대에는 아프리카계 미국인의 질병이 되었다. 1970년대 의학 잡지에 실린 조현병 약 스텔라진의 광고는 아프리카 가면이나 조각상의 이미지를 포함하며 조현병을 원시적인 상태로 묘사했다. 1968년에 정신과 의사인 월터 브롬버그와 프랭크 사이먼이 '저항 정신병'이라고 이름 붙인 조현병은, 시민 불복종과 행동주의가 일으키는 편집증과 망상병이었다.[58] '흑인병'[59]인 조현병은 인종주의적 낙인이 되었다. 그리고 정신과 의사들은 잔인하고 교묘한 속임수로 이중의식에 대한 듀보이스의 말을 이용해 조현병에 대한 자신들의 관점을 정당화했다. "그는 항상 미국인이면서 흑인인 자신의 이중성을 느낀다. 두 개의 영혼, 두 개의 생각, 화해되지 않는 두 개의 불화, 전쟁을 치르고 있는 두 가지 이상. 이 모든 것이 억센 힘 하나로 갈가리 찢어지지 않고 버티고 있는 하나의 검은 몸에서 일어난다."[60] 조현병에 대한 이런 관점은 그 이름 자체에 여전히 남아 있다. 조현병을 가리키는 영어 단어(schizophrenia)는 '분열'을 뜻하는 그리스어 '스키자인skhizein'과 '정신'을 뜻하는 '프렌phren'을 합해 만든 것이다.

아프리카계 미국인 남성에게 우울증을 비롯해 다양한 상태를 조현병이라고 진단하는 전통은 오늘날도 여전하다. 조현병이 특정 인종 집단에서 더 많이 발병한다는 증거가 없는데도, 미국 보훈부에서 보관 중인 파일 13만 개 이상을 검토한 결과 1990년대 중반에 조현병으로 진단받은 아프리카계 미국인은 백인보다 네 배 많았으며 다른 연구는 더 불균형적인 결과를 보여 주었다.[61] 아프리카계 미국인 정신과 의사도 아프리카계 미국인을 조현병으로 진단할 가능성이 크다. 마틴 루서 킹 주니어조차 '집요한 정신분열이 우리 중 많은 이들을 스스로에 반해 비극적으로 분열되게 한다'[62]며 조현병과 아프리카계 미국인 정체성의 유사성을 언급했다.

4

분열된 정신

세상의 대단한 사건은 뇌에서 일어난다고들 한다.
세상의 대단한 죄악이 일어나는 곳 역시 뇌, 오직 뇌다.
―오스카 와일드, 『도리언 그레이의 초상』(1890)

　　　　　　　　내가 10대였을 때 토요일 아침이
면 할아버지와 '세미나'라는 것을 했다. 나는 할아버지와 미술이나
음악이나 운동 같은 것을 하고 싶었지만, 할아버지는 색맹이고 음치
인 데다 만성적인 허리 통증도 있었다. 주말에도 정장 차림에 말끔
히 면도를 하고 시가를 입에 문 할아버지가 마치 어른을 대하듯 내
게 말씀하셨다. 그중 하나가 '조현병의 역사를 알면 정신의학의 역
사를 아는 것'이라는 말씀이었다. 조현병은 어느 인구 집단에서건
유병률이 1퍼센트 정도밖에 안 되지만, 이것이 근대 정신의학의 토
대이며 현실로부터 분리가 특징인 심각한 진행성 정신이상이라고
말씀하셨다. 초기 정신과 의사들이 어떤 전문성이건 가졌다고 주장

할 수 있다면, 아마 '정신이 온전한' 사람과 '정신이상'인 사람을 구분하는 능력일 것이다. 역사학자 로이 포터는 조현병에 대해 쓰면서 이렇게 말했다. "이성과 비이성 간, 정신건강과 정신장애 간 극단적 차이의 실재성을 위험에 빠뜨리면 정신의학 자체가 흔들린다."[1] 그래서 1973년에 심리학자 데이비드 로젠한은 정신의학 진단 전체의 유효성에 도전하기 위해 조현병을 이용했다. "온전한 정신과 정신이상이 존재한다면, 우리가 그것을 어떻게 알까?" 그는 어떻게 의사들을 속여 건강한 환자를 조현병으로 진단하게 했는지를 담은 악명 높은 논문 「제정신으로 정신병원에서 지내기」를 이런 질문으로 시작했다.[2]

1970년대 중반에 DSM 제3판DSM-III을 준비하는 과정에서 우리 할아버지는 조현병을 스펙트럼 장애로 보려는 모든 노력에 격렬하게 반대했는데, 결국 논쟁에서 졌다. 할아버지는 '조현병은 있거나 없거나, 둘 중 하나'라고 주장했다. 1976년 토론토에서 할아버지가 정신보건 지도자 열 명과 함께 DSM 최신 초안의 내용과 그에 대한 미국정신의학협회의 조직적 원칙에 대한 설명을 들으러 갔다. 조현병에 대한 논쟁은 가장 열띤 논쟁이라고 할 수 있었다. 이는 미국 정신의학계에 조현병이 얼마나 중요했는지를 보여 준다. 할아버지가 흥분해서 말했다. "〔어떤 연속체가 있다는 뜻에서〕 경계성 조현병자는 있을 수 없습니다."[3] 할아버지는 조현병을 생물학과 유전학의 용어로 정의하고 심리적이고 사회적인 변수를 원인에서 빼자는 제안에도 반대했다. "이런 회의에서 가끔 저는 마치 공상의 세계에 있는 느낌이 듭니다. …… 조현병의 병인학에 심리적 원인이 없다고요? 자, 그걸 믿을 수 있습니까?"[4]

그런데 비교적 드문 정신 질환의 의미에 대한 이 진지한 관심이 과연 어디에서 비롯했을까? 조현병이 정신의학의 토대라는 할아버지의 말은, 정상적인 행동과 비정상적인 행동을 명확하게 구분하려는 세상에서 우리는 가장 쉽게 차별화할 수 있는 형태부터 살펴봐야 한다는 의미였을 것이다. 어떤 원소의 속성을 분석하려는 화학자는 그것을 가장 순수한 형태로 연구한다. 이와 마찬가지로 정신과 의사라는 직업의 역사 초기부터 정신과 의사는 자신의 일을 '정신이상', 즉 심신을 쇠약하게 하는 만성적 정신장애에 대한 연구로 정의했다. 20세기 후반에 심리치료 문화가 생기면서 정신과 의사가 불안, 강박, 집착같이 일반 장애라고 불리는 훨씬 덜 심각한 상태를 치료하기 시작할 때까지 조현병은 정신과 의사에게 가장 든든한 일거리 공급원이었다. 아주 경미한 질환부터 치명적 질환까지 이어지는, 오늘날 우리 모두가 인정하는 정신 질환의 스펙트럼이 과학자인 할아버지로서는 불만족스러웠다. 연속체라는 것이 본디 쉬운 분류를 거부하기 때문이다. 그래서 비록 일반적이지는 않아도 질서와 이성의 반대를 나타내는 것으로 보인 조현병같이 극단적이고 전형적인 정신 질환을 살피는 편이 타당하게 여겨졌다.

우리가 보았다시피 계몽주의 시대의 끄트머리에 단성이던 몸은 분열된 몸이 되고 여성은 본능에 이끌리며 정신 질환에 취약한 존재라는 낙인이 찍히게 되었다. 또한 계몽주의는 이성적인 근대 노동자의 머릿속에 위태롭게 결합되어 있는 분열된 정신이라는 개념도 발전시켰다. 조현병 진단에 따라붙는 낙인에 여전히 남아 있는, 정신에 대한 이런 관점은 낙인과 정신 질환을 결합하는 아교가 되었다. 그러나 조현병 연구가 정신의학에만 영향을 미치지는 않았다. 그것은 빈민과 유색인종, 식민지 사람들에 대한 유럽 중심의 강력한 비판에도 영향을 미쳤으며 특정인을 사회의 잠재적 위험으로 낙인찍는 도구가 되었다. 20세기가 도래할 무렵에도 의사들은 종종 조현병을 '가장 불길한 정신장애'라고 불렀다.[5]

18세기와 19세기 유럽 사상가들에게 조현병이 정신착란을 들여다보는 창만은 아니었다. 그것은 일반적인 사람들의 차이를 연구하는 방식이기도 했다. 탐험가와 선교사 그리고 식민지 개척자들이 아프리카에서 마주친 사람들처럼, 어떤 이들은 왜 마법이나 주술처럼 유럽인들이 존재할 리 없다고 확신하는 것을 믿을까? 조현병은 사람들이 정신적으로 건강해 보이는 경우에도 모두 똑같은 방식으로 생각하고 행동하지 않는 이유를 이해하는 데 도움이 될까?

가장 초기의 정신과 의사들은 오늘날 우리가 조현병이라고 부르는 것을 '조발성치매'라고 했는데, 성인기 초기부터 인지능력이 점차 떨어지는 것이 조현병의 특징이기 때문이다. 그들은 일반적으로 '퇴화'와 '붕괴'로 알려진 두 가지 이론으로 조현병의 존재를 설명하려 했다. 두 개념 모두 정신이상을 분열된 정신으로 표현하는 데 그리고 궁극적으로 정신 질환 일반에 대한 낙인을 찍는 데 없어서는 안 된다.

퇴화와 붕괴는 프랑스의 피넬과 오스트리아의 베네딕트 모렐, 영국의 존 해슬램 같은 18세기 정신과 의사들의 관찰에서 비롯했다. 이들은 아이 때 걱정스러운 행동을 보이지 않던 사람이 성인이 되면서 생산적인 시민으로 발전하지 못하고 상태가 나빠지는 것을 발견했다. 그들은 감정이 둔해지고 가까운 가족과도 사회적 상호작용을 꺼렸으며 일자리를 유지할 수 없었다. 자신이 어떻게 보일지 또는 어떤 냄새를 풍기는지에 관심이 없는 듯했고, 다른 사람은 듣지 못하는 목소리에 반응하며 때로는 신이나 악령과의 직접적인 접촉처럼 비합리적으로 보이는 것들을 믿었다. 해슬램은 그런 사람들에 대해 이렇게 썼다. "나는 사춘기와 성인기 사이 짧은 기간에 전도유망하고 활기찬 지성인이 침을 질질 흘리는 비대한 백치가 되는 이 가망 없고 모멸적인 변화를 고통스럽게 목격했다."[6] 해슬램이 연구한 사람들 중에 제임스 틸리 매튜스라는 남자가 있었는데, 많은 역사학자가 매튜스에 대한 해슬램의 설명을 (조현병이라는 말이 아직 없었지만) 최초의 편집성 조현병 설명으로 여긴다. 어릴 때는 평범하던 매튜스가 10대 후반이 되면서 자신이 런던 어딘가의 아파트에 사는, 남자 넷과 여자 셋으로 된 집단에게 공격당하고 있다고 확신하게 되었다. 그들이 정부를 상대로 음모를 꾸미고 있으며 300미터 거리에서도 사람에게 해를 입힐 기구를 도시 전체에 두었다고 했다.

19세기 중반 프랑스에서 활동한 오스트리아 빈 출신의 정신과 의사 모렐이 이 질병의 과정을 표현하기 위해 '조발성치매'라는 단어를 제안했다. 그는 10대 때 아주 총명하던 소년이 감정적, 사회적으로 내향성이 점차 커진 사례를 보고했다. 이 소년의 어머니와 할머니도 이상하게 행동했다는 말을 듣고, 모렐은 소년이 유전적 퇴화의 예라고 믿었다. 모렐에게 정신 질환은 '후손의 퇴락'이었다.[7] 그는 이 소년이 아마도 결혼하거나 자식을 낳지 않을 테니, 그 집안의 마지막 후손이 되기 쉽다고 암시했다. 그가 소년에 대해 이렇게 썼다. "그 젊은 환자는 점차 자신이 배운 것을 다 잊었고, 전에는 빛나던 지적인 능력의 충격적인 장애를 겪었다. ······ 그를 다시 찾아갔을 때 나는 '조발성치매' 상태로 치명적인 이행 중이라고 판단했다."[8]

해슬램과 모렐이 글을 쓰는 동안, 의사들은 시골보다 도시에서 범죄와 질병(특히 알코올중독과 매독)이 많이 발생한다는 사실을 알게 되었다. 사회 전체가 부패하고 있다며 우려한 과학자들은 매튜스 같은 개개인의 퇴행이 아담과 이브로 상징되는 순수한 인간성이 도시에서 폭넓게 퇴화하면서 일어났으며, 이는 문명의 성장에 위협이 된다고 생각했다. 환자는 일할 수 없기 때문에, 조발성치매는 진보와 경제 발전에 반하는 것이었다. 따라서 우리가 지금 조현병이라고 부르는 장애가 있는 사람은 '이상적으로 생각되는 사람과 반대되는 존재'였다.[9]

당시 기준으로 해슬램과 모렐은 유난히 편견이 심하거나 인종주의적인 사람들이 아니었는데도, 퇴화가 아프리카인을 비롯한 유색인종이 여전히 세계에 존재하는 이유를 설명한다고 믿었다. 어쩌면 과학자들은, 유럽인은 진화한 반면에 여전히 활과 화살로 사냥을 하고 여러 신을 믿으며 일부다처제를 행하는 비유럽인은 진화 전 단계에 멈춰 있다고 생각했을 것이다. 퇴화를 주장하는 사람들은, 유럽인은 원래 하느님이 만든 대로 있는 반면에 비유럽인은 퇴화했다고 추론했을 것이다. 진보 이데올로기와 유전에 대해 다윈 전의 관점에 경도된 과학자들은, (가난한 백인을 포함해) 이 하등 인종들이 결국 지구에서 사라질 거라고 믿었거나 적어도 그렇게 되기를 바랐다. 모렐은 퇴화되는 개인이나 집단을 도울 가능성에 대해서는 비관했지만, '스스로를 제약하는 이 종족이 곧 제거되어 정화될 사회 전반에 대해서는' 낙관했다.[10]

많은 유럽 국가의 과학자들이 퇴화 개념을 옹호했다. 그 개념이 그들이 '원시 인종'으로 보는 인종이 세상에서 없어질 거라고 약속했기 때문만이 아니라, 그것이 '하등 인종 유형'의 이주와 계급 및 인종 간 결혼을 막는 법을 정당화했기 때문이다.[11] 그러나 수용소 인구가 증가할수록, 정신과 의사들은 퇴화하는 사람들이 세상에서 사라지기는커녕 (심지어 부유한 백인 가족에서도) 더 많아지고 있다고 생각하기 시작했다. 퇴화가 유행병처럼 번지는 것 같았다. 어쩌면 그들은 모든 인간이 퇴화하지만, 유럽인은 비유럽인보다 더디게 퇴화한다고 생각했을 것이다. 만일 과학자들이 어떤 신체적 징후가 퇴화를 나타내는지에 합의할 수 있다면, 당국이 실재하는 범죄자나 미래의 범죄자를 쫓는 데 도움이 될 것이었다. 1898년에 기존 문헌을 검토한 어느 과학자가 수용소에 들어간 정신이상자 3000명 중 75퍼센트, (부도덕의 소굴인) 당구장에 출입하는 남자 128명 중 82명에게서

(덥수룩한 눈썹과 매부리코, 두툼한 입술 같은) 퇴화의 징후를 발견했다. 그러나 과학자 유진 S. 탤벗은 영국과 프랑스는 퇴화되고 있는 반면 미국인의 혈통에는 아무 문제가 없다며 미국에서 퇴화를 겪는 사람들은 대부분 최근 유럽에서 이주했다고 말했다.[12]

퇴화론은 정신의학이라는 새로운 분야의 유효성을 입증하는 데 도움을 주었다. 대개 의사들은 퇴화가 유전된 뇌 질환이라고 믿었기 때문에, 정신의학이 의학의 진정한 전문 분야라고 주장할 수 있었다. 그러나 모렐은 사망한 정신이상자의 뇌에서 병변을 발견하지 못해 당황했다. 그와 그의 동료들은 과학자들이 뇌 조직에 눈에 보이는 손상이 없는 것을 정신 질환이 순전히 심리적인 질환이라는 증거로 해석할까 봐 두려웠다. 정신 질환이 육체적인 병이 아니라면, 의학 지식이 없는 사람도 그것을 치료할 권한을 주장할 수 있을 터였다.[13] 1862년에 철학자 알베르 르무안느가 정신이상이란 '육체와 정신의 전면적이고도 긴밀한 결합의 결과인 이성이 혼란스러워진 육체의 질병'이어야 한다고 경고했다.[14] 이에 대응해 모렐은 '병변'을 정의했다. 정신이상의 뿌리에 있는 병변은 육체적 손상이 아니라 신경계 전체의 유전적 손상이라고 말한 것이다.

1880~1890년대에 활동한 독일의 정신과 의사 에밀 크레펠린 (1856~1926. 근대 정신의학 창시자로 알려진 독일 정신의학자.—옮긴이) 은 모렐에 이어, (그는 아직 조발성치매라고 부르지만) 오늘날 우리가 조현병이라고 부르는 것에 대해 가장 상세한 설명을 제공했다. 700 명 정도 되는 환자에 대한 기록과 (정서 장애와 조현병의 구분 같은) 그

의 분류 방법을 토대로 한 이 설명이 오늘날 정신 질환을 분류하는 방식의 선례가 되었다. 그는 조발성치매가 유전질환이며 시간의 경과에 따른 신체적, 정신적 퇴행이 특징이라고 믿었다. 그는 조현병 환자를 '점차적 부전', '뿌리가 토양에서 자양분을 못 찾는 나무', '차츰 쇠약해지는 상태', '감소', '쇠퇴' 같은 말로 표현했다. 그러나 크레펠린은 모렐을 넘어서서, 장기적 퇴화보다는 수용소 재소자나 전투 후 트라우마를 겪는 군인처럼 의지가 약한 사람에게 나타나는 정신의 단기적 퇴행이 특징이라고 말했다.[15] 또한 정신적 쇠퇴의 징후를 '미개민족'의 관습과 아이들의 '비굴함', 여자들의 불안한 감정에서 볼 수 있다고 했다.[16]

따라서 조현병을 집중 논의하면서 정신과 의사들은, 아마도 모르는 사이에 서양인 자신에 대한 문화적 설명을 하고 있었다. 호주의 정신과 의사 로버트 배럿은 이렇게 지적했다. "이상적인 사람(백인 성인 남성)이 진화와 발전, 권력과 힘의 정점을 보여 주는 본보기인 만큼 조현병은 네거티브 사진 이미지처럼 퇴화와 나약함의 표현으로 규정되었다."[17] 따라서 조현병은 쓰임새 많은 도구가 되었다. 우생학자는 이것을 열등하다고 생각되는 집단의 성생활·결혼과 출산 규제를 정당화하는 데 이용했고, 생물학자는 유색인종을 '원시적'이라고 비하하는 진화론을 뒷받침하려고 이용했으며, 정치인은 인종주의와 식민주의 및 사회적·경제적 불평등을 합리화하기 위해 이용했다. 이것은 현상을 유지하려는 노력의 전형적인 예였다.

두 번째 개념인 붕괴는 사람의 내면에 다양한 부분의 통합적이고 일관된 집합이 존재한다는, 19세기에 널리 퍼진 유럽인들의 믿음이 부채질한 개념이다. 크레펠린은 조발성치매를 너무 이른 시기에 겪는 '지성과 감정, 의지와 관련된 활동들의 내적 통일성 상실'이라고 표현하며 이런 관점을 반영했다.[18] 그 뒤 1920년대에 활동한 스위스의 정신과 의사 오이겐 블로일러는 조발성치매에서 나타나는 '정신적 기능의 분열'을 가리키기 위해 '정신분열병'(현재 한국에서는 '조현병'으로 공식 명칭이 변경되었으나 이 부분에서는 문맥상 적합한 예전 명칭 '정신분열병'이라고 번역했다.—옮긴이)이라는 병명을 대중화했고, 이때부터 30년에 걸쳐서 '정신분열병'이 점차 '조발성치매'를 대체했다. 블로일러의 관점에서, 조발성치매에 걸리면 생각과 기분이 분리되며 기억과 자의식 그리고 의식과 무의식이 더는 통합되지 않았다.

이런 분열을 겪는 사람의 말과 글에는 종종 무작위적으로 보이는 단어 조합(20세기에 '말비빔'으로 알려진 것)과 블로일러가 연상이 완loosening of association이라고 말한, 생각이 이리저리 빠르게 뛰는 현상(사고의 비약)이 따랐다. 조현병이 있는 사람은 생각을 특이하게 조합하기 때문에 듣는 사람이 종종 그 연관성을 이해할 수 없다. 어떤 사람이 고래 그림을 관찰하고 "그림에 고래가 있네요. 내 눈은 파래요. 아기를 가지려면 정자sperm가 필요하죠."라고 말할 수 있다. 우리는 이 사람이 대왕고래blue whales와 향유고래sperm whales를 생각하고 있다고 미루어 짐작할 수도 있지만, 이런 연상이 듣는 사람에게 즉시 분명해지지는 않는다.[19] 조현병이 있는 청각장애인이 수어로 이렇게 헐겁게 조직된 사고를 표현하기도 한다. 블로일러는 조현병이 있는 사람은 '정동'(affect, 다른 사람이 객관적으로 관찰할 수 있는 감정을 가리키는 정신분석 용어다.―옮긴이)이 혼란스럽다고 말한다. 예를 들어, 장례식에서 웃는 것처럼 상황에 맞지 않거나 분명한 자극 없이 그냥 발생한 듯한 감정을 표현한다. 또한 조현병이 있는 사람은 대체로 사회적 상호작용으로부터 스스로를 분리한다. 고립된 생각의 세계에 빠지면서 타인에 대한 관심이나 감정을 거의 보이지 않을 때가 많다. 블로일러가 '자폐'(autism, 문자 그대로 해석하면 자기중심주의)라고 부른 조현병의 특징이다. 유럽 언어로 자폐라는 단어가 이때 처음 쓰였다. 더욱이 조현병을 앓는 사람은 (너무도 상반되는 두 가지 의도가 있어서 아무런 행동도 할 수 없는 사람처럼) 생각이 모순적일 수 있다. 블로일러는 이것을 양가감정ambivalence이라고 불렀다. 연상이완·정동·자폐·양가감정, 이 네 가지 특징이 블로일러의 '4A'로 알려지면서 불행히도 조현병이 대중에게 '다중인격'으로 잘못 알려졌다.

철학에서 소설, 의학에 이르기까지 모든 지적 탐구 분야에서 유럽인들은 인간의 내면에 밝음과 어두움, 선과 악, 온전한 정신과 정신이상처럼 두 가지 자아가 공존한다고 믿었다. 18세기 후반 프란츠 안톤 메스머의 자성磁性을 이용한 최면요법은 정신에 두 층의 의식이 있다는 명제에 기반했으며, 그의 이름에서 최면을 건다mesmerize는 말이 생겼다. 『프랑켄슈타인』, 『파우스트』, 『지킬 박사와 하이드 씨』, 『도리언 그레이의 초상』같이 잘 알려진 19세기 문학작품이 모두 이

런 관점의 예다.[20]

나로서는 21세기의 저명한 정신과 의사들 가운데 조현병을 분열되거나 붕괴된 정신이라고 단순하게 표현하는 사람을 상상할 수도 없다. 그러면 조현병이 다중인격이라는 그릇된 암시를 줄 것이다. 그러나 도스토옙스키가 『분신』에서 정신적 붕괴의 징조로서 '두 번째 자아'에 대해 쓴 지 150년 이상 흐른 오늘날도 항정신병약 광고는 산산조각 난 젊은 남자 또는 발밑에서 갈라지는 바닥 이미지를 보여 준다. 21세기에 나온 항정신병약 인베가의 광고는 옷과 사지가 촛농처럼 녹고 있는, 죽었는지 잠들었는지 모를 남자에게서 아름다운 나체의 여자가 나오는 모습을 보여 준다. 한쪽에는 '내면에 있는 사람을 위하여'라고 적혀 있다. 조현병을 앓는 사람들에 대한 또 다른 당대 이미지로는 가운데에 수직으로 금이 간 얼굴이나 두 눈, 하나는 조명이 환하게 비추고 다른 하나는 그림자 속에서 까맣게 보이는 두 얼굴, 약한 접착제로 간신히 붙여 놓은 종잇조각 여남은 개로 된 콜라주 등이 있다.

유럽인들이 정신에 대해 만들어 낸 생각이 유럽에만 머물렀을 거라고 생각하면 오산이다. 그도 그럴 것이 유럽인들은 전 세계로 퍼져 나가 자원을 수탈하고, 공동체를 정복하고, 아프리카 '이교도'의 영혼을 구하고, 인간들 사이에 신체적·문화적 차이가 왜 그렇게 많은지를 연구하고 있었다. 그러면서 유럽인들이 생물학적으로나 문화적으로 다른 모든 인종보다 우월하며 따라서 유럽의 아프리카 통치가 자연스러울 뿐이라는 가정도 함께 전파했다.[21] 일부다처제건, 조상숭배건, 마법 또는 주술이건, 관습과 믿음이 다른 식민지는 유럽 의사들이 비이성에 대한 탐구 범위를 확대할 수 있는 장소를 제공했다. 식민지 시대 과학자들은 퇴화하는 사람들이 실재한다는 것을 입증할 때까지는 국내에서 퇴화론을 제대로 정당화할 수 없었다. 그래서 식민주의의 기본 목표 중 하나가 그런 사람들을 찾는 것이었다.

학자들은 '원시적인' 정신과 '현대적인' 또는 '문명한' 정신이 따로 존재하느냐를 두고 논쟁을 벌였다. 많은 학자에게 아프리카인은 진화의 전 단계에 머문 인간 정신을 반영하는 살아 있는 화석처럼 보였다. 1925년에 카를 융은 케냐의 동해안을 따라 기차 여행을 하면서, 절벽에 긴 창을 들고 서 있는 아프리카인을 보고 이렇게 썼다. "그 순간 나는 청년기의 땅으로 돌아가는 것처럼 느껴졌고, 마치 5000년 넘게 나를 기다린 그 검은 피부의 남자를 아는 것만 같았다."[22] 한편 영국의 정신과 의사 존 콜린 캐러더스는 아프리카인이 영혼을 믿는 데서 퇴화의 증거를 찾았다고 믿었다. 그는 조현병을 앓는 사람들처럼 아프리카인은 영혼이 사는 환상의 세계에 살고, 불행이 닥치면 그들이 항상 마녀 같은 외부의 힘을 탓하면서 결코 자신의 문제에 책임을 지지 않는다고 했다. 그가 이렇게 썼다. "정상적인 아프리카인은 조현병자가 아니지만, 원시적인 사고방식에서 조현병까지에 이르는 단계는 매우 짧고 넘어가기 쉽다."[23] 물론 그는 예수나 부활, 동정녀 마리아의 잉태를 믿는 것은 조현병의 징후라고 생각하지 않았다.

1910년 남아프리카의 줄루랜드 지역에서 식민지 관리들이, 당시 범죄였던 마법을 행한다는 이유로 10대 소녀와 성인 미혼 여성 등 열한 명을 기소했다. 이들은 자신이 마녀라는 혐의를 부인했다. 이해할 수 없는 말을 하고 기분 변화가 심했으며 개나 고양이같이 남들이 먹지 않는 동물을 먹었지만, 자신이 피해자라고 주장했다. 이들은 '만디케mandike'에 걸려 있었다. 그것은 죽은 사람의 혼인 '인디케indike'에 사로잡힌 상태, 다시 말해 신들린 상태였다.

상주 치안판사 사무실의 관리들은 만디케에 대해 들어 본 적이 없었지만, 만디케는 사실 아프리카 남동부에 널리 알려졌으며 전염성이 있다고 여겨졌다. 그 증상 가운데 돈의 가치에 대한 인식 부족이 있었다. 그 증상을 보인 사람들은 대부분 미혼 여성이었는데, 한 식민지 관리의 표현으로는 '시간을 낭비할 뿐 아니라 그나마 가진 약간의 재산을 탕진하는'[24] 여자들이었다. 이것이 아프리카 특유의 정신 질환이었을까? 영국에서 파견된 관리들은 그 여성들이 정신 질환자인지, 히스테리를 앓는지, 거짓말을 하는지, 마법을 쓰는지, 아니면 마법의 희생자인지 판단할 수 없었다.

줄루 여성들을 심판하는 관리들은 곤란한 처지에 놓였다. 그 질환을 '마법'이라고 하면 마녀가 실재한다는 것을 인정하는 꼴인데, 당국도 선교사들도 현지 관습을 인정하고 싶지는 않았다. 마법을 금지하는 법의 목적은 잘못된 믿음을 근절하는 것이었다. 그러나 관리들이 만디케를 정신 질환으로 규정하면, 그것을 치료해야 했다. 의사들이 아프리카의 다른 지역에서 정신 질환을 진단하기 시작했을 때 식민주의 자체가 원인이 아닌지 의심하게 된 것도 문제였다. 만일 정복당하는 고통이 정신 질환을 일으킨다면, 이는 정신 질환의 원인이 과학자들의 믿음처럼 인구 집단의 자연적 또는 진화적 역사에 있지 않고 사회적·정치적 환경에 있다는 것을 암시할 터였다. 혼란에 빠진 관리들은 결국 일관성이 없는 판결을 내렸다. 다섯 명의 소녀에게는 노역을 선고하고 나머지는 그냥 훈계하는 수준에 그쳤다.

줄루랜드에서 식민 지배자와 피지배자의 갈등은 문화적 진화 그리고 정신적 악화의 자연적 원인에 대한 유럽인들의 심리적 사고를 여실히 드러냈다. 식민지 의사들은 정신이상이 개인의 내면에서 비롯한다고 주장했다. 따라서 이들은 어떤 사람이나 혼령이 다른 사람의 정신을 침범할 수 있다는 줄루족의 믿음이 개인화의 결여를 보여주는 증거라고 해석했다. 즉 아프리카 사람들은 서양 산업사회가 이상으로 삼는, 서로 뚜렷이 구별되는 사적이고 자율적인 개인이 되지 못했다는 것이다.[25] 또한 의사들은 정신 질환이 대체로 생물학적 현상이라고 믿었기 때문에 마녀나 주술사가 정신 질환을 초래할 수 있다는 주장은 완강히 거부했다. 그러나 줄루족의 관점에서 그 여성들은 처벌받아야 할 정신이상자가 아니라 지원해야 할 피해자였다. 남편과 시댁의 보호가 없고 소녀에서 성인 여성이 되는 과도기에 있는 젊은 미혼 여성은 특히 나쁜 기운에 취약했다. 줄루족은 식민 통치자들이 이 분명한 사실을 이해하지 못하는 데 화가 났고 마땅히 그럴 만했다. 따지고 보면 영국 의사들은 오랫동안 여성의 정신적, 육체적 건강 면에서 결혼의 중요성을 강조하지 않았나?

줄루족 여성들은 마녀로든 정신이상자로든 낙인찍히기를 거부했고, 이들에게는 믿음이 있었다. 그러나 정신 질환이 있는 유럽 식민지 개척민들은 똑같은 저항을 시작할 문화적 어휘가 없었다. 식민 통치 당국은 정신 질환과 관련된 낙인에 가장 크게 영향받을 사람들이 백인 정착민 가족이라는 것을 인정했다. 정신병원에 가는 것이 이들에게는 '사회적 거부'라는 딱지가 붙는 것과 같았다.[26] 정신 질환을 앓는 유럽인, 특히 가난한 유럽인은 최대한 아프리카 사람들의 눈에서 숨겨졌다. 백인은 신체가 건강하고 정신이 우월한 엘리트라는 이미지를 보존하기 위한 식민지의 관행이었다.[27]

결국 식민 통치자들에게 유일하게 유리한 정신 질환 범주는 '정신이상'이었다. 오늘날 남아프리카공화국에 해당하는 케이프 식민지에서 한 것처럼, 그들은 '정신이상'이라는 범주를 이용해 흑인 환자들을 보호시설에 집어넣고 그들에게 무료 노동을 시킬 수 있었다.[28] 정신이상은 또한 반식민주의 저항을 설명하고 통제하기 위해 '집단 정신이상'으로 바뀌었다.[29] 20세기에 소련 지도자들이 반체제 인사를 조현병으로 진단해 정신병원에 보내고, 1970년대에 아르헨티나 군부가 정신보건 전문가를 불온 분자로 분류하고, 1970년대 후반 중국 정부가 소수 종교 신도를 정신병자로 낙인찍은 방식과 별반 다르지 않았다.[30]

식민지 시대의 정신과 의사들이 이해하지 못한 것은 정신 질환의 증상이 불가피하게 지역적이라는 사실이다. 대다수의 사회는 정신적, 물리적 질병을 개인적 치료보다 사회적인 치료로 대응해야 할 공동체의 문제로 본다. 따라서 피해자가 모두 자기 몸에 대한 통제력이 없는 미혼 여성임을 고려할 때, '만디케'는 이 줄루족 여성들의 사회적 위상 면에서 더 잘 설명될 수 있을 것이다. 사실 아프리카든 다른 곳에서든, 신들림은 미혼 여성이 자신의 애매한 사회적 지위에 대해 본인과 대중이 느끼는 불안에 반응하는 방식이다. 예컨대 남동부 아프리카에서 종종 신들림이 공장에 다니는 미혼 여성을 괴롭히는데, 그들이 집 밖에서 일을 해 성적으로 문란하다는 낙인이 찍히기 때문이다.[31]

서양 개인주의의 통설을 신봉하지 않는 치유 체계는 환자를 보호할 방식을 찾았다. 개인과 개인의 뇌에 책임을 지우지 않고, 최선의 상황에서 정신 질환의 고통을 줄이는 사회적 지원을 활용한다. 가장 유럽 중심적인 의사라도 이 점은 인정할 것이다. 19세기에서 20세기로 넘어갈 때 우리는 유럽과 북미의 정신의학이 여전히 고통받는 개인에게 수치심과 불명예를 안겨 주었지만 사회가 그 책임의 일부를 인정할 때 그 낙인이 줄어들 수 있음을 보게 된다.

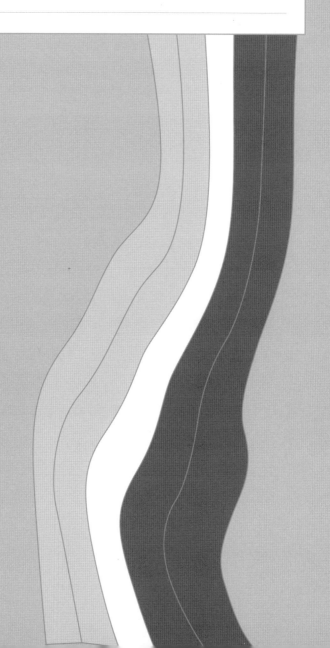

2부 　　　　　　　　　　 **전쟁**

5

전쟁의 운명

그토록 '남자다운' 행동 방식을 약속한 전쟁이 실상은
그들의 어머니와 누이도 거의 겪어 보지 못했을 '여성적' 수동성을 가져왔다.
그들이 신경쇠약에 걸린 것도 놀랍지 않다.
—팻 바커, 『갱생』(1991)

나는 증조할아버지를 만나면서 즐거웠던 적이 한 번도 없다. 그분은 모든 면에서 비호감이었다. 신랄하고 독설가인 데다 1900년 기준으로도 성차별적이었다. 그분이 국가적으로 인정받는 신경학자가 되었는데, 당시 미국에서 유대인으로서는 무척 어려운 일이었다. 사람들은 여성과 이상주의자, 산업주의에 대한 증조할아버지의 통렬한 비판을 열렬히 듣고 싶어 했다. 증조할아버지는 정신이상이 충동, 특히 쇼핑하고 싶은 욕망을 다스리지 못하는 사람에게 일어난다고 믿었다.

당신이 프로이센의 가난한 집안 출신이면서도, 핍박받는 사람들에 대한 동정심이 별로 없었다. 그러나 관점이 특별히 과격한 편은 아니었다. 1800년대 말 증조할아버지가 시카고에 정착했을 때는 빈민과 장애인의 위험을 대중에게 경고하는 '어글리 법'이란 것이 있었다. 1973년에 폐지된 이 법은 '병자거나 신체가 절단되었거나 불구거나 어떤 형태로든 기형인' 사람이 '대중 앞에 모습을 드러내면' 범죄자로 분류했다.[1] 신문에서는 여자들이 너무 약해서 장애인과 접촉하면 트라우마를 겪을 거라며 여성과 장애인을 동시에 비하했다. "병약한 숙녀가 갑작스러운 구걸 행위 때문에 혐오스러운 기형을 목격한 결과는 심각할 수 있다."[2] 이 법과 ('흉측한 거지 법'이라고도 알려진) 또 다른 어글리 법이 끼친 영향은 신체적 기형이 유전되는 선천적 상태라는 여론을 부추긴 것이다.[3]

그리고 이런 주장이 정신이상자들에게까지 확대되었다. 집에 격리하거나 정신병원(asylum. 제1부에서는 시대적으로 정신병원의 개념보다는 범죄자와 부랑인, 광인을 비롯한 생산 능력이 없는 사람들을 구분 없이 감금하는 장소의 개념이었기 때문에 같은 단어를 '수용소'로 번역했다. 제2부부터는 정신병자를 수용하고 치료하는 시설로 개념이 변화했다고 판단해 정신병원으로 번역했다.―옮긴이)에서 치료하는 것 말고는, 선천적 이상이 있는 사람들을 도울 수 있는 일이 별로 없었다. 부자들에게는 도시의 스트레스에서 벗어날 수 있는 사설 요양원이 있었고, 어떤 이들은 그곳에서 여생을 보내기도 했다. 우리 증조할아버지 같은 의사들은 정신과 의사가 시설 밖에서 생활하는 사람들을 도울 방법에 대해 별로 생각하지 않았을 것이다. 증조할아버지는 일반 대중에게 적용할 수 있는 정신의학 기법인 최면과 설득이 다 돌팔이 수법이라고 생각했다.[4] 더욱이 정신의학은 정신병원 관리자들에게나 어울릴 만한, 품위 없는 직업이었다. 정신이 똑바로 박히고 야망 있는 의사라면 정신과 의사가 되지 않을 터였다. 특히 신경외과처럼 어느 정도 존경받는 분야에서 성공할 수 있는 유대인이라면 더더욱 그랬을 것이다.

줄리어스 증조할아버지는 장기적인 기회나 대의를 위해 눈앞의 기회를 포기할 사람이 아니었다. 유럽에서 정신의학보다 지위가 낮고 그래서 유대인 의사들이 전담하다시피 한 과목은 피부과뿐이었다. 피부과가 매독 치료와 관련 있기 때문이었다. 빈에서 피부과는 '유대인 피부'라는 별명이 있었다.[5] 학자인 샌더 길먼이 '최초의 유대인 의사는 가장 혐오스러운 분야에 종사했다'고 내게 말했다. 그녀가 이런 말도 했다. "호주의 대학들은 심지어 1800년대 중반까지 유대인이 의학을 공부하는 것도 허용하지 않았다. 나중에는 그들이 다른 의사의 환자를 빼앗지 않고 유대인 공동체에 머무른다는 조건으로 의학 공부가 허용되었다." 그리고 조건이 하나 더 있었는데, 바로 프로이트처럼 유대인 환자만 받는 것이었다.

정신의학적 관리를 거의 전적으로 정신병원에서만 했기 때문에, 제1차 세계대전의 정신적 사상자 수가 의료계를 놀라게 했다.[6] 대부분의 의사들은 미치지 않았어도 분명히 심리적 괴로움을 겪는 사람들을 어떻게 치료해야 할지, 심지어 그들에 대해 어떻게 얘기해야 할지조차 몰랐다. 정신 질환 관련 어휘가 여전히 부족했다. 트라우마를 입은 병사에게 '정신이상'이라는 진단을 내리는 데 불만족한 의사들이 '정신착란'이라는 말을 즐겨 쓰기 시작했지만, 이것도 향수병에서 조현병에 이르는 온갖 증상을 가리키며 정밀하지 못하기는 매한가지였다. 온전한 정신과 정신이상 사이 그리고 신체 질환과 정신 질환 사이 어딘가에, 부분 마비와 말더듬증과 함구증처럼 전쟁의 스트레스가 가져온 설명할 수 없는 증상에 시달리는 병사들이 존재했다. 그리고 이들은 군인이었기 때문에 치료받을 자격이 있었다.

사실 제1차 세계대전 당시 정신 질환자는 민간 사회보다 군대에서 더 많은 관심과 지원과 보살핌을 받았다. 군대에 있는 사람은 여전히 잠재적 전투 인력이거나 적어도 군대가 희생을 인정하는, 사회가 빚을 진 사람이었다. 만약 이들이 군에 복무하지 않았다면, 국가 경제를 좀먹는 게으른 기생충으로 보였을지도 모른다. 멀쩡한 사람도 힘든 상황이 닥치면 겪을 수 있는 광범위한 증상이 정신 질환에 포함된다는 것을 군대가 민간 사회에 간접적으로 가르치고 있었다. 실제로 정신 질환의 낙인은 전쟁 중에 줄었다가 평화 시에 다시 증가하는 경향이 있다.

내가 아는 한, 환자와 의사가 제한된 의학 지식과 사회에서 통용되는 표현 방식에 의존해 정신 질환의 증상과 치료를 결정하는 방식을 보여 주는 예로 제1차 세계대전만 한 것이 없다. 물론 어떤 질병의 이야기건 의사와 환자가 함께 엮어 나가기 마련이고, 그러면서 그들은 특정한 역사적 순간에 문화적으로 타당하고 합리적인 증상에 대해 합의한다.[7] 전쟁이 시작될 때까지는 미국인과 영국인 중 대다수가 여전히 정신적 고통을 피로나 마비 같은 신체적 증상으로 표현했다. 오늘날 우리가 정신장애라고 생각하는 것이 과거에는 정신보다 신경의 문제라고 여겨졌으며 치료를 시도한 사람들은 일반의나 신경과 전문의를 찾아갔다. 의사는 정신적 문제를 앓는 사람을 치료하는 데 그다지 흥미가 없었고, 환자는 불편을 몸으로 표현하는 법을 무의식적으로 알았다.

또한 의사와 환자가 모두 증상을 이해해야 하기 때문에, 증상의 양상은 우리에게 그것을 만든 사회에 대해 많은 것을 말해 줄 수 있다. 우리는 전쟁을 혼란스러운 격동으로 생각하는 경향이 있지만, 사회의 정상적 기능과 별개로 여겨지는 전쟁이 사실은 성차별주의와 인종주의·경제적 불평등·남성의 감정 억제 같은 기존 사회의 양상을 더 눈에 띄게 하기도 한다. 역사학자 피터 바럼이 쓴 것처럼, 전쟁은 민간인의 삶과 동떨어지지 않고 '함께 엮여서 현대성의 구조를 이루는'[8] 사건이다.

1900년 12월 8일, 줄리어스 그린커가 시카고공립도서관에서 '미국의 신경과민: 그 원인과 치료'라는 제목의 강연을 했다. 이 웅장하고 특별한 건물에서 형제애를 치하하는 명문名文에 둘러싸인 가운데 티파니 유리 조명을 받으며 그는 시카고의 전문가와 기자 들에게 무분별한 결혼에서 비롯한 정신이상이 미국에 급속히 퍼지고 있다면서 이렇게 말했다. "미국인들이 다음 세대가 정신병원 신세 지는 것을 막으려면, 무분별한 결혼을 막고 사랑이라는 환상을 잊고서 유능한 목장주가 가축을 고르는 것과 같은 원칙에 따라 평생의 반려자를 선택해야 합니다."⁹ 다음 날 이 강연에 대한 신문 기사의 헤드라인은 몰리에르의 유명한 풍자를 암시하며 이렇게 말했다. "연극과 똑같이, 가끔은 실제 세계에 인간 혐오자가 나타난다."¹⁰

줄리어스 증조할아버지는 자본주의가 정신 질환의 근원이라는 말을 덧붙이고 여성에 대한 혐오를 드러내며 "날마다 거리에 신경과민인 여자들이 넘쳐 납니다. 열에 아홉은 요양원에 있어야 할 사람이죠." 하고 한탄했다. 그리고 이런 말도 쏟아 냈다. "쇼핑 습관이 가장 큰 원인입니다." "집집마다 신경과민인 가족이 한 명씩은 있습니다." 할아버지가 말한 '신경과민'이란 아마 '히스테리'와 '신경쇠약'이었으리라. 이 둘은 금세기 초에 가장 흔한 '신경증', 다시 말해 생리학적으로 설명할 수 없는 신경적·정신적 증상에 속했다. 미국과 영국에서 신경증은 환자들이 열이나 국부적인 증상 또는 다른 납득할 수 있는 신체적 증상을 보이지 않았기 때문에 '신경 질환'으로 분류되었다. 둘 다 미국과 영국에서 '기능성 질환'¹¹으로 분류되었는데, 이것은 눈에 띄는 기질적 원인 없이 생긴 신체 기관의 이상을 의미한다. 주목할 만한 사실은 오늘날에도 의사들이 이런 질환에 대해 '기능성 신경 증상 장애'라는 비슷한 표현을 쓴다는 것이다.

히스테리는 주로 여성 질환이다. 19세기 후반 의사들은 여성의 생식기관이 정신이상을 일으킨다고 믿었고, 수많은 여성들이 병을 치료하기 위해 음핵이나 난소를 제거하는 수술을 받았다. 부인과 의학 분야의 창시자라고 할 수 있는 독일 의사 에른스트 헤가는 '부인과가 일반 의학과 신경병리학 사이의 다리 구실을 한다'[12]고 말했다. 히스테리는 감정 조절 부족, 극단적 감정, 불안, 불감증 같은 다양한 증상이 특징이었다. 또한 히스테리에서 나타나는 심리적 스트레스와 좌절감은 신체적 질환과 비슷하게 부분 마비나 실신, 호흡곤란 같은 증상으로 나타난다. 히스테리 경험은 빅토리아시대의 이상적인 여성상, 즉 의존적이고 수동적이며 열정 없는 여성상에 부합하려고 애쓰면서 감정적·신체적·성적으로 좌절을 느끼는 여성의 정형화된 이미지에 잘 맞아떨어진다.

신경쇠약은 사실 도시 중산층 남자들 사이에서 유행하던 질병이다. 그것이 신경계에서 에너지를 짜내는 대단히 지적인 일에 몰두하고 있다는 상징이었기 때문이다. 또한 '미국병'으로 알려진 신경쇠약은 미국에서 도시 생활의 스트레스 및 작가, 예술가, 과학자 들의 정신적 고뇌와 연관된 피로감과 허약함을 수반했다. 헨리 제임스와 윌리엄 제임스, 찰스 다윈, 지그문트 프로이트, 시어도어 루스벨트, 프레더릭 레밍턴이 모두 무기력, 현기증, 두통 등과 함께 신경쇠약을 앓았다고 알려졌다. 1903년에 제약 회사 렉솔은 급속한 경제적 변화로 생긴 질병에 쓸 기적의 묘약을 이렇게 광고했다. "보장합니다, 렉솔이 만든 미국병 치료제가 당신에게 젊어진 기분을 느끼게 해 줄 것입니다."[13] 제1차 세계대전 때까지 신경쇠약은 무기력한 느낌을 가리키는 낙인이 따라붙지 않고 두루뭉술한 말이었는데, 오직 상류층만 해당했다. 의사들이, 주로 하층민이 종사하는 육체노동은 뇌나 신경계에 부담을 준다고 생각하지 않았기 때문이다. 고통스럽긴 하

지만, 신경쇠약으로 진단받는 것은 특권층의 상징이기도 했다.[14]

줄리어스 증조할아버지의 고향인 시카고에서 정신의학은 미국의 다른 지역과 비슷했다. 전원에 있는 비싼 민간 병원 외에 휴식 요법 시설 몇 군데가 시내에 있었다. 휴식 요법을 주장하는 사람들은 정신이상이 '신경섬유 주변의 지방질 부족'에 따라 일어나기 때문에 휴식과 고칼로리 식단으로 치료할 수 있다고 믿었다.[15] '더닝병원'으로 더 알려진 시카고 주립 정신병원은 1851년에 구빈원으로 문을 열어 1881년 무렵에는 (당시 시카고 전체 인구가 60만 명이었는데) 해마다 도시 거주자 250명이 새로 입소했고, 이들은 대부분 경찰에 체포된 빈곤층 젊은 남자였다.[16] 얼마 안 되는 재소자 기록에는 이름과 입소일 외 정보가 거의 표시되지 않았다.[17] 할아버지와 아버지의 기억으로는, 당시 부모들이 말썽 부리는 아이를 혼낼 때 "계속 그러면 더닝에 보낼 거야!"라고 말했다. 넓이가 0.6제곱킬로미터쯤 되는 이곳에서 대부분의 재소자는 3개월에서 6개월 정도 머물렀지만, 가족에게 버림받은 경우 몇 년씩 머물거나 심지어 죽기도 했다. 한 역사학자는 더닝이 '가난의 치욕, 정신 질환의 절망과 같은 말이 되었다'[18]고 썼다.

돌이켜 보면 제1차 세계대전이 시작될 무렵 유럽과 북미에서 정신의학은 더 중요한 분야가 되어 있어야 마땅했다. 과학의 진보 때문이 아니라 그 전 전쟁들에서 긴장증이나 우울증, 돌발성 함구증, 청각장애, 보행 불능처럼 의학 용어로 설명할 수 없는 정신적 고통과 질병을 겪은 병사들이 많았기 때문이다. 미국 남북전쟁(1861~1865)과 미국-스페인전쟁(1898), 보어전쟁(1899~1902), 러일전쟁(1904~1905) 당시 수많은 정신의학 사상자에 대한 기록이 있지만, 그런 전쟁 기간 동안 정신 질환은 여전히 육체의 단어로 표현되었다. 남북전쟁 때 의사들이 (그리스어로 귀가를 뜻하는 '노스토스nostos'와 고통을 뜻하는 '알지아algia'를 더해 노스탤지어라고 부른) 종종 치명적인 '향수병'을 '정신병'이라고 표현했지만, 이는 우울과 무기력 증상이 정신적이기 때문이었다. 당시 정신병은 여전히 육체의 질병이었고, 그래서 향수병이 설사와 쇠약에 심할 경우 사망까지 불러온다는 인식이 널리 퍼졌다. 남북전쟁 때 수천 명이 향수병으로 죽었다.[19] 한 의사가 말한 것처럼, '설사나 이질이나 장티푸스의 원인이든 결과든 간에 향수병은 환자에게 닥칠 수 있는 매우 심각한 증상으로서 두려워해야 할 문제'[20]였다. 제1차 세계대전의 정신의학적 증상과 상당히 비슷해 보이는 '과민성 심장'과 '지친 심장'으로도 수천 명이 사망했다.

제1차 세계대전이 시작될 때 미국 군대에서 400만 명이 넘는 규모의 육군에 배정한 정신과 의사(당시에는 '신경정신과 의사')는 겨우 50명이다. 그 결과, 병사들을 치료한 사람들은 대개 정신과 훈련을 전혀 받지 않았다. 정신의학적 상태를 진단한 경험이 있기를 기대하기 어려운 외과, 신경과, 내과 의사들은 정신보다 몸에 집중했다. 이들은 신체적 증상을 치료했고, 환자들은 자신이 겪는 불편을 거의 신체적 언어로만 설명했다. 신체 질환이 있어야 환자가 전투에 나설 수 없고 보살핌을 받아야 한다는 것이 인정되고, 이와 동시에 병원과 치료자로서 병원 직원들의 필수적인 기능도 인정되었다.

정신적 고통을 겪는 많은 병사와 장교 들이 마비와 함께 관절이 제대로 움직이지 않는 근육 구축muscle contracture 증상을 보였으며 가끔은 몸이 뒤틀리기도 했다. 어떤 병사는 말을 못 하거나 청각 또는 시각에 일시적 장애가 나타났고, 어떤 이는 후각이나 미각을 잃었다. 피로감과 불면증, 현기증을 겪은 경우도 있다. 의사들이 처음에는 이 모든 상태를 히스테리라고 불렀는데, 이것은 문제가 있는 단어였다. 히스테리가 한 가지 질병인지, 여러 가지 질병인지 또는 아예 진짜 질병이 아닌지를 두고 의견이 엇갈렸다.[21] 그러나 더 중요한 문제가 있었다. 히스테리가 여성성과 감정 조절의 실패를 암시했기 때문에, 이를 진단받은 병사에게는 거의 항상 낙인이 따라붙었다.

인류학자에서 심리학자로 전향한 찰스 마이어스는 인류학 연구로 낙인을 줄여 보려 했다. 1898년에 그가 동료 인류학자 W. H. R. 리버스, 심리학자 윌리엄 맥두걸과 함께 호주와 뉴기니 남부를 가르는 토러스해협 제도로 전설적인 원정에 나섰다. 이곳에서 그들은 문화와 지각의 복잡한 관계를 알게 되었다. 머레이섬에서 4개월간 생활하며 원주민 200~300여 명을 표본으로 삼아 빛에 대한 민감도, 청각, 근력, 동통 역치pain threshold 등 신체적 특징에 관한 자료를 많이 수집했다. 이들이 지능을 연구하지는 않지만, 원주민이 시력을 비롯한 몇 가지 영역에서 유럽인보다 점수가 높다고 결론 내렸다. 그러나 원주민이 좋은 시력과 시지각을 **타고난** 것은 아니었다. 그들의 문화가 멀리서 사소하고 세부적인 것까지 감지할 수 있는 능력을 키우도록 요구했다.

지각이 문화적 과정이며, 따라서 변할 수 있다는 것을 인식한 마이어스와 그의 동료들은 질병에 대한 병사들의 생각을 바꾸기 위해 전쟁 중에 겪는 정신적 고통에 대해 '탄환 충격'이라는 새 단어를 제안했다. 외상을 입지 않으면서 폭발 현장 가까이 있을 때 받는 영향을 표현하기 위해 환자들 자신이 고안한 말이다. 탄환이 일으킨 바람이 '신경 불안'을 불러올 수 있다고 믿은 환자들은 이 단어가 합리적이라고 생각했다.[22] 그러나 그 단어의 대단한 상징적 가치를 처음 인식한 사람은 마이어스다. 환자들은, 무의식적으로나마 자신의 증상을 심리학적으로 해석하기보다는 생물학적으로 해석하고 스스로 남자답다는 느낌을 재확인하는 방식으로 그 단어를 만들었다. 전쟁이 남성성과 연관되며 남성성과 온전한 정신은 감정을 조절하는 능력과 연관되기 때문에, 탄환 충격이 여성화된 표현인 '히스테리'를 대신할 이상적인 단어였다는 것이 마이어스의 추론이다.[23]

1915년, 마이어스가 세 병사의 사례 보고서에서 처음으로 '탄환 충격'에 대해 썼다.[24] 첫 번째 병사는 몇 시간 동안 사방에서 계속 포탄이 터졌다고 보고했고, 두 번째 병사는 열여덟 시간 동안 참호에 묻혀 있었다고 했으며, 세 번째 병사는 포탄이 터지면서 4미터쯤 되는 높이에서 떨어졌다고 말했다. 이들은 모두 시야 장애가 있었고 미각을 거의 다 잃었다. 셋 중 둘은 후각을 잃었고, 셋 모두 충격적인 사건 이후 5일 동안 변을 보지 못했다. 다른 유럽 국가의 의사들도 빠르게 '탄환 충격'을 자국 언어로 옮겨 썼다.[25] 전쟁 발발 이듬해인 1915년 여름까지 독일 병사 11만 2000명이 탄환 충격 진단을 받았다.[26] 1917년 5월까지는 영국 병사들 가운데 15퍼센트가 같은 진단을 받고 제대했다.

전문적 담론에서 탄환 충격에 대해 말하는 경우, 대개 그것은 사실 히스테리에 대해 말하는 것이었다. 그래도 탄환 충격이라는 진단이 병사들에게 덜 수치스러웠다. 이 단어를 듣고 바로 떠오르는 것은 용기나 의지 부족이 아니라 전투 현장 또는 그 근처에 있다가 입은 상처였다. 그래서 유럽과 북미의 의사들이 탄환 충격의 정의에 합의하지 못한 (그래서 한 역사학자가 '유동적이고 자주 변하는'[27] 단어라고 말한) 상황이었지만, 그것이 유용하다는 데는 모두 동의하는 것 같았다. 그것은 히스테리에 찍힌 여성성이라는 낙인을 피하면서 사회가 고통을 정당화하고 고통받는 사람을 위로할 수 있는 방식을 제공했다.

제1차 세계대전 때 간호사와 구급차 운전기사로 복무한 여성들도 탄환 충격을 겪었지만, 이들은 보통 진단이나 치료를 받지 않았다. 진단을 받아도 진단명은 히스테리였으며 바로 제대 조치되었다. 프랑스, 벨기에, 영국, 미국의 당국자들은 여성의 가치가 전투병만 못하다고 여겼으며 여성을 치료하거나 유지하는 데 큰 노력을 기울이지 않았다. 또한 의사들이 성폭행과 전쟁의 영향에 따른 트라우마 같이 전투 현장이 아닌 데서 발생한 대인 트라우마는 전쟁 트라우마로 보지 않았다. 그러나 여성도 남성 못지않게 폭력에 노출되어 있었다. 간호사는 끔찍한 부상을 목격하고 보살펴야 했으며 괴저 부위 절단을 포함한 수술에도 참여해야 했다. 캐나다 종군 간호사였던 M. 루커스 러더퍼드는 모든 상태 가운데 탄환 충격이 가장 괴롭고 치료하기 어려웠다고 썼다. 피해 군인에게 접근하기 어렵고 소통할 수 없었기 때문이다.[28]

전쟁에서 정신적 외상을 입은 영국 간호사가 정신병원에 가거나 민간인 여성이 전쟁으로 가족을 잃고 '정신이상'이 되었을 때, 이들은 탄환 충격을 입은 남성과 달리 '군 복무 환자'가 아니라 '빈민 정신병자'로 분류되었다. 영국에서 여성들은 전쟁의 영향을 받은 삶에 대해 공식적으로 인정받지 못했다. 미국과 영국에서 제1차 세계대전에 대한 역사, 심리학 문헌과 최근 이라크와 아프가니스탄에서 일어난 전쟁에 이르기까지 모든 전쟁 관련 문헌이 여성에게 별로 관심을 기울이지 않는다. 이 또한 사회적 불평등이 어떻게 정신 질환과 관련된 낙인의 역사를 뒷받침하는지에 대해 확인시킨다.[29]

여성이 배제되고 무시되었다면, 남자는 침묵을 강요당했다. 탄환 충격이 정신이 아닌 신체의 증상으로 경험되었기 때문에, 신체적 질병에 대해서는 이야기하되 전쟁이 가져온 감정적 결과의 표현은 자제하고 트라우마의 심리적 영향에 대한 논의를 민간인 세계에 들이지 않는 것이 하나의 방식이 되었다. 그럼에도 존경받는 몇몇 의사들이 탄환 충격에 관한 정치적 올바름의 가면을 벗기려 했다. 1917년에 영국 맨체스터대 의사들은 탄환 충격이 '두려움'을 가리키는 고상한 말일 뿐이라고 쓰고, 환자들을 꾀병쟁이라고 비난했다.[30] 전쟁터에서 벗어나기 위해 가짜 증상이나 과장된 증상을 호소한다고 생각되는 군인이 군법회의에 회부되기도 했고, 탈영한 꾀병 환자가 총살형을 선고받기도 했다.

의사들이 '진짜' 탄환 충격과 가짜 탄환 충격, 신체적 질환과 감정적 질환을 구분하려고 할 때 마주치는 어려움은 팻 바커의 역사소설 『갱생』 3부작에 잘 포착되어 있다. 이 책 1부에서 정신과 의사이자 인류학자인 주인공 W. H. R. 리버스가 상반되는 두 가지 원칙 사이에서 균형을 잡기 위해 고전한다. 실존 인물인 인류학자 W. H. R. 리버스(1864~1922)를 모델로 한 주인공은 탄환 충격을 겪는 사람들이 자신의 감정과 신체적 증상을 마주하고 통합할 수 있을 때만 회복된다는 것을 알지만, '그들이 감정 억제를 남자다움의 본질로 여기도록 훈련받았다'는 것도 안다.[31] 그가 이렇게 덧붙인다. "두려움, 연약함. 이런 감정은 경멸의 대상이라서, 남자답다는 것이 어떤 의미인지를 재정의하는 대가를 치르고야 비로소 의식 속에 받아들일 수 있었다."[32]

탄환 충격을 겪는 사람들은 자신의 감정에 대해 말을 많이 하지 않았다. 그들은 특이하게 몸을 꼬거나, 조심조심 줄을 타듯 움직이거나, 제대로 걷지 못하고 자꾸만 넘어졌다. 어떤 의사들은 그들을 몸에서 생기가 빠져나간 사람들로 묘사했다. 1914년에 발행된 학술지 『랜싯』의 기사에 따르면, 그런 남자들이 '마담투소박물관에 전시된 밀랍 인형 무리'[33]를 닮았다. 탄환 충격은 우리가 오늘날 외상 후 스트레스 장애PTSD라고 부르는 것의 전형적 증상인 (그리고 충격적인 경험을 기억하기보다는 다시 겪는 것에 가까운) 플래시백이나 과다 각성을 동반하지 않았다. 또한 탄환 충격의 증상은 비교적 최근 전쟁에 참가한 군인들에게 나타나는 것처럼 전쟁 이후 몇 달이나 몇 년 있다 시작되지 않고 전쟁 중에 시작되었다.

그런데 놀랍게도 전형적인 탄환 충격 증상을 경험한 병사들 중 상당수가 전투 현장 근처에도 가 보지 않았다.[34] 제1차 세계대전 중 영국과 미국에서 신병 선별 과정을 이끌던 미국인 의사 토머스 새먼은 이렇게 썼다. "전투 상황에 전혀 노출되지 않은 병사 수백 명이 포격 때문에 신경장애를 앓는 사람들과 거의 동일한 증상을 보였다."[35] 당대 최고라고 할 만한 정신과 의사의 말에 따르면, 프랑스에서는 전쟁 관련 신경증이 있는 정신과 환자들이 거의 다 신체적 증상을 보였지만 그중 20퍼센트만이 실제로 몸에 상처가 있었다.[36] 1918년 12월까지 미국 병력의 1퍼센트가 탄환 충격 증상으로 입원했다.[37]

전쟁이 끝날 때마다 의사·장성· 군사 사학자 들이 마치 그 전 전쟁들에서 사람들이 심리적 고통에 대해 보인 신체적 반응이 얼마나 광범위한지 전혀 모른다는 듯, 과거로부터 얻은 교훈에 세심한 주의를 기울이지 못했다고 개탄한다. 제1차 세계대전 때 새로워 보이던 히스테리 증상에 대해 독일 신경학자 헤르만 오펜하임은 이렇게 말했다. "히스테리가 모든 둑을 넘었고, 이제 안전한 것은 없다."[38] 유럽의 히스테리 연구와 미국의 '철도 척수'(철도 사고로부터 몇 개월이나 몇 년이 지난 뒤 사람들이 겪은 신체적 증상) 연구가 익숙할 만큼 최고 수준의 교육을 받은 의사들을 제외하면, 대부분의 의사들은 이런 것을 본 적도 없었다. 호주 군대는 (제1차 세계대전의) 갈리폴리 전투 당시 군대 내 정신장애라는 개념이 '의료진의 머릿속에 아예 없었다'고 회상했다.[39] 신체적 증상은 그저 사람들이 알고 있는, 강렬한 감정을 표현할 유일한 방식이었을까? 한 번도 영국이나 미국을 떠나지 않았는데 탄환 충격을 겪는 사람들은 어떻게 된 일일까? 불안에 휩싸인 병사들이 신체적 부상을 입은 사람들의 증상을 뜻하지 않게 흉내 냈을까?

제1차 세계대전이 발발하기 수십 년 전, '신경증의 나폴레옹'[40]이라고 불린 프랑스 의사 장 마르탱 샤르코가 히스테리라는 개념을 대중화했다. 그는 히스테리를 정신적 외상에 따른 몸의 상태로 정의했다. 또한 '히스테리'가 인간의 나머지 생리 기능과는 다른 생물학적 법칙에 따라 작동하는 독특한 상태로, 남자와 여자 모두에게 영향을 끼칠 수 있다고 주장했다. 유럽 전역의 의사와 환자 들에게, 마비와 함구증 같은 특정 신체적 증상은 히스테리의 '낙인'이 되었다. 전쟁 전에도 의사들은 히스테리에 집착했고, 이것은 증조할아버지가 그토록 우려한 상황이었다. 한 역사학자의 말에 따르면, "파리에서 빈, 멀게는 뉴욕과 부에노스아이레스에 이르기까지 병원이 갑작스러운 실어증이나 시야 축소, 틱, 떨림, 사지 부분 마비 같은 증상을 겪는 여성들로 넘쳐 났다".[41]

20세기 후반에 이르러 의사들은 이런 신체 증상들을 히스테리

보다는 '전환장애'라고 부르게 된다. 전환이란 사람들이 의식적으로나 무의식적으로 감정과 경험을 문화적으로 수용 가능한 언어로 바꿔 표현하는 보편적 과정이다. 여기서 '언어'는 입으로 내뱉는 것만이 아니라 몸으로 표현하는 것도 포함한다. 군사 사학자 벤 셰퍼드는 제1차 세계대전의 상황에 대해 이렇게 말한다. "참으로 놀라웠다. 처음에 몇 명이 경련을 일으키더니 2년 뒤에는 모두가 경련을 일으키고 있었다." 전투 참가 여부와 상관없이 병사들은 그들이 본 긍정적인 관심과 보살핌을 받는 사람들과 똑같은 증상을 겪기 시작했다. 프로이트가 말한 것처럼, 어떤 질환의 전형적인 증상은 기본적으로 동일하고, 따라서 개인적 차이가 두드러지지 않는 경향이 있다.[42] 내 생각에 이것은 다행스럽다. 만약 증상에 유사성과 패턴이 없다면, 의사가 그것을 개념화하거나 분류할 방도가 없을 테니 말이다.

그러므로 비록 '탄환 충격'이라는 단어가 새로웠어도, 전쟁이 새로운 증상을 만든 것은 아니다. 전쟁이 만든 것은 그런 증상들을 하나의 패턴으로 이해하기 위한 틀이다. 탄환 충격은 여성들의 히스테리처럼 격렬한 감정에 따라 일어나는 것이 아니라 신체적 경험에 따라 일어나는 것으로 여겨졌다. 역사학자 피터 러너는 이렇게 썼다. "이 진단은 한때 금기시되었지만 전쟁 중에 수용된 데다 하나의 구호가 되었고, 국가주의적이며 군사적인 언어로 변형된 애국적 운동이 되었다."[43] 히스테리 증상에 덧씌워진 여성적 함의에 대한 우려가 특히 독일에서 뚜렷하게 줄어들었다. 오펜하임은 '탄환 충격'이라는 단어를 쓰자 비로소 병사가 정신병 환자라는 느낌을 주지 않고 자신의 '신경장애'에 대해 이야기할 수 있게 되었다고 말했다.[44] 미국에서 토머스 새먼은 참전 군인들이 한사코 **탄환 충격**이라는 진단을 고집했다'고 언급했다.[45] 이렇게 흔한 진단과 함께 대중 전체에 대한 메시지가 등장했다. 군인이건 민간인이건, 누구나 신경증에 걸릴 수 있으며 신경증이 있다는 것이 결코 불명예스러운 일이 되어서는 안 된다는 메시지다.

그러나 정신의학적 증상은 계급에 따라 달랐다. 사병들은 마비와 함구증, 귀먹음같이 심각한 신체적 증상을 흔하게 경험했다. 같은 증상을 겪은 장교가 많았지만, 계급이 높을수록 피로감이나 불면증처럼 민간인 사회에서 엘리트들이 겪는 정신적 장애와 관련된 신경쇠약 증상을 겪는 경우가 더 많았다. 영국에서는 종종 계급제도의 그림자에 동정심이 가려졌다. 영국 의사들은 자신의 도덕적, 정치적 성향 때문에 탄환 충격 진단에 기존 편견을 강화하는 이원적 범주의 적용을 선호했다. 안 그래도 소외된 노동계급 출신 군인과 유대인, 아일랜드인, 서아프리카인 같은 식민지 사람들이 겪는 탄환 충격을 종종 '꾀병'과 '히스테리'로 표현한 것이다.

식민지 시기 인도에서 영국 출신 의사들은 영국인 정신병 환자를 두 등급으로 나누었다. 1등급 환자, 즉 영국 국민성을 가장 멋진 모습으로 보여 주는 영국 시민은 일시적으로 쇠약해진 것이라고 말했다. 그 반면 영국인 노동자, 알코올중독자, 성매매 종사자 같은 2등급 환자는 '백치'나 '조증 환자'로 분류되었다.[46] 전쟁 중에 (실업을 면하기 위해 참전한 경우가 상당수인) 극빈층 영국 남자들 가운데 일부는 그들의 병뿐만 아니라 출신과 양육 때문에 본질적으로 열등해서 치료할 수 없는 환자로 여겨졌다. 윈스턴 처칠의 주치의였던 모런 경은 제1차 세계대전이 끝나고 수십 년이 흘렀을 때 이렇게 말했다. "전쟁터에서 남자의 운명은 전쟁이 시작되기 전에 만들어진다." 그가 육필 메모에서는 더 노골적으로 말했다. "나쁜 혈통이 탄환 충격을 조장한다."[47]

독일과 프랑스에서도 계급이 탄환 충격을 설명하는 방식에 영향을 미쳤다. 가난한 집안 출신 군인은 '질병으로 도피할'[48] 가능성이 높다는 식이었다. 독일에서는 히스테리가 노동계급에 대한 진단명으로 더 자주 이용되었으며 장애를 겪는 것이 '일하기 싫어한다는'[49] 증거로 받아들여졌다. 프랑스에서는 "폭력적인 사건이 신경증을 드러내지만 일으키지는 않는다. 문제는 전쟁이 아닌 환자에게 있다."[50] 같은 관점이 팽배했다. 탄환 충격 자체가 그 사람의 사회적 위상을 떨어트리지는 않았다. 그러나 불안하고 혼란스러운 세계에서 탄환 충격이라는 진단은 사회적 위계에서 열등한 지위를 고착화하고, 그 병이 유전적으로 결정되었음을 입증할 수 있었다.[51]

미국의 군의관과 일반 의사 들 사이에서 '탄환 충격'이라는 말이 처음에는 상당한 인기가 있었으나 1918년 말 즈음에는 폐기되었다. 애매모호한 한편 너무 막연하게 쓰여서 무의미한 단어가 되었기 때문이다. 그러나 의사들이 특히 교육받은 장교들에 대한 진단명으로 '신경쇠약'은 계속 썼다. 의사들은 그들이 단순히 전쟁 스트레스 때문에 지친 것이며 휴식과 긴 목욕이 필요하다고 생각했다. 많은 사람의 이야기에 따르면, 미국 탄환 충격 사례의 15퍼센트 미만이 장교였다. 수중에 돈이 있고 낙인이 크지 않은 진단을 받은 그들은 개인 주택이나 요양소에서 휴식을 취하고 가끔 (프로이트식 정신분석의 장기 치료법은 아니지만) 대화 치료를 받기도 했다. 그 반면 신경쇠약 군인과 증상이 같은 노동계급 출신 군인들은 히스테리 때문에 종종 처벌을 받았다. 난방도 제대로 되지 않는 비참한 숙소에서 진정제를 맞거나 마취 없이 전기충격치료를 받기도 했다.[52] 그들이 더는 생산적인 사회 구성원이 아니며 부유한 군인들과 달리 국가 예산이 투입되어야 한다는 사실이 '빈민'이라는 꼬리표와 함께 그들의 치욕과 소외를 악화시켰다.

병사들은 사실상 장교와 전문가, 치료 관행과 배제 방법으로 이루어진 관료제에 몸을 맡기도록 요구받고 있었다. 제1차 세계대전 직후인 1919년에 프랑스 소설가 앙리 바르뷔스는 전쟁이 '가난하고 궁핍한 자는 피할 수 없는 합법적인 체포 같은' 납치와 다르지 않다고 썼다. 새 주인은 병사의 옷을 벗기고 제복을 입힌 뒤 막사에 가둔다. 그는 다른 사람들과 강력한 동시에 무력한 집단을 이룬다. 그리고 전쟁이 끝나면 주인이 병사를 땅에 묻거나 전쟁과 그 결과에 대한 비용을 치러야 하는 사회로 돌려보낸다. 전후 상황을 전쟁이 아닌 산업기계가 저지른 또 다른 형태의 납치로 본 바르뷔스는, 사회로 돌아온 병사에게 비천한 신분을 일깨우며 이렇게 말했다. "이것은 급히 가면을 벗어던진 공격적이며 복잡한…… 당신을 움켜잡는 끔찍한 운명이다."[53] 전시가 아니었다면 하인이나 노동자나 또 다른 무엇이었을지 모를 병사는 항상 어떤 통제와 규율에 복종해야 할 운명이었다. 그가 이렇게 썼다. "넓은 세상의 병사, 당신, 남자들 중에서 닥치는 대로 데려온 남자여, 이것을 기억하라. 당신이 온전히 당신이던 순간은 없다는 것을."

마침내 전쟁이 끝나자 탄환 충격이라는 안전한 피난처도 끝났다. 전쟁 기간 내내 관찰자들이 저마다 전쟁 트라우마를 해석하면서 탄환 충격의 원인과 치료, 가치에 대한 의견이 분분했다. 미국에서 새먼은 탄환 충격의 피해자들을 그들의 사회경제적 배경과 무관하게 정신병원에 보내는 것에 반대했다. 정신병원에서는 그들이 정신이상이나 지적장애로 분류될 수 있었다. 그들은 상이용사였으며, 재향군인을 위한 전문 병원에서 주로 휴식으로 때로 최면으로 치료받거나 외래 환자로 치료받아 마땅했다. 그러나 영국의 찰스 마이어스를 포함해 다른 사람들은, 의식이 트라우마를 억압한 결과로 생긴 신체적 증상이 많다고 확신했다.[54] 의사들은 탄환 충격이 대단히 충격적인 사건 뒤에 즉각적으로 오는 증상이라는 측면에서 정의되어야 하는지, 아니면 발현이 지연될 수 있는지에 대해서도 합의하지 못했다. 그리고 진짜 탄환 충격을 겪는 사람과 그런 척하는 사람을 구분할 방법을 아무도 몰랐다. 그들이 병을 앓는 것인가? 아니면 미국 의사들보다 훨씬 덜 동정적인 영국 의사들이 말하는 '도덕성 부족LMF'인가?[55]

전쟁이 끝났을 때 모런 경은, 자신의 계급적 편향을 억누르고 자본주의적 언어로 군인의 정신건강은 한정된 재산이라고 주장했다. "남자는 의지력이 자산이며 항상 그것을 지출하고 있었다. 현명하고 알뜰한 경영자는 파산하지 않기 위해 모든 지출을 유심히 살핀다. 자본이 바닥나면 끝난 것이다."[56] 정부 지도자들은 심리적 문제가 있는 환자보다 사지 절단같이 신체적 부상이 큰 환자에게 동정적이었다. 병사들에게 전쟁의 정서적 영향은 사람을 안에서부터 망가뜨리는 어둠이었다. 바르뷔스는 이것을 '내면의 그림자'라고 불렀다. 정신적 외상을 입힐 만큼 충격적인 기억은 끝이 보이지 않는 극도의 고통이 이어지는 것이며 사람의 육신이 아니라 능력에 새겨진 상처였다.

　영국 정부에게 전쟁은 끝난 일이었다. 계속되는 고통은 나약함이나 기만이었다. 1920년, 탄환 충격 진단을 둘러싼 논란을 끝내기 위해 정부의 탄환 충격 조사 위원회를 이끌던 사우스버러 경은 탄환 충격이 이제 꾀병이라는 낙인을 안게 되었다고 단언했다. 참전 군인들이 나태하고 정부의 도움으로 살아간다는 점을 지적하며 그가 이렇게 말했다. "유사 정신 질환 사례에서, 나는 절대적 게으름의 끊임없는 원천보다 환자에게 더 비참한 운명을 상상할 수 없다."[57] 이 논쟁에 전후 탄환 충격 피해자를 돌보는 데 필요할 재정적 비용까지 더하면, 탄환 충격이 진단명으로 남을 수 없었다는 것이 놀랍지도 않다. 그러나 탄환 충격으로 금전적 보상을 받은 사람들의 수와 그런 진단을 받은 사람들에 대한 대중의 동정심을 고려할 때, 그것을 아예 없애기가 쉽지만은 않았다.[58]

1918년, 영국군 당국이 무기 때문에 신체적 손상을 입었다는 증거가 없을 경우, 탄환 충격의 증상이 더는 '부상'일 수 없다고 선언했다. 사학자 벤 셰퍼드는 불과 1년 사이에 상황이 얼마나 많이 바뀌었는지를 지적했다. "한때 질병이던 것이 1917년에는 낙인이 되더니, 1918년 무렵에는 금지어가 되었다."[59] 장교를 제외한 병사, 전쟁 트라우마로 성격이 괴상해진 전후 소설 속 인물, 꾀병 환자로 몰려 부당하게 처형당한 병사 들에게 탄환 충격은 비겁함과 강하게 연결되었다.[60]

일단 탄환 충격이라는 범주가 유효하지 않게 되고 그 증상들에 낙인이 찍히자, 탄환 충격 증상이 거의 사라졌다. 이제 수치스러워진 질병으로 정신적 고통을 표현해 봐야 이로울 게 없었다. 시간이 지나면서 전쟁 트라우마의 새로운 증상들이 탄환 충격 증상을 대신했다. 제1차 세계대전 때 흔하던 실어증과 보행 불능, 뒤틀린 자세가 제2차 세계대전 때는 나라를 막론하고 전투원들 사이에서 비교적 드물게 나타났고 1950년대 중반에는 거의 사라진다. 제2차 세계대전이 시작될 무렵 영국의 의사들은 두통과 현기증, 피로, 집중력 부족, 신경과민을 특징으로 하는 뇌진탕 후 증후군에 대해 이야기했다.

전쟁 트라우마 증상은 20세기 내내 계속 변한다. 예를 들어, 제1차 세계대전 때도 제2차 세계대전 때도 오늘날 PTSD의 특징이자 일반적 증상으로 보는 플래시백은 없었다. 사실 걸프전(1990~1991)까지 플래시백은 미국과 영국의 군대 기록에 거의 나타나지 않았다.[61] 그리고 제1, 2차 세계대전 때는 전투 중간이나 직후에 스트레스가 나타나 (때로 전진 의학으로 불린) 최전선 임상 치료로 대처한 반면에 잔혹했던 베트남전쟁 중에는 전투 스트레스가 드물었다.[62] 베트남전쟁 참가 군인들 사이에 전투 관련 트라우마의 유병률은 미국이 베트남을 떠나고 한참 뒤에야 급증했고, 따라서 '외상 후 스트레스 장애'라는 적절한 표현도 전후에 나왔다.[63]

정신적 고통의 증상과 낙인이 어떻게 그렇게 짧은 시간에 크게 변할 수 있을까? 가능한 답 하나는 전투 환경이 달라졌기 때문이라는 것이다. 다른 무기 사용이 다른 결과를 가져왔고, 우리가 알다시피 제1차 세계대전 때 산업화한 폭력은 전례가 없는 것이었다. 그러나 특히 전투 현장에 투입되지 않았고 폭발 현장 근처에 가 본 적도 없는데 탄환 충격을 겪은 군인들의 원인을 알 수 없는 마비와 감각상실이 실제 뇌의 부상이나 중독의 결과라는 증거는 거의 없다.

가능성이 좀 더 큰 답은 고통의 표현 방식이 문화와 역사에 따라 다르기 때문이라는 것이다. 불안 같은 느낌이 특정한 때 특정한 장소에서는 분노·두려움·슬픔 같은 감정으로 나타날 수 있고, 다른 상황에서는 심박수 증가·호흡곤란·어지럼 같은 신체적 증상으로 나타나기도 한다. 세상의 모든 사람이 말로 감정이나 고통을 표현하거나, 감정을 그것을 촉발했을 수 있는 사건과 관련짓지는 않는다. 폭력에 노출되고 몇 달, 몇 년이 지나고야 증상이 나타난 군인은 특히 그럴 것이다.

스티븐 크레인이 1896년에 쓴 시 「전쟁은 친절하다」에서 암시하듯, 전쟁은 그 나름의 덕목이 있다. 그 것은 애국심의 한 형태이거나 개인, 집단의 영광을 위한 수단이거나 권리와 종교, 도덕성의 행위일 수 있다. 사람들은 공통의 목표를 위해 단결하고, 정부는 힘을 행사하고, 경제가 동원되고 번성하며, 국가는 존재 이유를 확인하고 미래의 전망을 분명하게 표현한다. 심지어 전쟁은 질환의 낙인을 다시 정의할 수도 있다. 크레인은 전쟁에 치를 떨었으며 전쟁의 이득처럼 보이는 것도 결국 유혈 사태를 정당화하는 데 도움이 될 뿐이라고 생각했다. 그러나 그는 전쟁이 사회의 가치를 반영하며 변화를 만들어 낸다는 것도 인정했다.

전쟁이 친절하다는 말은, 그것이 반어적인 표현이라도 불편하다. 그러나 전쟁은 기존의 가치관을 토대로 하며 인간들의 차이에 대한 우리의 사고방식을 바꾸고 지적 발전의 동기를 부여한다는 점에서 생산적이다. 비록 한때나마 제1차 세계대전은 정신 질환에 대한 새로운 공감을 만들고, 오늘날에도 우리와 함께하는 의학적 진보를 꼭 필요한 것으로 만들었다. 평화 시에는 연민이 빠르게 후퇴했지만, 전시에는 정신이상이 아닌 사람에게 단기 치료를 제공하거나 전투에서 부상한 사람의 생식기를 복원하기 위한 수술법(최초의 성 확정 수술을 가능케 한 것과 같은 방법)을 개발하는 등 전에는 결코 상상하지 못했을 일을 하려고 국가가 의사들을 훈련시켰다. 마취학·수술·응급의학·보철술·면역법·작업치료 같은 아주 중요한 의학적 진보가 군진의학에서 나왔고, 지금도 여전히 그렇다.[64] 미국인들 중 대다수가 인생의 어느 시점에는 결국 전시에 이룬 의학적 진보에서 비롯한 치료를 받는다. 심리검사는 분야 자체가 세계대전 때 신병 선발 검사에서 비롯했다.

대체로 이런 역사는 여전히 이야기되지 않는다. 어쩌면 전쟁에서 어떤 유용한 것이 나올 수 있다고 말하기가 불편하거나 우리가 전쟁을 역사 속 일탈, 즉 사회의 재구성이 아닌 혼돈으로 보는 경향이 있기 때문일 것이다. 우리는 대체로 국가의 정치적·경제적 목적에 이로운 것만을 기억하고, 제1차 세계대전에서 시각 예술과 시·소설의 새로운 장르가 탄생했다는 사실 같은 나머지는 대부분 망각한다. 제1차 세계대전은 1000가지 유산을 준 전쟁이라고 이야기된다.

6

프로이트를 찾아서

친애하는 로이,
정신분석에 관한 네 관심과 취리히에 머물면서 정신분석을 받도록
승낙해 달라는 요청이 담긴 편지를 받아 보았다.
나로서는 간단히 말할 수밖에 없구나.
내 돈을 더 좋게 쓸 수 없다면, 당장 돌아오너라.
—사랑하는 네 아버지, 줄리어스 그린커(1924년 4월 5일)

제1차 세계대전은 정신의학적 사
고의 변화를 촉진했다. 순수하게 생물학적인 정신 질환의 모델에서
심리학적인 모델에 가까워지는 변화였다. 그러나 이런 변화가 프로
이트의 지적 혁명이 확고히 자리 잡을 때까지는 완성되지 못했다.
이 혁명은 우리 할아버지인 로이 R. 그린커와 아버지 로이 R. 그린커
2세를 포함해 20세기 중반 정신과 의사 대부분의 정신분석 경력을
결정했다.

의사와 환자 들이 정신적 고통의 생물학적 모델에 집착한 것은
정신의학의 기능이 오랫동안 관리적 차원에 머물렀기 때문이라는
사실을 떠올려 보자. 정신의학은 (언론인들이 종종 '뱀 구덩이'라고 부

른) 대규모 시설에서 수행되었으며 어떤 곳에서는 남자와 여자를 수천 명씩 수용하기도 했는데, 이들 중 상당수는 극빈자거나 지적장애인이거나 늙어서 가족에게 버려진 사람이었다.[1] 그러나 정신분석은 정신의학과 달랐다. 첫째, 그것은 정신을 연구하는 학문적 시도였다. 둘째, 그것은 의사에게 더 편하고 돈벌이가 되는 일이었다. 정신분석 치료를 받는 환자들은 대개 병세가 심하지도 가난하지도 않았다. 일주일에 몇 차례씩 하는 값비싼 치료를 감당할 만큼 부유해야 했다.

1911년에는 줄리어스 증조할아버지도 잠깐 정신분석을 했다. 증조할아버지는 그저 정신과 의사가 되는 모욕을 겪지 않으면서 뇌를 연구하고 히스테리 같은 심신증을 치료할 방법을 찾으려고 한 파리와 빈의 신경학자들이 택한 방식을 따른 것이다.[2] 그러나 치료의 친밀성을 참아 낼 수 없었다.[3] 그는 환자들이 자신과 결혼하고 싶어 하거나 자신을 죽이고 싶어 하는 것 같다며 그들에게는 사랑과 증오 사이의 특별할 것 없는 감정 몇 가지만 존재한다고 아들 로이에게 말했다. 1912년에 줄리어스가 이 주제에 대한 글을 발표했는데, 거기서 프로이트의 이론이 그럴듯하다고 표현했다. 시카고의 다른 의사가 정신분석에 대한 글을 발표한 건 그로부터 20여 년이 지났을 때다.[4]

내 기억에 할아버지는 증조할아버지에 대해 말하기를 좋아하지 않았고, 어쩌다 말해도 부정적인 얘기뿐이었다. 한번은 할아버지가 미국에서 뇌엽 절제술의 발전을 이끈 월터 프리먼 박사에게 이런 편지를 썼다. "어렸을 때 저는 아버지가 필요했지만, 아버지의 엄격함과 난폭한 성미와 심한 처벌이 두려웠습니다."[5] 할아버지는 남은 인생 동안 당신 아버지에 대한 존경의 표시로 진료실 책상 위에 각진 얼굴에 콧수염을 빽빽이 기른 건장한 증조부의 사진을 다른 가족의 사진들과 나란히 세워 두었다. 할아버지가 젊었을 때 그 사진을 종종 보았는데, 사진 속 아버지를 응시하며 아버지한테 칭찬받을 갖가지 방법을 궁리하곤 했다. 그리고 할아버지가 반복적으로 빠진 상상은, 두꺼운 의학 서적을 집필한 뒤 그것을 두 손으로 머리까지 들어 올렸다가 던져서 그 사진 액자를 산산조각 내는 것이다.

독재적이던 줄리어스는 아들의 교육과 직업에 관해 아들 대신 결정하면서 항상 말했다. "넌 깜냥이 부족해." 그러니 로이가 의대를 나오고 신경학자가 되어 1922년에 아버지의 업종에 합류한 것은 예측할 만한 일이었다. 그는 자신이 신경학 분야에 만족하지 못한다는 사실 그리고 그 이유 중 하나가 아버지와 비교해 보잘것없어지는 느낌에 있다는 사실을 일찌감치 깨달았다. 그가 열등하다고 상기시키기라도 하듯, 시카고 의료계 사람들은 로이를 이름 대신 '줄리어스의 아들'로 불렀다.

할아버지가 신경학에 만족하지 못한 이유는 또 있었다. 많은 환자가 의식하지는 못해도 심리적 괴로움을 겪고 있는데, 그들 자신은 신경 질환이 있다고 믿었기 때문이다. 정신의학의 초점이 정신 질환의 넓은 스펙트럼 대신 심각한 만성질환에 맞춰진 탓에 정신적인 고통이 치료되지 않은 경우가 너무 많아 보였다. 할아버지는 다가오는 정신분석의 물결과 우리 모두 어떤 면에서 정신 질환이 있다는 프로이트의 제안에 흥미를 느꼈다. 할아버지는 이것이 사실이라면 사람들이 자신의 문제에 대해, 어쩌면 아주 사소한 문제에 대해서도 정신과에서 치료받는 것을 부끄럽게 여기지 않을 것이며 그것을 정신적 치료가 아닌 의학적 치료로 생각할 거라고 믿을 만큼 순진했다. 더 많은 의학도가 정신과를 지망할 거라고도 생각했으며 이런 생각을 탐구할 필요가 있었다. 특히 일단 신경학자가 된 이상, 만족을 모르는 아버지를 만족시켜 보기 위해서라도 (비록 헛된 시도지만) 그럴 필요가 있었다.

하지만 불행하게도 정신분석과 정신의학이 모두 주로 유럽의 전문직이었고, 그래서 본격적으로 교육받으려면 독일이나 오스트리아로 가야 했다. 그로부터 수십 년이 지난 1969년에도 정신의학 전문가들을 대상으로 '미국에 현존하는 가장 걸출한 정신과 의사'를 묻는 전국 조사에서 상위 여덟 명 중 (칼 메닝거, 로런스 큐비, 로이 그린커 등) 세 명만 미국 출신이었다.[6] 물론 줄리어스는 로이를 보내 주려하지 않았다. 로이는 아버지의 그늘에서 벗어나려면 위대한 프로이트 정도는 필요하다는 것을 알았다. 그게 아닌 다른 길은 아버지의 죽음뿐이었다.

1928년 1월 11일, 줄리어스가 췌장암으로 사망하고 로이의 어머니 미니도 겨우 몇 달 뒤에 사망했다. 시카고신경학회가 줄리어스를 추도하는 행사를 열고, 회장인 피터 바소가 추도 연설을 했다. 그가 줄리어스는 '신랄한 토론' 성향과 '유쾌하지 않은 거친 말' 때문에 인기가 없었다고 말했다. 권위적이며 지나치게 독립적이라서 뉴욕에서 가난하게 살던 어린 시절에도 친척들의 금전적 도움을 거절했다는 말도 했다. 그러면서 줄리어스의 긍정적인 면인 '강철 같은 의지'와 '불굴의 결단력'으로 그를 기억해 달라고 청중에게 호소했다.[7]

로이는 이제 자유롭게 학문을 연구하고 국내외에서 흥미로운 것에 대한 글을 쓸 수 있게 되었다. 가업을 접고 시카고대학의 신경학 교수가 되었으며 유럽에서 2년간 보낼 계획을 세웠다. 그리고 1933년, 오스트리아로 떠나기 몇 달 전에 무려 1000쪽이 넘는 신경학 교과서인 『그린커의 신경학』 집필을 끝냈다. 그는 두꺼운 종이 더미를 머리 위로 들어 올린 뒤 책상 위에 있던 아버지의 사진 액자 앞에 떨어뜨렸다. 상상처럼 유리가 깨지지는 않았다. 로이가 사진을 보며 물었다. "이제 만족하세요?" 그는 이미 답을 알고 있었다.

정신 질환과 관련된 수치심과 낙인을 뿌리 뽑으려는 우리 할아버지, 로이의 노력은 제2차 세계대전 때 북아프리카 사막에서 본격적으로 시작되었다. 나는 이 기회에 할아버지가 (어쩌면 당연하지만 빈과 정신분석을 거쳐) 어떻게 거기에 이르렀는지에 대해 말하려 한다. 여기서 우리는, 그가 받은 정신요법이 단순한 치료나 교육·수련·사치 이상이었다는 사실을 알게 될 것이다. 그것은 정신의학과 정신분석, 즉 너무 자주 환자를 구속하고 처벌하던 분야와 환자를 정상화하려고 하던 분야의 깊은 간극에 대한 교훈이었다. 그것은 개인적인 경험이지만, 또한 미국에서 민간과 군대의 정신의학 분야를 바꾸어 놓게 된다. 제2차 세계대전 이후 정신의학 종사자들은 심각한 만성 정신 질환뿐 아니라 불안과 가벼운 우울증 그리고 프로이트가 '평범한 불행'이라고 말한 것도 다루는 법을 배우게 된다.

1933년 9월 1일, 서른세 번째 생일 직후였다. 로이가 빈의 도나우 운하에서 도보로 몇 분 거리에 있는 중산층 지역의 5층짜리 건물, 베르크가세 19번지에서 정육점 위층에 있는 아파트를 찾았다. 아파트 6호실 내부의 대기실은 시가 냄새와 퀴퀴한 냄새를 풍겼고, 오래된 잡지들이 여기저기 흩어져 있었다. 로이는 마지막 환자가 떠나기를 기다렸지만 아무도 떠나지 않았다. 그는 곧 환자들이 들어오는 문과 나가는 문이 다르다는 것을 알게 된다. 환자들끼리 만날 일이 없도록 고안된 것이었는데, 그는 의아했다. 신경과나 비뇨기과에서는 환자들이 같은 대기실에 앉아 있는데, 왜 정신과에서는 그러지 않을까? 몇 주 뒤 심란한 여자가 울면서 엉뚱한 문을 열고 대기실을 지나 뛰어나갔을 때 의문이 어느 정도 풀렸다. 프로이트는 로이에게 그런 모습을 보게 해서 미안하다며 농담을 했다. "치료를 시작하기 전에 그녀를 봐야 했는데……." 문이 두 개인 것에 대한 또 다른 설명이 나중에 생각났다. 바로 정신과 진료를 받는 것에 대한 수치스러움이었다.

로이는 프로이트와 함께한 이 첫 번째 정신분석에서 40년 동안 프로이트가 산 아파트 내부에 있는 진료실로 자신을 끌어당기던 길고 차가운 손가락을 기억했다. 프로이트가 물었다. "영어로 말할까요, 독일어로 말할까요?" "영어요." 로이의 모어는 독일어였지만 이렇게 대답했다. 어두운 방에는 작고 특이한 수집품과 지도, 유럽에 사는 유대인들의 사진이 담긴 액자가 가득했다. 유럽과 아시아에서 온 골동품이 있었고, 프로이트는 수집품을 과시하고 싶어 하는 것 같았다. 보기 드문 공예품도 있었다. 1~3세기 로마제국의 작은 입상과 술병, 19세기 중국 비취, 기원전 4세기 그리스의 테라코타가 그의 집과 진료실 곳곳에 있었다. 의사의 진료실보다는 박물관 관장실처럼 보였다. 로이는 프로이트에 대해 알면 알수록 정신분석과 고고학이 연결되어 있다는 생각이 들었다. 한번은 로마에서 휴가를 보낸 프로이트가 고대 도시 로마가 마치 정신분석 환자처럼 여전히 발달 단계 초기의 흔적을 품고 있다고 말했다.[8]

그는 책상 위 전사들을 청중으로 두었다. 작은 아테나 황동상과 그 옆에 늘어선 투구 쓴 고대 병사들의 작은 조각상. 역사학자 피터 게이는 프로이트가 정신분석의 수용을 위해 싸울 때 자신을 이것들과 동일시했다고 말한다.[9] 진료실에는 오래된 가구가 통일성 없이 배치되었는데, 대부분 벨벳이 덮인 채 터키 양탄자 위에 놓여 있었다. 그가 소유한 모든 것이 과거에 대해 말하고 있었다. 여러 해 뒤 로이와 시카고 정신분석학계 동료들은 프로이트 수집품의 모형을 구입한다. 마치 예술 작품이 정신분석의 창시자와 이어지는 고리라도 만들어 주는 것처럼.

로이가 1924년에 첨단 신경학 연구실을 방문하기 위해 빈에 갔는데, 거기서 정신의학과 그 곁가지인 정신분석학에 열광하는 학생들을 많이 만났다. 그러나 그가 태어난 때부터 두 번째 빈 여행을 위해 시카고를 떠난 1933년까지 미국에서는 정신병원 인구가 늘었는데도 학문적 차원에서 정신의학은 거의 발전하지 않았다.[10] 제1차 세계대전 당시 군인들의 정신 질환 유병률이 높았는데도 과학자들이 뇌에는 열광하면서 정신에는 적대적이었다. 시카고대학에 정신의학과도 없었고, 정신과 치료가 필요한 대학 병원 환자들은 시내 개인 병원에서 외래 환자를 보는 소수의 정신과 의사들에게 보내졌다. 1933년, 인구가 800만 명에 육박하던 (그리고 그중 300만 명은 시카고에 거주하던) 일리노이주 전체에서 정신과 의사는 35명에 불과했다. 집에 있지 못할 만큼 상태가 나쁜 환자들은 시카고와 밀워키 외곽의 전원 지역에 있는 요양원으로 보내졌다.[11] 부자들은 평생 호화로운 관리를 받을 수 있었고, 몇몇 부유한 집안은 요양원 구내에 자기 가족을 위한 집을 따로 짓기도 했다.

유대인인 할아버지는 객관적 기준으로는 성공했어도 이미 기성 의료계에서 소외감을 느꼈다.[12] 나치즘이 등장하면서 유럽은 유대인에게 점점 더 위험해졌고, 미국 의료계는 여전히 반유대주의 성향이 팽배해 유럽 동부와 중부에서 일자리를 찾아 이주한 비유대인 의사를 선호했다. 많은 병원과 대학이 나치 유럽에서 필사적으로 달아나려는 유대인의 고용을 거부했고, 유대인을 고용한 대학들도 학교가 유대인 판이 되는 것을 막기 위해 '유대인 한 명 규칙'을 두는 경우가 많았다.[13] 반유대주의가 더 심해질 가능성에 대비해, 할아버지가 1925년에 첫 번째 책 출간을 코앞에 두고 법적인 이름을 로이 루벤 그린커에서 로이 리처드 그린커로 바꿨다. 리처드가 덜 유대인 같다고 생각했기 때문이고, 아들과 손자를 얻는다면 각각 로이 리처드 그린커 2세와 3세로 하겠다고 마음먹었다. 유대인 풍습은 아버지 이름을 아들에게 붙이기를 꺼리기 때문에, 당신과 후손들을 유대인이라고 의심하는 사람이 많지 않을 거라는 계산이 있었다.

정신의학과 정신분석에 관해 말하자면, 배우기가 쉽지 않았다. 뇌성마비에 관한 프로이트의 신경학적 연구에 정통한 신경학자 로이가 프로이트의 정신분석 저작을 읽기로 처음 결심했을 때, 사서가 그런 '더러운 책'은 자물쇠로 잠근 함에 넣어 뒷방에 보관하고 있다며 사서의 감시하에 읽어야 한다고 말했다. 정신의학은 아주 소외된 학문이라서, 시카고대학이 헝가리 출신 미국인이며 유명한 정신과 의사인 프란츠 알렉산더에게 1년 간 객원교수가 되어 달라고 초빙했을 때 의학 교수라는 직함을 준다면 그렇게 하겠다는 답을 받았다. 그는 사람들이 정신의학을 어떻게 생각하는지 알고 있었다. 할아버지는 당시 정신과 의사들이 대학 측에서 자신들의 분야를 진지하게 받아들이도록 알렉산더가 분위기를 조성해 주길 바랐다고 기억했다. 그러나 알렉산더는 우스꽝스럽게 실망을 안겨 주었다. 첫 강의에서 그는 자신이 만성 변비에 걸린 여성 환자를 어떻게 치료했는지에 대해 설명했다. 그녀의 남편에게 장미를 선물하게 했다는 것이다. 의대의 과학자들은 그가 돌팔이라고 생각했고, 대부분 강의를 다시는 듣지 않았다.[14]

알렉산더는 결국 시카고정신분석연구소를 설립했다. 유럽산 흥미로운 수입품인 정신분석이 정신의학의 정신병원 탈출을 약속했다. 그러나 미국 의사들은 정신분석을 아주 지적인 분야라고 칭송하면서도 그것이 실험실 과학에 기반하고 있지 않다는 이유에서 의학으로 보기를 거부했다. 그럼에도 할아버지는 포기하지 않았고, 록펠러재단이 마침내 정신분석 교육을 지원하기 위해 2년 장학금을 주었다. 그것은 곧 할아버지가 완전한 정신분석을 받는다는 뜻이었다.

로이 할아버지는 정신분석에 대해 분명 양가감정이 있었다. 당신 아버지와 마찬가지로, 정신분석에 과학적 방법이 부족한 것이 마음에 들지 않았다. 엘리트주의는 더더욱 마음에 들지 않았다. 프로이트는 원래 신경과 진료소에서 목격한 마비와 긴장증 그리고 기타 급성 증상이 있는 사람들을 위한 치료법으로 정신분석을 구상했다. 그러나 정신분석은 내성적인 지식인과 학문의 기회 앞에서 거부당한 지적 욕심이 있는 여성같이 건강염려증 환자를 위한 고급 치료법이 되었고, 정말 심각한 환자들은 개탄스러운 시설에서 상태가 점점 더 나빠졌다. 시카고정신분석연구소의 신입생들은 심각한 정신 질환이 있는 환자는 정신분석 방법에 알맞지 않으니 돌려보내라는 말을 들었다. 아버지는 1960년대 수련 시절에 연구소 지도교수들이 학생들에게 웃음기 하나 없이 '아픈 환자를 치료하지 말라'고 한 것을 기억했다. 그 결과, 숙련된 의사가 가장 건강한 환자를 치료하고 가장 미숙한 의사가 가장 아픈 환자를 치료하게 되었다.

노동계급 미국인들은 비용과 시간 때문에 좀처럼 정신분석 치료법의 후보가 될 수 없었고, 정신분석가들 역시 가난하고 교육받지 못한 사람은 분석받을 능력이 없다고 믿었다. 비근한 예로 1970년에 한 정신분석가가 이렇게 썼다. "많은 정신과 의사와 정신분석가 들이 가난한 사람, 특히 흑인은 제한된 언어 능력과 의사 일반에 대한 의심과 약만으로 기적이 일어날 수 있다고 믿는 경향 때문에 기본적으로 정신 치료가 통하지 않는다고 믿었다."[15] 다른 이들은 가난하고 교육받지 못한 환자는 증상을 완화하는 데만 관심이 있고 그것을 초래한 무의식적 과정을 찾는 데는 관심이 없다고 주장했다. 1970년에 정신과 의사 184명이 참여한 환자의 특성에 대한 설문 조사에서, 정신분석을 하는 의사들 중 세 명만 자신에게 한 명 이상의 아프리카계 미국인 환자가 있다고 답했고 45퍼센트는 환자의 대다수가 유대인이라고 답했다. 멕시코인과 아메리카 인디언 또는 푸에르토리코인 환자가 한 명이라도 있다고 답한 의사는 없었다.[16]

소수의 진보적 치료사들은 블루칼라 노동자들을 치료하는 데 성공한 사례를 알려야 한다고 느꼈지만, 이런 노력조차 마치 은혜라도 베푸는 듯한 태도로 보였다. 일례로 뉴욕 벨레뷰병원의 수석 정신과 의사가 전미자동차노조와 계약해 자신이 치료한 환자들은 중산층이나 상류층 환자와 같은 통찰이나 자기 성찰적 특징을 갖지 못했지만, 다정하고 얘기를 잘 들어주는 정신분석가의 정서적 지원을 받을 만큼 개방적이었다고 기록했다. 그가 이렇게 썼다. "블루칼라 노동자는 항상 발전하려고 노력하는 중산층 사람들만큼 야망이 크지는 않겠지만, 여전히 그들과 똑같이 신경증적 기제에서 비롯한 증상과 기능장애로 정신적 고통을 겪는다."[17]

정신분석은 참으로 모순적이었다. 프로이트는 초기에 심신을 쇠약하게 하는 신경적·정신적 장애에 관심을 가졌지만, 그를 비롯한 정신분석가들이 치료한 환자는 심각한 정신 질환이 없는 평범한 사람들이었다. 그는 또한 정신분석이 생물학에 기반하기를 바랐지만, 정신분석은 결국 정신의학을 나머지 의학에서 분리했다. 그는 정신분석을 모두가 이용할 수 있기를 바랐지만, 그것은 결국 비용을 감당할 수 있는 소수만을 위한 사치품이 되었다. 정신분석은 치료적 해답보다는 정통적인 믿음 체계에 가까운 것으로 판명되었고, 다른 분과 학문의 진보로부터 고립되어 과학의 시대에 홀로 얼어붙은 채로 남게 되었다. 로이는 자기 문제를 이야기하는 엘리트의 비위나 맞추는 직업을 원하지 않았다. 그는 스스로를 병을 치료하는 과학자로 보았다. 그는 또한 자신이 잘난 체하는 정신분석학자들을 관리하고 주류 정신의학에서 프로이트의 방식을 이용할 방법을 찾을 수 있을 만큼 강하다고 믿었다.

심리치료사와 환자의 관계는 특별한 잠재력이 있다. 물론 치료 과정에서 한쪽만 숨겨진 마음을 드러내게 되지만, 이상적인 상황에서 이것은 아주 친밀하고 솔직한 관계다. 이보다 더 강력한 것은 환자가 자신이 환자라는 생각조차 하지 않는 특별한 상황이다. 로이는 프로이트와 함께하는 정신분석 시간이 치료보다는 교육에 가까울 것이며, 그가 자신의 병적인 측면을 해결하도록 돕기보다는 정신분석의 기법과 이론을 가르치려 할 거라고 생각했다. 그는 순진하게도 자신이 행복하고 안정적이며 건전한 학생이라고 생각했다.

첫 번째 만남은 놀랍도록 힘들었다. 프로이트가 (1회 25달러, 현재 가치로 300달러인) 분석 비용이 비싸다는 것을 인정하고는, 재빨리 할아버지의 어린 시절로 화제를 돌렸다. 로이는 아버지의 냉혹함과 아버지의 애정을 향한 이루지 못한 소망을 이야기하며 울고 말았다. 그는 훗날 그날을 떠올리며 '그렇게 울어 본 적이 그 전에는 없던 것 같다'고 말했다. 프로이트 앞에 있다는 것 자체가 아버지에게는 용서할 수 없는 반항이었다. 너무 놀란 나머지 인근 커피숍으로 달아난 그는 자신이 연약하고 비록 인식하지 못했지만 정신분석을 받을 준비가 된 상태라는 게 부끄러웠다. 그리고 다음 날 대기실에서 자신을 만나기 위해 기다리고 있던 프로이트의 딸 안나를 보고 실망했다. 그녀는 아버지가 갑자기 폐렴에 걸려서 2주 동안 못 올 것 같다고 말했다. 로이가 쾌유를 비는 카드를 보냈는데 프로이트는 훗날 자신의 건강에 대한 이 관심을 자신의 사망에 대한 무의식적 바람으로, 즉 불편을 끼친 것에 대한 복수로 해석했다.[18]

프로이트가 회복한 뒤 세 번째 분석 시간에 로이는 안나의 반려견 울프하운드를 만났다. 며칠 전에 그가 근처 선술집에 갔다가 빈에서 수학 중인 미국인 의사를 만났는데, 그 의사는 이 개가 시골로 탈출해서 가축의 내장을 빼 먹었다는 소문이 있다며 무척 포악하다고 경고했다. 개는 사람이 쓰다듬거나 코 비벼 주는 것을 좋아해서 방문객의 다리 사이로 들어와 폴짝폴짝 뛰어오르곤 했기 때문에, 로이는 신체적으로 위협감이 들었다. 개를 처음 만난 뒤 로이가 침상에 누워 눈을 감았다. 프로이트가 제일 먼저 머리에 떠오르는 게 뭐냐고 물었다. 스스로도 놀랍게, 로이가 '거세'라고 불쑥 말했다. 농담이었지만, 스스로 억누르던 것을 드러내는 농담이었다. 정신분석 시간에 관한 모든 것이 그의 무의식을 암시하는 듯했다. 그는 자신처럼 매우 기능적인 전문가에게 그런 원시적 불안이 있다면, 누구든 그럴 수 있다고 깨닫기 시작했다. 어쩌면 정신분석이 정신의학을 정신병원에서 일상적인 삶으로 끌어낼 열쇠를 쥐고 있을지도 몰랐다.

프로이트는 모든 인간이 기본적으로 원시적이며 현대사회가 애써 억누르려 하는 동물적 충동에 이끌린다고 믿었다. 이런 충동은 복잡한 꿈의 상징을 통해 그리고 정신 질환의 신체적·정신적 증상으로 스스로를 일그러뜨림으로써, 항상 사회의 제약에서 벗어날 방법을 찾을 것이다. 정신분석은 세상이 진보라고 믿는 사법제도, 질서, 도덕, 사회적·경제적 구조 들이 사실은 문명사회의 병폐이자 불만의 원천이라는 것을 세상에 보여 주려 했다.

분석 4주 차, 프로이트와 열다섯 차례 정신분석을 마친 할아버지가 어떤 저녁 모임에 갔다가 그 유명한 의사에 관한 질문을 마구 쏟아 내는 호기심 많은 손님을 만났다. 다음 날 프로이트는 화가 난 것 같았고, 로이를 꾸짖는 것으로 분석 시간을 시작했다. "안나의 환자 중 한 명이 그 모임에 있었는데, 자네가 나에 대해 얘기하는 걸 들었다더군. 이 분석 시간은 비밀이라고 말하지 않았나!" 할아버지가 내게 말했다. "나는 아주 심란했단다. 내가 또 아버지를 실망시키고 있다는 생각이 들었지." 물론 환자는 **의사**의 행동을 비밀에 부칠 필요가 없었다. 비밀 유지 의무를 진짜로 위반한 사람은 환자가 한 말을 자기 아버지에게 옮긴 안나와 그걸 우리 할아버지에게 전한 프로이트다. 비밀 엄수에 대한 프로이트의 위선을 깨닫는 데 며칠이 걸렸고, 할아버지는 분노했다. 그러나 차마 프로이트를 비난할 수가 없었다. 이것은 보통 갈등이 아니었다. 본인이 감지하지 못했다고 믿기 어렵지만, 새롭게 시작된 로이와 프로이트의 관계는 어느새 로이와 아버지의 관계처럼 되고 있었다. 프로이트가 로이에게 양가감정의 대상으로 변했다. 이 질책으로 프로이트가 아버지 감정전이를 이루었고, 이것은 로이가 아버지에 대한 감정적 갈등을 푸는 데 아주 중요해진다.

그리고 다음 해에 로이가 프로이트에게 자신의 삶에 대해 이야기할 때, 프로이트와 로이의 관계가 변하기 시작했다. 로이가 프로이트에게 소유욕을 느끼고 얼굴도 모르는 프로이트의 환자들에게 묘한 경쟁의식을 품게 된 것이다. 그는 이제 환자들이 뒷문으로 나가는 또 다른 이유를 이해했다. 그들은 프로이트의 유일한 환자이기를 바란 것이다.

감정전이는 모든 분석에서 핵심적인 부분이다. 그것은 환자가 치료사와 맺은 관계에서 발전시키게 되는 무의식적 애착과 기대의 양상이다. 치료사는 상징적으로 마치 백지상태처럼 환자의 삶 속 (아버지를 비롯해) 다른 누군가가 될 수 있다. 객관적인 기준으로 봐도 프로이트는 줄리어스에 대한 좋은 모델이었다. 프로이트와 줄리어스는 나이가 많고 남성이며 모어가 독일어인 신경학자였다. 그러나 정신분석가가 지닌 가장 큰 힘은 상징적인 것이다. 모든 것이 잘 되면, 감정전이는 치료 상황에서 초기의 감정적 경험에 있던 문제를 완화해 환자가 문제를 해결하도록 도울 수 있다. 의사는 (때로 자각하지 못하면서) 특정 감정전이로 관계를 조작할 수 있고 환자도 그럴 수 있다. 로이는 프로이트가 의식적으로 독재적 아버지의 상징이 되려 했는지, 아니면 자신이 무의식적으로 프로이트를 그런 방향으로 밀어붙였는지 알지 못했다.

프로이트는 스타로서 줄리어스가 가진 힘과 엄격하고 야박한 성격을 구현한다. 그 결과, 로이는 프로이트에게 인정받으려는 열망 때문에 좌절을 느끼며 이 좌절감을 그에게 표현할 수 없어서 또 좌절하게 되었다. 이런 무력감은 로이가 지닌 분노의 주요 원천인 아버지에 대한 수동성을 그대로 모방한 것이었다. 줄리어스를 통해 가질 수 없던 것, 즉 애정과 칭찬은 프로이트를 통해서도 가질 수 없을 터였다. 그러나 이것이 바로 요점이었다. 그는 프로이트가 줄리어스의 안전한 대역이라는 것을 곧 깨달았다. 그 반면 우리 할머니 밀드러드는 이 정신분석에 별로 만족하지 못했고, 곧 프로이트에게 결혼 생활의 문제에 대한 편지를 썼다. "정신분석을 시작한 지 두어 달이 지났는데, 남편에게서 어떤 변화도 보이지 않습니다."[19]

감정전이는 프로이트의 우울한 분위기로 더욱 강화되었다. 프로이트는 잘 웃지 않았고, 가끔 농담을 해도 농담이라는 것을 알아차리기가 힘들었다. 그는 늙는 것이 싫다며 죽음을 환영한다고 말했다. "가끔 나는 프로이트가 사람들에게 관심이 없다고 생각했단다." 한

번은 할아버지가 내게 말했다. "그에게 치료하고 싶다는 욕구가 있었는지 잘 모르겠어." 이런 취지의 질문을 받고, 프로이트는 정신분석이 그저 치료법일 뿐이라면 진즉에 때려치웠을 것이라고 대답했다. 정신분석은 정신의 과학이고, 환자들은 그들이 드러내는 일반 원리를 조사하기 위한 표본이었다. 그럼에도 프로이트는 열심히 분석에 임했다. 많은 환자의 이야기에 따르면, 그는 영화에서 묘사하는 정신분석가처럼 환자의 말을 듣고 "알겠습니다." 또는 "좀 더 말해보세요."라고만 하는 조용한 사색가가 아니었다. 사실 이야기의 상당 부분은 프로이트 쪽에서 했다.[20] 그는 또한 환자가 불안을 느끼게 하려고 했다. 불안감이 환자가 무의식적 욕망을 드러내도록 자극한다고 믿었기 때문이다. 몇 년 뒤 할아버지는 두려움 때문에 비행하지 못하는 제2차 세계대전 조종사들을 치료할 때 이것을 이해하게 된다.

의도했건 의도하지 않았건 프로이트와 우리 할아버지 간 관계의 역학은 분석 성공의 비법이었다. 대화 요법이 주효했다. 정신분석가는 환자가 원하는 것을 떠먹여 주지 않기 때문에, 환자가 자기 삶의 갈등을 이해하려면 자기 나름의 언어를 개발할 필요가 있었다. 그것은 한때 경험했고 지금 다시 경험하고 있는 **자신의** 과거다. 비록 과거에 대한 기억이 불완전하고 시간과 성격에 따라 왜곡되어 있지만 말이다. 로이는 집으로 돌아와서 환자들에게 비슷한 치료를 제공하고, 정신의학이 꼭 정신병원 관리와 연관될 필요는 없다는 것을 동료들에게 보여 주기로 마음먹었다. 정신분석은 정신의학에 찍힌 낙인을 걷어 내는 데 도움을 줄 수 있었다.

　로이가 시카고로 돌아왔을 때, 그는 이제 완고한 아버지에게 원망을 품은 아들이 아니었다. 프로이트가 그를 해방했기 때문이다. 이제 자신이 정말로 하고 싶던 것, 즉 가장 아프고 가장 궁핍한 사람을 치료하고 정신의학을 과학으로 발전시키는 데 좀 더 가까워졌다. 그가 동료들 사이에서 더 큰 명망을 얻게 되었기 때문이다. 로이는 세계에서 가장 유명한 정신분석학자에게 정신분석을 받았고, 의사들은 이제 로이를 '줄리어스의 아들'이 아닌 '프로이트의 마지막 환자들 중 하나'로 불렀다.

　로이는 결코 프로이트에 대해 무비판적으로 생각하지 않았고, 다른 사람들에게도 그러지 말라고 호소했다. 1956년, 프로이트 탄생 100주년 행사에서 그는 '우리가 프로이트를 신격화하지 않고 그에게 인간적 오류의 특권을 허용한다면' 정신의학과 정신분석이 더욱더 발전할 것이라고 말했다.[21] 그럼에도 그가 프로이트와 한 일은 그의 삶을 바꿨다. 로이는 시카고 의료계 어디에서나 알려진 인물이 되었고, 빈에서 보낸 시간에 대해 질문하는 누구에게나 마지막 분석 시간이 끝났을 때 프로이트가 전한 작별의 감상을 말해 주곤 했다. "자네와 한 정신분석은 내게 몇 안 되는 즐거움 중 하나였네."

　우리 할아버지는 이 말을 부적처럼 간직했다.

　　　　　1935년 7월 1일, 새 학기가 시작되었을 때 로이가 시카고대학 빌링스병원에 소규모 정신의학과를 꾸렸다. 그리고 정신분석 종사자들이 그에게 멀리하라고 경고하던 심각한 질환, 조현병을 연구하기 위한 공간을 만드는 데 관심을 집중했다.[22] 최고의 의사들은 조현병에 관심이 없었다. 조현병자는 성공적인 정신분석에 필요한 합리성과 통찰력이 없다는 가정 때문이었다. "정신분석은 A급 정신의학이었고, 모두 그것을 원했다. 최고의 대학 출신으로 정말 똑똑한 사람들, 실제로 정신의학을 과학으로 발전시킬 가능성이 가장 큰 사람들은 모두 정신분석가가 되었다." 아버지가 내게 말한 당시 상황이다. 정신분석 훈련은 엘리트주의적일뿐 아니라 가장 심각한 정신 질환에 대한 로이의 관심과 무관할 수 있었다. 또한 정신분석 훈련을 위해서는 또 다른 정신분석을 거쳐야 할 터였다. 시카고정신분석연구소의 회원이 되려면 그곳에서 정신분석을 받아야 하는 것이 확고한 원칙이었다. 그리고 프로이트가 못마땅하게 여길 수 있다는 사실이 로이의 마음을 무겁게 짓눌렀다.[23]

마침내 1938년 후반에 로이가 프란츠 알렉산더와 정신분석을 시작했지만, 프로이트가 나치의 오스트리아 합병을 피해 가족과 런던으로 피신한 뒤인 1939년 1월 19일에야 그 사실을 프로이트에게 알렸다. 그가 이렇게 썼다. "선생님과 정신분석을 마친 뒤 긴 시간이 흘렀건만, 마치 제가 지난주에 떠난 것처럼 제 분석은 이제 막 시작되었습니다. 무의식이 시간을 무시하는 방식은 믿기 힘들 정도입니다. 저는 이 편지를 쓰는 것이 또 다른 정신분석가에게 가야 하는 것에 대한 속죄이자 무의식적으로 허락을 구하는 상징적인 행위임을 확실히 인식하고 있습니다. 그러나 선생님께서 제 일이 계획대로 진행되고 있다는 데 기뻐하실 거라고 확신합니다."[24] 내가 알기로는 프로이트가 할아버지의 허락 요청에 직접 답하지 않았다. 프로이트는 그해 9월에 사망했다. 그가 우리 할아버지에게 쓴 마지막 편지는 1938년 7월 19일 자다. 그는 그저 나치와 멀리 떨어진 런던에 있어서 기쁘다며 영어로 "자네가 잘 지내기를 바라네."라고 썼다.[25]

겨우 몇 년 뒤 할아버지는 전선 가까이에서 일하는 몇 안 되는 정신과 의사 중 한 명으로서 제2차 세계대전과 맞닥뜨렸다. 그가 있던 알제리의 미국 공군 부대에서 올려다보는 하늘은, 바쁘게 임무 수행 중인 조종사와 폭격수들 때문에 꽤 인상적이었을 것이다. 그러나 지상의 군인들은 잠을 자거나 잠들려고 애쓰거나 정처 없이 걸어 다녔다. 사막에서 우울증과 불안이 자라났다. 로이가 도착했을 때, 1700명의 군인들이 정신과 치료를 위해 알제리의 수도 알제에 있는 제95 야전병원으로 보내졌다. 그는 이제 정신분석이 그들에게 어떤 도움이건 줄 수 있을지 파악해야 했다.

7

전쟁은 친절하다

아들의 휘황찬란한 수의에
마음이 단추처럼 초라하게 달려 있는 어미여,
울지 말라.
전쟁은 친절하다.
─스티븐 크레인(1896)

제1차 세계대전 중에 모든 '사상
자'(군대 용어로, 임무를 수행할 수 없는 군인)의 25퍼센트가 정신의학
과 관련되어 있었다.[1] 그러나 전쟁 후 군은 미래의 정신건강 관리를
위해 한 일이 거의 없다. 1920년부터 1930년까지 정신장애로 입원
한 미군은 연간 1퍼센트가 조금 넘는 정도였는데, 이 낮은 비율은 정
신 질환이 적었기 때문이 아니다. 정신 질환은 의병 제대와 해외 의
무 후송의 주요 이유였으며 (여전히 조발성치매로 불린) 조현병은 목
록에 포함된 모든 진단 중 제대의 가장 큰 이유였다.[2] 전쟁이 없으니
군은 이들을 보살필 이유가 없었다. 이들은 빠르게 제대 조치되었
다. 그리고 정신의학이 여전히 알려지지 않은 분야이고 의료계가 정

신의학을 별로 존중하지 않았다는 점을 고려할 때, 군은 정신의학과 관련된 일을 맡을 사람을 찾는 데 애를 먹었다.

전쟁과 전쟁 사이에 미군은 정신 질환을 갖고 있거나 일으킬 위험이 있는 병사를 선별하기 위해 많은 심리학자를 고용했다. 그러나 1927년의 군의관 핸드북은 오로지 신체적 질병과 부상이 있는 사람을 위한 침상의 필요성에 대해 이야기하며 정신과 환자에 대한 이야기는 빠졌다. 아마도 저자들이 새로운 선별 대책을 통해 신병을 모집하는 중에 그런 사람은 배제할 수 있을 거라고 가정한 듯하다.[3] 1937년에 발표된 685쪽 분량의 군진의학 매뉴얼이 정신의학을 위해 할애한 것은 딱 한 쪽뿐이었다.[4] 그리고 미국이 제2차 세계대전에 참가할 즈음에는 군에 정신과 의사가 100명밖에 없었다. 그나마 이들 중 상당수가 정신과 의사라고 불렸을 뿐, 실제로는 다른 분야에서 의학 교육을 받았다. 제1차 세계대전과 제2차 세계대전 사이에 영국군은 정신과 의사를 여섯 명만 보유하고 있었고, 그중 대부분이 정신의학 분야에서 훈련받지 않은 사람들이었다.[5]

아마도 미국 정신의학사에서 가장 유명한 역사학자로 기억되는 고 제럴드 그롭이 내게 한 말이 있다. "사람들은 제1차 세계대전 때 배우지 못한 것을 제2차 세계대전 때도 거의 배우지 못했다. 모두 그냥 그것을 잊었다." 평시에 군진정신의학에 대한 이런 무시가 전통이 되었다. 제2차 세계대전 후에도, 한국전쟁 후에도 반복되었다. 낙인은 똑같은 양상을 따랐다. 정신적 외상을 겪은 군인과 그 가족이 전쟁 중에는 용감하고 애국적이라며 환영받지만, 전쟁이 끝나면 정신 질환이 그들의 나약함을 의미하게 되었다.

미국인들 심지어 심리학과 정신의학 전문가 중에서도 오늘날 우리에게 익숙한 정신 질환에 대한 분류와 설명을 제2차 세계대전 당시 군이 처음 만들었다는 사실을 아는 사람은 별로 없다. 그 기간 동안 정신의학은 주로 정신 질환으로 진단받은 군인 100만 명을 치료함으로써 좀 더 존중받은 과목으로 부상했다. 과학자들이 미국 사회에 정신 질환이 얼마나 흔한지를 처음 알고, 전투 시 스트레스가 정신적 문제를 초래하거나 악화시킬 수 있다는 사실과 더 많은 의사가 정신과 의사로 훈련받을 필요가 있다는 사실 그리고 정신 질환을 정신병원을 비롯한 시설 밖에서 치료할 수 있다는 사실을 깨달은 계기가 제2차 세계대전이다. 이와 마찬가지로 중요한 사실은 미래의 정신의학이 약물요법과 심리치료를 결합하는 형태일 수 있으며, 약물은 사람의 경력이나 생명까지 구할 수 있고 심리치료는 거기에 힘과 의미를 부여할 수 있음을 의사들이 좀 더 온전하게 인식한 것이다.

제1차 세계대전 때 미국은 18개월 동안 단 한 곳의 전장에만 개입했다. 제2차 세계대전은 훨씬 더 길고 지리적으로 훨씬 더 복잡했다. 미국에게 전쟁은 3년 반 넘게 이어졌고, 유럽·북아프리카·태평양에서 펼쳐졌다. 미군은 서아시아(팔레스타인, 시리아, 레바논), 서아프리카(라이베리아, 세네갈), 중국(중국-미얀마-인도 전장)에 배치되었다. 이런 참전 규모에도 또는 이런 참전 규모 때문에, 제2차 세계대전이 시작될 때 군진정신의학은 제1차 세계대전이 시작될 때보다도 준비가 미흡했다.[6] 제2차 세계대전이 시작된 뒤 미국이 제1차 세계대전 정점에 이룬 수준의 정신의학 서비스에 이르기까지 2년 넘게 걸렸다.[7]

제2차 세계대전이 시작되었을 때 미군은 치료나 연구가 아닌 선별검사만 중요하게 보았다. 처음 몇 개월 동안은 관련된 정신의학 전문가들 중 대부분이 부적합한 신병을 골라내기 위한 설문 조사로 시간을 보냈다. 이들이 최고로 꼽히는 의사는 아니었다는 할아버지 말씀이 기억난다. 대체로 당시 가장 똑똑하고 최고로 꼽힌 의사인 정신분석가들은 전쟁과 거리를 두라는 미국정신분석협회 칼 메닝거 회장의 말에 유의했다. 진주만공격으로부터 불과 두어 달 만에 메닝거가 보스턴에서 청중에게 이렇게 말했다. "육군, 해군, 공공 의료 서비스가 정신의학은 인정하지만 정신분석은 인정하지 않습니다. 그러니 우리는 우리 환자에게 최선의 관심을 기울이고, 정치적 활동이나 정부의 활동에 발을 들이지 않는 것이 마땅합니다."[8] 우리 할아버지와 할아버지의 제자인 존 스피걸처럼 군에 자원한 몇 안 되는 유명 의사들은 전쟁 트라우마를 치료하기보다 꾀병 환자를 식별하고 (폭행, 동성애, 마약) 범죄자를 진단하는 데 더 많은 시간을 보내야 하는 상황을 불평했다. 군은 어쩔 수 없이 (산부인과, 외과, 안과 의사 같은) 민간인 의사에게 정신의학을 빨리 가르쳐야 했다. 이들이 일을 시작하기 전에 3개월 동안 정신의학을 수련했기 때문에 '90일의 기적'으로 알려졌다. 이들 중 상당수가 그 전 전문 분야를 아예 버리고 현대 정신의학을 선도했다.

제2차 세계대전 당시 군은 왜 선별검사에 그토록 집착했을까? 제1차 세계대전 중 미군은 '부적합' 신병을 가려내는 노력으로 문해력이 있는 젊은이와 문맹인 젊은이 모두에 대한 심리검사를 개발해 실시했다. 총 150만 건 이상 시험이 치러졌다.[9] 그리고 결국 겨우 2퍼센트만 돌려보냈다. 사실 제1차 세계대전 때 미군에 입대한 병사들 중 절반가량은 (아마도 너무 많은 병사들이 교육받지 못한 문맹이었기 때문에) '정신연령'이 13세 이하였다. 이들 중 상당수는 입대를 위해 정신 질환자 보호시설이나 기숙학교를 떠나온 사람이었다. 심지어 단순한 명령을 이해할 수 있다면 '8세 아동' 지능의 '정신박약'인 사람들의 입대를 허용하는 규정까지 있었다.[10] 그러나 이들이 군진정신의학에서 가장 큰 문제는 아니었다. 당시 보고서를 보면 '정신박약자'들이 실제로 훌륭한 병사였다.[11] 신경정신병학적 이유에 따른 의병제대는 대부분 신경쇠약이나 히스테리, 조울증, 조현병, 알코올 중독이 있는 사람들이 차지했다.

제1차 세계대전이 끝날 때까지 너무 많은 병사들이 정신의학적 이유로 전역했기 때문에, 군은 똑같은 실수를 반복하지 않기를 간절히 바랐다. 전쟁 중과 전쟁 후에 이들을 보살피는 비용만으로도 모든 정부가 경악하기에 충분했다. 영국과 미국의 군 간부들은 미래에 또 전쟁이 있을 경우, 전투에 돌입하기 전에 정신적으로 장애가 있는 신병을 골라내기 위해 엄격한 정신과 선별검사 절차를 마련하기로 했다. 미국의 한 정신과 의사는 1940년에 이렇게 말했다. "그래서 우리가 결함 있고 불안정하며 신경증이 있을 만한 사람을 거를 필터를 만든다면, 전후 신경증 환자를 원천적으로 줄이는 데 기여해 보훈부의 부담을 한결 덜어 줄 것이다."[12]

제2차 세계대전이 시작되었을 때 영국의 진보적인 정신보건 시스템은 사회경제적 지위가 낮은 신병을 본질적으로 열등하다고 판단해 거부하는 차별적 관행을 끝내는 데 집중했다. 영국은 복무 의지가 있는 병사를 퇴짜 놓기보다는 저마다 지능과 성격에 맞게 배치하기 위해 정신과 선별검사를 이용하려 했다. 그 결과, 미군은 7.2퍼센트의 병사를 불합격 처리한 반면에 영국군은 1.4퍼센트만을 불합격 처리했다. 제2차 세계대전 중 정신의학을 총괄한 미국의 윌리엄 메닝거 장군과 정신분석가 칼 메닝거 형제는 전쟁이 끝난 뒤 모병소의 불합격률을 12퍼센트로 추산했다.[13] 제2차 세계대전 동안 미군은 제1차 세계대전 때 탈락시킨 신병 수의 거의 여섯 배에 가까운 병사들을 탈락시켰다.[14] 전쟁을 치르는 데 기여했을 수 있는 병사들이 너무 많이 배제되었고, 이들은 나중에 '잃어버린 사단'이라고 불린다.[15] 미국의 제2차 세계대전 지도자들은 대부분 선별검사가 효과가 없었다는 사실을 잊었다. 집중적인 선별에도 제2차 세계대전 때 정신장애 발생률이 제1차 세계대전 때보다 거의 세 배나 높았다.[16] 그리고 과거를 기억하는 사람들은 제1차 세계대전 때 선별검사원들이 아주 분명한 정신적 결함과 문제만 찾아낼 정도로 형편없었다고 주장했다. 그들이 이번 전쟁에서는 더 잘할 거라고 말했다. 성격적 결함에 뿌리를 둔 은밀하고 잠재적인 문제까지 찾아낼 거라고 말이다.

제2차 세계대전 때 미군의 선별검사 방법은, 심리학 분야에 기여한 것을 제외하면 철저한 실패였다. 심리학이라는 학문 분야가 오늘날 갖는 강점은 전시 심리검사의 광범위한 성장에 빚지고 있다. 인지능력과 성격 특성은 심리학의 기본이 되었다. 치료를 제공할 의사를 동원하는 것보다 '위험한' 신병을 골라내는 데 중점을 둔 터라, 일단 전쟁이 시작되었을 때 군은 전투의 결과에 대한 준비가 되어 있지 않았다. 전체 전쟁 기간 동안 거의 55만 명에 이르는 병사들이 '신경정신병학적 이유'로 제대했다. 이 중 38만 6600명이 명예제대, 16만 3000명이 (상당수는 형법 위반의 결과로) 불명예제대였다.[17]

돌이켜 보면, 심리검사는 분명히 예측적 가치가 거의 없었다.[18] 입대 당시 '정신적 결함'이 있다고 여겨진 사람이 최고의 병사가 되기도 했다. '정신적 결함' 때문에 펜실베이니아의 엘윈주립학교(지적장애인 교육을 위해 1852년에 앨프리드 엘윈이 세웠다.—옮긴이)에 다니던 신병들에 대한 보고서에 따르면, 지능지수가 59~91로 평균 아래인 남자 네 명이 하사관이 되었다. 지능지수가 60인 (현재는 지적장애로 분류되고, 예전에는 '정신지체'로 불린) 남자는 공군 교관이 되었다. 또 지능지수가 81이던 상병은 정비사가 되었다.[19] 이 '정신지체' 군인들 중 상당수가 전쟁 중 군에 통합되었지만 전쟁이 끝난 뒤에는 전에 살던 시설로 돌아갔다.[20]

반면에, 심각한 문제가 된 군인들 중 일부는 우수한 성적으로 선별검사를 통과했다. 현역 복무 중 심리적 문제를 누가 심하게 겪고 누가 겪지 않을지를 입대 전에 아무도 모르기 때문에, 검사는 효과가 없었다. 더욱이 제2차 세계대전 기간과 그 뒤에 진행된 연구에 따르면, 정신장애로 입원한 군인들 중 상당수는 군복무 전에 시작된 증상이 있는데 신병 모집자가 몰랐거나 병사조차 입대 당시에는 알지 못했다.[21]

작가 에릭 자페는 군 정신과 의사였던 아버지에 관한 회고록에서, 일부 선별검사원들은 너무 많은 병사들을 (때로는 하루에 100명 이상) 면접해서 "여자를 좋아하나?", "야뇨증이 있나?" 같은 피상적인 질문을 할 시간밖에 없었다고 한다. 엘리너 루스벨트는 훌륭한 남자들이 너무 많이 배제되는 것을 우려했다. 1943년 슈거볼에서 털사골든허리케인 축구 팀에 소속되어 뛰던 남자 24명이 군 복무에 부적합하다고 여겨졌다.[22] 워싱턴 DC 국립문서기록관리청에서 내가 찾은 군 심리학자의 설문지에는 질문 64개가 열거되어 있는데, 그중 몇 개는 야뇨증에 관한 것이었다. 다른 질문 중에는 "두통을 앓아 본 적이 있는가?", "세 번 이상 체포되어 보았는가?"도 있었다.

제2차 세계대전 초반에 어떻게든 진단을 피해 미군에 입대한 정신과 환자들이 처음에는 'NP'(neuropsychiatric patient, 신경정신병 환자)로 분류되었다. 그러나 해군이 분류를 A(감금 치료가 필요한 환자), B(선박이 아닌 병원에서 비감금 치료가 필요한 환자), C(비감금 치료가 필요한 환자)로 빠르게 대체했다. 처음에 해군은 감금 치료가 필요한 가장 중증인 환자에게 가로가 0.9미터, 세로가 1.8미터, 높이가 0.9미터인 철망 우리를 사용했기 때문에 환자가 그 안에서 일어나 앉을 수도 없었다. 정신병 환자들이 죽을 위험도 컸다. 해군에서 6개월 동안 정신과 환자 2980명 가운데 19명이 (9명은 물에 빠져서, 1명은 목을

매서, 나머지는 심장 문제나 영양실조 또는 알려지지 않은 이유로) 사망했다.[23]

　　　　　　　1943년 9월, 미 공군이 「북아프리카에서 전쟁 신경증」이라는 기밀문서를 길게 작성했다. 제2차 세계대전에 참가한 미국 정신과 의사들이 펴낸 최초의 출판물이다.[24] 이것은 전장에서 나타난 심리적 문제에 대한 군 정신과 의사들의 공포감을 전달했고, 병사들의 지속적인 공포에 대해 유례없이 상세하게 설명했다. 벤 셰퍼드는 '서술적 걸작'이라고 불렀으며[25] 에릭 자페는 제2차 세계대전 중에 '군진정신의학의 성서'와 같았다고 말한다.[26] 이 문서가 군이 전쟁 중에 정신 질환을 바라보는 방식을 바꿔 놓았다. 그리고 전후에 기밀 목록에서 해제되어 『스트레스 받는 남자들』로 출판되면서 정신 질환에 대한 대중의 인식도 바꿔 놓았다.

　이 '성서'의 저자가 로이 R. 그린커 중령과 그의 제자였던 존 P. 스피걸이다. 두 사람은 정신의학과 정신분석 분야에서 활동하는 대다수의 의사들과 달리 제2차 세계대전에 자원했다. 알제리에서 업무를 시작하고 불과 9개월 만에 글을 쓰면서 이들은 몇 가지 주장을 펼쳤다. 첫째, 강한 스트레스 상황이라면 전투 중이건 아니건 누구나 어디에서든 정신 질환에 걸릴 수 있다고 말했다. 실제로 육군에서 '신경쇠약' 가운데 3분의 2 정도는 전장에 배치되지도 않은, 대부분이 미국에서 훈련 중이던 병사들 사이에서 발생했다.[27] 둘째, 정신 질환은 치료할 수 있으며 단기 치료만 필요한 경우도 많다고 주장했다. 셋째, 전시에 정신 질환은 나약함의 징후가 아니라 스트레스에 대한 정상적 반응이라고 주장했다. 자신들이 치료한 사람들은 비정상이 아니라 비정상적인 상황에 처한 정상적인 사람들이라는 것이다.[28] 넷째, 할아버지는 프로이트와 함께한 훈련을 회상하며 병사들이 무의식적 트라우마를 가졌기 때문에 고통의 원인을 대체로 인식하지 못한다고 주장했다. 따라서 가장 유용한 치료 활동은 억압된 기억을 다시 체험하게 해 그것을 무의식으로부터 해방하는 것이었다. 이런 해방은 대화 요법과 '진실의 묘약'이라는 별명이 붙은 펜토탈소디움이라는 화합물을 정맥에 투여해 이룰 수 있었다.

그린커와 스피걸은 1943년 1월부터 제2차 세계대전 북아프리카 작전구역에서 정신의학 활동을 함께 관리했다. 알제리의 제12공군 기지에서 일할 때 이들은, 주로 1943년부터 튀니지 군사작전에 투입된 병사들을 전투 현장 근처에서 치료하기 위해 해외파병된 소수의 정신과 의사에 속했다. 북아프리카에서 연합군은, 더 강하고 경험 많은 독일군에게 밀리고 있었기 때문에 신체적·심리적 부상으로 치료가 필요한 병사들이 적지 않았다. 그러나 미국이든 영국이든 대다수의 정신과 의사와 심리학자 들은 여전히 선별검사에 매달려 있었다. 전투 현장 근처에 의사가 별로 없던 또 다른 이유는 군 지도부가 의사를 믿지 않았기 때문이다. 미국 해병대의 전쟁 영웅 존 루시언 스미스 장군은 전선 근처에 정신과 의사를 데려가자는 제안만 해도 발끈하며 이렇게 말했다. "우리 애들을 아프게 만드는 망할 놈의 정신과 의사 따위는 필요 없소."[29]

제1차 세계대전에 참가한 의사들과 마찬가지로 할아버지와 스피걸은 겉으로는 멀쩡해 보이지만 정신적, 신체적 고통으로 심신이 미약해진 병사들의 숫자에 놀랐다. 전에는 그런 사람들을 본 적이 없고, 보게 될 거라고 예상하지도 못했다. 그들은 제1차 세계대전 때의 탄환 충격에 대해 아는 게 별로 없었고, 그 전까지는 어떤 충격적인 사건을 겪고 몇 개월이나 몇 년이 지난 군인들을 치료했기 때문이다. 그런데 이때는 그들이 '신경쇠약' 이후 이틀에서 닷새 안에 병사들을 진료할 수 있었다. 그러면서 효과적인 치료를 하려면 근접성과 신속성이 필요하다고 강조한 경험 많은 군의관들의 조언을 따랐다. 그것은 미국이 PIE(전투 현장에 대한 치료의 근접성proximity, 치료의 즉각성immediacy, 회복 예상expectation)라고 부른 전략이었다. 이 두문자어는 뒤에 '단순성simplicity'만 더해서 오늘날도 여전히 사용하고 있다. 지금은 PIES다. 더욱이 그들은 전투 현장 가까이 있어도 전선에서 부상자를 분류할 만큼 가까이 있지는 못했기 때문에, 병원에 상주하며 환자를 치료하는 동시에 체계적인 연구를 수행할 수 있었다.

군의관들이 전투 후에 환자를 신속하게 관찰하고 치료했지만, 일부 의사들은 전투 현장에서 곧바로 정신과 치료를 제공해 전쟁 신경증을 이유로 병원에 피신하거나 '집으로 가는 표'로 보상받을 수 없도록 해야 한다고 주장했다.[30] 윌리엄 메닝거는 정신과 의사들에게 어중간한 판단은 없어야 한다고 썼다. 병사들이 '전선으로' 돌아가거나 제대해야 한다는 뜻이었다.[31] 사실 할아버지와 스피걸은 불안해하고 스트레스 받은 군인들을 전투 현장에 돌려보낸 것으로 미국 언론을 통해 상당한 명성을 얻었다. NBC 라디오 드라마 시리즈 〈전장의 의사들〉에서 배우 빈센트 프라이스는 '쇠약한' 조종사들이 다시 비행기로 가도록 도운 전쟁 수행의 영웅으로 할아버지를 묘사했다.

그러나 그것은 진실과 거리가 멀다. 그린커와 스피걸이 많은 환자를 현역으로 복귀시킬 수 있었지만, 이들은 거의 대부분 행정 업무에 배정되었다. 그들은 환자들 중 겨우 2퍼센트에게만 전투 현장 복귀를 허락했다. 군 지도자들은 이런 방식에 만족하지 못했고, 그린커와 스피걸이 트라우마 환자를 전투 의무에서 구제하는 경향에 대해 설명하기 위한 심리학 이론을 고안했다. 전쟁이 끝난 뒤, 포트샘휴스턴에 있는 육군병원의 신경정신의학 책임자 앨버트 글래스는 그린커와 스피걸 같은 치료자들이 지나치게 동정적이고 친절했다고 쓴다. 그들의 방법은 환자에게 트라우마를 다시 겪게 하는 과정이 있기 때문에, 치료자가 '언제나 환자의 고뇌와 욕구에 공감하게 되고, 따라서 미래의 전투 트라우마에서 벗어나게 해야 한다는 압박을 느꼈다'는 것이다.[32] 글래스와 메닝거의 우려는 이해할 만하다. 튀니지 군사작전 중에 의학적 치료를 받은 병사 중 3분의 1가량이 정신적 사상자다.[33]

조종사, 보병, 포병, 무전병 등 그린커와 스피걸이 치료한 군인들 중 상당수는 제1차 세계대전의 정신적 사상자와 마찬가지로 눈에 띄는 신체적 부상이나 질병이 없었지만 정신의학적 증상을 많이 보였다. 20세기 중반에 정신분석의 인기가 높아지면서 제2차 세계대전 군 정신과의 의사와 환자 들은 생물학적 측면뿐 아니라 정서적 측면에서도 트라우마에 대해 생각하기 시작했다. 제1차 세계대전 때는 아주 흔하던 전쟁 트라우마의 신체적 증상이 덜 나타났기 때문일 것이다. 대개 '히스테리'는 '불안'으로, '탄환 충격'은 '전투 피로'와 '전쟁 신경증'으로 대체되었다. 1940~1941년에 1세대 영국 정신과 의사들이 작성한 보고서에서 저자들은 이렇게 지적했다. "지난 전쟁 중에 정신신경증을 치료한 우리는 이번 전쟁 때 병원에서 나타나는 신경증 양상의 차이에 놀랐다. …… 가장 인상적인 변화는 지난 전쟁에서 (시각장애, 마비 등) '전환히스테리'가 크던 것과 대조적으로 이번 전쟁에서 불안 상태의 비율이 훨씬 커진 것이다……. 64퍼센트가 불안 상태였으며 히스테리는 29퍼센트에 불과했다."[34]

그린커와 스피걸은 이렇게 썼다. "공포에 사로잡혀 말을 못 하고 몸을 떠는 환자들은 급성정신병을 앓는 사람들과 매우 닮았다."[35] 그들은 얼이 빠져 있거나 두려워하는 표정으로 몸을 떠는 남자들을 보았다. 그중 일부는 말을 할 수 없었다. 그러나 마비와 어색한 걸음걸이 같은 제1차 세계대전의 증상은 훨씬 적어졌다. 그들은 이유 없는 발작성 웃음과 울음을 보았다. 어떤 이는 기억상실증이 있었고, 어떤 이는 악몽 속에서만 최근 일을 기억할 수 있었으며 가끔 한밤중에 깨어나 마치 적의 사격을 피하려는 듯 매트리스로 파고들려 했다.

그들은 약간의 자극에도 깜짝 놀라는 사람, 만성 두통과 구역질과 궤양에 시달리는 사람 들을 보았다. 정신과 의사가 일하면서 볼 거라고 상상할 수 있는 거의 모든 증상을 보았다. 그럼에도 대부분의 환자는 두 가지 공통점이 있었다. 그들은 어린아이 같은 수준으로 퇴행했으며 자기 기분이 어떤지, 심지어 자신에게 무슨 일이 일어났는지 말할 능력조차 상실했다. 그린커와 스피걸은 이렇게 썼다. "환자는 과거의 잘 정리된 행동 가운데 몇 가지 반복적 행동만 고립된 '섬'처럼 남은 상태로, 겁에 질려 똑똑히 말을 못 하는 아이 같다." 환자가 자기 경험을 설명하지 못하는 것이 이 정신분석가들에게 난제였다. 이들의 치료법은 자기 문제에 대해 이야기하는 환자의 능력에 의존하기 때문이었다. 이들은 어쩌면 바르비투르나 마취약 같은 진실의 묘약이 환자가 긴장을 풀고 불안 뒤에 숨은 이유, 무의식에 억압된 이유를 인식하는 데 도움이 될지도 모른다고 생각했다.

그린커와 스피걸이 불안해하는 환자들에게 제안한 치료법 중 하나는 정신의학 문헌에 '마취합성'과 '마취요법'으로 설명되어 있어도 약물요법보다는 단기 정신분석에 가까웠다. 1945년 〈전장의 의사들〉에 등장한 그 방법을 보면 병사들에게 '대공포 즙'이라는 진실의 묘약을 투여하는데, 대공포란 미군 비행기를 겨냥한 대공 탄환을 가리키며 병사들이 쓰던 말이다. 『스트레스 받는 남자들』의 40번 사례('전투에서 동료를 잃은 뒤 1년간 이어진 우울과 불안')에서 나온 '어둠 속의 임무' 편은 억압된 적개심에 대한 정신분석적 이해와 바르비투르산계 주사가 결합하면 조종사의 현역 복귀에 어떻게 도움이 되는지를 극적으로 보여 준다. 일단 군인이 불안의 원천을 다시 경험하면서 강력한 카타르시스를 느끼고 감정을 분출하자, 전쟁 신경증의

증상이 사라지기 시작했다.[36]

해당 편은, 훈장을 받았지만 더는 비행 임무를 수행할 수 없는 공군 조종사 두 명에 대한 내레이션으로 시작한다. 그들은 플로리다 세인트피터즈버그 근처 해변의 호화로운 리조트호텔에서 개조된 900병상 규모의 전쟁 신경증 치료 전문 요양 병원에 산다. 알제리에서 돌아온 그린커와 동료들이 그 건물을 군이 매입하도록 설득하기 위해 고군분투했다. 그들은 군인들을 일반 종합병원에 입원시킬 경우 그들에게 낙인이 찍힐 것을 염려했다.

"용감한 젊은이가 끔찍한 전투 스트레스를 겪으면서 자신에게 무슨 일이 일어났는지도 모른 채 우울하고 겁먹은 사람들이 되었다." 에디 로머라는 젊은 조종사는 오른쪽 팔을 쓸 수 없다. 그보다 나이가 많고 늘 화난 사람처럼 부루퉁한 스티브 우더드 대위는 다시 비행기를 조종하기를 거부한다. 이해할 수 없는 일이지만, 편대장이던 스티브는 중대장 승진도 거절하며 '이제 질렸다'고 말한다. 그는 자신이 왜 우울한지 설명할 수 없고, 설명하려고도 하지 않는다.

우리 할아버지가 병원 사례 파일에 스티브에 대해 기록했는데, 그의 얼굴에 표정이 없었다고 했다. 스티브는 느릿느릿 말하고 웃지 못했으며 불면증과 악몽에 시달렸고 술에 취해 자신이 겪은 일을 잊어 보려 했으나 소용없었다. 드라마에서는 에디가 스티브에게 정신 치료를 권한다. 에디는 말한다. "사람들 말로는 그린커 대령이 유능하답니다. 대공포 즙을 처음 쓴 사람이라더군요. 몇 방울이면 기억나기 시작할 겁니다." 하지만 스티브는 친구와 격렬하게 대립하고 나서야, 분노 조절을 위한 도움을 얻기 위해서라도 상담이 필요하다는 것을 깨닫는다. 치료를 받기로 한 스티브가 펜토탈을 통해 반무의식 상태에 있을 때 프라이스가 연기한 그린커가 최면을 시작한다.

"당신은 지금 비행기 안에 있습니다. 당신은 수석 조종사입니다." 그린커가 스티브에게 그가 V자 대형의 선두에 있다고 말한다. 스티브는 우울증의 원인인 충격적 사건을 다시 체험하기 시작한다. 앞에서 대공 탄환이 날아오는 가운데, 스티브는 절친한 조종사 조가 날개 위치에서 벗어나 가장 취약한 선두로 나오는 것을 감지한다. "조는 가장 친한 친구고, 세상에서 가장 좋은 사람이에요." "세상에서 가장 다정한 사람." "조를 보세요!" 스티브가 소리친다. "조가 선두로 나서고 있어요! 대형에서 빠져나오고 있어요! 왜 그러는 걸까요? 왜 대열을 유지하지 않죠?" 그때 조의 비행기가 대공포에 맞고 추락해 조가 사망한다. "다 제 잘못이에요!"

"치료의 시작이었다. 스티브 내면의 상처를 찾아내야 했다." 내레이션이 이어졌다.

두 번째 펜토탈 주입 후, 스티브는 자신과 조가 함께 훈련받는데 어떻게 자신이 조보다 나은 조종사가 되고 편대장으로 승진했는지를 이야기한다.

"가엾은 조, 제일 친한 친구. 세상에서 제일 좋은 사람."
"조에 대해 마음에 안 든 게 있나요?" 그린커가 묻는다.

"조는 항상 나를 질투했어요. …… 항상 나를 밀어내려고 하고, 선두에 서려고 하죠. 하지만 제가 이길 거예요!"

실제 사례 파일에서 스티브는 자신이 어렸을 때부터 욕심과 경쟁심이 많고 항상 '대장'이 되길 바랐지만, 승리는 그에게 기쁨보다 죄책감을 더 많이 안겨 주었다고 말한다. 이런 성향 때문에, 스티브는 자신과 경쟁하던 사람이 죽으면 마치 그 사람을 죽인 것처럼 자책할 수 있다고 그린커가 추론했다. 라디오 드라마에서, 그린커 박사가 최면에서 깬 조종사에게 말한다. "조가 추락했을 때, 당신이 잠재의식 속에서 마치 그를 죽인 것처럼 생각했습니다." 드라마는 스티브와 에디를 비롯한 조종사들이 활주로에서 비행기에 오르며 그린커에게 경례하는 것으로 끝난다. 그린커가 말한다. "그것은 경례 이상이었다. 우정의 몸짓이며, 마침내 내면의 상처를 치유한 젊은 군인들이 보내는 감사였다."

청취자들은 아마 펜토탈을 특효약으로, 그린커 박사를 기적의 의사로 해석했을 것이다. 『뉴욕타임스』는 이 절차를 '정신적 엑스레이'라고 반기며, 그린커가 정신 질환이 나약함의 징후라는 생각을 '미신처럼 타파했다'고 썼다.[37] 그러나 정신적 엑스레이의 새로움에 대한 평가는 대체로 왜곡된 것이었다. 사실 펜토탈이나 최면술의 이용이 할아버지의 발명품은 아니기 때문이다. 최면은 수십 년 동안 흔한 치료법이었고, 정신과 의사들이 정신병원의 중환자와 소통하는 것을 돕기 위해 1920년대 후반부터 제약 회사 일라이릴리에서 바르비투르산계를 생산했다. 경찰도 자백을 받아내려고 바르비투르산계를 이용했고, 고대 로마인들조차 '인 비노 베리타스'(술에 진실이 있다)를 알았다.

우리 할아버지는 연공서열 때문에 스피걸보다 훨씬 더 많은 영광을 얻었다. 사실 할아버지는 스피걸 덕에 펜토탈을 쓸 생각을 했고, 스피걸은 1940년『랜싯』에 실린 논문에서 그 아이디어를 얻었다. 그 논문에서 윌리엄 사건트와 엘리엇 슬레이터가 됭케르크 작전에서 살아남은 병사들의 억압된 기억이 모습을 드러냈다고 보고했다.[38] 그리고 사건트와 슬레이터는 1936년『랜싯』에 실린 영국 정신과 의사 J. S. 호즐리가 쓴 또 다른 논문에서 그 아이디어를 얻었다. 호즐리는 이 치료법을 '마취 분석'이라고 불렀다.[39] 사실 할아버지는 펜토탈을 환자에게 투여하기 전인 1943년 2월 영국 제95야전병원에서 정신과 의사들이 펜토탈 쓰는 것을 관찰했다.[40] 대대적인 광고와 헤드라인이 있었지만, 마취 분석이 연구 계획서 밖에서는 비실용적인 치료법이었다. 각 절차가 90분에서 세 시간까지 걸리기 때문에 일상적으로 적용할 수 없었다.[41]

『뉴욕타임스』는 그린커와 스피걸의 작업이 군대 내에서 정신 질환에 대한 수치심을 없앤 것도 시사했다. 그들이 수십 건의 비행 임무를 수행한, 누구보다 강인한 조종사들을 치료했다고 썼다. 나약한 군인이라면 전투에 성공적으로 임하지 못했을 것이다. 그린커와 스피걸은 사실상 전쟁에서 정신 질환을 정상적인 것으로 만들었다. 그들에게 더 흥미로운 질문은 군인들이 왜 병에 걸렸는가가 아니라,

왜 그렇게 많은 군인이 병에 걸리지 않았는가였다. 그들은, 낙인은 군복무를 피했거나 심각한 범죄를 저지른 사람에게나 찍혀야 한다고 말했다.

1945년에 민간인과 군인 모두를 대상으로 쓰인 군진의학 관련 책에서, 저자들이 심리적 문제를 겪는 군인들에 대해 이렇게 썼다. "그들은 정상적인 사람이다." 더욱이 군인은 어디에나 있는 사람들과 다르지 않다. 그들의 증상은 광범위한 인간 행동의 범주에 속한다. "정도 차이는 있지만 민간인들에게서도 나타난다. …… 크게 성공한 정·재계 인사들 중에도 정신신경증을 가진 경우가 있다."[42] 그리고 〈전장의 의사들〉 방송 1년 뒤인 1946년에 할아버지는 『뉴욕타임스』의 주장을 반복하며 때 이르게 정신 질환과 관련된 낙인의 종식을 선언했다. 군대 안팎에서 정신의학적 상태의 유병률이 높다는 점을 밝히면서 할아버지가 말했다. "당연히 이제 그런 질환을 수치심이나 열등감의 원천으로 보지 않는다."[43]

제2차 세계대전에서 거둔 정신의학적 성과가 많지만, 전쟁은 동성애에 대한 낙인을 완화하는 데는 사실상 아무런 구실도 못 했다. 그린커와 스피걸의 '정상적인' 환자들의 경우, 그들의 증상이 스스로 통제할 수 없는 특별한 스트레스 상황에서 일시적으로 일어나는 것으로 여겨졌다. 하지만 동성애자인 경우, 영구적이고 사람의 성격을 규정하는 특징으로 여겨졌다. 프로이트는 말년에 동성애는 정신장애가 아니라고 주장했다. 그러나 근대 이후 미국이 참전할 때마다 군 지도부는 동성애자를 식별해 군대에서 배제하기 위한 연구를 지원했다. 이와 동시에 동성애가 군대에서 흔하다는 사실도 부인했다. 그러나 제2차 세계대전 중에 미군이 발표한 성과 관련된 사실상 모든 출판물이 남성 동성애를 담고 있다는 사실은 다른 상황을 암시한다.[44]

제2차 세계대전 내내 의사들은 동성애자의 소변과 호르몬과 지능지수를 연구했고, 이 '정신 병리'와 관련된 유전적 원인과 생물학적 차이를 탐구하기 위해 상세한 가계학 연구를 했다. 왜 남자가 남자에게 구강성교를 하고 싶어 하는지에 호기심을 느낀 의사들이 동성애자의 입술과 입, 목구멍의 민감도를 측정하기도 했다. 그들은 동성애자의 구역반사를 검사하고, 그들에게 분변을 먹거나 소변을 마시냐고 묻기까지 했다.[45] (동성애로 제대할 경우 너무 큰 낙인이 찍히기 때문에 무척 드문 경우이긴 했지만) 간혹 제대 조치를 받기 위해 동성애자인 척하는 병사에 대해 기술한 소수의 의사들을 제외하면,[46] 아무도 이성애자 연구에 관심이 없었다. 의사들은 그들이 모두 질병과 건강의 차이를 암묵적으로 이해한다고 그리고 동성애자가 되고 싶어 하는 사람은 누구든 병자라고 가정했다. 군대 안팎의 통념상 동성애는 아이가 성장하면서 유아기 나르시시즘에서 벗어나지 못해 발생하는 성도착, 즉 동성애자가 자신의 변형을 갈망하는 상태였다.

할아버지와 스피걸이 얼마나 많은 동성애자를 성적 비정상이라는 낙인을 안고 불명예제대로 군에서 방출되게 했는지에 대한 기록은 없다. 물론 두 사람이 정보원 노릇으로 훌륭한 군인의 인생에 해

끼치는 것을 거부했을지도 모른다. 그러나 군의관으로서 군 검찰을 돕는 것은 의무였다. 동성애로 제대한 군인은 그 뒤 군대나 정부에서 일자리를 얻을 수 없었다. 또한 민간 부문의 잠재적 고용주들이 구직 신청자에게 전역증명서를 합법적으로 요구할 수 있는데, 이 문서는 불명예제대만이 아니라 '성적 비정상'이라는 제대 이유도 보여줄 것이다.

사회가 뭔가를 억누르고 싶으면 그것에 대해 이야기해야 한다. 안 그러면 억제를 정당화할 방법이 없다. 그래서 동성애를 통제하려면, 그것을 분류하고 그것에 대한 글과 책을 쓰고 전문가를 키우고 사례 파일을 쌓아야 한다. 동성애자는 합법적인 과학 연구의 대상이 되어야 했고, 군대 같은 기관과 심리학 및 정신의학 같은 분야는 동성애자가 전혀 다른 인간임을 정당화하기 위해 진단과 치료 및 군법회의 같은 것을 만들어야 했다. 독일 의사 마그누스 히르슈펠트는 1898년부터 1908년까지 독일에서 발표된 동성애 관련 기사와 논문이 1000편 이상이며 그중 320편은 1905년에 발표된 것으로 계산했다. 이것은 지식이 사회적 통제 양식이 되는 과정이다.

제2차 세계대전 이후 쓰인 성 관련 기사와 논문 수백 편 중 상당수가 동성애를 행동이 아닌 인격의 유형으로 묘사하려 했다. 예컨대 1945년의 한 논문에서 미 해군의 정신과 의사 허버트 그린스펀과 존 D. 캠벨은 동성애의 주요 징후로 여성적인 관심사와 높은 지능, 높은 사회경제적 지위, 이성異性과 어울리기를 좋아하는 성향을 꼽았다. 이들이 서술한 동성애의 특징에는 '지적인 척하는' 말과 글, "어

머나!"나 "세상에!" 같은 표현의 사용도 포함되었다.[47]

다른 의사들은 동성애자 유형론을 만들었다. '**진짜** 동성애자'는 동성에 대한 관심과 성적인 행위가 오랫동안 일관되며 군에서 제대하기 위해 날조된 것이 아닌 사람이다. 군에서 남자 간호사는 전통적인 여성의 일을 맡기 때문에 동성애라는 혐의를 받기 쉽다.[48] '**부차적** 동성애자'는 몇 달씩 전투 현장이나 막사에서 함께 지내다 보니 상황에 따라 동성 간 성행위를 한 사람이다. '**우발적** 동성애자'는 술이나 약물로 무력해진 상태에 속아서 동성애적 행위나 성교를 하게 되었으며 상대 또는 가해자가 무슨 짓을 하는지 모르거나 그것에 저항할 수 없던 사람이다. 이런 상황에도 비전투 영역에서 동성애 군인들이 있었고, 그들은 비록 공개적 게이는 아니지만 인기 있는 드래그 쇼에서 여자 역을 맡았다.[49] 더 잘 알려진 집단 중 하나는 미군이 월터리드군병원을 비롯한 요양원에서 재활 중인 참전 용사들을 위문하기 위해 만든 드래그 극단 앰퓨텟츠다.[50]

그린커와 스피걸이 따르도록 요구받은 미 공군 규정AFR 35-66은 '동성애자의 제대'라는 제목이 붙었으며 다음과 같이 명시했다. "동성애는 공군에서 용인되지 않을 것이며 진짜 동성애자나 확인된 또는 상습적인 동성애자의 즉각 분리가 의무다." 심리학자나 정신과 의사 또는 군목을 포함해 군대에 있는 누군가가 동성애적인 욕망이나 행동을 알게 되면, 그것을 부대 지휘관에게 보고해야 했다. 군목은 자신과 이야기하는 사람에게 비밀 유지의 제한을 알려야 했고, 누군가 종교적 행위로서 고해성사실에서 동성애 사실을 고백하지 않는 한 군목은 그것을 보고할 의무가 있었다.

동성애자 장교는 '군의 이익을 위해' 사임할 수 있었지만, 말단 사병은 '우울한 제대'라고 불린 불명예제대를 당해야 했다.[51] 동성애 때문이건 다른 이유로건 군인이 '부적격'이라고 선언하는 불명예제대를 당하면, 제대군인원호법의 혜택을 받을 수 없었다. 고용에 큰 장애물인 불명예제대가 아프리카계 미국인들에게 불균형적으로 많이 주어졌다. 전체 육군 병사 중 아프리카계 미국인은 7퍼센트 미만이었는데도 불명예제대의 24퍼센트를 차지했다.[52]

행동이 여성스럽거나 성적 취향에 관한 소문이 지휘관의 귀에 들어가서 동성애자로 의심받은 군인들도 제대 조치를 당한 경우가 있다. 공군 정신과 의사들이 한 조종사가 다른 조종사를 동성애자라고 고발한 사례를 보고했다. 고발 이후 수사가 진행됐는데, 그동안 고발자가 그 조종사를 다른 사람과 혼동한 사실을 깨달았다. 그래서 고발을 취소하고 수사관들에게 진짜 '동성애자'의 이름을 댔다. 무고한 사람은 혐의를 벗었지만, 그의 약혼녀와 그녀의 이웃들이 이 사건을 알고는 파혼을 선언했다. 이 사례를 소개하며 의사들은 잘못 고발당한 사람은 '자신이 결코 집으로 돌아갈 수 없을 것이며 평생 지울 수 없는 낙인이 찍혔다고 느꼈다'는 점을 밝혔다.[53]

군대의 정책에 위배되는 짓을 하지 않았다고 생각하며 그저 정서적 지원을 구하기 위해 상담관에게 감정을 표현한 군인을 기소한 부당한 사례도 있다. 10대 초반에 동성애를 경험했다고 상담관에게 말한 병사가 동성애 성향이 있다는 이유로 제대 조치를 당했다. 이들은 입대 전에 신병 모집관에게 그 정보를 말했어야 한다는 이유에서 사기로 기소당하기도 했다. 지휘관들은 이중 잣대를 적용했다. 동성 애의 징후는 조금이라도 보이면 기소와 제대로 이어질 수 있었지만, 이성애자는 좀 더 자유로웠고 성적 이상행동과 관련한 조사를 거의 받지 않았다. 현역군인에 대한 한 연구에서, '확인된 이성애자'의 25 퍼센트는 어떤 종류로든 성적으로 별난 전력을 보고했으며 그중에 는 근친상간과 동물·수박을 상대로 한 성교도 있었다.[54]

할아버지와 스피걸이 동성애와 정신 질환에 대해 어떻게 생각했 는지 정확히 모르지만, 그들이 프로이트의 편에 섰기를 바란다. 특히 스피걸의 경우 더더욱 그런데, 그가 자신의 성향을 비밀로 간직하는 와중에도 어쩔 수 없이 동성애가 정신 질환이라는 견해를 지지해야 했기 때문이다.

1981년에 스피걸이 해변 리조트에서 자녀, 손주 들과 70세 생일 을 기념했다. 이 휴가 중에 그가 몇 해 전 사망한 아내 바벳만 알던 비밀을 공개했다. 휴가 첫날 아침, 그가 연인인 데이비드를 소개하고 과거의 다른 남성 연인들에 대해서도 이야기한 것이다. 그러고 나서 그 사실을 아내는 알고 있었다며 제2차 세계대전 전에 결혼식을 몇 주 앞두고 자신이 동성애자임을 고백했다고 말했다.[55]

1970년대 초 스피걸은 마음 맞는 정신과 의사들과 매사추세츠 케임브리지에서 종종 식사 모임을 하며 보수적인 미국정신의학협회 를 개혁하고 동성애를 정신장애의 목록에서 빼기 위한 전략을 마련 하려 했다. 스피걸 가족이 '청년 투르크당'이라고 별명을 붙인 이 집단은 젊고 자유주의적인 회원들을 협회 지도부로 선출하는 데 도움을 주었다. 그리고 1973년에 협회 회원들이 투표를 통해 동성애를 DSM에서 빼기로 했을 때, 스피걸은 회장으로 선출되었다.

스피걸이 제2차 세계대전 때 군의관으로서 구한 수백 건의 편지와 기사, 환자 파일 사이에 동성애자를 제대시키는 방법에 대한 (그리고 어쩌면 그 자신이 위장하는 데 실마리가 되었을) 정교한 지침이 섞여 있었다.

결국 제2차 세계대전이 정신과 의사들의 한 세대를 만들어 냈다. 에릭 에릭슨은 전투 때문에 '신경쇠약'에 빠진 사람들을 연구한 뒤 자아정체성 이론을 발전시켰다.[56] 그리고 정신역학이 전쟁 중에 진정한 전문 분야로 등장했다. 전쟁이 미국의 심리학을 탄생시켰고, 정신보건 직종, 특히 정신분석가들이 정신이상자뿐 아니라 '모든 사람'에게 유용하고 사회적으로 수용할 수 있는 것을 제공한다고 많은 사람을 설득했다. 당시 주류 정신분석의 위상을 보여 주는 증거로, 앨프리드 히치콕의 1945년 흥행 영화 〈스펠바운드〉가 이런 대사로 시작한다. "우리의 이야기는 현대 과학이 제정신인 사람들의 감정적인 문제를 치료하는 방법인 정신분석을 다룬다." 제2차 세계대전의 정신의학적 성취 중 가장 큰 것은 아마도 우울증과 불안같이 군대 안팎에서 발견되는 평범한 정신적 상태의 진단, 치료, 낙인 줄이기다. 사실 군대는 정신 질환의 분류 체계를 만들어 냈고, 그것이 DSM 초판이 된다.[57] 대학은 정신의학 분야에서 새로운 레지던트 수련 프로그램을 만들었다. 그리고 제2차 세계대전 직후 트루먼 대통령이 정신의학의 가치를 인정해 국립정신건강연구소를 세웠다.

전쟁이 미국 정신의학을 크게 발전시키고 정신의학 분야의 직종을 많이 탄생시켰다는 사실을 고려할 때, 20세기의 대부분 동안 군사사와 군의 의료 기록이 정신의학에 별로 관심을 기울이지 않은 것은 좀 의외다. 이 '능숙한 기억상실'[58]은 왜 전쟁을 치를 때마다 의료진이 그 전 전쟁에서 배운 게 없다고 불평하는지, 왜 제1차 세계대전과 제2차 세계대전 사이에 군대가 견고한 정신의학 관리 시스템 개발에 투자하지 않았는지를 설명한다. 무시는 상호적이었다. 마치 전쟁에서 얻은 지식이 없는 것처럼 대부분의 정신의학 역사서가 군진정신의학을 거의 언급하지 않는다. 그러나 제2차 세계대전 정신의학에 대한 그린커와 스피걸의 설명이 담긴 『스트레스 받는 남자들』은 수십만 부가 팔렸고, 상태가 덜 심각한 다양한 환자들의 치료를 정신병원 입원 치료에서 단기치료로 바꾸는 데 중요한 구실을 했다.[59] 이들은 또한 낙인의 존재 또는 부재가 정산 질환에 대한 과학적 정의보다는 도덕적 평가에 달렸다는 것을 입증했다. 할아버지가 전쟁 경험 덕분에 정신의학 분야에서 명성을 쌓았지만, 당신의 정신의학 경력에 대한 자전적 설명에서 제2차 세계대전에 대한 내용은 아주 짧게만 언급했다.[60] 군진정신의학에 대한 멸시는 군진정신의학과 정신의학의 관계가 군악과 음악의 관계와 같다는 말에서도 되풀이된다.[61]

8

노머와 노먼

그리스인에게 불멸, 마키아벨리의 군주에게 미덕,
순교자에게 믿음, 노예주에게 명예, 드래그 퀸에게 화려함 같은 것이
현대 미국인에게는 정상 상태다.
—마이클 워너, 『정상의 문제The Trouble with Normal』(1999)

제2차 세계대전의 종식은 종종 영
웅의 귀환으로 기억된다. 색종이가 휘날리는 화려한 퍼레이드 그리
고 알프레드 아이젠슈테트가 일본의 항복 후 타임스스퀘어에서 한
여성에게 입 맞추는 해군 병사의 모습을 담은 『라이프』지의 상징적
사진. 전쟁의 공포와 도덕적 복잡성은 스터즈 터클이 '좋은 전쟁'[1]
이라고 말한 것으로 축소되었다. 그러나 전쟁과 제대의 갑작스러움
과 전시와 민간 생활 간 극명한 대조는 대격동이었고, 육체적·정신
적으로 장애를 안고 집으로 돌아온 사람에게는 더더욱 그랬다. 전쟁
중에는 정부의 검열로 불쾌한 부분을 삭제한 정보와 이미지만 접하
던 민간인에게도 귀향은 충격이었다. 역사학자 한스 폴스는 이렇게

쓴다. "전시 정부는 마치 전쟁 중에 어떤 실수도 없었고 병사들은 영웅적으로 싸웠으며 선과 악이 선명하게 구분되었고 갈기갈기 찢긴 시신도 없던 것처럼 전쟁을 허구적으로 설명했다."[2]

찬양적인 전쟁 서사는 트라우마를 가리거나 기껏해야 지연시킬 뿐이다.[3] 이런 눈가림은 자신의 영웅적 활동에 대한 찬사가 쏟아지는 가운데 조용히 고통을 숨기며 안으로 곪아 가는 재향군인들에게 스트레스 원인으로 더해졌다. 사람들이 전쟁 전 미국의 성 역할을 소생시키려 함에 따라, 사지를 잃거나 휠체어 신세를 지게 된 사람도 부담을 안게 되었다. 신체장애가 있는 재향군인들이 어떻게 자신에게 기대되는 독립적 가장 구실을 할 수 있었을까? 불완전한 남자로, 승자보다 희생자로 전보다 수동적이고 의존적인 상태가 되어 집으로 돌아온 그들이 이상화된 군인의 자립적 남성성을 어떻게 보여 줄 수 있었을까?[4]

그린커와 스피걸의 답은 이들 중 일부만 새로운 상황에 적응했다는 것이다. 「북아프리카에서 전쟁 신경증」을 통해 두 사람은 군인들에게 나타난 정신의학적 문제들은 형편없거나 결함 있는 성격의 결과가 아니라 정상적이고 정신적으로 안정된 사람에게 예상되는 전쟁의 결과라고 설득력 있게 주장했다. 그러나 이 보고서의 1945년 확장판인 『스트레스 받는 남자들』에서, 그들은 '적응'이라는 점점 더 인기를 끌고 있는 개념으로 눈을 돌렸다. '적응'은 그들이 모든 상황에서 모든 심리적 기능의 기본이라고 믿은 정신적 과정이다. 그린커와 스피걸은 말한다. 전투 중에는 누구나 똑같은 스트레스 원인에 직면하게 된다. 따라서 정신보건 전문가들은, 어째서 전쟁 스트레스에 대한 적응이 어떤 사람에게는 전투를 계속하는 것인 반면에 다른 사람에게는 아픔으로써 전투의 위험을 회피하는 것인지를 묻는다. 그리고 이것이 의도와 상관없이 전후 정신 질환의 낙인을 부활시키는 결과로 이어졌다. 아픔으로써 스트레스에 적응하는 사람은 애초에 심리적 장애가 있었을 거라는 낙인 말이다. 그린커와 스피걸은 전투 스트레스를 '보편적 상황'이라고 표현하며 모두가 경험하는 것으로 중화해, 사실상 임상의들을 전쟁 트라우마라는 특정 상황보다 개인이 부적응 반응을 보이기 쉽게 만든 고유하고 전투와 무관한 이력에 집중하게 만들었다.

두 번째 답은 적응과 관련된 또 다른 개념인 '정상성'에 있다. 종종 '순응의 시대'로 불리는, 제2차 세계대전 이후 미국은 여성 주부와 남성 가장 간 분업을 포함해 전통적인 사회생활 양식을 따르려는 욕망이 두드러졌다. 1950년에 데이비드 리스먼이 베스트셀러 저서 『고독한 군중』을 통해 경고한 것처럼, 미국인들은 '내부 지향적'이기보다 '외부 지향적'이 되었고 개성을 잃어버릴 위험을 감수하면서까지 최대한 다른 모든 사람과 비슷해지기를, 다른 사람처럼 '정상'이 되기를 바랐다. 이런 맥락에서 트라우마에 시달리는 군인은 공동체의 이상에 순응하는 경우에만 '정상'이 될 수 있었다. 정상은 '적응하지 못하는' 사람들을 낙인찍는 이데올로기의 강력한 도구가 되었다.

리스먼처럼 우리 할아버지도 '정상'이라는 모호한 개념을 껄끄러워했고, 그래서 그 단어를 쓸 때는 항상 앞에 '대략적으로'라는 수식어를 붙인 기억이 난다. 1953년에 할아버지는 한 저널리스트에게 미국 사회에서 '정상'에 대한 욕망이야말로 '신경증의 본질'이라고 말했다.[5] 미국인들은 변화와 다양성을 수용할 수 없었기 때문에 신경증이 점점 더 심해졌다.

군인에게는 군대 생활의 질서와 사회적 안정성이 민간 생활의 상대적 혼란과 극명하게 대조되었다. 정체성이 형성되는 시기를 전쟁터에서 보낸 남자들과 고향에 남아 경력을 쌓은 남자들 사이에 긴장이 있었다. 불륜에 대한 의심과 그 밖의 은밀한 적대감이 결혼 생활에 균열을 만들었다. 생존자들은 엄청난 죄책감을 느끼며 전우애를 그리워했다. 흑인과 백인 군인들이 분리되어 생활했어도 민족 간, 인종 간 전우애가 상당히 형성되었다. 군의관들은 소수자 병사가 군대보다 훨씬 더 인종주의적인 사회로 재통합되면서 겪게 될 트라우마를 우려했다. 또한 소수자 병사가 수준 이하의 건강관리를 받게 될 것도 우려했다. 오늘날 재향군인병원에 대해 비판적인 많은 사람에게 이상하게 들리겠지만, 메닝거와 우리 할아버지는 모든 병원이 재향군인병원처럼 잘 운영될 수 있다면 좋을 거라고 생각했다.

유럽의 제2차 세계대전 종료를 다섯 달 앞둔 1945년 1월, 명망 있는 『미국사회학저널』 기사에서 보수적인 사회학자 로버트 니스벳은 민간 생활 복귀가 '엄청난 심리적 경험'일 것이라고 경고하며 정신 치료소 설립을 촉구했다. 니스벳은 고향에 돌아온 병사가 '자신이 더는 군대의 일원이 아닌데 아직 민간 사회의 일원도 아닌 주변인임을 알게 될 것'이라고 말했다.[6] 다른 이들은 장애인이 된 참전 군인은 더 잃을 게 없는 사람이며 반사회적이고 폭력적인 범죄자가 되기 쉬워서 국가적 위협이라고 경고했다.[7] 이런 전문가들은 장애로 외모가 흉해진 남자들이 경멸 어린 시선을 받거나 불편함과 혐오감 때문에 무시당할 것도 우려했다.

폴스는 이렇게 썼다. "제2차 세계대전 후에는 병사들의 징집 전 정신 상태가 정신을 무너트리는 가장 중요한 원인으로 여겨지게 되었다."[8] 이런 태도는 제1차 세계대전이 끝났을 때 서덜랜드 경이 전쟁 후에도 고통을 겪는 병사들은 애초에 정신 질환에 걸리기 쉬운 사람들이라고 한 말을 답습한 것이다. 전쟁 후에 우리 할아버지도 이렇게 말했다. "우리가 확신할 수 있는 것은 하나뿐이다. 전쟁 초기에 정신적 붕괴를 겪은 사람들은 대부분 군대에 오기 전에 병이 날 준비가 되어 있었다는 것이다."[9] 할아버지의 동료인 헨리 브로신도 동의하며 말했다. "지금 문제를 안고 우리에게 오는 사람들은 초기 성장 과정에서 축적된 어려움의 윤곽을 분명히 보여 준다."[10] 21세기 초 임상의들이 군대 내 많은 PTSD 사례의 원인이 된 트라우마가 병사들이 입대하기 한참 전에, 어쩌면 어린 시절 힘겨운 상황에서 생기지 않았을지 의문을 품었을 때도 똑같은 주장이 다시 등장한다.

일반적인 적응의 문제는 DSM 초판DSM-I의 방향성을 결정하는 데도 영향을 미쳤다. 미 해군에서 직업 군의관으로 일한 조지 닐리 레인스 대령이 전쟁 후 미국정신의학협회의 명명위원회 위원장을 맡았다.[11] 그리고 군에서 정신장애를 분류한 메디컬203을 편집해 민간인용 매뉴얼로 만드는 일을 책임지게 되었다. 1948년에 의무감실에서 메디컬203을 대중에 발표했지만, 그것은 1952년에야 DSM이 되었다. 한국전쟁 중에 발표된 DSM-I은 군대의 경험과 정신분석 이론의 결합이었다. 정신의학적 증상이 이제 외부 스트레스의 외적 원인에 대해 예상되는 반응이 아닌, 부적응적인 신경 반응이 되었다. 적응 문제를 반영하며 전투 스트레스를 가리키기 위해 만들어진 새로운 단어는 '일반 스트레스 반응'이었다. DSM-I에 실린 다른 질환명에도 '반응'이 포함되었다. DSM이 정신 질환을 병리학적 반응 또는 (우울 반응, 불안 반응, 피해망상 반응 등) 스트레스에 대한 적응 실패로 정의했기 때문이다. 임상의들은 이런 반응이 대체로 사람이 외부 세계를 통제할 수 없어서 나오는 결과이며, 유아기에 시작되어 유년기에 형성되고 성년기로 넘어가서도 지속되는 무력감이라고 믿었다.

저명한 소아과 의사 루서 에밋 홀트와 행동심리학자 존 왓슨 같은 미국 임상의들은 수십 년간 미국의 부모, 특히 극성맞은 어머니와 존재감 없는 아버지가 동성애를 포함한 대부분의 정신 병리에 대해 책임이 있다고 주장했다. 이들의 말에 따르면, 미국 어머니는 지나치게 개입하고 아버지는 부재할 때가 많아서 아이들이 성인이 되어 적응 기술을 키우는 것을 저해했다. 홀트는 모유 수유를 만류하고 청교도처럼 부모가 아이의 팔에 금속 봉을 묶어서 엄지를 못 빨게 할 것을 제안했다. 왓슨은 어머니들에게 자녀(특히 아들)에게 뽀

뽀하지 말고, 심지어 아이가 직접 상처에 밴드를 붙일 수 있는 나이가 되면 상처에 밴드도 붙여 주지 말라고 했다. 그는 1934년에 출판된 『유아와 아동에 대한 심리적 관리』에서 그 책을 '행복한 아이를 키우는 최초의 어머니에게 바친다'고 비꼬는 투로 말했다.

필립 와일리와 에드워드 스트렉커를 비롯한 존경받는 전문가들도 애정이 넘치는 과보호 어머니가 특히 아들에게 미치는 위험에 대해 썼다. 1944년에 펴낸 『독사의 자식들』이라는 책에서, 와일리는 아들이 자신을 숭배하게 만들려는 어머니의 노력을 가리키는 '엄마중심주의'라는 말을 만들었다. 그는 엄마가 아들과 나라 전체에게서 남성성을 앗아 간다고 말했다. 그로부터 2년 뒤 제2차 세계대전에서 트라우마를 입은 병사들을 인터뷰한 스트렉커는 한발 더 나아가 엄마중심주의가 국가 안보를 위협한다고 말한다. 그리고 위험한 미국 어머니를 몇 가지 유형으로 분류한다. 이는 지나치게 낙천적인 엄마, 희생적인 엄마, 과보호하는 엄마, 지적인 척하는 엄마 등으로 헬리콥터 엄마, 무대 엄마, 호랑이 엄마, 유대인 엄마같이 당대 어머니를 비난하는 말과 닮았다. 결국 스트렉커가 비난하지 않은 어머니는 거의 없는 셈이다.

스트렉커의 책이 나오고 1년 뒤 저널리스트 퍼디낸드 런드버그와 뉴욕의 정신과 의사 메리니어 파넘은 '여자들은 적어도 범죄, 악, 가난, 전염병, 청소년 비행, 집단 비관용, 인종 혐오, 이혼, 신경증, 심지어 실업, 주택 부족과 맞먹는…… 현대 문명에서 해결되지 않은 주요 문제들 중 하나'[12]라고 썼다. 물론 심리학자 해리 할로처럼 반대 주장을 편 과학자들도 있었다. 할로의 논쟁적이고 종종 잔인한 연구는 붉은털원숭이를 통해 지나친 애정보다 모성 박탈이 행동장애로 이어진다는 점을 입증했다.[13] 그러나 어느 편에 섰든 연구자들은 여전히 아이의 정상성과 비정상성 모두에 대한 책임을 여성에게 지웠으며 동성애자의 어머니 세대뿐 아니라 자폐아의 어머니 세대에 대해 충격적일 만큼 비난하는 분위기를 조성했다.

정신보건 전문가들은 동성애를 과잉 간섭, 과보호 어머니, 소원한 아버지 때문에 생긴 결함 탓으로 돌렸다. 1973년 뉴욕의대의 정신과 의사 어빙 비버는 이렇게 주장했다. "모든 남성 동성애자는 이성애의 초기 발달단계를 거치고, 모든 동성애자에게는 정상적인 이성애의 발달 면에서 장애가 있다. 성인 동성애자의 이성애 기능은 소아마비 환자의 다리처럼 온전치 못하다."[14]

이런 관점에 여전히 노출된 미국 아이들이 점차 저항하고 있다. 내 작은딸 올리비아가 대학에 다니던 2016년에 미국의 게이 문화사에 조예가 깊은 걸출한 역사학자 조지 천시의 수업을 들었다. 그가 학생들에게 동성애에 대해 나이 든 사람과 인터뷰를 하라고 했고, 올리비아는 할아버지 (그리고 내 아버지이자 정신과 의사인) 로이 R. 그린커 2세를 선택했다. 아버지는 당신이 진료실에서 만난 모든 동성애자가 불행했으며 많은 사람들이 가족에게서 소외되거나 어느 정도 비밀스럽게 살았다고 말했다. 게이는 대개 극성맞은 엄마와 나약하거나 소원한 아버지를 두고 있었고, 그래서 자신을 여성과 동일시하며 남자를 갈망한다고 했다. 올리비아는 반박했다. "게이들이 행복하지 않다는 걸 어떻게 아세요? 할아버지는 불행해서 병원에 찾아온 사람들하고만 얘기하시잖아요. 행복한 사람이 정신과 의사를 찾아갈까요?" 아버지는 모든 동성애자가 이성애자라면 더 행복할 거라고 믿을 뿐이라고 답했다. 천시 교수에게 제출한 보고서에서 올리비아는 동성애자의 정신적 고통이 사회의 심한 편견 때문이 아니라 어린 시절의 어떤 것 때문이라고 믿는 의사에 대해 의문을 던지며 이렇게 썼다. "게이로서 겪는 고통이 공동체의 도덕 체계 때문이라면, 그래도 그 고통이 정신 질환일까?" 우리 아버지의 경우, 그 답은 '그렇다'였다. 어쨌든 그 사람이 불행하고 사회에 순응하지 못했기 때문이다.

아버지는 1970년대 시카고정신분석연구소에서 정신분석가로 훈련받기 위해 지원한 게이 정신과 의사들은 모두 거절당했다며 이렇게 말씀하셨다. "우리가 아주 친절하게 면접을 진행하면서도 만일 지원자가 게이라고 생각하면, 특히 그 사람 자신이 게이라고 말한다면, 고맙지만 잘 가라고 말하곤 했어. 그 사람은 이미 심리적 문제를 잔뜩 안고 사는데, 정신분석가가 되려고 감정적 혹렬함을 감당할 필요는 없다고 본 거지." 의료계에서 고정관념과 성차별을 겪은 여성 정신분석가들도 동성애 공포증에 사로잡힌 허약한 백인 남성 동료들의 관점을 지지했다. 또한 많은 정신분석가들이 동성애를 치료하려고 했다. 가장 목소리가 큰 치료 전도사는 컬럼비아대학의 정신과 의사 찰스 소커라이즈였다. 아버지는 동성애의 비정상성에 대한 그의 연설이 설득력 있고 강렬했다고 했다. 그런데 소커라이즈는 자신의 아들 리처드를 치료할 수 없었다. 1993년에 리처드는 빌 클린턴 대통령의 특별보좌관으로서, 자신이 게이임을 밝힌 최고위 연방 정부 공무원이 되었다.[15]

　　　　　　　　　과학자들은 '정상성normality'에 흥미를 느꼈다. 이 단어는 1849년에 영어 어휘가 되었는데, 20세기 중반까지는 주로 범죄성과 지능, 강제 불임에 대한 논란이 많은 연구에서만 쓰는 학술 용어였다. 정상normal이란 평균을 뜻하는 수학 용어로, '사범학교Normal School'처럼 일상에서 쓰일 경우에는 평균적 사회 구성원들이 공유하는 믿음과 지식을 뜻했다. 19세기 수학자 프랜시스 골턴은 정규곡선normal curve에서 중간에 있는 사람의 특징을 말하면서, 이 사람이 '보통'이라고 했다. 그러나 제2차 세계대전과 그 뒤 10년이라는 시간이 흐르고 나서 정상성은 이상적인 것이 되었고, 박식한 수많은 전문가와 일반인 들이 미국인에게 평범해지는 법을 조언했다. 이들의 의견은 전후에 정신 질환을 이해하려는 노력, 즉 미국 어머니들에 대한 뻔뻔한 경멸과 순응성에 대한 집착에서 나온 것이다.

　　제2차 세계대전 이후 세 가지 사건이 '정상'이라는 개념이 수학과 의학 분야를 벗어나 대중문화 속으로 들어가도록 부추겼다. 하나는 평균적인 미국인 남녀를 상징하는 백색 석고상 두 점의 생산과 광범위한 전시다. 또 하나는 정상적인 미국인 남성의 신체적 특징과 성격을 완벽하게 설명하기 위해 윌리엄 T. 그랜트 재단이 후원한 획

기적인 연구다. 세 번째는 과학자 앨프리드 킨제이의 베스트셀러인
『남성의 성적 행동』 출판이다.

1942년, 로버트 라투 디킨슨과 예술가 에이브럼 벨스키가 팀을
이루어 21~25세 백인 남녀 1만 5000명의 신체 측정을 통해 구한 평
균치로 입상 두 점을 만들었다. 그들은 이것을 '노머'와 '노먼'이라고
부르며 처음에는 뉴욕의 유명한 미국자연사박물관에, 나중에는 클
리블랜드 건강박물관에 전시했다. 인터넷으로 사진을 찾아보면, 무
엇보다 불균형하다는 사실이 눈에 띌 것이다. 두 상 모두 유난히 손
이 크고 사지(특히 팔꿈치부터 손목까지)가 길다. 팔 길이와 손 크기의
평균이 키나 다른 신체 부위의 평균과 꼭 들어맞지는 않기 때문이
다. 사지와 머리둘레, 허리둘레, 코 길이 등이 모두 평균에 해당하는
사람은 없을 것이다. 그런데 『클리블랜드 플레인 딜러』 신문사가 노
머와 가장 비슷해 보이는 미국인 여성을 찾는 전국 대회를 열었다.
그리고 한 명을 찾았다. 마사 스키드모어라는 23세의 극장 금전출납
원이었다. 그녀는 100달러에 상당하는 미국 전쟁 채권을 상금으로
받았다. 아마도 어떤 사람이 평균적이라는 이유로 상을 받기는 처음
일 것이다.

20세기 중반에 정상성은 백인 남성에 의해, 백인 남성에 관해, 백
인 남성을 위해 정의되었다. 노머는 예외였다. 노머와 노먼이 전시되
던 해에, 하버드대 교수들은 정상적인 젊은 남성에 대한 성인 발달
연구(그랜트 연구)라는 큰돈이 투입된 프로젝트의 결과를 발표했다.
그들은 평균적인 미국인 남성의 전형적 특징을 결정하려 했고, 자연

스럽게 하버드대 재학 중인 남성 268명을 연구 모집단으로 구성했다. 연구자들은 학생들의 전형적인 특징을 파악하기 위해 그들의 체격과 기질, 건강, 사회적 배경을 4년에 걸쳐 연구했다. 그리고 1945년에 우생학자 어니스트 A. 후턴이 『젊은이들』이라는 저서에 특별할 것 없는 결과를 발표했다. 너무나 당연하게도, 그가 밝힌 정상적인 남성은 젊고 백인이며 미국 본토 출신에 지적이고 육체적으로 건강해 당시 하버드대 남학생에게 기대했을 만한 모습이었다.[16] 연구자들이 자신이 속한 엘리트 집단이 정상인을 대표한다고 미리 결정했기 때문에, 이 남성들이 정상성을 상징하게 되었다.

후턴은 이 연구 결과를 자신의 우생학이라는 렌즈로 해석해 사람의 육체와 정신은 분리할 수 없다고 주장했다. 그는 '몸뚱이가 성격의 실마리'이기 때문에, 연구가 남성들의 체격을 정밀하게 측정하는 데 초점을 맞춰야 한다고 말했다.[17] 부적격자를 지원하지 않기 위해서라도, 과학자와 의사 들이 적격자와 부적격자를 식별할 수 있도록하는 것이 중요했다. 그는 자선단체와 보호시설이 결함을 뿌리 뽑기보다 지속시켜서 인간성을 망친다고 오랫동안 주장했다. "지난 50년 동안 정신장애인과 사이코패스, 범죄자, 경제적 무능력자, 만성질환자가 증가한 데는 의심의 여지가 있을 수 없다. 이것은 자선과 '복지', 의학의 개입, 부적격자들의 무분별한 번식 때문이다."[18] 그는 세상에서 부적격자를 제거하지 않으면, 2000년까지 작은 손발 같은 기형이 많이 생길 거라고 말했다. 후턴이 보기에는, 노면처럼 손이 큰 남성적인 몸이 강인한 노동자에게 필수적이었다.

신체적 적응으로서 정상성에 대한 이런 새로운 정의는 효율적인 대량 생산과 소비에 대한 자본주의적 관심에 딱 맞아떨어졌다. 산업체는 제품 표준화를 원했지만, 모든 구두나 모자를 똑같은 치수로 만드는 것같이 터무니없는 짓을 할 수는 없었다. 그러나 대다수의 사람들을 수용할 만한 제품을 생산할 수는 있었다. 제조업체들이 신체 치수의 평균치를 이용해 자동차 시트에서 공원 벤치, 버스, 사무실 책상까지 모든 것을 디자인할 수 있었다. 심리학자들까지 자본주의적인 언어로 정상성을 표현했다. 당시 성차별을 고려할 때 심리학 종사자들의 과제는 어떻게 심리적으로 정상적인 아이, 즉 미국의 독립적인 노동자로 성장할 남자아이와 나중에 주부와 어머니가 되어 그런 남자아이를 키우는 데 전념하게 될 여자아이를 생산할 것인가였다.

정상성에 반기를 든 의사도 있었다. 1941년에 미국의 정신과 의사 너새니얼 캔터는 현대 문명 자체가 신경증적이라고 말했다. 그가 묻는다. "그럼 우리 중 누가 정상인가?" 그리고 대답한다. "아무도 아니다."[19] 그러나 정상이라는 개념에 대한 주된 도전은 킨제이의 책 『남성의 성적 행동』에서 나왔다. 1948년에 발표된 이 책은 충격적인 선언이었으며 『뉴욕타임스』 베스트셀러 목록에 6개월 이상 올라 있던, 이른바 대박을 터뜨린 책이다. 『타임』지는 그 책의 성공이 『바람과 함께 사라지다』와 비교할 수 있을 정도라고 했다.[20] 킨제이의 이름은 워낙 잘 알려져서 뮤지컬 〈키스 미, 케이트〉에서 더운 날씨에 사랑을 나누는 어려움에 대해 표현한 콜 포터의 인기곡 〈투 단 핫〉

의 코러스에 ('킨제이 보고서에 따르면, 당신이 아는 모든 평균적인 남자는……' 하고) 등장할 정도였다. 킨제이는 자신이 조사한 수천 명의 남자들 중 37퍼센트가 살면서 적어도 한 번은 다른 남자와 육체적으로 접촉하며 오르가슴에 이른다는 놀라운 통계를 제시했다.[21] 그는 통계상 동성애가 정상이지만, 이 경우 '정상'은 치욕의 징표라고 말했다. 우리가 정상이라고 '생각'하는 것이 우리의 실제 행동과 모습이 아닌 경우가 제법 많다.

'정상'이라는 단어가 대다수의 독자들에게 새로웠고, 킨제이는 자신의 관점을 이해시키려고 애쓰며 '정상'과 '비정상'이라는 말을 일상 언어로 막연하게 쓰지 말라고 경고했다. 그는 정상과 비정상이 문화적으로 다양한 태도의 연속선상에서 단순히 양쪽 극단일 뿐이며 과학에 알맞은 단어는 아니라고 주장했다. 그러나 정상성에 대해 워낙 많은 글을 쓰다 보니, 그의 주장이 역효과를 낳았다. 지성사학자인 피터 크라일과 엘리자베스 스티븐스는 킨제이의 연구가 '**정상**이라는 단어를 광범위하게 유통시킨 주요 도관 중 하나였다'[22]고 쓴다. 이 단어는 그 어느 때보다 인기를 끌게 되었다. '정상'은 처음으로 통계학자가 아닌 보통 사람들이 쓰는 단어가 되었고, 점차 그냥 평균 이상을 뜻하게 되었다. 미국인들이 갈망하는 무언가가 되었다.

킨제이의 비판이 '정상'이 일상어가 되는 것을 막지 못한 이유는 그의 주장이 정서가 아닌 통계에 기초했다는 데 있다. 때로는 통계적으로 정상인 것이 무엇이 정상인지에 대한 사회적 기대에 부합하지만, 때로는 (동성애처럼) 그 둘이 서로 갈린다. 스티븐스는 내게 이렇게 말했다. "결국 동성애 같은 통계적 정상보다는 이미 사람들이 정상이라고 **믿는** 것이 더 중요합니다. 아무리 호기롭게 비판해도 정상의 개념을 무너뜨리지 못합니다. 그런 일이 일어날 거라고 생각하면 착각이죠."

내가 태어난 1961년, 할아버지와 (당시 신참 정신분석가였던) 아버지가 『일반 정신의학 아카이브』에 실린 길고 주목할 만한 기사 「정신적으로 건강한 젊은 남성: 호모클라이트」를 함께 썼다.[23] 지금은 사라진 시카고의 조지윌리엄스대학에 다니는 '건강한' 남학생 무리를 묘사한 이 글에서 '건강한'이란 진단할 수 있는 정신 질환이 없다는 뜻이었다. 당시에는 건강한 사람에게 관심을 기울이는 정신과 의사가 거의 없었기 때문에, 이 연구가 두드러졌다. 그보다 10년 전에 저명한 심리학자 헨리 머리는 이렇게 썼다. "정신분석가가 (사람들이 말은 많이 해도 본 적은 없는 표본인) 정상인을 맞닥뜨리면 적절한 개념이 없어서 아연실색할 것이다."[24] 일반적으로 의사들은 아픈 사람만을 연구하고 나머지는 '선별검사 음성'으로 제쳐 두었다. 그러나 그린커 부자는 그런 사람들이 정신과 의사에게 어떻게 보일지 궁금했다. 당시 학술 문헌에 있던 '정신건강'이라는 개념에 대한 정의는 별로 도움이 되지 않았다. 세계보건기구는 정신건강이 본능을 통제하는 능력이라고 했고, 과학자들은 '스스로에 대한 만족'이라든가 '현실에 대한 명확한 인식' 등 똑같이 부정확한 정의만을 제시했다.

학생들 중 절반에게 700항목의 설문을 포함한 일련의 심리검사를 한 뒤, 정신과의 어떤 진단에도 해당하지 않는 남성 수십 명을 확인해 그들을 인터뷰했다. 그 결과, 이 '건강한' 남성들이 반드시 행복하지는 않다는 것을 알았다. 그들이 모두 (마음이 상했거나 공포증이나 불안이 있는 등) 어떤 문제가 있었지만, 심각한 장애의 징후 또는 장애를 일으킬 만한 특징을 거의 보이지 않았다. 할아버지는 이들을 '호모클라이트'라고 불렀다. 영어에 이런 단어는 없지만, 일반적 규칙을 벗어나는 사람이나 사물을 뜻하는 '헤테로클라이트heteroclite'는 있다. '정상적인' 남성들은 지극히 평범하고 특별하지 않기 때문에, 호모클라이트라는 단어가 적절해 보였다. 어쩌면 이 단어는 그들이 따분한 사람이라는 말을 좀 더 듣기 좋게 기술적으로 표현한 것인지도 모른다.

호모클라이트는 성적과 지능지수가 평균적이다. 친구와 여자 친구가 있고 운동을 즐기며 취미가 있지만, 관심사는 폭이 좁았다. 공상적인 삶을 꿈꾸지 않고, 성찰적이거나 창의적이지 않으며, 감정적이건 실용적이건 어떤 문제에 직면하면 강박적으로 빠르게 대처했다. 광범위한 반응들을 숙고하기보다는 항상 '뭔가를 하는 것'을 선호했다. 애매하지 않았고, (충분한 음식과 안전한 동네에서 너무 불안하지 않게 살 수 있는 집을 구할 만큼 괜찮은 직업같이) 소박한 목적이 있었다. 한마디로 그들은 흥미롭지 않은 것에만 흥미가 있었다. 그러나 이 건강해 보이는 학생들에게 시카고대학에서 강의를 듣게 했을 때, 그들이 특이한 존재가 되었다. 대학의 교수진은 우리가 평소에 중요하게 생각하는 성격을 두고 그들을 비판하며 '반듯하다', '도덕적이다', '목표 지향적이다', '근육질 크리스천이다' 하고 비아냥거렸다.

교수들은 그들에게는 평범한 학생인 모험적 괴짜 개인주의자를 이상적으로 생각했다.

정신보건 종사자들이 얼마나 정신 질환의 사회적 비용에 대해 말하는지를 지적하며 할아버지와 아버지가 이렇게 물었다. 정신**건강**의 비용은 무엇인가? 이것은 너무 특이한 질문이라서, 두 문장 뒤에서는 이것이 우스갯소리가 아님을 독자에게 알릴 필요를 느꼈다. 그들은 조지윌리엄스대학 남학생들에 대해 이렇게 썼다. "강박적인 성격과 경직성, 집중되고 제한된 관심, 안락을 유지하려고 활동을 이용하는 것, 창조력·공상·자기 성찰의 결여가 안정성과 정신건강을 위해 우리가 지불해야 하는 비용인가?" 1961년에 이런 말을 하다니, 정말 놀랍지 않은가! 신경다양성 옹호론자들이 다양한 인식과 지능과 성격의 가치를 인정하라고 촉구하고, 내 학생들이 '나는 정상인이 싫어요'라고 쓰인 티셔츠를 입고 다니기 수십 년 전의 일이다. 할아버지와 아버지는 정상성이라는 것이 몹시 유해하고, 인류가 생기와 창의성과 다양성을 유지하려면 정신적 차이가 어느 정도 필요할 수 있음을 암시했다.

모두가 '정상'이 되기를 원하는 순응의 시대에 정신 질환이라고 진단받는 것은 치욕의 원천이 되었다. 정신분석이 미국 사회에서 인기를 끌고 있었지만, 일상의 평범한 스트레스 원인에 대처하는 사람에 대한 대화 치료와 심각한 우울증이나 조현병, 약물중독 같은 중증의 치료는 차이가 있었다. 당시 정신의학에 비해 정신분석의 이점 중 하나는 의사들이 두루뭉술한 '신경증'을 넘어서는 진단에는 별로 관심이 없다는 것이었다. 더욱이 20세기 중반에는 거의 모든 정신분석가가 정신과 의사였는데도, 이들은 약물요법이나 충격요법을 쓰지 않았다. 이런 치료들은 자신이 식별해야 할 신경증을 가린다고 믿었기 때문이다. 그래서 심각한 정신질환이 있는 정치인이나 유명인이 치료를 원하는 경우, 주로 정신분석가나 일반의를 찾았으며 정신과 전문의를 피하고 정신병원에 거의 가지 않았다. 의사들은 '피로'와 '탈진' 같은, 부유하고 유명한 사람들 전용 애매모호한 진단을 내렸다. 가난하면 미친 것이고 부유하면 괴짜라는 옛말처럼, 그것은 특권층을 위한 완곡한 표현이었다.

물론 피곤하다는 것은 수많은 원인과 의미를 가질 수 있는 유효한 질환이었다. 그러나 심각한 의료적 상태나 정신적 상태와 관련되지 않은 이상, 피로는 잠을 자면 사라질 테고 꼭 병원에서 잘 필요는 없다. 의사들은 피로를 진단하지 않고, 보험회사는 피로에 대해 보험금을 지급하지 않는다. 그러나 머라이어 캐리, 린제이 로한, 셀레나 고메즈, 저스틴 비버, 데미 무어 등 수많은 유명인이 '탈진'을 이유로 입원했다.

1949년 4월과 5월, 제2차 세계대전 당시 해군성 장관이었고 미국 최초의 국방부 장관을 지낸 포레스털이 '탈진'으로 워싱턴 DC 교외에 있는 베세즈다해군병원에 입원했다. 언론은 그의 피로가 과중한 업무 때문이라고 했다. 『뉴욕타임스』는 군대용어로 '작전 피로'라는 상태에 대해 설명했다. 그것은 '너무 오랫동안 휴식 없이 싸우는' 많은 군인들을 괴롭힌 상태였다.[25] 7주간의 휴식 뒤, 포레스털에게 '정상'이라는 느낌을 주고 회복을 촉진하기 위해 운동 제한이 완화되었다.

5월 21일 일요일 오전 1시 50분, 포레스털이 병원 6층에 있던 병실에서 책을 보다 어떤 시를 읽고 그것을 종이에 옮겨 적고는 목욕 가운 허리띠로 창문에 목을 매 죽으려 했다. 그런데 끈이 끊어지는 바람에 아스팔트와 화산암으로 된 3층 계단참에 떨어져 사망했다. 자살의 증거가 분명한데도 공산당이나 미국 시온주의자에게 살해당했다는 음모론이 난무했다. 해군은 포레스털의 죽음에 대한 조사를 시작했고, 그가 적절하고 인도적인 치료를 받았다고 결론 내렸다.

대체 어떻게 이런 일이 벌어졌을까?

포레스털은 어린 시절부터 심리적인 문제를 겪었다. 그는 학교가 아닌 집에서 공부했고, 어머니는 그에게 애정을 주지 않고 일상적으로 가죽띠를 이용해 매질을 했다.[26] 그는 두 형제보다 키가 작고 용모가 떨어진 데다 몸도 약해서 어릴 때 자주 아팠다. 포레스털의 전기 작가들은 이 모든 것이 그가 남성성에 대한 자신감을 잃게 만들었다는 데 의견을 같이한다. 성인이 되고 정치적 경력의 최고점에 이르렀을 때, 그는 저널리스트 두 명에게 시달렸다. 사생활 폭로 기사를 쓰는 드루 피어슨과 여러 매체에 동시에 실을 칼럼을 쓰는 월터 윈첼이었다. 피어슨과 윈첼은 모두 포레스털의 정치적 보수성과 월가, 거대 정유사, 군대와의 연관성에 강한 반감을 품고 그를 공격하기 시작했다. 그러나 포레스털은 유럽에서 군대를 신속하게 철수하는 데 찬성하지 않았고, 강경한 반공주의자였으며, 국방 예산의 대규모 증가를 지지했고, 유대 국가 건설이 미국에 이롭다고 믿지 않았다. 피어슨과 윈첼은 그를 '미국에서 가장 위험한 사람'이라고 불렀으며 그의 남성성에 직접적으로 의문을 제기했다.

1937년에 포레스털의 아내가 집 앞에서 권총 강도에게 보석을 빼앗긴 사건에 대한 기사에서, 그들은 포레스털이 2층 창문에서 현장을 목격하고는 공포에 '떨며' 뒷문으로 달아났다고 주장했다. 대부분의 기사는 사건 당시 포레스털이 자고 있었으며 아내가 집에 들어올 때까지 사건에 대해 전혀 몰랐다고 했지만, 피어슨과 윈첼의 기사 내용이 미국과 러시아 매체로 널리 방송되어 그가 겁쟁이로 보이게 만들었다. 포레스털의 정신 상태에 대한 소문과 국방비 추가 감축에 대한 그의 지속적인 반대 때문에 곤란해진 트루먼 대통령은 그에게 사임을 요구했다.

대중 앞에서 포레스털은 불안하고 허약해 보였다. 그는 자신이 외국 첩보원들에게 쫓기고 전화는 도청되고 있다고 동료들에게 말했다. 한 라디오 보도에서 피어슨은 포레스털이 하늘을 나는 비행기 소리에 공황 상태를 보이면서 '러시아인들이 우리를 공격한다'고 비명을 질렀다고 주장했다. 라디오 모스크바는 피어슨 관련 보도를 하룻밤에 세 번 방송했다.

포레스털의 친구인 투자은행가 퍼디낸드 에버스탯은 포레스털의 기분을 걱정하며 그에게 플로리다로 날아가 팜비치 근처 별장에서 친구들과 지내라고 권했다. 그리고 미국 정신의학계에서 가장 인정받는 윌리엄 메닝거도 그곳에 오도록 주선했다. 메닝거는 그를 심각한 '반응성 우울증'으로 진단하고, 그것을 제2차 세계대전 당시의 '전투 피로'에 비유했다. 메닝거는 포레스털이 피해망상에 사로잡혀 스스로를 실패자로 보며 목매달아 죽을 생각이라는 것을 감지하고, 그를 신속하게 워싱턴으로 데려가 베세즈다해군병원에 입원시키고 대중매체에는 '일상적 검진'을 이유로 댔다. 메닝거는 포레스털이 정신병원보다는 일반 병원에 입원해야 낙인찍힌 기분을 덜 느끼고 대중매체로부터 보호받기가 더 쉬울 거라고 믿었다. 포레스털의 아내인 조도 정신병원에 들어가면 가족의 명성이 훼손될까 봐 우려했다.[27]

병원에 있는 동안 포레스털을 담당한 정신과 의사 조지 레인스는 그를 '갱년기 우울 정신병'으로 진단했다.[28] 지금은 안 쓰이지만 20세기 중반에 의사들이 피해망상과 정신병에 따른 격정성 우울증의 양상을 표현하기 위해 쓰던 말이다. 메닝거와 달리 레인스는 포레스털이 자살을 시도할 거라고 생각하지 않았다. 어쩌면 포레스털의 명성에 위축되었는지, 그에게 6층의 창문 있는 병실을 배정하고 자살 감시도 없이 그냥 두었다.

포레스털은 자신에게 일어나는 상황을 상당 부분 이해했을 것이다. 그의 유서가 없다고 보도되었지만, 사실 그는 죽으려고 하기 전에 뭔가를 썼으며 그것이 유서가 아니라고 생각하기는 어렵다. 그가 창밖으로 떨어지기 몇 분 전에 고대 그리스 소포클레스의 시 「아이아스」의 코러스를 주의 깊게 옮겨 적는 것을 직원이 보았다.[29] 그가 '나이팅게일'이라는 단어를 쓰다 말고 종이를 책에 끼워 침대 탁자에 올려놓았다. 이 코러스에서 그리스 살라미스섬의 병사들은 미친 친구 아이아스의 광기를 슬퍼하며 그의 정신이상으로 어머니를 비롯해 사람들이 얼마나 비참한지를 생각한다. 광기의 불명예를 안고 살기보다는 차라리 죽는 편이 낫다고 암시하는 시다. "하루를 마감할 때 어머니에게 밀려드는 비애/자신의 귀에 대고 속삭이는/사랑하는 이에 대한 이야기를 들어야 할 때/그녀의 황량한 가슴과 잿빛 관자놀이에 어리는 비애! …… 그대의 집이 낳은 가장 깊고 쓰라린 저주!"

많은 사람이 포레스털의 죽음을 두고 피어슨을 탓했다. 피어슨이 포레스털에게 가장 아픈 곳인 정신 상태와 남성성을 공격하며 그를 괴롭혔기 때문이다. 어떤 저널리스트들은 포레스털의 병이 가져온 정치적 결과, 특히 트루먼이 포레스털 후임으로 루이스 존슨을 국방부 장관에 임명한 것을 강조했다. 한 비평가가 썼듯이 '포레스털의 파멸로 그의 자리에 들어간 존슨이 포레스털의 정책을 따랐다면, 미국의 한국전쟁 개입을 막을 수 있었을 것'이다.[30] 그러나 피어슨은 '낙인'을 구체적으로 언급하지 않으면서도 그것이 포레스털의 비극에 한몫 했다는 것을 암시하며 사람들의 비판을 이렇게 받아쳤다. "결국 포레스털 씨를 비판한 사람들보다 그의 친구들이 그의 죽음과 더 관련이 있는 것으로 판명될지도 모른다. 포레스털 씨와 가까운 사람들이 지금 그가 한동안 아팠고 너무 고통스러워 언급할 수도 없는 당황스러운 일탈을 겪었다고 인정하고 있으니 말이다." 그는 또 이렇게 덧붙였다. 해군 의사들이 "정신과 치료를 최소화했다. 어쩌면 그래서 그들이 포레스털의 질환을 '신경성 탈진'이라고 불렀을지도 모른다. 심각한 우울증은 낙마 사고처럼 갑자기 발생하지 않으며 몇 개월 전부터 시작된다. 그런 질환은 그냥 넘겨 버리거나 간과할 수 없으며 반드시 치료해야 한다".[31] 『워싱턴포스트』 사설도 이렇게 썼다. "포레스털 씨의 질환을 다루는 부정직한 방식과 관련해 …… 뭔가 부정한 면이 있었다. 당국은 그가 일상적 검진을 위해 베세즈다해군병원에 입원했다고 거짓말을 했다."[32]

오늘날 포레스털이 정치적 기여보다 자살로 기억된다는 사실은 정신 질환의 낙인이라고 볼 수 있다. 탈진이라는 진단은 치료를 지연했을 뿐 아니라, 오히려 그의 수치심을 악화시켰을 것이다. 그는 그것이 우울증 대신 부르는 고상한 이름이라는 것을 알았을 테니 말이다. 정신의학계가 정신 질환을 앓는 유명인의 특별한 곤경을 심각하게 받아들이기까지 그로부터 20년이 걸렸다. 1972년, 주요한 정신보건 싱크탱크인 '정신의학의 진보를 위한 모임'이 『정신장애가 있는 VIP』라는 짤막한 책을 출판해, 대중 앞에 서는 사람이라면 '정신과 상담과 평가, 치료를 꺼리는 경향에 정서적인 이유뿐 아니라 현실적인 이유도 있다'고 지적한다.[33] 보고서 형식의 이 책은 한발 더 나아가 정신과 의사에게도 낙인에 대한 책임이 있을 수 있다고 지적한다. 정신과 의사들조차 치료받기를 주저하기 때문이다. 그들이 치료받으려 할 때는 (프로이트와 함께한 우리 할아버지처럼) 직업훈련의 일환일 뿐 실제 치료가 아니라고 정당화한다. 그러나 저자들은 가장 큰 책임은 사회 전체에 지웠다. "정신 질환은 낙인 때문에 은폐해야 하는 것이 되고 있다."[34] 슬프게 심지어 오늘날에도 부자와 유명인의 비위 맞추기에 급급한 경우가 비일비재하고, 그것이 끔찍한 결과를 낳고 있다.

9

한국전쟁에서 베트남전쟁까지

"정신과 의사가 우리 시대의 신이다."
—실비아 플라스, 『일기』(1950-1953)

1948년, 미국 국립정신건강연구소NIMH가 처음 문을 열기 몇 달 전에 트루먼 대통령이 말했다. "제2차 세계대전에서 우리에게 밝혀진 수치스러운 사실 중 하나는 나라를 위해 봉사하려고 신체검사를 받으러 온 젊은이들 가운데 33.3퍼센트가…… 정신적 또는 신체적 결함 때문에 군 복무에 적합하지 않았다는 사실이다."[1] 월터리드군병원에서 정신의학과장을 지낸 해리 홀러웨이 박사가 내게 이렇게 말했다. "제2차 세계대전 때문에 정신건강연구소가 만들어졌습니다. 대체 뭐가 잘못됐는지 파악하려는 거였죠."

NIMH를 탄생시킨 1946년 정신보건법이 20세기 정신의학 분야의 가장 큰 진보로 기억될 것을 안 트루먼은 예방과 치료에 관한 연구 지원을 위해 예산의 증액을 의회에 호소하며 이 법을 최대한 활용하려 했다. 그는 미국인 1000만 명이 언젠가는 정신 질환으로 입원할 것이며 정신과 환자들이 미국에 있는 모든 병원 침상의 절반을 차지할 것이라고 말했다. 당시 연방 및 주 정부에서 정신보건 연구에 지출하는 돈은 겨우 2800만 달러였다. 이 금액은 미국인이 연간 알코올에 지출한 돈의 300분의 1에 해당한다. 미국인은 반려동물과 동물병원에도 이보다 많은 3600만 달러를 지출했다. 전쟁 직후 심리학자인 헨리 브로신은 1944년에 미국에서 모든 의학 연구에 지출한 돈을 미국의 제2차 세계대전 군사 활동에 지출할 경우 겨우 8시간 24분어치라고 지적했다.[2] 윌리엄 메닝거는 매년 의사를 찾아오는 사람들 가운데 절반은 정신 질환이 있는데, 의과대학 교육과정에서 정신 질환이 차지하는 비중은 5퍼센트를 넘지 못한다고 개탄했다.[3]

전쟁 중의 높은 정신적 사상자 유병률에 대한 트루먼의 불평이 있었지만, 많은 정신보건 종사자에게 제2차 세계대전은 큰 성과를 가져왔다. 전쟁 중에 전쟁 신경증이 낙인으로부터 비교적 자유로워졌으며 신경증이라는 말을 미국인들이 일상에서 쓰게 되었다. 그렇다고 모든 사람이 자신의 심리적 어려움을 밝히려고 했다는 말은 아니고, 군인이 자기감정에 좀 더 솔직해지고 의사들이 좀 더 공감하게 되었다는 말이다. 어떤 이들에게 전쟁 트라우마는 거의 명예의 훈장이었다. 1945년, 전쟁이 끝난 뒤 아돌프 히틀러의 보좌관이던 루돌프 헤스를 수감 중에 담당한 영국 정신과 의사 존 롤링스 리스는 파괴성과 지적·과학적 생산성이라는 제2차 세계대전의 역설에 대해 이렇게 썼다. "우리의 사회적 삶 중 전쟁만큼 심리학적 원칙이 도전받는 시간과 경험은 없다. 이와 동시에 전쟁을 겪으면서 정신의학이 어쩌면 평시 5년치보다 더 많이 성장했다."[4]

제1차 세계대전 중에 정신과 의사들이 언어장애나 보행장애처럼 증명할 수 있는 기능장애를 가진 군인들을 치료한 반면, 제2차 세계대전 중에 정신과 의사들이 주로 다룬 것은 불안이나 우울증처럼 좀 더 작은 문제였으며 이런 '일반 정신장애'에 대한 임상적 강조가 더 광범위한 대중에게 일반화되었다. 윌리엄 메닝거가 보고한 것처럼, 제2차 세계대전 중 미군 병원에 입원한 정신과 환자 가운데 약 7퍼센트만 심각한 정신 질환이 있었다.[5] 전쟁 경험의 영향이 미국의 정신의학을 통원 치료 분야로 만든 것이다. 다시 말해, 정신의학이 정신병원에 감금된 사람뿐 아니라 지역사회의 평범한 개인을 위한 분야가 된 것이다.

물론 미국 정신의학의 이런 변화에 대한 비판도 존재했다. 그중하나는 군의관들이 일반적인 감정 문제를 마치 병인 양 다룸으로써 존재하지도 않는 정신 질환을 만들어 낸다는 것이었다. 다른 하나는 정신 질환 발생률이 실제로 증가했으며 미국이 병든 사회가 되고 있다는 것이었다. 그럼에도 직장인과 기혼자 등 본인이 할 일을 별 문제없이 수행하는 사람들의 심리 문제를 모조리 무시하거나 감출 수는 없었다. 민간인들, 특히 고학력 전문가들은 정신분석 치료를 급변하는 전후 미국 사회에서 예상되는 스트레스와 삶의 중압감을 치료하기 위해 사회적으로 수용할 만한 행동 방침, 심지어 어떤 유행 같은 것으로 받아들이기 시작했다. 프로이트가 바라던 변화였다.

그러나 군인들의 경우 낙인이 사라진 상황이 오래 지속되지 않았고, 이것이 우리 할아버지에게 당혹감을 안겨 주었다. 전시에 군인은 일상생활에서 분리되고, 개별성은 일련번호로 바뀌어 객관화되며 효율적으로 함께 일하는 부분들의 집합으로서 군대 조직에 흡수되었다. 평시에 참전 군인은 인생 전체를 통해 성격이 형성된 고유하고 온전한 개인이었다. 정신 질환은 개인적 나약함의 표시인 동시에 재정적 부담이 되었다. 전쟁이 정신분석을 용감한 군인을 임무로 복귀시키기 위한 방법으로 확립시키는 데 일조했다면, 전쟁의 종식은 정신분석을 참전 군인의 정신적 문제를 어린 시절과 가족의 탓으로 돌리는 방법으로 만드는 데 일조했다. 물론 신체장애는 다른 문제였고, 서양철학에서 정신과 육체의 분리에서 비롯한 낙인에 비교적 덜 취약했다. 수 세기 전에 데카르트가 말한 것과 같다. "발이나 팔 또는 다른 어떤 부위가 내 몸에서 떨어져 나갔다고 해서 정신에서 어떤 것이 제거되지는 않는다."[6]

1950년, 한국전쟁이 발발했을 무렵 군 보건 의료는 민간 부문으로 철수한 상태였다. 제2차 세계대전 중에 교훈을 얻었는데도 불구하고, 많은 군의관이 미국은 정신과 의사 없이 한국에서 작전을 수행할 수 있다고 생각했다. 정신과 의사뿐 아니라 군 의료진 전체가 이번에도 전쟁 준비가 되어 있지 않았다. 제2차 세계대전이 끝나고 겨우 2년 만에 미 해군은 병원 중 절반을 폐쇄하고 의료진을 17만 명에서 2만 1000명으로 축소했다. 한국전쟁이 시작되었을 때, 미군은 군에서 지불한 돈으로 교육받았지만 군 복무 경험이 없는 의사들의 군 복무를 강제하는 의사징병법을 제정해야 했다.[7]

제2차 세계대전이 시작되었을 때 미군은 겨우 서른다섯 명의 의사를 정신과 담당으로 고용했고, 그중 네 명만이 미국에서 정신과 자격증을 받은 의사였다. 그리고 한국전쟁(6·25전쟁)이 시작되었을 때, 병사들에게 너무 친절하다고 우리 할아버지를 비난하던 앨버트 글래스 대령이 (정신과에서 레지던트 수련을 마친 사람은 한 명뿐인) '정신과 의사' 아홉 명으로 구성된 극동사령부 정신과의 총책임자가 되었다.

3만 3000명이 넘는 미국인과 수백만 명에 이르는 한국인이 한국전쟁(1950~1953)에서 죽었다. 이 전쟁이 '잊힌 전쟁'으로 알려졌지만, 오늘날 우리가 기억하지 못하기 때문이거나 미국 역사에 미친 영향력이 다른 전쟁에 비해 미약하기 때문만은 아니다. 한국전쟁이 시작되고 1년 뒤인 1951년, 『US뉴스 앤드월드리포트』가 대중매체에서 이 전쟁에 관심이 없어 보인다는 이유로 잊힌 전쟁이라고 불렀다. 미군 정신의학에 대해 말하자면, 모든 전쟁이 잊힌 것 같지만 한국전쟁은 특별한 경우다. 한국전쟁에서 정신적 사상자 비율이 베트남전쟁 때보다 높았는데도(한국전은 3.7퍼센트, 베트남전은 1.2퍼센트), 이 전쟁은 군진정신의학의 역사에서 거의 철저하게 빠져 있다.

미군의 군화가 한국 땅을 밟자마자 정신적 사상자가 생기기 시작했다. 3개월도 채 안 돼 전투에서 제외된 미군의 25퍼센트는 정신의학적 이유가 있었다. 글래스는 정신과 의사들의 도움이 간절해졌고, 이때부터 몇 개월 동안 정신과 의사들이 조금씩 투입되었다. 글래스는 이들을 전방에 배치하기로 했다. 전투가 어떤 것인지 그리고 동료들과 함께 있는 것이 군인들의 사기와 정신건강에 얼마나 중요한지를 정신과 의사들이 진정으로 이해한다면, 그린커와 스피걸같이 많은 군인을 전장에서 후송하지는 않을 거라고 생각했다. 이런 혁신은 의사를 최대한 전투 현장 가까이에 머물게 하는 전반적 추세와 일치했다. 육군이동외과병원MASH이 한국전쟁 때 처음으로 도입된 데는 이런 이유가 있었다.

글래스는 의사가 전투 지역에 있으면 자신의 불안과 죄책감으로부터 자유로울 것이고, '전투단에 다시 합류하는 것이 환자에게 가장 이롭다'는 사실을 인식하게 될 것이라고 썼다.[8] 다른 전문가들도 트라우마를 입은 군인을 후송하면 심리적 해가 될 수 있다는 글래스의 말에 동의했다. 후송은 군인이 본인과 공동체 전체가 가장 중요하게 생각하는 조국을 위한 투쟁을 가로막는다는 것이었다. 정신과 치료법에는 좋은 음식과 잠자리(따뜻한 세끼 식사와 침대), 수면을 위한 바르비투르산계 신경안정제, 비경련 충격요법(발작 임계값보다 낮은 양의 전기)이 포함되었다.[9] 그러나 무엇보다 중요한 것은 군인들이 자신의 감정에 관해 대화하는 방법을 배우면서 심리치료의 핵심인 대화 요법이 일상화되었다는 사실이다. 많은 의사 사이에서 정신과 의사는 아픈 사람들을 돌보면서 전투력을 보전해 인도주의적이며 애국적인 일을 한다는 인식이 생겼다.

결국 한국전쟁은 정신의학과 정신분석의 황금기를 위한 주요 구성 요소로 기억될 것이다. 이 전쟁 동안, 작가 실비아 플라스는 '정신과 의사가 우리 시대의 신'[10]이라고 썼다. 1961년 무렵에는 정신의학적 사고가 워낙 강력하고 워낙 폭넓게 스며, 『디애틀랜틱』지가 뇌의 연구에서 음악 비평에 이르기까지 미국 과학과 문학의 거의 모든 측면에서 정신의학과 프로이트와 정신분석이 차지하는 중심적 위치에 관한 특별 호를 발행하기도 했다. 1965년 무렵에는 미국 의대 졸업생 중 10퍼센트 이상이 정신과를 선택했는데도 정신의학에 대한 수요에 못 미쳤다.[11] (이것은 오늘날보다 훨씬 높은 비율이다. 정신의학이 점점 인기 있는 전문 의학 분야가 되고 있지만, 2012년에는 전체 의대생 중 3.9퍼센트, 2019년에는 6퍼센트 정도만이 정신과 레지던트 과정에 지원했다.) 교수와 부유한 동부 해안 도시 거주자들 같은 일부 집단에서는 치료받는 것이 거의 멋이 되었고, 남미와 서유럽 상당 지역에서도 정신분석이 치료법의 지배적 양식이 되었다.[12] 1965년에는 NIMH의 지원금이 늘어, 내과를 제외한 다른 어떤 전문 의학 분야보다 정신과에 교수직이 많았다.[13] 정신의학과 특히 정신분석은 이제 단순한 치료법을 넘어 사회적·지적 진보를 위한 도구였고, 할아버지의 비꼬는 말로는 '인류의 모든 문제에 대한 해답'이었다.[14] 할아버지는 정신의학 분야가 겸양이나 과학적 엄정성 없이 지나치게 확대되고 있다고 경고하며 위신의 추락을 예측했다.[15]

이 정신분석적 각성의 초기 단계는 전쟁 중에 한국 의사들 사이에서 볼 수 있었다. 정신건강 관리에 대한 지식이 별로 없는 한국 의사들은 맨주먹으로 일어서기 위해 고전하고 있었다. 전쟁 전에 한국은 일본을 통해 정신의학적 개념을 접했다. 한국인들은 식민 통치자들이 가르치는 것에 거부감이 있었을 뿐만 아니라 정신 질환에 해당하는 일본어(せいしんびょう)를 이어받은 한국어 정신병은 뇌의 질병과 정신착란, 폭력성을 암시하는 무서운 말로 느껴졌다. 또한 한국인들은 정신의학을 정치범 고문에 전기충격을 이용하는 일본인의 관행과 연결했다.[16] 한국인들은 나병처럼 전염성이 있다고 생각되는 질병이 있는 사람들과 범죄자를 시설에 수용하는 일본인들의 방식을 따랐지만, 정신 질환을 앓는 사람의 경우 폭력(또는 자살 기도)과 관련되지 않는 한 대체로 감금하지 않았다.[17] 이런 사람들은 대부분 정신의학적 진단 없이 (물론 정신과 의사가 없는) 지역사회에 남았고, 따라서 뇌 질환에 대한 낙인도 없었다. 1950년에 한국전쟁이 발발할 때까지 한국에 있는 정신과 의사는 손에 꼽을 정도였고, 그나마 대부분 일본이 세운 대학과 미국 개신교 포교 시설에 있는 일본인이었다.

그러나 전쟁 중에 미국은 곧 DSM-I이 될 메디컬203을 지침으로 삼아 45명의 한국인 의사를 훈련시켰다. 한국 인구의 10퍼센트 정도가 참전했으니, 정신 질환이 있는 한국인 가운데 많은 사람이 처음으로 정신과 치료를 받았다. 스승들의 도움으로 속성 훈련을 마친 새로운 한국인 의사들은 정신 질환 병사와 (나중에 '성격장애'가 되는)

'현역 부적합' 병사를 구분해 낙인을 최소화하려고 했다. 정신 질환이 있는 병사는 군대에 머무른 반면, 현역 부적합 병사는 연금을 비롯한 보상 없이 제대 조치를 당했다. 이런 조치의 목적은 군인들에게 그들이 군대에 있는 한 '정상' 범위에 속한다는 인식을 전달하는 데 있었다.

이것은 기발한 전략이었다. 정신적 고통에 시달리는 병사들이 스스로를 제대 조치된 병사들과 비교해 긍정적으로 생각할 수 있었기 때문에, 낙인에 대한 걱정이 완화되었다. 이 전략은 병사들이 전투 부대에 남아 있도록 유도하기도 했다. 겁을 주는 질병이라는 딱지를 이용하는 대신, 의사들은 스트레스와 피로에 대해 이야기했다. 병사들이 전선에 배치된 기간이 끝나 갈 무렵 정신 질환의 징후를 보일 경우, 의사들은 (종종 의병제대를 면하게 해 주기 위해) 그들을 '단기 배치 증후군'이나 '배치전환 불안증'으로 분류했다.[18] 배치전환이 공식적으로 끝날 때까지 해당 군인은 군대에 남아 위안을 얻을 수 있었다. 이 방법은 의병제대의 낙인으로부터 병사를 보호했고, 정신의학적 이유로 제대하는 병사들이 적었기 때문에 정신과 의사들이 더 나은 의사처럼 보이게 했다.

그러나 이 한국인 의사들은 군에 남아 있는 정신 질환 병사에 대한 낙인을 약화하는 동시에 현역 부적합 병사에게는 크나큰 타격을 주었다. 그런 병사들은 '현역 부적합'이라는 이유로 불명예제대를 했고 성격과 남성성의 손상을 입었다. 마치 상처에 소금이라도 뿌리듯, 한국군은 이런 사람들에 대해 '유환관증'이라는 진단명을 만들었다.

이것은 남성호르몬 결핍에 따라 일어나며 변성기 전 목소리, 수염의 부재, 왜소한 성기 같은 사춘기 특징이 지속적으로 나타나는 증상으로 이미 의학 문헌에 있던 개념이다. 그러나 한국군은 유환관증을 프로이트의 용어로 정서적 미성숙에 해당하는 진단으로 바꿨다.

그리고 역사학자 제니퍼 염이 최근 발견한 의학 문서에서 한국 의사들이 정신 질환자 가운데 부적당한 어머니를 두었거나 어머니가 없는 경우가 많다고 믿었다는 것이 분명해졌다. 예를 들어, 유석진 박사는 신유희 일병의 사례를 설명했다. 군의관들이 요통과 인지 장애를 포함한 그의 증상들이 유년기에 어머니가 사망한 사실에서 비롯했다고 보았다. 신 일병은 아버지 손에서 자랐고, 함께 살지 않은 누나를 이따금씩만 보았다. 그가 일곱 살이 되었을 때 아버지가 재혼하고 계모가 그를 누나에게 가서 살도록 보냈는데, 유 박사가 보기에는 이 때문에 그에게 정서적 공허감이 생겨났다. 유 박사는 신 일병이 비만에 성기가 작고 나이에 비해 체모가 부족했다고 말했다. 그는 결혼했는데도 성적으로 '미숙했고' 여성들에게 '억압된 적대감'이 있었으며 통찰력이나 '남들과 공감할 능력'이 별로 없었다. 또한 둔하고 무감하며 단순한 산술도 끝내지 못했다. 유 박사는 주진단으로 '정신박약'을, 부진단으로 '유환관증'을 기록했다.[19]

이번에도 전쟁은 정신적 고통을 이해하기 위해 새로운 어휘를 도입했다. 전투가 멈추고 몇 년 지나지 않아 대한민국 정부가 처음으로 국가 차원의 정신보건 인식 제고 캠페인을 시작했다. 새로운 정신병원들이 문을 열었고, 거기서 치료받은 환자들 중 상당수는 병사들처럼 처음으로 정신 질환으로 진단받았다. 가난한 소외 계층 젊은 이들 사이에서 폭력이 증가하는 것에 대한 대중의 우려에 반응해 기강과 재활을 위한 정책을 만들려는 공무원들이 정신과 의사들에게 의지하게 되었다. 사법제도 내에서 정신보건 전문가들이 설문지와 로르샤흐검사 같은 성격 평가를 실시했고, 학계에서는 한국 젊은이들이 겪는 정신적 문제의 원인을 가족의 불안정성에서 찾고 새로운 자녀 양육 지침을 만들었다. 미국에서 일어난 상황과 거의 같았다. 유 박사가 1950년대와 1960년대 상황에 대해 이렇게 썼다. "아이러니하게 들릴지 모르지만, 전쟁으로 점철된 10년과 뒤이은 국가 재건의 험난한 10년은 한국 사회에서 다시 보지 못할 '정신의학의 르네상스'를 탄생시켰다."[20]

한국전쟁은 제2차 세계대전만큼 미국인의 일상생활을 극적으로 바꿔 놓지는 않았다. 군에 대해 같은 수준의 대중적 지지를 이끌어 내지도 못했다. 제2차 세계대전 이후 정치인과 언론인, 의료 전문가 들은 병사들, 특히 만성 장애가 있는 병사들을 미국의 삶에 재통합할 방법에 대한 관심을 공개적으로 이야기했다. 〈우리 생애 최고의 해〉(1946) 같은 영화가 그 불안을 솔직하면서도 연민 어린 시선으로 묘사했다.[21] 실제 장애인 배우(제2차 세계대전에서 양손을 잃은 헤럴드 러셀)를 처음으로 출연시킨 이 영화는 아카데미 시상식에서 7개 부문 상을 받았다. 그 반면 한국전쟁 참가 군인들은 제대 후 잠재적 문제에 관해 대중적으로 활발하게 논의되지 않은 상태에서 일상생활로 복귀를 시도했다. 이렇게 조용한 분위기에서 한 가지 예외가 있었다. 북한군이나 중국군 또는 소련군이 미국인 전쟁 포로를 세뇌해 공산당에 협조하게 만들 수 있었다는 소문이 돈 것이다.[22]

이런 음모론적 믿음은 정신분석 혁명의 의도치 않은 결과였다. 제2차 세계대전 때 그린커와 스피걸처럼 의사가 최면과 펜토탈소디움으로 병사들의 마음을 바꿀 힘이 있다면, 어쩌면 미국의 적이 전쟁 포로와 심지어 미국인 전체에게도 똑같이 할 수 있다는 것이었다. '헤드 슈링킹head-shrinking'이나 '브레인 워싱brain-washing' 같은 표현이 1950년 무렵 영어에 등장해 빠르게 흔히 쓰였다. 브레인 워싱은 마오주의자들이 사람들의 생각과 가치관을 뿌리째 싹 바꿔 버리려한 과정을 가리키는 한자어 '세뇌'를 그대로 옮긴 말이다.

군인들 가운데 이런 피해망상의 가장 큰 피해자가 아마 전쟁 포로였을 것이다. 그들은 먹을 것이 부족하고 약이나 담요가 없는 참혹한 상황에서 포로 생활을 버티고 살아남았다. 그들 중 상당수가 영양실조와 비타민 부족의 결과로 장기적인 인지 장애를 앓았다.[23] 그들은 또한 공산주의 주입 시도에 반복적으로 노출되었다. 1953년 이후 귀환한 4000명이 넘는 한국전쟁 포로들 중 상당수가 적대감과 의심의 눈초리를 받아야 했다. 이런 푸대접은 제2차 세계대전같이 확실한 명분과 애국적 열정, 승리주의가 결여된 전쟁의 결과일 뿐만 아니라[24] 교활한 음모론의 결과이기도 했다.

군에서 미국인 전쟁 포로 스물세 명이 중국으로 귀순했다고 발표하자, 대중매체는 귀순하지 않고 미국으로 돌아온 포로 수천 명이 세뇌당했을 가능성에 집착하게 되었다. 『뉴욕타임스』의 한 사설은 귀순자 스물세 명이 '공산당 세뇌가 어떤 사람들에게는 통한다는 것을 입증하는 살아 있는 증거'라고 지적했다.[25] 컬럼비아대학의 정신과 의사 주스트 미얼루는 미국 사회로 돌아온 전쟁 포로들이 떠났을 때와 똑같은 사람으로 '보일 뿐'일 수 있다고 말했다. 중국인들이 '정신적 살해'를 할 수 있다, 다시 말해 병사들의 정신을 말살하고 공산주의 이념을 대신 채워 넣을 수 있다는 것이었다. 한 미국인 해군 대장은 중국인들이 나중에 작동할 수 있도록 모든 포로의 정신에 반역의 씨앗을 심었을 수 있다고 말했다.[26]

제2차 세계대전 후 미국인들의 관심이 해외 문제에서 국내 문제로 옮겨 감에 따라 군인들이 겪는 트라우마의 존재가 빠르게 희미해진 것을 기억하자. 이제 그 과정이 되풀이되었다. 여자 옷을 입은 군인들의 모습이 이따금 보임에 따라 전쟁 포로가 동성애자가 되었다는 소문이 돌았다. 미국 정부는 1차 본국 송환 때 돌아온 신체 질환이 있는 전쟁 포로 가운데 3분의 2가 국가 안보를 위협할 '빨간 물이 들었을' 위험이 있다고 주장했다.[27] 정신과 의사들은 송환된 포로들이 미국을 배반하도록 자극하지 않으려면 그들을 적대적으로 대하지 말라고 조언해 이런 두려움을 강화하고 (1940년대 후반에서 1950년대에 이르는) 매카시 시대의 반공산주의 열풍에 힘을 보탰다. '정신적 살해'는 나중에 성공적인 영화 두 편으로 제작된 리처드 콘돈의 베스트셀러 원작 소설 『맨츄리안 캔디데이트』(1959)의 전제였다. 이 소설은 미국 정부의 고위급 인사와 인맥이 있고 훈장까지 받은 한국 전쟁 참가 군인이 세뇌당해서 KGB를 위해 암살자가 되는 이야기를 다룬다. 그런데 미국의 애국주의가 정말로 그렇게 허약했을까? 한 역사학자는 이렇게 지적했다. "점점 부유해지는 사회는 연약하고 퇴행적이고 취약하다고 비난받았고…… 외부의 적이 내부의 적으로 바뀌었다."[28] 불행히도 이 전쟁 포로를 둘러싼 음모론과 불안의 분위기는 매카시가 굴욕당하고 사망한 뒤에도 여러 해 동안 이어졌다.

1960년대 중반 미군에는 정신과 의사가 (적어도 200명으로) 그 어느 때보다 많았지만 해외에 파병된 정신과 의사는 몇 명에 불과했다. 베트남전쟁의 정점인 1968년에도 베트남에 파병된 정신과 의사가 스물세 명을 넘긴 적이 없다.[29] 어느 모로 보나, 이 적은 인원수는 문제가 되지 않았다. 당시 미국에서 가장 긴 전쟁이던 베트남전쟁 중에 정신적 사상자 수가 우리에게 의료 기록이 있는 그 어떤 전쟁보다 적었기 때문이다. 전투 스트레스·전투 피로·불안 등 의료 기록에서 어떤 범주를 찾아봐도, 베트남전쟁에서 추정되는 정신과 진단 유병률은 2~5퍼센트였다.[30] 글래스는 베트남전쟁에서 눈에 띄게 낮은 정신과 문제에 대해 이렇게 말했다. "베트남전쟁에서 군진정신의학은 전투력을 보존하는 데 가장 인상적인 기록을 이루었다."[31] 그리고 이 말은 베트남전쟁을 비판하는 사람들이 그를 공격하는 데 이용되었다. 그들은 베트남전쟁에서 정신과 의사들이 단순히 병사들 개인의 안녕보다 그들의 전투 복귀에 더 관심을 기울였기 때문에 진단하지 않은 것이라고 주장했다.

베트남전쟁에 파병된 정신과 의사에게 도구가 부족했던 것은 분명하다. 베트남전쟁 참가 미군의 수가 최고조에 이르던 해에 발표된 새로운 진단 매뉴얼인 DSM 제2판(1968)은 스트레스에 대한 반응에 크게 주목하지 않았다. 사실 한국전쟁 당시 전쟁 트라우마의 진단에 유용한 것으로 입증된 '일반 스트레스 반응'이라는 범주는 아예 삭제되었다. 정신의학 관련 역사학자들 사이에 이 범주가 왜 삭제되었는지에 대해 분명한 답은 없지만, 그들이 세 가지 가능성을 제시한다. 첫째, 그 매뉴얼의 저자들에게 전쟁 경험이 거의 또는 전혀 없었기 때문일 수 있다. 둘째, 베트남전쟁 초기의 보고들이 정신적 사상자가 적다는 것을 보여 주었기 때문일 수 있다. 셋째, 의사들이 전투에서 군인에게 영향을 준 모든 정신의학적 상태를 설명하는 데 기존 명명법만으로 충분하다고 믿었기 때문일 수 있다.[32] 새로운 DSM에서 전쟁과 관련된 정신적 사상자 진단 중 남은 것은 '상황에 따른 과도적 인격장애' 범주에 속하는 '성인 생활의 적응반응'뿐이었다. 달리 말해, 유일하게 쓸 수 있는 진단은 일시적 질환에 대한 것이었다. 군 복무 중에 나타나서 그 뒤까지 이어지는 심리적 장애를 넣을 범주는 없었다. 장기적으로 정신의학이 필요한 참전 군인이 미국 보훈부로부터 지속적인 보살핌을 받는 데 도움이 될 수 있는 진단명이 없었다.

베트남전쟁에서 (남성 5만 8193명, 여성 8명 등) 5만 8000명이 넘는 미국인이 사망했다는 사실에도, 이 전쟁은 정신과 의사의 관점에서는 일반적 양상에서 벗어난 이상치異常値였다. 월터리드육군연구소 군진정신의학과장을 지낸 데이비드 H. 말로는 이렇게 말했다.

> 베트남전은 근접 전투 스트레스 사상자의 비율이 이례적으로 낮다. …… 따라서 베트남전은 전투 및 전쟁 지역 스트레스 사상자 발생과 관련한 과거의 규범적 양상과 단절한다. 베트남전의 특이성을 주장하는 사람들은 이 전쟁의 잔혹성 때문에 외상 후 스트레스 장애 사상자가 대거 발생하게 되어 있다고 했다. 그러나 이런 주장은 전후에 나왔다.[33]

군 정신과 의사들은 자축했지만 자신들의 성공으로 보이는 현상에 대해 몇 가지 모호한 설명만 내놓을 수 있었고, 그 설명은 하나같이 베트남 의료 보고서를 정신적 사상자 비율에 대한 정확한 평가로 받아들이거나 다른 전쟁의 보고서와 비교하기 어렵게 만들었다.[34]

첫째, 어떤 의사들은 베트남전에 참가한 소수의 미국인 정신과 의사들이 대부분 병원보다는 전투 현장에서 일했기 때문에 병사를 빨리 치료해 전선으로 복귀시키는 것이 목적인 경우 진단을 기록할 필요가 거의 없었을 수 있다고 추론했다. 그 반면 그 전 전쟁들에서 사상자는 치료 센터에 보내졌고 구체적인 질병 분류가 주어졌다. 둘째, 일단 '일반 스트레스 반응'이 DSM에서 빠지고 나니 의사들이 전투와 관련된 상태를 규정할 수 있는 진단 용어가 없어졌다. 간단히 말하면, 적절한 진단 용어가 없으니 어떤 의사도 정신의학적 진단을 할 수 없었다. 기록된 정신적 사상자 중 3.5퍼센트는 '전투 피로'였고, (인격장애, 불안신경증, 약물 남용 등) 나머지는 모두 전투나 트라우마와 관련 없는 것으로 분류되었다.[35] 셋째, 그 전 전쟁들보다 배치기간이 (보통 12개월로) 짧기 때문에 정신의학적 상태의 발생률이 줄어들었다. 짧아진 전투 기간은 정신의학적 문제가 대부분 병사가 집으로 돌아간 뒤에야 나타나거나 의사들에게 분명해진 것에 대한 설명이 될 수도 있었다. 넷째, 일부 역사학자들은 미국이 참가한 그 전전쟁들에 비해 베트남전은 '저강도' 전쟁이었다고 말한다. 의사들은 제1, 2차 세계대전 그리고 정도는 덜하지만 한국전쟁에서 전쟁 트라우마가 장기화된 폭격에 따른 끊임없는 공포의 결과라고 보았다. 그 반면 베트남에서는 전투가 최고조에 이르렀을 때도 안전지대에 근거지를 두고 소규모 전술 부대들이 이동하며 수색 및 파괴 작전을 수행하는 단시간의 작은 교전만 있었다. 더욱이 베트남에 파병된 인원의 과반수가 전투병이 아닌 지원 팀이었다. 역사학자들이 말하려는 것은 (수만 명의 미국인과 셀 수도 없이 많은 베트남인이 사망한) 그 전쟁이 잔인하지 않았다기보다는 특수한 전투 방식으로 전투 중 정신적 사상자가 최소화되었을 수 있다는 얘기다. 그런데 사실은 전투 강도가 가장 낮은 시기에 복무한 병사들에게서 정신의학적 문제의 발생률이 가장 높게 나타났다.[36] 다섯 번째 가능한 설명은, 베트남전에 파병된 의사들이 군진정신의학에 익숙하지 않고 한국전쟁에 참가했을 만큼 나이가 많지 않다면 전반적으로 경험이 없었다는 것이다. 베트남에서 군인 수백 명을 치료한 정신과 의사에 따르면, '가장 훈련을 덜 받고 서열이 낮은 사람이 미군의 유일한 전투 지역에서 (몇 개월 동안) 육군 정신의학의 유일한 대표자'가 되었다.[37] 베트남에 파병된 정신과 의사들은 대개 군 정신보건에 대해 크게 관심이 없는 민간 임상의들이 주를 이룬 의료계에서 훈련받았다.

민간 정신의학이 베트남전에 얼마나 냉담했는지를 보여 주는 증거로, 미군의 마지막 부대가 베트남에서 철수한 1973년에 미국정신의학협회의 연례 회의에서 제출된 보고서 가운데 베트남에 관한 내용은 세 건에 불과했다. 헤로인에 중독된 병사들에 관한 것과 마리화나 사용에 관한 것 그리고 연구 분야로서 군진정신의학의 타당성에 의문을 제기하는 문서 「군진정신의학: 사실인가 허구인가?」다. 설사의 생리학이 베트남전보다 많은 내용을 차지했고, 폭력에 관한 토론인단조차 전쟁이라는 주제를 포함하지 않았다. 1975년 보스턴에서 회의가 열렸을 때 그리고 보스턴 셰러턴의 전쟁 기념 강당에서 온갖 중요한 강연들이 있었을 때, 아이러니하게도 참전 군인의 민간 생활 재적응에 관한 논문은 하나뿐이었고 전쟁에 관한 논문은 아예 없었다.

10

외상 후 스트레스 장애

말 못 한 이야기를 내면에 담고 있는 것만큼 괴로운 것도 없다.
—마야 앤절루(1970)

1945년 5월 8일, 뉴욕 브루클린에 사는 열여덟 살의 학생 로버트 제이 리프턴이 기쁨을 만끽하려고 타임스스퀘어에 갔다. 이날은 유럽에서 제2차 세계대전이 끝난 날이고, 수십만 명의 인파가 나치 독일이 연합군에 항복한 것을 축하하기 위해 뉴욕 거리로 쏟아져 나왔다. 많은 영화 장면과 사진에서 군인과 민간인이 미소 지으며 서로 끌어안거나 입을 맞추는 모습, "유럽 승리의 날. 모두 끝났다!" 또는 "유럽에서 전쟁이 끝났다!" 같은 대문짝만 한 표제가 실린 신문을 머리 위로 치켜든 모습을 볼 수 있다.

베트남전이 끝난 1973년 1월 28일 일요일, 이제 마흔여섯 살의 정신과 의사이자 작가이자 열렬한 반전주의자가 된 리프턴이 TV를 켜고 28년 전 크게 기뻐하던 바로 그 장소의 영상을 보았다. 밖은 섭씨 4.4도였다. 뉴욕의 1월 날씨치고는 딱히 추운 게 아니지만 비가 내리고 있었다. TV에서 타임스스퀘어는 황량한 회색으로 보였다. 군중은 없었다. 어쩌면 일하는 날이 아니기 때문이었겠지만, 어쩌면 그것이 마냥 행복한 행사가 아니기 때문이기도 할 터였다. 이제 원 타임스스퀘어로 바뀐 얼라이드케미컬 빌딩의 10층 높이 전광판에 '평화'라는 단어가 떴지만, 이날은 축하보다는 애도의 날이었다. 참전 군인 몇 명이 TV 카메라에 대고 이 전쟁이 부당하며, 부패한 정부가 자행한 기만이라고 했다. 성난 참전 군인 한 명은 이렇게 소리쳤다. "전쟁은 끝나지 않았다!"[1] AP통신은 많은 교회가 이날을 기념하는 특별 예배를 열지 않기로 결정했다고 보도했다. 워싱턴 DC에서 한 장관은 '우리 중 많은 사람이 허공에 모자를 던져 올리지 않는 것은 그토록 오래간 전쟁이 그저 너무 어이없고 부끄럽기 때문'이라고 말했다.[2]

6개월 뒤 리프턴은 자신이 군과 정신의학계에게 얼마나 화가 났는지를 분명히 했다. 그는 한때 한국에서 공군 정신과 의사로 있었지만, 지금은 스승인 에릭 에릭슨과 '심리역사학'이라는 새로운 분야를 개척하기 위해 작업하며 세뇌와 핵무기에 대한 책과 논문을 발표하는 지식인이다. 그는 군과 정신의학의 관계는 '위험한 동맹'이라고 믿고, 베트남전 참가 군인을 도울 방법을 연구하기 시작했다. 단기적으로, 그의 노력은 참전 군인들에게 지대한 영향을 미친다. 그는 베트남전 참가 군인들을 전범이라고 비난하는가 하면, 미국 전쟁 기계의 무고한 꼭두각시라며 옹호하기도 했다. 1973년에 출판된 저서 『전쟁에서 집으로: 베트남전 참가 군인, 피해자도 가해자도 아니다』의 부제가 이런 모순을 고스란히 보여 준다. 미국 대중은 참전 군인에게 두려움을 느껴야 할지 연민을 느껴야 할지 알 수 없었다. 장기적으로, 리프턴은 낙인이 가장 덜한 정신 질환이라고 할 수 있는 외상 후 스트레스 장애PTSD를 우리에게 가져다주는 데 기여했다.

　　　　　　　　1970년대 초는 미국 정신의학의 역사에서 참으로 어려운 시기였다. 정신의학 분야는 이미 인기가 많았고, 다른 의학 분야와 너무 동떨어진 정신분석을 끌어안음으로써 내려갈 길밖에 남지 않은 상태였다. 제2차 세계대전 중에 우리 할아버지는 정신의학을 '독점적 독단주의의 허물어져 가는 방책防柵'이라고 불렀다.[3] 정신의학은 이제 리프턴을 비롯해, 그것이 치료인 것 못지않게 징계와 처벌의 양식이자 연금술이자 사이비 과학이라고 주장한 토머스 자즈 같은 '반정신의학'을 표방하는 사람들의 반발에 직면하고 있었다.

　1972년 뉴욕 정신보건 시스템에 관한 한 폭로에서, 인권 변호사 브루스 J. 에니스는 판사들이 특정 피고인에 대해 정신 질환 때문에 법정에 설 수 없다고 너무 섣부르게 판단하며 정당한 법 절차를 박탈한다고 밝혔다.[4] 그리고 그들이 정신이상 범죄자로 병원에 보내지면 필요 이상으로 가혹한 치료를 받았다. 병원은 그들의 의사에 반해 약물을 투여하고 '치료'라는 명목으로 허드렛일에 동원했다. 수감

전력이 있는 사람들은 취업이나 대학 진학의 기회가 거의 또는 전혀 없었다.[5] 에니스는 어떤 전문가도 정신 질환이 무엇인지를 진정으로 알지 못하며 정신병 진단은 그저 정신과 의사의 의견일 뿐이라고 결론 내렸다.

다음 해인 1973년, 세계에서 가장 권위 있는 과학 저널로 꼽히는 『사이언스』는 스탠퍼드대학의 심리학자 로젠한이 캘리포니아정신병원에서 겪은 모험에 대해 쓴 논문 「제정신으로 정신병원에서 지내기」를 실었다. 정신의학의 신빙성에 도전할 요량으로 로젠한은 '정신이 온전한 사람 여덟 명이 정신병원 열두 곳에 몰래 입원했다'고 썼다. 공모자 중에는 그가 가르치는 대학원생 한 명과 동료 두어 명, 화가, '주부'가 있었다. 이들은 각자 병원을 방문해 가짜 이름과 직업과 직장을 대고는 '텅 빈', '공허한', '쿵쿵' 따위의 단어를 말하는 낯선 목소리가 들린다고 말했다. 또한 로젠한의 지시에 따라 의사에게 다른 증상을 호소하지는 않고, 일단 입원한 뒤에도 추가적인 환청이나 다른 이상을 호소하지 않았다.[6] 로젠한에 따르면, 정신과 의사들은 조현병 환자를 제외한 모든 사람을 순전히 환청 유무에 대한 환자의 말에만 근거해 정신 질환을 진단하고 정신병원에 입원시키고는 항정신성 약물을 투여하고 환자들의 의지에 반해 병원에 계속 붙잡아 두었다. '환자'들은 병원에서 보낸 시간을 무섭고 낙인찍히는 기분이라고 묘사했다. 로젠한은 정신과 의사들이 정신 질환자와 정상인을 구별할 수 없다고 결론 내렸다. 2019년에야 작가 수재나 카할란이 끈질긴 탐정 노릇 끝에 로젠한이 자신의 데이터를 왜곡하고

날조했을 가능성이 있다는 믿을 만한 증거를 제공할 수 있었다.[7]

믿을 만한 실험이 못 된다는 사실에도, 이른바 '로젠한 날조'는 미국 정신의학계의 대중적 이미지를 크게 실추시켰다. 이 실험은 정신과 진단에 영향을 주는 특성에 대한 연구라기보다 과연 '제정신'인 사람이 병원을 속일 수 있을지를 확인하기 위한 시험에 가까웠다. 정신과 의사 시모어 S. 케티는 로젠한이 가짜 환자를 이용한 것을 피 한 바가지를 몰래 마신 뒤 응급실에 가서 피를 토해 내출혈에 대한 즉각적인 치료를 받고는 의사들이 출혈의 원인을 잘못 진단했다고 비판하는 사람에 비유했다.[8]

다른 이들도 불신의 목소리를 더했지만, 당시 미국에서 고개를 들고 있던 정신의학이 엉터리라는 대중적 합의를 통제하기에는 역부족이었다. 보험회사들은 과학적 신빙성이 부족한 의료적 치료에 돈을 지불할 이유를 별로 느끼지 못했기 때문에 정신과 치료 보장을 축소했다. 정신과 의사들은 스스로도 인정하다시피 여전히 정신분석적 사고의 지배를 받았고, 따라서 정신분석 치료의 목적은 개별 질병이 아닌 증상을 치료하는 것이기 때문에 환자와 건강한 사람을 구분하지 않았다.[9] 우리 아버지는 이렇게 말씀하셨다. "우리 정신과 의사들은 누군가의 정신장애가 아니라 성격을 진단한다." 한편 1960년대 후반의 반체제주의 정서에 힘입은 새로운 분위기 속에서 환자들이 정신의학 밖에서 도움을 찾기 시작했다. 미국, 특히 북동부와 중서부 북쪽과 캘리포니아에서 사회복지와 임상심리학 같은 다른 정신보건 분야가 빠르게 성장했다.[10]

또한 1973년에 미국인들은 리처드 M. 닉슨의 부통령 스피로 애그뉴가 사임한 뒤 정신 질환에 대한 끈질긴 낙인을 다시금 상기하게 되었다. 닉슨은 제럴드 포드를 애그뉴의 후임으로 지명했고, 대통령 임기 중에 부통령을 임명하려면 상원의 인준이 필요했기 때문에 포드는 청문회에서 증언해야 했다. 『뉴욕타임스』의 린다 찰턴이 청문회 첫날에 대해 썼다. "느리고 정중하게 진행된 제럴드 R. 포드 의원의 부통령 지명에 관한 상원 청문회 첫날 완벽하게 분명해진 것이 하나 있다면, 정신과 의사 또는 심리치료사와 한 상담이 여전히 미국 정치인에게는 용서할 수 없는 죄라는 사실이다."[11]

그로부터 5년 전, 제2차 세계대전 뒤 포레스털 장관을 괴롭힌 저널리스트 피어슨은 닉슨이 아이젠하워의 부통령으로 있던 시절에 뉴욕의 반유대주의 정신과 의사이자 닉슨의 친구인 아널드 A. 허치네커 박사에게 치료를 받았다고 공격했다.[12] 닉슨과 허치네커 모두 의사와 환자의 관계를 부인하며, 닉슨은 허치네커가 의학박사이자 친구라서 '내과' 문제에 대해 전문가의 도움을 구했을 뿐이라고 해명했다. 일단 닉슨이 대통령이 되자 이 문제가 그와 무관해졌지만, 포드도 허치네커의 치료를 받지 않았느냐는 의혹이 제기되었다.

로버트 그리핀 공화당 상원의원은 포드에게 정신과 의사를 만난 적이 한 번이라도 있느냐고 직접 물었다. 정신과 치료와 정신이상을 동일시하며, 포드가 대답했다. "저는 지극히 정상입니다."[13] 그는 허치네커의 진료실에 간 것은 인정했지만, 상원에서 이렇게 말했다. "어떤 상황에서도 저는 정신의학 업종에 속한 어떤 사람에게도 치료받은 적 없습니다."[14] 그런 다음 허치네커에게 청문회에서 증언하도록 했는데, 그는 포드가 한 번도 환자였던 적이 없으며 순전히 '사교적인 방문'을 위해 자신의 진료실에 온 적은 있다고 확인해 주었다.[15]

그러나 1973년은 아직 끝나지 않았다. 같은 해에 리프턴과 캐나다 정신과 의사 카임 샤탄 그리고 전쟁에 반대하는 베트남전 참가 군인 단체가 미국정신의학협회APA와 미국교정정신의학협회AOA에 참전 군인의 정신적 문제에 관심을 기울이도록 압력을 행사했다. 리프턴이 신문에 노숙자와 마약 사용자, 자살을 기도하거나 폭력적인 참전 군인들에 대한 기사를 제공했지만 그가 주장한 부적응의 확산이 실재한다는 과학적 근거는 별로 없었다. 그럼에도 『뉴욕타임스』는 그동안 정신의학 전문가들이 못 본 체하던 '베트남 후 증후군'이라는 새로운 질병에 걸린 폭력적인 베트남전 참가 군인에 관한 기사를 실었다. 저자는 거의 전적으로 『펜트하우스』지에 실린 일련의 기사에서 수집한 통계를 이용했다.[16]

리프턴과 샤탄은 점차 인기를 끌고 있는, 참전 군인들이 전쟁 경험을 이야기하는 일종의 고해실인 '토론 모임'과 긴밀한 관계를 구축했다. 이 모임 중 상당수는 '전쟁에 반대하는 베트남참전군인회VVAW'가 결성했다. 1971년에 리프턴과 VVAW는 베트남에서 미군이 저지른 전쟁범죄를 조사하는 활동가 조직 '시민조사위원회'가 주최한 행사에 참여했다. 이 자리에서 리프턴이 참전 군인들에게 잔혹 행위를 집중적으로 증언해 달라고 요청했고, 그들이 자신이 저지른 폭력 행위에 대해 솔직해지면 다른 참전 군인들도 자극을 받아 자신의 경험을 이야기할 수 있을 거라고 말했다. 리프턴이 모집한 참가자들이 민간인, 여성, 아이 들에 대한 살인은 미라이에서 수십 명을 살해한 윌리엄 캘리 중위 같은 몇몇 사람이 저지른 이례적인 행동이 아니라 베트남에서 미국 군인들의 '표준적인 작전 절차'였다고 말했다.[17] 리프턴이 참전 군인들을 살인자나 강간범은 아니라도 정신적으로 불안정한 사람으로 낙인찍는 고정관념을 만들고 있었다. 훗날 '외상 후 스트레스 장애'로 이름이 바뀌어 DSM 제3판(1980)에 포함되는 '베트남 후 증후군'은 참전 군인의 인격을 규정하기 시작했다.

1970년대 내내 전쟁 때 자행된 잔혹 행위에 대한 이야기가 할리우드로 흘러들어 갔다. 〈뻐꾸기 둥지 위로 날아간 새〉(1975)가 반정신의학적 대중 정서를 뒷받침한 것처럼 〈택시 드라이버〉(1976), 〈지옥의 묵시록〉(1979) 같은 소름 끼치는 영화와 〈귀향〉(1978), 〈디어 헌터〉(1978) 같은 공감 어린 영화마저 베트남전 참가 군인을 도덕적, 심리적으로 손상된 사람으로 보는 대중의 인식을 확인해 주었다.

일부 저널리스트와 연구자 들은 참전 군인이 정신장애가 있는 위험한 인물이라는 고정관념에 반대하는 주장을 펼쳤다.[18] 예를 들어, 대중매체는 베트남전 참가 군인이 제2차 세계대전이나 한국전쟁 참가 군인보다 제대군인원호법을 이용하는 비율이 높다는 내용과 귀향한 뒤 마약을 이용하는 참전 군인은 2퍼센트에 불과하다는 내용, 정신 질환으로 입원한 환자의 비율이 제2차 세계대전 군인들보다 50퍼센트 낮다는 내용을 보도했다. 『뉴욕타임스』는 참전 군인이 그전 10년의 어느 때보다 빠르게 일자리를 찾고 있다고 썼고,[19] 『로스앤젤레스타임스』는 '베트남전에 참가한 미군이 그 전 전쟁에 참가한 군인에 비해 정신적으로 더 건강하다'고 결론 내렸다.[20]

1974년 군 정신과 의사 조너선 보러스는 베트남전에 참가한 군인들과 다른 군인들 사이에 행동적이거나 감정적이거나 규율적인 문제에서 차이가 별로 없음을 보여 주는 데이터를 제시했다.[21] 보러스의 연구는 1966년에 입대한 해군 병사 9만 2000명을 대상으로 실시한 장기간의 추적 관찰 연구를 통해 6년이 지난 뒤에 검증되었다. 해군 연구자들이 실시한 이 연구는 참전 군인들의 정신의학적 문제 발생률이 낮으며 시간이 흐르면서 비율이 더 떨어진다는 것을 알아냈다. 예상과 달리 '베트남전쟁 기간과 그 뒤에 스트레스 관련 장애로 입원한 비율이 가장 높은 베트남전 참가 군인은 비전투원'이었다.[22] 그리고 말로는 이렇게 지적했다. "모든 관련자에게 전투 수준이 제2차 세계대전의 격전과 비슷했다면, PTSD 증후군을 보고한 베트남전 참가 군인의 비율이 (3분의 1 정도로) 높은 것이 이해됐을지도 모른다. 그러나 그렇지 않았고, PTSD 증후군을 보고한 군인들 중 상당수가 전투에서 멀찌감치 떨어져 있던 지원 인력이었다."[23] 참전 군인 옹호자들은 보러스를 포함해 참전 군인에게 정신적 문제가 있다는 고정관념에 도전한 사람들을 맹렬하게 비판했다. 사실 보러스는 PTSD를 진단 용어로 사용하는 것에 대해 반대하지도 않았는데 비판받았다. 그리고 베트남에서 싸운 사람들이 오히려 전쟁 중에 정신적으로 더 건강해졌을 수도 있다고 뻔뻔스럽게 암시한 사람들은 호되게 욕을 먹었다. 그러나 과거의 전쟁에서는 전문가들이 전우애라든가 공감 능력이나 대처 능력의 개발, 삶의 가치에 대한 인식 등 전쟁 경험의 몇 가지 긍정적 영향을 인정했다.[24]

　　　　　　　새로운 베트남 후 증후군 진단의 찬성론자는 프로이트에 의존하면서도 아이러니하게 동성애에 대한 정신분석 이론을 거부했다. 1973년에 APA는 동성애를 DSM에서 삭제하면서 정신분석은 연성 과학soft science이고, 이를 이용해 동성애가 정신장애라고 주장할 수는 없다고 밝혔다. 그러나 APA는 자신들의 목적에 부합하느냐에 따라 정신분석 이론을 거부하거나 수용했다. 외상 후 장애 옹호자들은 정신분석 이론의 특징 중 하나인 억압 개념을 이용해 자신들의 주장을 펼쳤다. 샤탄은 『뉴욕타임스』에 '제1차 세계대전 중에 프로이트는 슬픔에 빠진 사람이 삶에서 상실한 부분을 포기하고 그것이 기억 속에만 존재한다는 것을 인정하도록 돕는 데 슬픔의 기능을 설명했다'고 썼다. 이런 관점에서, 베트남전 참가 군인들은 감정을 억눌러 왔고 세상에 무감각해졌다. 그들은 분노와 원망이 가득했지만, 그것을 표현할 방법이 없었다. 그는 이렇게 덧붙였다. "슬픔을 소모하지 못하고, 상처에 대한 슬픔을 이야기하지 못하고, 속죄도 못 한다."[25] 정신분석에서 하는 것처럼, 환자는 오직 서술 과정을 통해 자신이 기억하는 과거를 연대기순으로 기록해야 한다. 트라우마를 앓는 사람도 자신의 기억을 서술해야 한다. 베트남 후 증후군은 그런 서술 형식이었다. 반정신분석 경향에도 APA는 궁극적으로 외상 후 증상을 겪는 사람들이 기억을 억압하고 있다는 주장을 받아들인다.

APA는 또한 회원들 내 반전 성향의 불똥이 베트남 후 증후군으로 튀지 않게 하기 위한 방법을 강구해야 했다. 그 전 전쟁들에서 의사들이 전쟁 중에는 자신들이 민간 사회에서 일하던 방식을 유지할 수 없으며 전시 의사는 다른 목적과 기술을 갖게 된다는 것을 거의 논쟁 없이 받아들였다. 그러나 베트남전처럼 인기 없는 전쟁의 경우, 의사들은 자신들의 이해 충돌을 조정할 의지나 능력이 없었다. APA에 소속된 많은 사람은 군 정신과 의사들이 환자가 아닌 전쟁에 전념했다고 주장했다.[26] 또한 정신의학 학술지와 전문 콘퍼런스에서 참전 군인의 문제를 다루는 경우가 워낙 적어서, 참전 군인의 정신건강에 대한 관심을 불러일으킬 수 없었다. 전쟁이 절정이던 1969년에 1주일간 진행된 연례 APA 회의에서 발표된 논문 수백 편 중 베트남에 관한 유일한 논문은 미군과 베트남 사람의 결혼을 주제로 한 것이었다. 더욱이 민간 정신과 의사들은 군인과 참전 군인의 치료를 정부의 책임으로 보았다.[27] 정신과 의사인 토머스 마이어는 1970년에 이렇게 썼다. "군 정신의학이 다른 무엇으로 정의된다고 해도, 임상 정신의학으로서 그 정의의 온당함에 대해 도덕적으로나 과학적으로 타당한 근거를 찾을 수 없다."[28]

또 하나의 과제는 새로운 장애를 만들어 내는 이론적 근거를 찾는 것이었다. 동성애와 PTSD는 모두 그것을 제외하거나 포함할 타당성 있는 근거를 제시하는 데이터가 사실상 없었지만, APA는 인권 측면에서 동성애를 DSM에서 제외한다는 결정을 옹호할 수 있었다. PTSD 포함을 지지하는 사람들은 대부분 고통에 시달리는 베트남전 참가 군인들의 일화에 의존했지만, 비도덕적 전쟁에 참가한 사람들에 대한 (비록 그들이 자신의 의지와 달리 징병되었어도) 대중적 연민이 별로 없었기 때문에 도덕적 우위를 점할 수 없었다. 그러나 지지자들은 PTSD라는 새로운 진단이 다른 어떤 진단과도 겹치지 않을 것이라고 주장할 수 있었다. 그들은 우울증과 불안, 단기반응성정신병 같은 기존 진단이면 참전 군인들의 필요에 충분하다는 주장을 전면적으로 거부했으며[29] '일반 스트레스 반응'이 DSM 제2판DSM-II에서 삭제된 이래 APA는 트라우마에 대한 어떤 범주도 없다고 지적했다.[30] DSM-II에서 제공한 것이라고는 '성인 생활의 적응반응'이라는 범주 그리고 '일시적'이라는 의미가 포함된 정의 때문에 PTSD 지지자들이 모호하고 베트남전 트라우마와 관련이 없다며 일축한 진단인 '상황에 따른 과도적 인격장애'뿐이었다. 또한 적응반응은 PTSD를 겪는 베트남전 참가 군인의 경우처럼 몇 년 뒤에 나타나는 것이 아니라 스트레스를 경험한 직후에 나타난다고 생각되었다. 당시 DSM-III이 준비 중이었고, 그 새 판본의 주된 목적이 데이터에 기초한 진단 제공임을 인정한 APA 지도부는 PTSD의 타당성을 입증하고 엄격한 진단 기준 개발에 도움을 줄 수 있는 과학적 증거를 찾으려 했다.

그런데 왜 그들에게 과학적 증거가 필요했을까? APA가 정신분석을 거부하는 동시에 다양한 정신 질환이 결국 하나의 스펙트럼에 존재하는 정상적인 심리상 차이를 보여 주는 특징일 뿐이라는 생각도 거부하고 싶었기 때문이다. 새로운 기준은 '실제' 질병을 규정할 것이며 전 세계 연구자와 치료 제공자 들이 같은 기준으로 같은 진단을 이용하게 함으로써 연구 및 임상 치료의 신뢰성을 향상할 거라고 그들은 주장했다. 표준화 없이는 과학적 정신의학을 위한 희망이 별로 없었다. 똑같은 증상이 있는 환자들이 의사의 기분에 따라 다른 진단을 받기 쉬웠고, 연구자들이 어떤 것이 '사례'에 해당하는지를 결정할 때 어떤 기준을 따랐느냐에 따라 역학적 비율도 크게 차이가 났다. 그리고 한 가지 약물 시험을 실시하는 연구자 두 명이 자신들이 비슷한 모집단을 연구하는지에 대해 확신할 수 없었다. 그래서 DSM-III의 저자들은 질문했다. 임상 연구 활동에서 정신의학의 객관성을 높이고 변화에는 덜 민감하게 하려 할 때, 보편적으로 합의된 범주와 증상 체크리스트를 만드는 것보다 더 나은 방법이 있을까? 그리고 보험회사가 정신의학 치료에 돈을 지불하게 하는 데, 임상의들이 과학적 엄격성으로 적용할 수 있는 구체적 진단 분류를 제공하는 것보다 더 나은 방법이 있을까?

외상 후 장애를 위한 과학적 근거는 부분적으로 그린커와 스피걸의 제2차 세계대전 연구에서 나왔다. 두 사람은 충격적인 경험에 대한 병리학적 반응이 사건 발생으로부터 오랜 시간이 흐른 뒤 나타나거나 심지어 만성이 될 수 있다고 암시했다.[31] 1945년에 우리 할아버지는 '오늘날 신경증으로 입원한 환자의 과반수가…… 이 나라에 돌아와서 최초의 신경증 징후를 겪었거나 이 땅에 발을 디딘 뒤 증세가 악화되었다'는 것을 알고 깜짝 놀랐다고 말했다.[32] 그러나 PTSD

에 대한 입증은 대부분 군대에서 나온 것이 아니었다. 그것은 화재와 자동차 사고, 성폭력 등 다른 트라우마 피해자들에 관한 데이터를 모은 의사들의 작업에서 나왔다.

APA가 PTSD를 받아들이게 된 과정을 추적한 정신의학 역사학자들은 중증 화상 피해자들에 관한 논문을 발표한 아이오와대학의 존경받는 정신과 의사 낸시 앤드리어슨에게 많은 공을 돌린다. 한 논문에서 앤드리어슨은, 492명이 사망한 1945년 보스턴 코코아넛 그로브 나이트클럽 화재에서 살아남은 사람들 중 절반이 '외상 후 신경증' 진단을 받았으며[33] 이들의 정신적 고통이 수십 년 동안 이어졌다고 썼다. 추가적인 입증은 홀로코스트 생존자들의 장기적인 심리 문제에 관해 수집된 데이터에서 나왔다. 그러나 이런 만성적인 정신의 고통은 의사들이 비극적 사건의 독특한 심리적 영향을 이해하기 위한 틀, 즉 PTSD 같은 진단을 가졌을 때만 치료할 수 있다.[34]

상대적으로 눈에 띄지 않지만 PTSD의 역사에 기여한 것이 또 있다. 바로 페미니즘이다. 1970년대 초 페미니스트 단체들이 가정 폭력과 아동 학대(특히 성적 학대)의 심리적 영향으로 대중의 관심을 돌렸다. 이와 동시에 미국 내 성폭력과 가정 폭력, 경제적으로 성장하는 사회에서 여성들이 경제적 이익을 누리지 못하는 상황, 남성들이 여성을 평가하고 이용하며 성적이고 생식적인 몸으로 대상화하는 경향 같은 문제를 다루는 독특한 치료법으로 여성주의 상담이 등장했다. 학술 논문에서 페미니스트 임상의들은 매 맞는 여성 증후군, 강간 외상 증후군, 아동 학대 증후군 그리고 그들이 PTSD 증상과 매우 유사해 보인다고 표현하는 증상 등 새로운 질환명을 제안하면서 새 DSM에 PTSD 범주를 더할 수 있도록 APA에 추가로 데이터를 제공했다.[35]

페미니스트 임상의들은 진단명에 '베트남'이라는 단어가 들어가는 데 반대했지만, PTSD가 여성의 권익 신장에 도움이 될 것으로 보았다.[36] 그들은 질문했다. 왜 매 맞는 여성은 군인과 같은 혜택을 받을 수 없는가?[37] 군인이 베트남전의 잔혹 행위를 묘사할 수 있다면, 왜 강간이나 근친상간에 대해서는 더 공개적으로 이야기할 수 없는가? 베트남전 참가 군인이 정신적 외상을 초래하는 충격적 사건, 즉 외상성 사건을 억압하고 있다가 몇 개월 또는 몇 년이 지난 뒤 치료 중에 그것을 재발견할 수 있다면, 왜 성폭력 피해자에게는 똑같은 일이 일어날 수 없는가? 1973년 미국심리학회는 여성 연구자와 임상의 들을 지원하고 일종의 자기 낙인으로 성차별적 규범을 스스로 내면화하는 것을 포함한 광범위한 사회적 원인이 여성의 심리에 영향을 미치는 방식에 관심을 기울이기 위해 여성심리학위원회와 여성심리학회를 설립했다.

1980년 DSM-III이 출판되었을 때, PTSD가 공식적으로 포함되었다. 그러나 임상의들은 이미 10년 전부터 '베트남 증후군'과 '베트남 후 장애' 같은 증후군을 이용하고 있었다. 참전 군인 옹호 단체들은 처음에는 '베트남 후 장애'를 선호하다가 나중에는 절충안으로 '파멸적 스트레스 장애'를 제안했다. 외상 후 스트레스 장애PTSD라는 최종 이름은 현역군인과 참전 군인뿐 아니라 성폭력 피해자를 포함해 심각한 스트레스를 받은 사람 모두에게 해당하는 진단명임을 확실하게 했다. APA는 이것을 '인간의 일반적 경험 범위를 벗어나는 정신적 외상을 입힌 사건'에 따른 만성 또는 지연된 장애로 정의했다.[38]

그 이후 20여 넌간 PTSD 진단은 상대적으로 낙인이 덜 따라붙었기 때문에 인기를 끌었고, 연구자들은 정신적 외상에 대한 데이터를 꾸준히 축적했다. 예를 들어, 과학자들은 1972년 웨스트버지니아에서 일어난 버펄로크리크 댐 붕괴 사고를 겪은 아동 생존자들을 연구했다. 당시 탄광에서 쏟아져 나온 시커먼 폐수 수백만 리터가 인근 지역을 덮쳐 주민 125명이 사망하고 1000명 넘게 부상을 당했다. 그 사고가 나고 17년이 흘러 성인이 된 생존자 중 7퍼센트가 PTSD 기준에 부합했다.[39] 이와 유사하게, 1974년에 어린이 22명이 살해된 유괴 사건에서 팔레스타인 게릴라에게 납치되었던 이스라엘 10대들에 대한 후향적 분석은 17년 뒤 이들이 PTSD 증상을 지속적으로 겪는 것을 보여 주었고, 종종 테러 뉴스로도 이런 증상이 일어났다.[40] 홀로코스트 생존자에 대한 한 연구는 제2차 세계대전이 끝나고 50년이 흐른 뒤 표본 중 절반 정도가 (과잉 각성, 기억상실, 감정 분리 같은 증상으로) PTSD 기준에 부합했으며 강제수용소에 있었는지, 숨어서 살아남았는지에 따른 증상의 차이는 없었다.[41]

1988년, 베트남전 참가 군인 재적응 연구NVVRS는 표본에 포함된 모든 남성 베트남전 참가 군인 중 15.2퍼센트인 47만 9000명이 PTSD 기준에 부합하고, 여성 베트남전 참가 군인 중에서는 8퍼센트 인 160명이 부합한다고 밝혔다. 연구자들은 대다수의 참전 군인이 전후 생활에 성공적으로 적응했지만, '연구에 포함된 남성의 30.9퍼 센트와 여성의 26.9퍼센트는 조사가 진행된 1988년까지 살면서 어 느 순간에는 PTSD를 겪었다'는 것을 밝혀냈다. 여기에 더해 22.5퍼 센트의 남성과 21.2퍼센트의 여성이 DSM의 기준을 모두 충족하지 는 않았기 때문에 연구자들이 '부분적 PTSD'라고 부르는 장애를 겪 었다.[42] 추적 분석에서, 전면적 또는 부분적 PTSD를 겪은 베트남전 참가 군인의 78퍼센트가 20~25년 뒤에도 여전히 PTSD 증상을 겪 는 것으로 나타났다.[43] 2012년 무렵 미군은 PTSD를 '유행병'이라고 불렀다.

PTSD는 여전히 모순된 진단으로 남아 있다. PTSD를 앓는 사람은 보살펴야 할 선량한 피해자인가, 두 려워해야 할 가해자인가? 회복력 있는 생존자인가, 불안한 시한폭탄 인가? 이런 모순이 미국의 의사와 대중을 괴롭혔다. 이 특징적인 상 태의 원인이 깔끔하게 해결되지 않고 정치적 분열을 일으키는 전쟁 이었기 때문이다. 정신의학적 증상을 전쟁의 영향으로 환원함으로 써 군인들은 정신건강 관리를 받을 자격이 생겼지만, 한편으로는 전 쟁과 여론에 따라 형성된 고정관념에 노출되었다.

군 복무 중에 벌어진 특정한 사건으로 일어난다고 추정되는 질환인 PTSD는 군인들의 치료에도 영향을 미쳤다. 참전 군인들이 전쟁의 영향에 대해서는 치료를 받을 수 있었지만, 전쟁 전의 더 길고 고유한 개인사의 영향에 대해서는 그럴 수 없었다. 오늘날에도 군인들은 전투와 무관하거나 전투 전에 생긴 정신적 문제 또는 군 복무 중에 겪은 (성폭력 같은) 대인 외상을 굳이 공개할 이유가 별로 없다. 기존 상태를 공개하면 군대에서 그들의 질환이 군 복무 중에 일어난 것이 아니라고 주장할 수 있기 때문에 혜택을 못 받고 제대 조치될 수 있다. 혜택을 보장하기 위해 의사가 다른 정신 질환을 PTSD로 또는 PTSD를 주 진단으로 한 동반이환으로 해석할 수도 있다. 복무 중에 발생한 상태에 대해서만 정신의학적 치료를 제공하는 정책은 군인들이 정신적으로 온전한 상태에서만 입대한다는 환상에 근거한다. 그리고 설령 그들이 온전하지 못해도 신병 훈련소에서 과거의 모습을 깨고 새로운 존재로 거듭난다는 것, 이것이 바로 군대 이데올로기다.

의사나 환자가 PTSD를 순전히 입대 후에 생긴 특정한 불연속적 사건의 결과로만 발생하는 무언가로 상상한다면, 군대라는 공간은 누군가의 특별한 개인사에 따라 맞춰진 심리치료의 개입 같은 효과적인 치료에 방해가 될 수 있다. 우리는 PTSD를 앓는 남녀 군인들 가운데 다양한 폭력을 경험하거나 목격한 상태에서 입대한 사람들이 얼마나 많은지 모르지만, 그 비율이 상당할 것으로 본다. 모병제에 기반한 군대에서 입대자는 대부분 불우한 환경에서 가난, 차별, 폭력을 겪었을 가능성이 높다.[44] 정신보건 전문가들이 '아동기의 부정적 경험ACE'이라고 부르는 이른 시기의 취약성은 성인의 건강, 정신건강, 자살을 포함한 문제에서 주된 위험 인자다.[45] 또한 전체적인 개인사를 무시하고 군 복무 경험에만 집중하는 것은 군인들의 다양성을 가려 버린다. 가난과 굶주림이 아동 학대나 성폭력과 다르듯, 인디언 보호구역에서 아메리카 원주민으로 성장하는 것은 브롱크스에서 히스패닉계 사람으로 성장하는 것과 다르다.

PTSD는 만능 진단명이 되었다. 개인사적, 문화적 차이를 희미하게 만들고 개인의 고유한 성격과 전력보다 환경적 스트레스 원인을 탓함으로써 비교적 낙인이 덜한 진단을 제공하는 평형 장치인 셈이다. PTSD는 구호단체들이 옛 유고슬라비아에서 벌어진 정치적 폭력과 1995년 일본의 고베 대지진, 2004년 인도양의 쓰나미, 2010년 아이티 지진 같은 비극의 피해자들을 지원하면서 전 세계에 유통시킨 일종의 과학적 화폐가 되었다. 원래 미국 참전 군인을 위한 진단명으로 만들어진 PTSD가 인류학자 조슈아 브레슬라우의 표현에 따르면 '전 세계적으로 당연시되는 인도적 지원'이 되었다.[46] 작가인 이선 워터스는 PTSD를 '인간 고통에 대한 국제 공용어'라고 불렀고, 인류학자 킴벌리 테이던은 전 세계 정신보건 분야의 '트라우마 산업'에 대해 썼다.[47]

정신건강 관리의 전 세계적 확산에 비판적인 사람들은 PTSD가 스트레스에 대해 예상되는 정상적인 반응을 정신과 진단으로 바꾸고 있다며, 불안과 과민 반응이 PTSD의 증상이지만 트라우마에 대한 합리적 반응이기도 하다고 경고한다. 오늘날 자연재해가 있을 때마다, 공중보건 관계자들은 생존자들 사이에 PTSD가 또 급증할 것을 경고한다. 그러나 세계의 모든 사람이 외상성 사건에 똑같은 방식으로 반응하지는 않는다. 제1, 2차 세계대전 중에 정신적 외상을 입은 군인들이 PTSD의 주요 증상인 플래시백 같은 것을 거의 언급하지 않았다는 사실을 기억하자. 사실 사람이 실제 외상성 사건을 다시 경험하는 것처럼 느끼는 해리성 플래시백이 걸프전쟁까지는 흔하지 않았다.[48] 라틴아메리카의 몇몇 지역에서는 PTSD의 주요 특징인 정서적 무감각과 회피가 트라우마에 대한 흔치 않은 반응이다. 우리가 곧 보겠지만, 오늘날 사하라 이남 아프리카에서는 트라우마에 대한 반응에 성기 상실에 대한 공포도 포함되며 남아시아에서는 전쟁 트라우마가 피해망상과 '너무 많은 생각'으로 이어지는 경우가 빈번하다.[49] 이런 증상들 중 어느 것도 PTSD에 대한 DSM 기준에 해당되지 않는다.

물론 외상성 사건에 대한 모든 반응이 병적인 것은 아니지만, 그것이 누군가의 인생을 바꿔 놓는다. 인류학자 조이 울은 '전투 후 변화와 고향에 돌아와 겪는 어려움이 비록 PTSD에 완전히 포위되지는 않더라도 PTSD에 단단히 연결되었다'고 쓴다.[50] PTSD는 참전 군인들 사이에 워낙 지배적인 장애여서 의사들의 관심이 PTSD 증상 체크리스트에 포함된 증상에만 집중되기 때문에 전쟁 후 군인들의 일상에서 일어나는 수많은 분열적이고 혼란스러운 직업적·개인적 변화 같은, 정신의학이 병적이라고 정의하지 않은 전쟁의 다른 영향들을 감춘다.[51]

PTSD는 또한 어떻게 의사와 환자가 협력해 특정 증상과 그것에 대한 표현을 형성해 가는지를 우리에게 상기시킨다. 이 과정은 의사와 환자가 문화나 언어를 공유하지 않을 때 명백해진다. 예컨대 미국에서 정신적 외상으로 치료받는 캄보디아 난민들은 크메르루주 정권하의 대량 살상과 고문에 대해 이야기해도 오늘날 우리가 PTSD의 일반적 증상이라고 생각하는 플래시백이나 악몽이나 침투적 외상성 기억을 호소하지 않는 경향이 있었다.[52] 미국인 의사들이 처음에는 의아하게 생각했다. 그러나 이 난민들은 사실 플래시백과 과다 각성을 겪고 있었다. 다만 이런 증상을 정신과적 증상이라기보다 영적인 증상이라고 여겼기 때문에 정신과 의사에게 말하지 않은 것뿐이다. 하버드대학의 정신과 의사 데번 E. 힌턴이 진료한 난민들은 깜짝깜짝 놀라고 각성하는 것을 심리적 상태가 아닌 약한 심장이나 (크메르어로 바람을 뜻하는) 키알의 공격 탓으로 돌렸다. 혈류를 타고 흐르는 바람 같은 물질인 키알이 몸속에서 솟구친다고 생각한 것이다.[53] 사람들이 무당에게라면 악몽에 대해 이야기했을 것이다. 악몽은 영혼에 관한 것이기 때문이다. 그러나 (21세기에 악몽과 역사적 트라우마를 연결하는 훈련을 받은) 의사가 그에게 따로 물어보지 않는 한, 그것을 의사에게 말해야겠다는 생각은 들지 않았을 것이다. 그러나 미국 의사와 상담한 뒤 그들은 자신의 고통을 PTSD 용어로 재구성했다.

PTSD는 또한 개인의 질환이고, 개인주의 문화에서 고통을 겪으며 트라우마를 자기 신뢰와 자제력에 대한 모욕으로 해석하는 사람들에게 가장 적합한 모델이다. 사하라 이남 아프리카의 많은 지역에서 사람들은 트라우마를 가족과 관련되거나 영적인 것 또는 정치적이거나 경제적인 것으로 이야기하고, 자신의 고통을 자율적 행위자로서 자신에 대한 모욕이 아닌 사회적 집단에 대한 모욕으로 표현했다. 미 대륙 북서부 해안 보호구역에 사는 일부 아메리카 인디언 공동체에게는 'PTSD'보다 '역사적 트라우마'라는 개념이 더 적절할 것이다. 전자는 개인에게만 영향을 미치는 반면, 후자는 모든 사회 구성원에게 영향을 미치기 때문이다. 스트레스는 원래 사회적 맥락이 정신건강에 어떤 영향을 미치는지를 고려하기 위해 사회과학자들이 개발한 개념이지만, 이제는 맥락과 무관하게 개인이 (그 자신의 기억과 지식으로서) 내적으로 경험하는 고통이 되었고 결국 서로 다른 트라우마와 서로 다른 인식과 경험 및 트라우마의 치료를 형성하는 사회적 요인들을 흐릿하게 만들고 있다.[54]

전쟁으로 피폐해진 옛 유고슬라비아 지역에 있는 몇몇 공동체는 PTSD를 수동성의 질병이라며 부정적으로 해석한다. 이런 관점에서 PTSD를 앓는 누군가는 회복력 있는 전사보다는 피해자다. 이들은 고통을 겪는 사람이 외부의 힘에 '외상을 입는다'는 PTSD 진단 기준에 내포된 가정도 거부한다. 또한 PTSD가 만성적이고 치료할 수 없으며 지금은 나타나지 않아도 몇 년 뒤에 나타날 준비가 되어 있을 수 있다는 것도 거부한다. 코소보에서 국제 구호단체들은 환자가 자신이 피해자임을 이해하도록 돕고 그들의 분노와 원망의 감정을 가해자에게 돌리는 방법으로 PTSD를 이용했다.[55] 그러나 이 과정에서 모르는 사이에 민족 간 증오와 보복의 욕망을 부채질했다.

이런 비교문화적 사례는 PTSD가 어느 정도 특권적인 진단임을 암시한다. 환자나 의사가 증상을 외상성 사건의 결과로 설명할 때, 그들은 그 사건을 특이하게 생각하는 것이다. 그런데 평생 차별받은 사람들이나 몇 년 동안 감금된 채 산 사람들은 어떤가? 이 경우 불연속적인 외상성 사건 몇 가지에 대해 이야기하는 것은 이치에 닿지 않는다.

진단 용어로서 PTSD는 분명 유용할 수 있고, 심지어 신뢰할 수 없거나 타당하지 않은 진단도 이로운 치료의 동기를 부여할 수 있다. PTSD는 피해자가 자신의 증상을 설명하고 정당화할 수 있도록 돕고, 정신보건 서비스 제공자가 정신보건 문제에 대처할 수 있도록 돕는다. 그러나 트라우마가 큰 고통을 일으키긴 해도 꼭 'PTSD'를 일으키는 것은 아니다. PTSD는 우리가 만든 것이며 다른 곳에서는 가치가 없을지도 모른다. 우리는 문화적으로 수용 가능하고 피해자를 탓하지 않는 방식으로 특정 고통을 이해하기 위해 PTSD를 만들어 냈다. 우리의 체면을 살리는 진단인 PTSD는 정신적 문제가 있는 사람들이 실제로 받고 싶어 할 수 있는 유일한 진단으로 꼽을 수 있다. 탄환 충격이라는 진단을 명줄처럼 고수하던 제1차 세계대전 때의 정신의학자 새먼이 오늘날 살아 있다면, PTSD를 탄환 충격의 후예로 인정할 것이다.

11

병에 대한 기대

일반적으로 치료 기능을 한다고 생각되는 문화 시스템이
반대의 결과를 낳기도 한다. 치료해야 할 병을 만드는 것이다.
—로버트 A. 한, '노시보 현상'(1997)

내가 토머스 인설과 만난 2014년
에 그는 아직 국립정신건강연구소NIMH 소장이었고, 정신건강 관리
의 장벽을 줄이기 위한 노력을 폭넓게 전개하고 있었다. 60대 신경
과학자이자 정신과 의사인 인설은 나이보다 훨씬 젊어 보이고 젊게
행동한다. 그는 진지하면서 서글서글한 성격에, 소년처럼 열정적으
로 자신의 의견을 피력하는 사람이었다. 그가 내게 말했다. "'낙인'은
정신건강 관리에서 아주 큰 문제 중 하나입니다. 군대와 아프가니스
탄, 이라크에 배치된 군인들의 상황을 봐야 합니다. 저는 군이 미국
의 다른 어느 부분보다 낙인 문제에 대처하기 위해 많은 일을 한다
고 생각합니다." 처음에는 그의 말을 믿지 않았다. 하지만 지금은 믿

는다.

미국의 전쟁 중 아프가니스탄과 이라크에서만큼 오래간 것이 없었다. 베트남전쟁은 종전 시기를 어떻게 보느냐에 따라 11년 또는 13년 동안 이어졌다. 그러나 오늘날 군에 입대하는 젊은이는 현재의 전쟁이 시작되었을 때 아마 태어나지도 않았을 것이다. 2001년 9월 11일 이후 병력 배치가 시작되어 거의 7000명의 군인이 사망했고 수십만 명이 부상이나 정신적 외상을 입었다. 이 부상병 중 상당수는 여성이다. 전투와 비전투의 경계가 모호하고 전선이 따로 없는 아프가니스탄과 이라크에서 여성들은 남성들과 마찬가지로 전투에 노출되고, 그래서 전투와 관련된 PTSD를 겪게 될 가능성이 높았다. 여성들은 성폭행의 결과로 PTSD를 겪게 될 가능성도 높았다. 무려 36퍼센트에 이르는 여성 참전 군인이 미군에서 '군 내 성적 트라우마MST'라는 것을 겪고 있다.[1]

긴 기간 때문에 이 전쟁들은 우리가 정신건강 관리 역량을 쌓은 다음 그동안 이룬 모든 것을 잊어버리는 반복적 순환의 고리를 끊었다. 평시가 없어서 망각할 기회가 없는 것이다. 이런 전쟁에 휘말린 군은 정신 질환과 낙인, 치료의 장애물에 맞춰진 초점을 유지할 수 있었다. 의사들은 전체 파병 주기에 걸쳐서 군인들을 대상으로 광범위한 설문 조사와 긴 면담을 실시한다. 정신건강자문단MHAT은 이라크와 아프가니스탄 전장에 관한 실시간 건강 평가를 보고하고, 군대의 연구자들은 『뉴잉글랜드저널오브메디슨』 같은 주류 학술지에 결과물을 발표하고 있다. 내가 월터리드육군연구소의 연구진 몇 명과 대화를 나눌 때 데브라 유릭 박사가 이렇게 말했다. "민간 사회에서는 우리가 뭘 하는지 모르고, 의학계에서 우리는 2류 시민이라는 생각이 가끔 들어요." 제프리 L. 토머스 박사는 그녀에게 이렇게 대답했다. "그래요, 하지만 지금은 상황이 달라졌잖아요. 우리가 논문을 쓰면 대중매체가 그걸 싣죠. 우리가 지금보다 더 인정받은 적이 없는 것 같습니다."

군이 대중화한 PTSD의 진단은 이제 일상어가 되었다. 내 제자 중 한 명은 경제학 수업에서 나쁜 점수를 받았다는 얘기를 하면서 이렇게 표현했다. "이제 경제학 수업을 다시는 못 듣겠어요. 그 수업이 저한테 PTSD를 안겨 줬어요." 나는 그녀의 수업에서 실제로 무슨 일이 있었는지, 수업에서 그녀의 성과가 어떤 식으로 지난 실패의 역사를 떠올리게 했는지 판단할 수 없다. 그러나 뒤따른 내 질문에 대답하면서 그 제자는 경제학 수업을 생각하거나 그 수업을 또들을 생각을 하는 것만으로 자신의 다른 일이나 사회적 관계에 어떤 문제가 생겼다고 말하지는 않았다. 악몽이나 스트레스의 신체적 증상이나 과다 각성도 없었고, 취미에 대한 관심을 잃지도 않았다. 그러니까 그녀가 PTSD 기준을 실제로 충족할 가능성은 별로 없다. 그럼에도 샌프란시스코주립대학의 심리학자들은 2016년 미국 대통령 선거를 마치고 두세 달이 지난 뒤 769명의 대학생 표본 중 25퍼센트 정도가 임상적으로 유의미한 PTSD 증상의 기준을 충족했음을 보여 주었다. 선거 결과에 대한 충격과 경악에 따른 증상으로는 침투적 사고(의지와 무관하게 원치 않는 생각이 계속 머리에 떠오르는 현상이

다.─옮긴이), 회피, 가까운 사회적 관계의 변화 등이 포함되었다.[2]

PTSD라는 말을 이렇게 자유롭게 쓰는 것을 전문가들은 부정적으로 본다. 심각한 상태를 사소해 보이게 하기 때문이다. 신경과학자이자 마운트시나이의대의 외상성 스트레스 연구 분과장인 레이철 예후다 박사를 브롱크스 VA의료센터에서 만났을 때, 그녀는 전반적으로 정신 질환에 대한 낙인이 줄어들어 만족한다면서도 몇 가지 우려를 표현했다. 당시 디자이너 케이트 스페이드와 유명 요리사 앤서니 보데인의 자살이 여전히 머리기사로 실렸는데, 그녀는 그들의 죽음에 대한 대중매체의 관심에서 상충되는 감정을 느꼈다. 그녀가 이렇게 말했다. "가끔은 우리가 낙인을 줄이는 데 너무 치우치지 않나 싶어요. 그래서 어떤 진단의 폭을 너무 넓히고, 어떤 정신 질환은 미화하기도 하죠. 심지어 자살까지 말이에요." 그녀는 PTSD가 너무 흔해져서 이제는 외상성 사건을 경험한 사람은 누구라도 병에 걸릴 것을 예상할지 모른다고 했다. 그러나 트라우마는 그 정의상 감정적인 어려움이다. "외상 후에 겪는 괴로움은 괜찮고 당연한 겁니다. 그 괴로움이 오래가고 삶의 다른 부분에 방해가 될 때만 병이 되죠."

내가 볼 때 그녀의 우려는 진짜 질환과 허구의 질환이 따로 있다는 것이 아니라 PTSD를 비롯한 몇몇 질환명이 고통과 불행을 정당화할 권리를 주장하는 방식이 되었다는 것이다. 그런 질환명이 없다면, 마치 그들의 불안이 유효하지 않고 손택이 한때 '병자들의 왕국'[3] 시민권이라고 부른 것을 못 받을 것처럼 생각하는 경향 말이다. 그러나 예후다가 지적하지 않은 사실이 있다. 그 왕국에서 정신 질환의 낙인으로부터 피난처를 제공하는 영역은 PTSD와 수수께끼 같은 걸프전 증후군GWS처럼 환자의 잘못이 없어 보이는 외부에서 오는 질병 등 극히 일부라는 사실이다.

　　　　　　　　인설이 내게 군진정신의학에 대해 좀 더 알아보라고 권하기 6년 전인 2008년, 피트 게런 육군성 장관이 군대의 자살률 증가에 대해 이야기하기 위해 NIMH에 있는 인설에게 전화했다. 당시 게런은 장관이 된 지 1년이 좀 못 되었는데, 미국 상원에서 장관 임명을 확정한 순간부터 자살과 낙인이 그에게 가장 중요한 문제였다. 군인들이 정신건강 관리를 받으면, 동료들의 신뢰를 잃거나 나약한 사람으로 보이거나 승진이 안 되거나 심지어 퇴출될까 봐 두려워한다는 것을 보여 주는 연구 자료가 많았다. 2004년에 실시된 중요한 연구에서, PTSD와 우울증 증상을 보인 병사와 해병대원 중 누구에게든 (심지어 군목에게라도) 정신보건에 관해 도움을 구한 경우는 절반도 안 되었다. 정신보건에 대한 미군의 연구를 총괄한 찰스 호그는 이렇게 말했다. "그들이 도움 청하기를 피한 주된 이유는 낙인이었다."[4]

어떤 이들은 낙인의 책임이 군 지휘관에게 있다고 본다. 해마다 자그마치 19만 명의 신병이 미 육군이나 예비군 또는 주 방위군에 입대한다. 월터리드육군연구소의 폴 김 박사는 이렇게 말한다. "학군단에서건 육군사관학교에서건 훈련소에서건 신병이 도착하는 순간부터 지휘관은 변화의 동인이나 장애의 동인일 수 있다." 퇴역한 공군 조종사이자 군목인 로버트 서튼 대령은, 전투에서 폭력에 직접 노출되지 않은 사람들의 정신보건 문제를 무시하는 지휘관도 있다고 내게 말했다. "사실은 전투에 실제 참가한 사람들 가운데 총에 맞거나 총을 쏘는 경우는 극히 드뭅니다." PTSD를 앓는 한 참전 군인은 낙인이 지속되는 것에 대해 또 다른 이론을 가지고 있었다. 그는 군대가 낙인을 실제보다 부풀려 생각하고 있으며 '정신보건 관리 서비스를 너무 적게 제공한다는 이유로 비난받지 않기 위해 낙인을 구실로 이용한다'고 내게 말했다.

21세기가 도래할 무렵, 여러 해 동안 사회의 다른 부문보다 낮았던 군대 내 자살률이 꾸준히 올라갔고, 게런이 육군성 장관에 취임한 2008년쯤에는 (10만 명당 20.2명 대 19.2명으로) 민간인의 자살률을 뛰어넘었다. 군대 안팎에서 자살한 군인들은 대개 첫 시도에서 성공했기 때문에 정신보건 전문가의 치료를 전혀 받지 못했다. 그로부터 불과 4년 뒤인 2012년에 군대 내 자살률은 10만 명당 30명을 넘었다.[5] 이렇게 높은 자살률의 결과로 그리고 군대 내 정신 질환 발생률을 줄이려는 시도로, 육군이 양극성 장애(조울증)나 약물 남용 같은 문제가 있던 일부 군인들의 입대를 허용한 면제 프로그램을 종료하기로 했다.

게런과 인설은 (미 육군에서 5000만 달러, NIMH에서 1500만 달러를 들여) 6500만 달러의 초기 비용으로 사상 최대 규모의 군 정신보건에 대한 연구를 실시하는 데 합의했다. 인설은 이 연구를 종단적 프래밍험 심장 연구에 비유했다. 매사추세츠 프래밍험에 사는 사람들의 심장병을 조사했기 때문에 이런 이름이 붙은 프래밍험 연구는 5000명 이상을 대상으로 1948년에 시작해 여전히 진행 중이다. 게런과 인설은 군인들의 정신건강, 특히 PTSD에 대해 이런 모니터링을 원했고, 이 프로젝트에 '군인들의 위험 및 회복력 평가를 위한 육군 연구Army STARRS'라는 이름을 붙였다.

STARRS 연구자들은 2004~2009년에 현역으로 복무한 군인 130만 명에 관한 데이터를 수집하고, 2009~2014년에 군사작전 현장과 병원에서 10만 명이 넘는 군인들의 정신건강을 추적했다. 파병 경험이 있거나 없는 다양한 연령대의 군인들이 연구 대상에 포함되었다. 이 새로운 STARRS 종단 연구STARRS-LS는 2014년부터 군인들에게 비밀 보장을 약속하고 시간 경과에 따른 정신건강 결과에 집중해 장기적인 설문 조사를 했다. 결과는 대부분 특별할 것이 없었다. 예컨대 남성이 여성보다 자살을 많이 시도한다, 입대 후 적응할 겨를도 없이 곧바로 파병된 군인은 조금 늦게 파병된 군인보다 자살 위험이 높다, 과거 2년 안에 강등당한 군인의 자살 위험이 높다는 것 등이었다.

STARRS 설문 조사 결과가 놀랍지는 않아도 여전히 우려스러웠다. 파병되지 않은 미 육군 장병 중 21퍼센트가 불안·침울·파탄적 행동·약물 장애의 기준에 부합했고, 11.1퍼센트는 두 가지 이상의 장애가 있었다. 그리고 이런 장애의 75퍼센트는 입대 전에 시작되었다.[6] 또 다른 연구에서는 충동적인 분노와 공격성이 특징인 간헐적 폭발성 장애IED가 가장 흔한 입대 전 상태였으며 비율 면에서 민간인보다 여섯 배나 높았다.[7] 달리 말하면, 수천 명의 군인들이 정신 질환을 숨기거나 간과한 채로 입대 선별검사를 통과한 것이다. 그리고 이라크·아프가니스탄 재향미군회가 지적하는 것처럼, 일단 입대하면 '자가 진단을 하고 도움을 구하는 책임은 해당 군인이나 참전 군인에게' 있다.[8] 군인이 도움을 구해도 빠르게 도움받을 수 있는 것은 아니다. 현재 아프가니스탄에서 시급하게 정신과 치료를 받아야 할 미군이 심리학자나 정신과 의사를 보려면 평균 40시간은 기다려야 한다.[9]

PTSD 진단을 받은 많은 군인이 다른 정신 질환이 있거나 폭력적인 양육 탓에 다른 트라우마를 경험했을 수도 있다. 그러나 이들의 정신건강 평가에서, 그런 트라우마는 복무 중에 발생한 트라우마로 대체되는 경향이 있다. 더욱이 가능한 여러 진단이 있을 경우, PTSD가 주 진단이 되었다. PTSD는 혜택을 받기 쉽게 하고 치료의 장벽인 낙인을 줄이는 동시에 어느 정도 명예를 주는 3중의 매력이 있다.

상대적으로 낙인이 적은 새로운 진단이 혜택을 준다면, 사람들은 많은 경우 그 진단을 기꺼이 받으려고 한다. 인류학자인 아드리아나 페트리나는 '생물학적 시민권'이라는 말을 통해, 우크라이나에서 일어난 체르노빌 원자력발전소 재앙의 생존자들이 체르노빌 피해자를 위한 보건 및 재정 지원의 자격을 얻기 위해 방사선 노출과 관련된 진단을 받으려고 얼마나 애썼는지를 설명했다. 미국에서 GWS 같은 정체성에 기반한 질환의 동향에서 볼 수 있는 것처럼, 우크라이나 사람들은 자신의 존재감을 드러내기 위해 그리고 경제적으로 불안정한 시기에 금전적 보상을 받기 위해 정체성과 생물학을 융합했다. '공공연하게 병든 것'의 심리적, 물질적인 혜택이 있었다.[10] 체르노빌과 관련된 오염 주장처럼 PTSD는 그것을 새로 진단받은 사람이 그전에 건강했음을 암시한다.

따라서 PTSD는 삶의 궤적에 그릇된 경계를 만든다.[11] PTSD가 군인의 나머지 삶과 분리해서 생각되는 경향이 있기 때문에, PTSD의 치료는 일반적으로 증상을 다룰 뿐 그 뒤에 있는 (증상의) 장기적 전개 이유는 다루지 않는다. 역사적인 관점이 없다면, 똑같은 트라우마에 노출되었을 때 왜 어떤 사람은 PTSD 증상을 겪고 다른 사람은 안 겪는지를 다루기 어려워진다. 군 정신과 의사였던 랜스 클로슨은 내게 PTSD 진단이 군인이 낙인이라는 장벽을 극복하고 치료를 시작하는 데 도움을 줄 수 있을지는 몰라도 의사가 군인을 **어떻게** 치료할지를 파악하는 데 꼭 도움이 되는 건 아니라고 말했다.

예를 들어, 파병된 적이 없는 행정병을 상상해 보자. 친구가 이라크전쟁에서 죽은 뒤 그는 친구의 상실뿐 아니라 친구의 사망에 대해 알게 된 충격적인 사실들 때문에 고통스러워한다. 수면 장애와 불안, 때로는 호흡곤란을 겪고 PTSD 치료를 위해 정신과 의사를 찾는다. 그러나 의사는 자신이 그 병사의 배경을 깊이 파고들면 증상을 촉발했을 수 있는 군 복무 이전의 증거, 어쩌면 병사의 어린 시절 학대나 우울증과 불안장애 전력을 폭로할 위험이 있다는 것을 안다.

환자의 정신건강에 영향을 준 전력이 없다면 PTSD 진단이 어떤 치료에 대한 보장을 정당화할 수 있지만, 그러면 환자는 일반적으로 수용되는 기준을 실제로 충족하지 않고 다른 진단만큼 치료에 유용하지 않을 수 있는 진단을 받게 된다. 모든 진단의 가치는 그것이 환자에게 무엇을 제공하느냐에 있다. APA는 PTSD가 전에는 '정상'이었던 사람들에게만 진단되는 질환이 아니라고 오래전에 밝혔는데도, 군대 내 많은 질환이 계속 PTSD로 환원되고 있다. PTSD가 그렇게 광범위해서 사람들이 거기에 속하는 많은 심리적 증상들에 부합할 수 있다면, 자폐증이나 강박장애적 행동이나 성별 불쾌감같이 PTSD에 부합하지 않는 특징이 있는 사람은 어떻게 되는가도 똑같이 문제가 된다. 이런 특징 때문에 치료 거부나 제대 조치를 당하는 것이 과연 정당한가?

PTSD가 현역 군대에서 가장 흔한 정신과 질환은 아니다. 가장 흔한 질환은 약물 남용이고 우울증이 그 뒤를 따른다. 우울증은 참전 군인들 사이에서 가장 흔하게 보고되는 질환이기도 하다.[12] PTSD는 군인들의 의료 기록에 가장 빈번하게 등장하고 대중매체에서 가장 자주 이야기하는 질환일 뿐이다. 군인이 엘리트일수록 본인의 기록 내용에 많은 영향력을 행사한다. 익명을 조건으로 한 군 정신과 의사는, 워싱턴 DC 외곽에 있는 월터리드군병원에 입원한 미 육군 특전대의 군인들이 자신의 의료 기록을 검토하고 수정을 요구할 수 있으며 가끔 다른 진단명을 PTSD로 바꾸기도 한다고 말했다. 재정적 능력이 있는 군인들은 병적부에 정신 질환이 기록되는 것을 피하기 위해 종종 사비를 들여 민간 부문에서 정신건강 관리를 받기도

한다. 또한 민간 부문 관리를 감당할 수 없는 군인들에게 부대 밖에서 무료로 단기 정신건강 관리를 받을 수 있는 방법이라고 홍보되는 밀리터리원소스를 국방부가 운영한다.

남녀 군인들이 복무 중에 얻게 된 질환을 치료한다는 군진의학의 이상과 충분한 군인을 모집하기 위해 씨름해야 하는 모병제에 기반한 육군의 현실 사이에는 분명히 괴리가 있다. 특히 다른 고용 기회가 많은 호황기에는 더욱 그렇다. 2017년 9월, 심각한 병력 부족에 직면한 미 육군이 자해와 기분장애, 약물 및 알코올 남용 또는 의존 전력이 있는 남성과 여성이 입대 제한 규정 면제를 신청할 수 있도록 하는 프로그램을 부활시켰다. 육군이 면제 프로그램을 정신 질환의 낙인을 줄이기 위한 방법으로 정당화하지 않았지만, 분명 그런 결과를 얻을 수 있었다. 오래전에 약물 남용 문제와 씨름해서 극복한 사람의 입대를 금지하는 규정의 완화는 과거의 정신 질환이 영원한 낙인이 아님을 암시한다. 그것은 또한 군대가 모병할 때 '과거의 모습을 깨고 새로운 존재로 거듭난다'는 이데올로기를 완화하고 있다는 뜻이다. 입대 전에 그런 정신 질환을 인정한 것이 나중에 PTSD 증상이 생겼을 때 정신과 치료에 접근할 권한에 영향을 줄지는 시간이 답해 줄 것이다.

미군은 정신건강 관리에 대한 장벽을 줄이기 위해 몇 가지 전략을 동원하고 있다. 예를 들어, 2007년에 미 해군은 수병들이 파병 후 해마다 건강 평가를 위해 방문해야 하는 파병 건강 진료소 열세 곳을 세웠다. 그 전에는 정신건강 시설과 신체건강 시설이 다른 위치에 있었다. 해군은 같은 장소에서 정신과 서비스를 통합하면, 군인들이 정신과에 들어가는 것이 눈에 띄어 낙인찍힐 걱정을 할 필요가 없기 때문에 정신건강 관리가 쉬워질 거라고 생각했다. 이런 방식의 이점은 치료에 종종 부정적 영향을 미치는 정신과 육체의 분리를 피하는 것이다. PTSD를 앓는 군인들은 감정적 어려움뿐만 아니라 호흡곤란을 포함해 많은 육체적 증상도 겪을 수 있다. 더욱이 민간인 연구에서 PTSD는 다른 정신 질환처럼 흡연, 약물 남용, 성적인 모험 및 심각한 의료 문제를 일으킬 가능성을 높이는 행동들과 연관되어 있다.

정부가 관리의 장벽을 줄이는 또 다른 전략은 미국 인사관리처 표준 양식 86을 수정하는 것이었다. 비밀 취급 인가를 원하는 사람이 작성하는 이 양식에는 신청자가 '감정적이거나 정신적인 문제'를 치료받은 적이 있는지에 대한 질문이 포함되었다. '예'라고 답한다고 해서 신청자가 반드시 인가받지 못하지는 않아도, 이 질문은 분명 정신과 치료가 불리하게 작용할 수 있음을 보여 준다. 그러나 2008년부터는 신청자들이 '전투 환경에서 군 복무를 한 후 적응'을 위해 또는 폭력과 무관한 결혼이나 가족, 슬픔의 문제 때문에 정신건강 관리를 받은 경우 이 질문에 '아니요'라고 답할 수 있다. 달리 말해, 대부분의 군인들이 정신건강 관리 때문에 비밀 취급 인가를 받는 데 불이익이 있을까 봐 걱정할 필요가 없다. 찰스 호그는 '살면서, 특히 전투 또는 대인 관계와 관련해 상담이 필요한 상황이 있다'[13]는 뜻이

전달되기를 바란다.

2011년에 육군 참모차장인 피터 치아렐리 장군이 낙인을 줄이는 가장 좋은 방법은 PTSD에서 'D'를 빼는 것이라고 주장하기 시작했다. 그가 '장애Disorder'를 두고 '그것은 입에 담을 수 없는 말'[14]이며 '그것이 사람들이 필요한 도움을 얻는 데 어떤 식으로든 방해가 된다면, D를 빼야 한다는 것이 분명해 보인다'[15]고 말했다. 그리고 시민단체와 비영리단체에서 활동하는 지지자들이 '장애'라는 단어가 나약함을 암시한다는 데 동의하며 'PTSD는 총상처럼 전장에서 입은 상처'[16]라고 말했다. 그러나 PTSD를 앓는 군인은 상이군인에게 수여하는 퍼플하트 훈장을 여전히 받지 못한다. 육군 의무감 에릭 스쿠메이커 장군은 PTSD가 정상적인 반응이라며 이렇게 물었다. "그것이 **정상**이라면, 왜 **장애**라고 부르는가?"[17] 그러나 APA는 DSM의 2013년 개정판인 DSM 제5판에서 그 이름을 고수했다. '장애'라는 단어를 제거하면 환자들에 대한 보험 보장이 제한될까 봐 걱정했기 때문이고, '스트레스'는 정신 질환에 영향을 미치지만 그 자체로 진단이나 치료가 가능한 질환이 아니기 때문이다.

다른 지도자들은 큰 비용을 들여 파병 전 회복력 프로그램을 개발하는 데 집중하지만, 비판적인 사람들은 그런 프로그램이 있는데도 전투에서 돌아온 뒤 PTSD를 앓게 되면 낙인이 더 커진다고 주장한다.[18] 프로그램을 마쳤는데도 회복력이 없다면, 몇몇 군인들은 자신에게 정말로 결함이 있다고 생각할 것이다.

이런 노력들 중 어떤 것이라도 치료 장벽이나 자살률을 줄이는 데 효과를 내고 있는지는 분명하지 않다. 2004년부터 군의 정신건강자문단이 정신 질환에 대한 조기 개입을 촉진하고 낙인을 줄이기 위한 노력들에 대한 연례 평가를 발표하는데, 이 평가는 정신건강 관리에 대한 인식이 크게 바뀌지 않은 것을 보여 준다. 군인들이 상담할 마음이 얼마나 있는지를 확인하는 설문 조사로 측정한 낙인의 정도는 자문단의 모든 평가에서 일정한 편이고 2008년에만 살짝 낮아졌다가 다시 예전 수준을 회복했다. 킴 박사는 이렇게 말했다. "우리는 실망했습니다. 그렇게 대대적으로 낙인 방지 캠페인을 벌였으니까요." 서튼도 자살률을 줄일 수 없다는 데 좌절감을 표현했다. "군의 훈련 모습, 의사와 지휘부의 소통 방식, 지휘관이 병사들과 소통하고 문제 있는 병사와 접촉을 유지하며 상태를 추적하는 방식을 보면 그야말로 그들이 해야 할 모든 일을 한다는 걸 알 수 있습니다. 그런데 실제 효과를 보았을까요?"

작가 서배스천 융거는 아프가니스탄 동부의 전투에 대해 이야기하며 '대대 정신과 의사들의 엄청난 감시' 속에서도 군인들이 얼마나 깊은 충격을 받았는지를 밝혔다. 자신을 '엉망진창'이라고 표현한 병사를 돕는 상담사는 그 병사가 긴장과 불안을 해결하기 위해 흡연을 시작했다고 말했다. 군인들은 대부분 파병이 끝날 때까지 정신건강 관리를 미루기 위해 뭐든 할 거라고 융거가 말한다. 그러나 그가 묘사하는 부대 중 하나인 전투 중대는 너무도 강렬한 전투를 경험했기 때문에 '아프가니스탄에서 복무 기간이 끝날 무렵, 추정컨대 중

대 인원의 절반이 정신과 약을 복용'했다.[19]

그러나 융거가 추적한 병사들은 특히 쉽게 정신 질환에 걸리고 증상을 보고할 만한 몇 가지 이유가 있었는데, 그는 그런 이유를 언급하지 않는다. 첫째, 그들은 젊었다. 대다수의 정신 질환은 분명한 임상 발현이 있기 한참 전부터 질환의 씨앗이 존재하다가 사춘기 말기에 나타난다. 그래서 군 정신과 의사들은 자신의 분야에서 최고의 의사는 소아 정신의학 수련을 거친 의사이며 18, 19세 남자는 임상적 관점에서 아직 소아라고 말한다. 둘째, 많은 군인이 다른 환경에서 성장했으며 그들이 일반적 정신 질환에 걸리기 쉽게 하는 심리적 어려움을 얼마든지 겪었을 수 있다. 셋째, 정신의학 인프라가 많을수록 군인들이 그것을 활용할 가능성이 높다. 전투 중대의 정신건강 관리는 어느 정도 정상적인 것이 되었다.

전투 중대의 많은 군인이 정신과 치료를 받으려 한 것이 나로서는 놀랍지 않다. 정신과 의사가 있으면 더 많은 군인이 자신의 정신과 문제에 민감해져서 (주의 깊게 보지 않으면 치료받지 않고 넘어갈 만한 가벼운 문제는 특히) 도움을 구할 확률이 높고, 그러면 당연히 더 많은 사람이 실제로 아픈 듯 보일 것이다. 이와 동시에 정신과 의사는 치료해야 할 문제를 적극적으로 찾을 것이다. 심리학자들은 종종 이런 인지 편향을 '망치의 법칙'이라고 부른다. '망치를 든 사람에게는 모든 게 못으로 보인다'는 아주 널리 알려진 법칙이다. 전투 중대의 건강을 관찰하기 위해 노력하는 의사가 소화기나 두통 전문가라면 소화기나 두통 증상이 더 많이 보고되었을 수 있다. 군 정신과 의사 찰스 엥걸의 말로는 전쟁들 사이의 변화가 특정 증상의 유병률보다는 '군인과 참전 군인이 증상을 보고하는 조건과 의사를 비롯한 의료인들이 그것을 해석하는 방식'[20]에서 더 크게 나타난다.

군인의 과거와 현재의 모호한 관계는 GWS에서 두드러졌다. GWS는 '사막의 폭풍 작전'(1991) 중에 생긴 상태로, 피로·두통·위장과 호흡기 장애·피부병 등이 특징이다. GWS에 걸린 군인들은 주로 페르시아만에 파병된 미군 70만 명과 영국군 5만 명이었다. 쿠웨이트에서 몇 달 간 공습이 있고, 1991년 2월에 짧은 지상전이 4일 동안 벌어졌다.

PTSD와 마찬가지로 GWS는 직접적인 전투 경험이 없는데 이상을 겪은 군인에게 비교적 낙인이 덜한 진단이 되었다. 여전히 GWS가 백신 실험 탓이고 쿠웨이트에서 (지상전이 벌어진) 4일 동안 독성 물질에 노출된 결과라고 주장하는 사람들이 많지만, 내가 이 책을 쓰기 위해 인터뷰한 군의관들은 1차 걸프전이 시작되기 전인 1980년대에 서아시아에서 돌아온 군인들도 비슷한 증상을 보고했으며 당시에는 그 증상에 대한 이름이 없었을 뿐이라고 말했다. GWS에 걸린 군인들과 마찬가지로 그들 중 상당수가 종종 어린 시절에 시작되는 정신장애 전력이 있었다. 서아시아에 파병된 결과로 성관계가 고통스러워졌다고 보고한 여성 군인들도 입대 전후에 성폭행을 당한 전력을 밝힌 경우가 많다.

클린턴 대통령의 명령으로 작성된 광범위한 보고서는 GWS 증상이 실재하지만(즉 군인들이 실제로 고통받지만), 그것의 원인이 스트레스일 가능성이 높다고 결론 내렸다. 연구자들은 신경가스나 생물무기, 살충제, 백신, 열화우라늄, 불타는 유정에서 나오는 연기 때문에 그런 증상이 생겼을 수 있다는 증거를 찾지 못했다.[21] 그러나 비록 스트레스가 원인이라도, GWS의 증상이 정신적이기보다는 신체적이기 때문에 PTSD의 기준에 부합하지 않았다.

그런데 왜 이 군인들은 GWS를 겪었을까? 지상전 전후에, 그들은 화학적 노출과 신체 증상에 대한 경고를 자주 들었다. 그들은 사담 후세인의 화학무기 살포를 두려워했고, 남들에게 들은 예상 증상을 찾았다. 공중보건 전문가들은 이 과정을 설명하기 위해 '플라시보(위약)'와 반대되는 '노시보(위독약)'라는 말을 가끔 쓴다. 플라시보는 투여하면 상태가 좋아진 것처럼 느끼게 하는 가짜 약(알약이건 주사제건, 연고건)이다. 반면에, 노시보는 아픈 것처럼 느끼게 하는 가짜 약이다. 한 무리의 사람들에게 조금 전 그들의 사무실 건물에서 적은 가스 누출이 감지되었다며 호흡곤란이나 어지럼, 두통, 욕지기 같은 증상을 겪게 될 거라고 거짓말을 한다고 가정하자. 십중팔구 몇몇 사람은 이런 증상을 겪을 것이다. 자기 몸에 신경을 집중해 해당 증상을 찾을 것이기 때문이다. 어쩌면 이 책의 독자들도 앞의 두 문장을 읽는 동안 자신의 호흡은 어떤지 생각하게 되거나 두통이 있다고 깨달을 수도 있다. 심리학자들이 말하는 이 주의 편향은 딱히 의학적으로 발견된 것이 없는데도 증상을 겪는 경우를 설명하는 데 도움이 된다.

미국 보훈부의 보건기록에 따르면, 사막의 폭풍 작전에 참여한 7만 명 가까이 되는 병력 중 약 1만 5000명이 의학적으로 설명할 수 없는 신체적 문제를 계속 겪었다.[22] 포괄적 임상평가 프로그램에서 실시한 별도의 연구에서, 미 국방부는 이와 같은 사례 1만 3000건을 발견했다.[23] 전쟁 구역에 있던 군인들은 전쟁 구역 밖에서 걸프전에 참가한 군인들보다 훨씬 높은 비율로 설명되지 않는 증상을 겪었다. 그러나 연구를 거듭해도 GWS 증상의 생물학적 근거를 발견하는 데 실패했다.

영국에서는 BBC가 걸프전에 참가한 미군의 GWS에 관한 프로그램 두 편을 방송한 1993년 여름까지는 ('걸프 관련 질환'으로 알려진) GWS가 나타나지 않았다.[24] 그때까지 영국 정부는 1차 걸프전에 참가한 군인들 중 GWS 증상을 호소하는 사람에 대한 기록이 없었다. 그러나 두 번째 프로그램이 방송된 직후, 정부가 의사인 빌 코커 중령을 진료 의뢰 담당자로 지명했다. 2001년 무렵에는 그의 의료 평가 팀에 등록된 영국의 걸프전 참가 군인이 약 3000명에 이르렀고, GWS가 유행병 수준에 이른 것 같아 보였다.[25] 학자인 일레인 쇼월터는 이렇게 쓴다. 유행병이 길게 이어질수록 "당사자들이 그것이 진짜라고 믿어야 할 필요성이 커진다. 어떤 의미에서 그들은 자신의 명예와 진실성이 걸려 있다고 느낀다. …… 대중매체에서 그 내용을 다룰 때마다 외적 원인과 '마법의 탄환' 치료법을 찾는 데 점점 더 감정적으로 몰입하는 새로운 환자들이 모여든다".[26]

랜스 클로슨은 GWS가 의심되는 모든 남성과 소수의 여성에게 또는 실험실 시험으로 신체적 이상에 대한 기질적 원인을 발견할 수 없는 사람에게 SCID(DSM을 위해 구성한 임상 인터뷰)라는 몇 시간짜리 표준검사를 실시하도록 지시한 의사들 중 한 명인데, 내게 이렇게 말했다. "그들은 정말로 고통스러워했습니다. 하지만 우리는 그들이 왜 고통스러워하는지 알 수 없었죠." 그와 동료들은 전에 만난 적이 없고 앞으로 다시 볼 가능성도 없는 사람들에게 10여 차례 SCID를 실시했다. 클로슨 박사는 "SCID는 우리가 심리적 증상을 신체적 증상에서 분리하는 데는 큰 도움이 되지만, 신체적 증상의 심리적 **의미**를 파악하는 데는 적합하지 않았습니다. 그 방법은 시간과 치료와 대화가 필요하고, 환자들은 종종 우리가 자신을 '미쳤다'고 볼 거라고 생각했죠. 이건 제 말이 아니라, 우리가 그들에게 살아온 얘기를 들려 달라고 했을 때 그들이 한 말입니다."

월터리드군병원에서 한 참전 군인은 성기 부위에 자리를 옮겨 다니는 혹이 있어서 고통스럽다고 호소한 뒤 비뇨기과와 영상의학과 검사를 받았다. 아무것도 발견하지 못하자 두 과의 전문의들은 정신과에 진료를 의뢰했다. 클로슨은 말했다. "그 환자는 혹이 있다고 확신했지만, 아무도 혹을 찾을 수 없었습니다. 그는 화를 냈지요. 우리가 뭘 할 수 있을까요? 환자는 자신이 사막에서 흡입한 어떤 것 때문에 혹이 생겼다고 확신하면서 자기 문제가 정신의학적인 것이라고 생각하기를 거부합니다. 우리가 그 환자는 사막에서 뭔가가 일으킨 신체적 장애가 있다고 말해야 할까요? 만일 그렇게 하면, 우리가 완전히 정직한 것일까요? 하지만 그렇게 하지 않으면, 치료받아 마땅한 그 환자가 자신의 문제에 대해 정신과에서건 다른 과에서건 치료받을 자격이 없어질지도 모릅니다."

많은 걸프전 참가 군인들이 GWS가 '설명되지 않는다'는 결론에 분개하며 그런 표현이 마치 '정신병의 암호'인 것처럼 반응한다.[27] 그들은 또한 GWS가 있는 참전 군인들이 GWS가 없는 참전 군인들과 다른 어떤 것에 노출되었다는 역학적 증거가 별로 없다는 사실에도 분개한다. 여기에 낙인의 원천 중 하나가 있다. 어떤 증상을 심리학적으로 설명하는 것이 곧 질환을 부정하는 것이라는 가정이다. 한 연구 집단이 이렇게 지적했다. "참전 군인과 의료인 들은 걸프전 참가 군인의 신체적 증상이 심인성으로 여겨지는 것을 바라지 않는다. 그럼 아픈 참전 군인을 스트레스에 예민하게 반응하는 '정신 질환의 신체화 환자'로 낙인찍는 결과를 낳을 수 있기 때문이다."[28] 그들은 또한 순전히 심리적 요소에만 초점을 맞추다 보면 실제 독성 노출의 영향을 감지하지 못할 수 있다고 경고한다.

엥걸 박사는 걸프전이 끝나고 5년 뒤인 1996년 여름에 미국 국방부가 (걸프전에 참가한) 그를 포함해 수만 명의 군인들에게 편지를 보내 그들이 1991년에 치명적인 화학물질에 노출되었을 수도 있다고 알린 것을 기억한다. 여기에는 치명적인 신경가스 사린과 사이클로사린도 포함되며 미국이 이라크 남부 카미시야의 무기저장고를 폭파했을 때 대기 중에 방출되었을 가능성이 있었다. 조사관들은 네바다에서 몇 개월간 연기 기둥과 로켓 파괴 모델링을 실시한 뒤 카미시야에서 발생한 연기 기둥이 아마 애초 생각보다 멀리 이동했을 거라고만 결론 내렸다. 그 시설이 불탈 때 사망한 군인이 없지만, 의사들은 장기적으로 건강상 영향이 있을 가능성을 배제하지 않았다. 화학물질 노출 시기인 1991년 3월 10일부터 1995년 9월 30일에 이르는 시기에 '어떤 이유로든' 병원에 입원한 사례를 꼼꼼히 연구한 결과, 연구자들은 화학물질에 노출된 군인과 그렇지 않은 군인들 간에 입원과 관련해 어떤 차이도 발견하지 못했다. 그럼에도 엥걸은 1996년에 그 편지를 보낸 뒤 '등록부에 보고된 증상이 크게 급상승한 것을 보았다'고 말했다. 여기서 '등록부'란 포괄적 임상평가 프로그램을 말한다. 이보다 더 최근 연구도 연기 기둥에 노출된 참전 군인과 다른 참전 군인 간 사망률 차이가 없음을 보여 주었다.[29]

많은 참전 군인이 GWS가 정신의학적 상태라는 생각에 계속 반대하고 있다. 많은 GWS 피해자가 GWS는 PTSD와 증상이 다르다며 발진, 실금, 호흡기 질환, 신경병증을 비롯한 여러 증상이 심인성일 리 없다고 믿는다. 그러나 사실 정신적 고통은 종종 발진이나 두드러기, 건선, 여드름, 발기부전, 기침, 설사, 변비, 복통, 고혈압·저혈압과 관련 있다. 소화기계 증상이 정신 질환에서 무척 흔하게 나타나기 때문에 어떤 의사들은 장을 '제2의 뇌'라고 부른다. 또한 스트레스는 비간질성 발작이나 떨림, 시각장애, 요통, 보행 이상으로 이어질 수 있다. 사실 미국과 영국에서 불안장애와 우울증처럼 흔한 정신장애가 있는 사람들 중 대다수는 정신적 고충을 호소하지 않았다.[30] 그들은 대부분 1차 진료 의사에게 가고, 의사들은 환자의 신체적 증상을 치료하려고 한다. 환자가 자신의 문제를 적어도 부분적으로는 정신적인 문제라고 표현하지 않는 이상, 의사는 환자가 불안하거나 우울한지를 알아차리지 못할 것이다.[31]

정신적 증상을 포함한 모든 증상은 (환경 스트레스에서 비롯했어도) 생물학적 요소가 있고, 많은 생물학적 현상에도 정신적 요소가 있다. 얼굴이 붉어지는 것처럼 단순한 증상만 봐도 그렇다. 이런 증상이 불편한 사회적 상호작용에 따라 또는 때로 그런 상호작용을 상상만 해도 생긴다는 데 대부분의 사람들이 동의할 것이다. 사람이 당황하면 화학물질과 호르몬이 작용해 혈관이 팽창하고 혈액이 피부 표면으로 모이고 몸이 차가워진다. 심장박동 수도 늘어난다. 더욱이 과학자들은 정신의학적 상태와 일반적 스트레스 요소가 다양한 의학적 질환의 심각한 위험 요소라는 것을 거듭거듭 입증해 왔다.[32]

그리고 군진정신의학이 우리에게 뭔가를 가르쳐 주었다면 남북전쟁의 향수병과 병사의 심장soldier's Heart, 제1차 세계대전의 탄환 충격, 제2차 세계대전의 전쟁 신경증 그리고 걸프전 증후군과 지금 PTSD에 이르기까지 전쟁의 스트레스에서 비롯한 질환의 양상이 다양하다는 것이다. 모든 전쟁에 고유한 증후군이 있다.

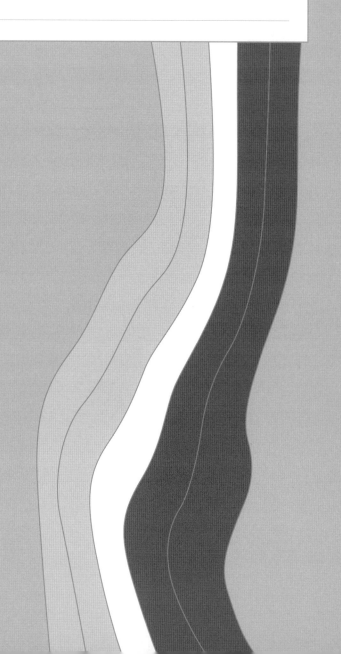

3부

육체와 정신

12

비밀 말하기

> 페르세우스는 자신이 사냥한 괴물들이 그를 보지 못하도록
> 마법의 모자를 썼다. 우리는 괴물이 있다는 것을 부정하기 위해
> 마법의 모자를 끌어내려 우리의 눈을 덮는다.
> ―카를 마르크스, 『자본론』 1권(1867)

플라톤은, 아마도 그의 가장 유명한 우화에서, 죄수들이 태어날 때부터 사슬에 묶인 채 어둠 속에서 살아가는 동굴을 상상했다. 벽을 마주한 죄수들은 고개를 돌리지도 못하기 때문에, 뒤쪽에 있는 모닥불 앞을 걷는 사람들이 만들어 낸 그림자만 볼 수 있다. 그래서 이 죄수들은 그림자를 드리우는 사람이 아닌 그림자를 실체로 생각할 거라고 플라톤은 말한다.[1] 이 잔인한 우화는 우리를 겸허하게 만들고, 우리가 실재와 표상 사이 가느다란 경계를 볼 수 있도록 도우려는 의도를 담고 있다.

그림자와 마찬가지로 정신 질환의 낙인은 우리에게 지각과 지식에서 시각의 중요성에 대해 말한다. 우리가 보는 모든 것이 그것을

보는 방식의 영향을 받기 때문에, 순수한 시각이란 환상이다. 플라톤이 상상한 죄수들처럼 우리는 항상 다른 **어딘가에서** (앞이나 뒤건 동서남북이건, 시간이 지나면서 우리가 학습하고 당연시하는 문화적 범주이건, 어떤 사람이나 기관이 우리를 위해 설계한 방식으로건 간에) 뭔가를 본다. 나는 자동차로 여행하면서 수평선만 펼쳐진 광활한 경관 속에서 관광객에게 어디를, 무엇을 봐야 할지 알려 주는 '전망 좋은 곳'이라고 적힌 표지판이 곳곳에 세워진 무정형의 풍경을 볼 때 이런 사실이 종종 떠오른다.

수십 년 동안, 심각한 정신 질환과 발달장애가 있는 사람들은 사실 보이지 않는 존재였다. 우리는 그들을 보거나 그들과 상호작용할 필요가 없도록 그들을 정신병원이나 공립 병원에 보냈고, 실제 사람이 아닌 '조현병자'나 '백치' 같은 증상과 범주로 상상했다. 나머지 우리는 마치 플라톤의 죄수들처럼 의사와 과학자 들이 아프고 고통받는 사람들에게 드리운 그림자만을 보았다.

19세기 말과 20세기 초 미국에서 정신적·신체적 장애가 있는 사람들은 서커스에서 신기한 구경거리가 되거나 '자연의 실수'로 전시되지 않는 한, 대체로 대중의 눈에서 숨겨졌다. 이른바 '어글리 법'이 그들에게 눈에 띄지 않는 존재가 되도록 강요했다. 사람들은 자신의 질환과 전쟁의 상흔까지 친구와 친척에게 숨겼고, 의사들은 종종 환자가 자신의 실상을 직면하는 괴로움을 겪지 않도록 거짓말을 했다. 1970년대에 손택은 저명한 종양학자가 자신의 암 환자 중에 자기 상태를 아는 사람이 10퍼센트 미만이라는 말을 했다고 썼다. 그들은 그저 자신이 죽어 가고 있다는 것만 알았다.[2] 배우, 운동선수, 정치인 들은 자신의 질병이나 장애가 어느 정도인지를 숨기려고 최선을 다했다. 루 게릭처럼 자신의 질병을 강인함이나 품위 또는 위엄을 보여 주는 발판으로 삼을 수 있는 유명인은 극히 드물었다. 그는 1939년에 사람들이 빽빽하게 들어찬 양키스타디움에서 퇴행성 신경질환이 있어도 자신이 '지상 최고의 행운아'라고 말했다. 그리고 심지어 이 모습도 대중매체를 통해 걸러져서 전달되었다. 참전 군인들의 장애에 관한 전문가들은 이렇게 지적했다. "대부분의 미국인이 장애가 있는 군인을 접하는 방식은 직접 대면이 아니다."[3]

제2차 세계대전 이후 처음 10년 동안 미국 가정은 하얀 말뚝 울타리 안에서 뛰노는 '정상적인' 아이들을 중심으로 살아가는 중산층 주부와 일하는 남편이라는 전후의 이상에 부합하는 데 불편한 부분은 모두 감췄다.[4] 1960년대와 1970년대 초에 시카고 도심에서 자란 나는 집 근처에 당시 '정신지체'라고 불리던 장애가 있는 아이들이 다니던 베이트먼학교라는 곳이 있었는데도 뚜렷한 지적장애아를 좀처럼 못 봤다. 가끔 걸어서 그 학교 앞을 지나쳤지만, 운동장에서나 (깨진) 창문을 통해 또는 근처 공원에서 아이들을 본 기억이 없다.

장애가 있는 아이들은 평생까지는 아니라도 몇 년간 시설에서 지냈는데, 가족에게 다른 선택의 여지가 없기 때문인 경우가 많았다. 1974년까지 미국의 학교 시스템은, 학교가 교육할 수 없다고 판단하는 학생에 대한 교육 제공을 거부할 수 있었다. 워싱턴 DC 교육청은 1971~1972년 교육 서비스 예측에서 '1만 2340명의 장애아들이 교육받지 못하게 될 것'[5]이라고 밝혔다. 장애아 교육을 거부하는 경향은 특히 아프리카계 학생들에 편향되게 나타났다.

그 무렵 케네디가 (대통령으로서 마지막으로) 지역사회 정신보건법(1963)에 서명한 지 10년이 흘렀다.[6] 케네디는 새 법이 장애인들을 '보호 격리'로부터 자유롭게 할 거라고 주장했다. 오늘날 '탈시설화'라고 부르는, 그가 시작한 과정은 종종 학대가 자행되던 대규모 공립 정신병원을 폐쇄하고 그곳에서 대개 수십 년씩 생활하던 환자 수천 명을 지역사회로 돌려보냈다. 워싱턴 DC 세인트엘리자베스병원에서 1년간 실시한 현장 조사에 기초한 1961년 연구에서 고프먼은 정신병원에서 반복적으로 자행되는 인간 존엄성의 훼손을 묘사하고, '조현병 환자들이 그들을 제외한 나머지 사람들의 안락한 삶을 보장하는 공공서비스의 이상에 짓눌려 사는 것을 깨달을 수 있다'고 결론 내렸다.[7]

케네디는 가정에서 지적장애를 경험했기 때문에 이 법에 감정적으로 몰입했다. 그의 여동생 로즈메리가 학습장애가 있었는데, 성인이 된 뒤 불안증이 심해지고 쉽게 흥분했다. 유년기 내내 가족 주치의들이 모두 그녀가 '정신지체'라는 데 의견을 같이했지만, 그 원인을 찾지 못했고 치료 계획도 없었다.[8] 로즈메리가 스물세 살이던 1941년에 부모가 그녀를 조지워싱턴대학 정신과 의사 월터 프리먼에게 보내서 뇌엽 절제술을 받게 했다. 수술은 실패했고, 그녀에게 심각한 뇌 손상을 남겼다. 훗날 그녀의 동생들은 어느 날 갑자기 로즈메리가 자신들의 삶에서 사라졌다고 회상한다. 그녀는 남은 생을 위스콘신에 있는 시설에서 보냈다.[9] 그곳에서 찍은 사진은 턱이 아래로 늘어지고 고개는 왼쪽으로 기운 채 휠체어에 앉아 있는 그녀의 모습을 보여 준다. 로즈메리의 비극은 그녀의 여동생인 유니스 케네디 슈라이버가 지적장애인을 위해 스페셜올림픽을 창시하는 동기가 되었다.

1960년대에 활동가들은 국영 시설에서 정신 질환자들이 제공하는 무료 노동이 착취적이라고 주장하기 시작했다. 대중매체, 특히 할리우드의 정신병원 묘사가 공공 정책의 급진적 변화에 대한 대중적·학술적 지지를 키웠다. 탈시설화를 향한 압력은 독특하게 미국적인 것이었다. 프랑스·독일·네덜란드를 비롯한 유럽 국가들에서는 정부가 시설을 해체하기보다는 개혁하고, 국영 병원과 직접 연결된 정신보건 시설을 지었다.[10] 탈시설화를 통해 미국 정부는 사실상 정신 질환자를 유기하고 있었다. 도시는 정신병원에서 풀려난 사람들을 위한 쓰레기 하치장이 되었다. 그들은 결국 시에서 운영하는 노숙인 보호소나 거리의 난방 환풍구 위에서 잠을 자고, 돈을 구걸하고, 먹을 것을 찾아 쓰레기를 뒤졌다. 탈시설화는 현대판 바보들의 배였다.[11]

1970년대 중반에 10대 청소년이던 나는 시카고에 있는 동네에서 노숙자 수가 늘어나는 것을 보기 시작했다. 그들 중 많은 이가 혼잣말을 했고 환각에 빠진 것 같았다. 아버지와 동료 의사들은 그들을 '이동하는 조현병자' 또는 '거리의 정신병자'라고 불렀다. 미국에서 정신병원에 입원한 환자 수가 1955년에 55만 9000명이었는데, 2002년에는 8만 명[12]으로 급격하게 줄었다. 같은 시기에 미국 인구가 (1955년의 1억 6600만 명에서 2002년의 2억 8800만 명으로) 75퍼센트나 늘었는데도 이런 통계가 나왔다.

인도적 원칙뿐 아니라 환자들에 대한 사람들의 불안과 심각한 정신병을 극적으로 줄인 항정신병약의 개발도 탈시설화 촉진에 힘을 보탰다. 항정신병약은 많은 환자가 시설을 떠나 통원치료를 할 수 있게 했다. 정부의 보건 예산을 줄이려는 자본주의적 동기도 있었다. 정책 입안자들이, 정신과 치료를 병원에서 지역사회로 넘기면 정부가 시설화에 들이는 많은 돈을 줄이는 동시에 더 인간적이고 효율적으로 관리할 수 있다고 주장했다.

그러나 탈시설화 약속은 결코 실현되지 못했다. 첫째, 약이 항상 효과가 좋지는 않은 데다 지연성운동장애 같은 항정신병약의 부작용을 피하기 위해 복용을 중단하는 환자들이 많았다. 지연성운동장애는 턱과 입술, 혀의 근육 수축을 일으키며 그 자체로 낙인이 되었다. 이런 증상이 있으면 사람들이 빤히 쳐다보거나 눈길을 돌렸으며 '조현병자'라는 표시가 되었다. 게다가 약이 정신병을 줄여도 (무표정한 얼굴, 무기력, 단음절의 언어 구사, 사회적 위축 등) 조현병의 부정적 증상에는 큰 도움이 되지 못했다. 둘째, 정책 입안자들이 지역사회에 기반한 치료에 대해 충분한 계획을 세우지 못했다. 정신보건을 관리하는 지역사회의 영리 또는 비영리 단체들이 연방정부 또는 지방정부 기관에서 제공하는 옹색한 자금에 의존했다. 셋째, 정책 입안자들이 주택과 보호소 부족 문제에 대해 충분히 고심하지 않았고[13] 많은 미국인이 자기 동네에 저렴한 주택을 건설하는 데 반대했다. 그 결과, 더 많은 사람이 노숙인으로 전락하거나 경범죄로 수감되었다.[14] 시간이 지나면서, 정신보건을 가장 많이 관리하는 곳은 주립 정신병원이 아니라 감옥이 되었다.[15] 미국 노숙인은 2007~2018년에 15퍼센트 줄었지만, 오늘날에도 50만 명이 넘고 대부분은 보호되지 않은 장소에서 생활한다.

한때 탈시설화를 지지한 사람들 중 일부는 생각이 달라졌다. 에모리대학의 샌더 길먼 교수는 전화 인터뷰에서 이렇게 말했다. "내가 지금 아는 것을 그때도 알았다면, 그렇게 확고한 지지자가 되었을지 잘 모르겠습니다." 사실 오늘날 노숙인 중 상당수가 몇 십 년 전 같으면 노숙인이 되지 않고 가족의 보살핌을 받거나 몇 년 또는 몇 십 년 동안 주립 시설에서 살았을 가능성이 크다. 작고한 신경학자 올리버 색스는 '정신병원의 잃어버린 미덕'[16]이라는 글까지 썼다. 그는 많은 주립 병원에서 사람들이 비참하게 신체적으로 학대당한 것을 인정했다. 그러나 그는 또한 20세기에 뉴욕 퀸즈의 크리드무어라는 주립 정신병원에는 수영장과 탁구대와 음악실이 있었으며 20세기 중반 무렵에는 자체적인 텔레비전 스튜디오까지 있어서 환자들이 직접 극본을 쓰고 극을 제작하고 감독하기도 한 것을 회상했다. 색스는 '심지어 최악의 병원에서도 종종 인간의 품위와 실제 삶과 친절의 요소들은 존재했다'고 말했다. 또한 병원이 궂은 날씨와 폭력, 굶주림으로부터 환자들을 안전하게 보호했다며 이렇게 말했다. "한마디로 보호소였다."

한편으로는 탈시설화가 정신 질환에 대한 우리의 이해와 경험을 더 나은 쪽으로 바꾸기도 했다. 그 과정은 대중이 전에는 은폐되었던 사람들, 즉 베트남전에서 육체적·정신적으로 상처를 입은 군인뿐 아니라 허물어져 가는 병원에서 격리된 채 시들고 있는 사람도 눈으로 보고 미국 사회가 그들의 불행에 어떻게 기여했는지에 대해 숙고할 수밖에 없게 했다. 군인과 주립 병원 재소자 들은 모두 집으로 돌아갔고, 이제 지역사회가 그들의 존재를 인식하게 되었다.

그들이 점점 눈에 띄게 되면서 ADHD·PTSD·자폐증·섭식장애를 포함한 진단명이 폭발적으로 증가하는 계기가 마련되었고, 견실한 특수교육 제도가 필요해졌으며, 광범위한 새 치료법이 탄생했다. 탈시설화가, 전부는 아니라도 많은 정신 질환의 낙인 감소로도 이어졌다. 더 많은 사람이 정신 질환에 대해 이야기하고 그것을 평균적인 인생의 일부로 이야기함에 따라 정신 질환은 더 일상적이고 덜 무서운 것으로 보였고, 사람들이 정신과 치료를 받아들일 가능성도 더 커졌다. 탈시설화가 없었다면, 아마 오늘날 우리는 정신 질환에 대해 공공연히 말하지 못했을 것이고 더 많은 사람이 침묵과 치욕 속에 고통받았을 것이다.

1944년, 결혼 14년 차가 된 에릭과 조앤 에릭슨 부부가 넷째 아이 닐을 낳았다. 조앤은 41세, 에릭은 42세였다. 당시 버클리 캘리포니아대학의 독일계 미국인 교수였던 에릭은 20세기의 걸출한 심리학자이자 정신분석가로 우뚝 설 만반의 준비가 되어 있었다. 그는 많은 것을 이루었다. 아내 조앤과 협업해 '에릭슨의 심리 사회적 발달이론'으로 알려진 아동 발달 이해의 고전적 틀을 마련했고, 나중에 하버드대 교수가 되고는 마하트마 간디에 대한 심리학적 역사 연구로 퓰리처상을 받았다. 그는 **권위 있는** 아동 및 성격 발달 전문가였다. 전기 작가들은 에릭슨이 내적으로 불안정했는데도 겉으로는 자신감 있고 공감 능력이 뛰어나며 아동의 건강과 발달과 놀이에 통달한 해석자로 자신의 대중적 이미지를 세심하게 구축했다고 말한다. 그의 아이들조차 아버지에게 신과 같은 독특한 분위기가 있다고 생각했다. 정직함과 투명함을 표방한 에릭슨은 어린 환자의 부모에게 결코 비밀을 두지 말라고 했다. 그러나 에릭슨은 집에 있을 때와 연구실에 있을 때가 다른 사람이었다.

닐은 다운증후군을 안고 태어났다. 의료진이 에릭슨 부부에게 당시 쓰던 표현으로 닐이 '몽골인형 백치'라고 말했다. 에릭슨은 어쩔 줄 몰라 친구인 인류학자 마거릿 미드와 정신분석가 조지프 휠라이트에게 전화했다. 두 친구는 즉시 닐을 시설에 보내라면서 그러지 않으면 에릭슨의 경력과 대중적 이미지가 손상될 거라고 조언했다. 에릭슨이 정상적인 발달을 이야기하는 데 평생을 바쳤는데, 이제 신체적 기형과 지적장애가 있는 아이를 갖게 된 것이다.

미드의 조언대로 에릭슨은 조앤에게 닐을 보여 주지도 않고 상의 한마디 없이 시설에 보내기로 했다. 미드는 조앤이 닐에게 애착이 생겨 아이를 떠나보내지 못하게 할까 봐 우려했다. 그리고 나중에 모든 사실을 알게 된 조앤은 상황을 바꾸려는 노력을 전혀 하지 않았다. 이것은 그녀에게 평생 마비감과 죄책감을 남겼다.[17] 에릭이 그녀에게 닐을 이미 시설로 보냈고, 그곳에서 닐은 두 살이 되기 전에 죽게 될 거라고 말했다. 그러나 몇 주 뒤 조앤이 닐을 보기로 결심했는데, 닐의 외모와 무반응에 큰 충격을 받아 체념하고는 시설에 그냥 두기로 했다. 에릭슨의 전기를 쓴 로런스 프리드먼에 따르면, 조앤은 '닐의 존재가 (에릭보다 자신이 더 들먹이기를 좋아하던) 젊은 아동정신분석가가 이끄는 건강하고 매력적이며 생동감 있는 가족의 낭만적인 이미지를 훼손할 것'임을 알고 있었다.[18] 몇 년 간 조앤이 주로 남편 없이 이따금 닐을 찾아갔지만, 고등학교 때 진실을 알게 된 첫째 카이를 제외하면 아이들 중 누구도 자신에게 동생이 한 명 더 있다는 사실을 몰랐다. 에릭슨은 아이들과 친구들에게 아기가 태어나자마자 죽었다고 거짓말을 했다. 어떤 의식이나 장례식도 없었고, 카이는 비밀을 지키겠다고 맹세했다.

마침내 형제들이 닐에 대해 알게 됐지만, 그때는 닐이 다운증후군과 관련된 심장 합병증으로 죽기 겨우 2~3년 전이었다. 그 일이 일어났을 때 안식년 중이던 에릭과 조앤은 이탈리아에 있었다. 그들은 다른 자식들에게 한 번도 만난 적 없는 동생의 화장을 준비하라고 말했다. 아동의 정상적인 건강 상태에서 부모와 가족의 중요성을 강조하는 8단계 아동 발달 이론의 저자인 에릭과 조앤은 닐의 유골을 땅에 묻으러 오지도 않았다. 이런 비밀과 폭로는 가족 간 모든 관계를 훼손했고, 에릭슨 부부는 이혼까지 갈 뻔했다. 아이들은 자신들도 버려질지 모른다고 의심하듯, 다시는 부모를 온전하게 믿지 못했다. 아이러니하게도 에릭슨의 어머니도 독일에 살 때 그가 사생아라는 사실을 숨겼고, 에릭슨은 생부가 누구인지 끝까지 몰랐다. 또 하나의 아이러니한 사실은, 닐의 출생이 에릭과 조앤을 어떤 계시의 순간으로 이끌어 그 유명한 정상적인 인간의 8단계 생애 주기 이론을 만들도록 자극한 것이다. 이 모델은 그 뒤 수십 년 동안 심리학자들이 인간의 발달을 이해하는 방식을 결정했다.[19] 닐은 에릭슨과 조앤에게 정상의 반대였고, 프리드먼이 에릭슨 이론의 '부정적인 배경'이라고 부른 존재다.

2005년, 에릭슨의 딸 수 브롤런드가 부모를 돌아보며 이렇게 쓴다. "사실 우리 부모님은 명성의 성취와 부부로서 대중에게 알려진 이미지에 심하게 의존했다. 두 분이 닐의 출생이 가져온 위기에 그렇게 취약했던 것은 남들에게 존경받는 느낌이 절실했기 때문이다."[20] 그러나 닐에 대한 에릭슨 부부의 감정을 단순히 나르시시즘으로 설명할 수는 없다. 에릭과 조앤은 "그 시절 다운증후군 아동의 부모들 사이에 만연한 반응인 침묵, 수치심, 깊은 슬픔을 따랐을 뿐이다."[21] 그들은 당시 예상되는 행동을 했기 때문에, 닐을 시설에 보내는 것에 대해 개인적으로든 감정적으로든 책임을 질 필요가 없었다.

닐은 스물한 살에 죽었다. 그의 사진은 한 장도 없다.

1954년, 스물두 살인 해리 홀러웨이가 오클라호마 노먼에 있는 그리핀메모리얼병원의 직원이 되었다. 병원장은 그에게 원래 병원의 수용 인원은 2000명이지만 거의 4000명이 지낸다고 말했다. 병원 직원들은 과밀 병동 관리에 허덕였으며 대부분 역량을 넘어서는 책임을 지고 있었다. 때로는 환자 100명에 보안요원이 한 명뿐인 병동에서 해리 혼자 야간 근무를 서기도 했다. 그는 임상 경험이 없는 간병인이자 잡역부였다. 그러나 일손이 부족한 그리핀에서 해리에게 '간호사'라는 직책이 주어졌다. 해리가 일하는 오후 3~11시 근무조에서 해리 외에 글을 읽고 쓸 줄 아는 사람은 단 한 명뿐이었다.

1907년에 오클라호마요양원으로 세워진 그리핀은 병원이라고 불렸으나 실험적인 농장에 가까워 보였다. 환자들이 자신들이 먹을 농산물을 직접 재배하고 가축을 관리했기 때문이다. 또한 정신병원이라고 불렸지만, 진정한 정신병 환자는 소수에 불과했다. 해리가 내게 말했다. "그들은 대개 인지 장애가 있었어요. 예전에 정신지체라고 부르던 거죠." 어떤 환자들은 편집증과 함구증 그리고 매독을 치료하지 않아 진행된 인지 장애같이 심각한 정신과적 문제가 있었다. 나머지는 가족에게 버려진 노인들이었다.

해리는 정신과 의사가 되는 꿈을 품었다. 그리고 몇 년 뒤 미국국립군의관의과대학에서 정신과 고참 레지던트가 되었다. 그는 정신질환으로 진단받은 환자들 중 한 명에게 왠지 마음이 쓰였다. 이넉이라는 44세 조현병 환자였다. 해리가 보기에 이넉은 다른 환자들보다 더 슬프고 더 약하고 어쩌면 더 많이 매를 맞은 것 같았다. 이녁은 거의 해리가 살아온 세월만큼 그리핀병원에 있었다. 해리가 말했다. "이녁을 처음 본 순간, 어쩐지 아는 사람 같았어요." 병원에서 이녁은 '희망의 전당'이라고 불리던 건물에 살았는데, 해리는 그 이름이 가짜라고 말했다. 병원에서 관리자로 일한 러네이 믹슨은 일찍이 병원장이 사람들에게 그곳엔 희망이 없다고 말하곤 했다고 회상했다. 그들은 환자 가족들에게 말했다. "장례식을 치른 셈 치세요. 당신 가족은 결코 병원을 떠나지 못할 테니까."²² 많은 환자가 병원 옆 공동묘지에 아무런 표시도 없이 묻혔다.

해리는 이녁의 기록을 살피던 중에 그가 스물두 살 때 그리핀병원에서 온몸의 뼈가 거의 다 부러진 적이 있다는 사실을 발견했다. "이녁은 매를 맞은 뒤 격리되고 지독하게 학대당했죠. 정말 끔찍했어요." 해리는 자신과 이녁이 한때 이웃이었다는 사실도 알아냈다.

해리가 태어난 1932년에 그의 아버지는 인근 농장에서 부모님과 살고 있는 청년에게 어떤 조치를 취해야 한다고 느꼈다. 해리의 말로는 당시 이녁이 스물두 살로 조현병을 앓았고, 어머니에게 던진 육류용 칼이 벽을 뚫고 나갈 뻔했다는 소문이 있었다. "갓난아이가 생긴 아버지는 행여 이녁이 농장에 와서 아기를 해칠까 봐 두려워했어요." 해리의 아버지는 이녁의 정신감정을 명령해 달라고 경찰을 설득했다. "그들이 이녁을 한 번 보고는 그가 마을 사람들에게 위험한 존재라고 말한 뒤 멀리 보내 버렸어요."

당시 갓난아이였던 해리에게 이 죄책감이 너무도 커서 우리가 수십 년 전 이야기를 하는 순간에도 뚜렷하게 느껴졌다. 해리는 이녁과 친해지려고 했다. 이녁에게 자신이 그의 부모와 자매를 기억하며 그의 집 옆 농장에서 자랐다고 말했다. 그러나 이녁은 해리의 말을 이해하지 못하는 것 같았고 그의 질문에 대답하지도 않았다. 해리가 내게 말하다 울기 시작했다. "이녁은 20년 동안 이곳에서 썩어 갔어요. 내가 태어났기 때문에 여기서 썩어 간 거죠."

해리가 그리핀에서 보낸 첫 해가 저물 무렵, 탈시설화를 가능케 하는 데 기여한 정신의학의 혁명이 일어났다. 그해에 스미스클라인앤드프렌치사가 클로르프로마진을 ('소라진'이라는 상품명으로) 내놓으면서 항정신병약을 쓸 수 있게 된 것이다. 클로르프로마진은 원래 1940년대에 항말라리아제와 전장戰場 마취제의 후보로 개발되었다. 크리드무어병원에 대한 기사로 퓰리처상을 받은 수전 시핸은 난폭한 환자들이 순식간에 조용해질 만큼 소라진이 효과적이었다고 썼다. 쉴 새 없이 고함치던 환자들이 조용히 혼잣말을 했고, 환자들이 의자를 쓸 수 있게 되었으며, 병실에 커튼도 달렸다. 항정신병약이 나오기 전에는 상상도 할 수 없던 면도칼과 성냥 사용까지 허용되었다.[23] 1955년부터 1956년까지, 불과 1년 만에 뉴욕주는 징계와 관리의 수단으로 구속과 격리를 이용하는 빈도가 50퍼센트 감소했다고 보고했다.[24]

소라진이 나오기 전에 의사들은 환자의 고통이나 자해, 폭력을 줄이는 데 도움이 될 만한 치료법이라면 무엇이든 닥치는 대로 썼다. 인슐린으로 유도한 혼수 요법과 뇌엽 절제술같이 거친 방법까지 동원했다. 졸음을 유도하기 위해 마취제인 설포날을 쓰고 마비를 치료한다면서 항매독제인 아르스페나민을 쓰는 게 예사였고, 기계를 이용해 구속했다. 클로랄수화물과 파라알데히드 같은 수면제도 썼는데, 이 둘을 섞으면 우리 할아버지가 '녹색 강'이라고 부르던 녹색 액체가 되었다. 녹색 강은 시카고 정신의학계에서만 쓰던 말이다. 간에서 대사를 충분히 못 한 약을 환자들이 호흡으로 발산했는데, 거기서 나는 과일 향 때문에 곤충이 꼬였다. "조현병 환자들은 얼굴 주변에 늘 파리가 날아다녔기 때문에 사람들이 항상 알아볼 수 있었다." 할아버지가 말씀하셨다.

1955년 7월 무렵 그리핀의 환자들에게도 소라진을 쓸 수 있게 되었다. 처음에는 대학 병원 의사들이 좀 심드렁했던 것으로 해리는 기억한다. "그들은 무서워서 70밀리그램 정도의 저용량만 환자들에게 사용했고, 그래서인지 가끔 효과가 없었어요. 그래도 그리핀에서는 평균 투여량이 3000밀리그램 정도였고, 가끔 7000밀리그램씩 투여하기도 했습니다." 물론 이렇게 고용량을 투여해서 부작용도 있었지만, 약이 조현병의 양성 증상으로 불리는 환각과 망상을 완화한 덕에 일부 환자들은 병원을 떠날 수 있게 했다.

그리고 이와 거의 동시에, 어떤 사람이 죄를 저지르지 않는 한 정부가 그 사람의 의지에 반해 감금하는 것을 금지하는 연방 법원 판결이 잇달아 나왔다. 법원은 당사자나 다른 사람의 안전을 위해 감금이 보장되는 경우가 여전히 존재한다고 지적하기도 했다. 그러나 이제 정부는 그런 목적을 위한 구속을 최소화해야 했다.[25] 8월에 해리는 이녁에게 소라진을 주도록 의사에게 권했다. 그리고 다음 달, 이녁이 병원을 떠나 다시는 돌아오지 않았다. 그의 가족은 반갑게 그를 맞이했다.

해리는 1970년대 중반 무렵 그리핀에 있는 거의 모든 건물이 텅 비어 황폐해졌고, 환자 수가 200명 이하로 줄었다고 기억한다. 그가 그때를 회고하며 이렇게 말했다. "이제 곧 그런 약들이 개발된 뒤 세상이 어떻게 달라졌는지를 기억하는 사람은 거의 살아 있지 않게 될 겁니다." 실제로 오늘날 항정신병약이 얼마나 널리 사용되었는지, 북미와 유럽에서 의사들이 장기간 치료받지 않은 조현병 사례를 찾기 어려울 정도다. "아무도 그런 상황을 다시 보지 못할 겁니다. 정말 놀라운 변화였죠."

계몽주의 시대에 실업자들이 무차별적으로 시설에 수용되면서 최초의 정신 질환 범주가 나오게 된 것을 떠올려 보자. 1970년대의 대규모 탈시설화도 같은 구실을 했다. 전에 시설에서 백치나 정신박약같이 모호한 진단을 받던 환자들이 이제 밖에서 지역사회의 일원으로 여겨지고, 그들의 필요에 맞춰 더 나은 진단을 받게 될 전망을 마주하게 되었다.

시설에 있을 때는 누군가 조현병으로 진단받든 아니면 자폐증이나 정신지체로 진단받든 별로 중요하지 않았다. 어차피 대충 똑같은 방식으로 치료받았기 때문이다. 사람들은 특정 진단이나 지능지수 때문에 정신병원에 수용된 것이 아니라, 지역사회에서 독립적으로 기능할 수 없다고 판단되었기 때문에 수용되었다.[26] 과밀화되고 일손이 부족한 시설은 개별적인 치료를 제공하거나 시간에 따른 상태 변화를 세심하게 관찰할 여력이 없었다. 그러나 탈시설화 이후, 새로운 정신 질환 범주들이 급증하게 된다.

의약품이 널리 보급된 20세기 신세계에서는 특허받은 치료법과 특수교육 프로그램과 진단 분류가 아주 중요해졌다. 시설에서 인지적 결함이 뚜렷한 누구에게나 붙던 '정신지체'라는 만능 용어가 곧 학습장애와 발달장애, 자폐증같이 다양한 상태로 재구성되었다. 다양한 행위자들의 집단이 협력해 정신의학적 상태를 식별하고, 그것을 대중적 토론 주제로 소개했다. 이 네트워크에는 부모와 학교의 심리 상담사, 의사, 보험 사정인, 연구 기관, 광고주, 로비스트, 독지가, 활동가 들이 포함되었다. 또한 주어진 인구 집단 내에서 어떤 상태의 분포를 평가하는 역학자도 포함되었다. 의사는 분류명을, 학교는 개인별 교육 계획을, 역학자는 통계 수치를 제공했다.

미드타운 맨해튼 연구(1962)[27]와 스털링 카운티 연구(1963)[28] 같은 대규모 역학 프로젝트에서 처음 출판된 자료들은 정신 질환자 보호시설 밖에서 정신 질환의 유병률이 전문가들의 예상보다 높다는 것을 보여 주었다. 이 두 연구 모두 제2차 세계대전 중에 신병 선별검사를 위해 군이 개발한 정신건강 척도인 신경정신과 선별검사 부록을 이용했다. 맨해튼 연구는 주택 지구와 상업 지구의 중간에 있는 미드타운에서 표본으로 추출된 (20~59세) 성인 거주자 1911명 중 80퍼센트가 정신장애 증상이 있음을 보여 주었다. 그리고 캐나다 동부 스털링 카운티에서는 성인의 83퍼센트가 임상적으로 유의미한 정신 질환 증상이 있었다. 1980년대에 실시된 정신 질환 실태 조사 연구는 '미국에서 다섯 명 중 한 명이 6개월 이내의 기간 동안 정신장애를 겪고, 미국인의 절반이 평생에 걸쳐 한 번은 정신장애를 겪는다'고 결론 내렸다.[29] 더 최근 전국적으로 실시된 정신 질환 유병률 연구들은 미국 성인의 26.2~32.4퍼센트가 진단할 수 있는 정신 질환을 12개월 이내의 기간 동안 앓는다고 추정했다.[30]

이 행위자들은 시설에 있던 것보다 훨씬 더 복잡한 집합체를 이루었다. 지역사회의 치료 시장에는 이제 경쟁이 생겼다.[31] 그리고 당연한 일이지만 진단명의 수와 범위가 꾸준히 늘었다. 1968년에 나온 DSM 제2판은 총 193종의 진단명이 있었는데, 1980년 제3판은 292종, 1994년 제4판은 383종, 2013년 제5판은 541종이다.[32] 1980년대에는 (자기 머리털을 잡아 뜯으려는 충동을 통제할 수 없는) 발모벽과 (의도적으로 정신적 또는 신체적 증상이 있는 척하는) 가장성 장애 등 일부 진단명이 의료계 외부에 잘 알려지지 않았다. 이보다 유병률이 높은 강박장애와 자폐증, 신경성식욕부진증 같은 상태도 여전히 비교적 새롭고 소수에게만 알려져 있었다.

구체적 진단명에 대한 의약품이 개발되면서 질환의 범주가 점점 더 중요해졌다. 20세기 중반에는 소라진뿐 아니라 우울증에 대한 삼환계 항우울제, 조증에 대한 리튬, 노인성 무력증에 대한 흥분제 등이 있었다. 현재 ADHD 치료제로 쓰이는 각성제 메틸페니데이트는 원래 제약 회사 시바에서 노인을 위한 약으로 시판했다. (그리고 상품명인 '리탈린'은 유명 화학자 레안드로 파니촌의 아내인 마르그리트 파니촌의 별명 '리타'에서 따왔다.) 그러나 1937년에 찰스 브래들리라는 소아과 의사가 알아낸 바로는, 이 약을 저용량으로 투여할 경우 흥분하기는커녕 오히려 차분해지는 사람들이 있으며 '행동 문제'로 입원한 '정상' 지능 아이들은 학업 성적이 개선되었다.[33]

소라진이 심신을 쇠약하게 하는 가장 심각한 문제가 있는 사람들을 치료할 수 있게 했다면, 리탈린은 덜 심각한 질환을 일상생활에서 치료하기 위해 항정신병약을 받아들이게 하는 데 일조했다. 미국 식품의약청FDA이 리탈린을 행동장애가 있는 아동을 위한 치료제로 승인한 1961년, 항정신병약(상당 부분은 리탈린)의 광고 지출이 치솟았다.[34] 여성지에 실린 광고에는 책상에 차분히 앉아 공부하는 아이들의 모습과 리탈린이 기적의 약이라고 추켜세우는 어머니와 교사의 말이 있었다. 또 1970년대 초의 한 광고는 잘생긴 소년의 리탈린 복용 전후 모습을 보여 주었다. 첫 번째 사진은 편한 옷차림으로 몸부림치는 소년과 포즈를 취한 4인 가족을 보여 준다. 그중 어머니는 사진을 찍기 위해 아이를 꼭 붙잡고 있는 모습이다. 사진 설명은 "1971년…… 어려운 아이, 심란한 어머니"다. 두 번째 사진은 같은 소년이 약을 복용한 뒤 빳빳하게 다린 셔츠와 넥타이 차림으로 미소 짓고 있는 학교 사진이다. "1974년…… 가정에서 환영받는 평범한 4학년생"이라는 설명이 보인다. 오늘날 미국 남학생의 15퍼센트, 여학생의 10퍼센트가 언젠가는 ADHD 진단을 받는다.[35]

그 뒤 수십 년 동안, 정신보건 전문가들은 정신약리학이 정신의학을 주관적인 연성 과학이 아니라 객관적인 경성 과학으로 바꿀 수 있다는 것을 그 어느 때보다 낙관하게 되었다. 예컨대 리탈린 같은 약이 주의력과 행동을 관장하는 뇌의 영역에서 비정상적인 활동을 바로잡는 데 도움을 줬다면, 이는 곧 과잉행동이 뇌의 장애라는 의미가 된다. 연구자들은 또한 정신의학을 더 생물학적으로 만들어서 정신 질환의 낙인을 줄이고 정신 질환이 다른 여느 질환과 다를 바 없는 질환이 되기를 바랐다. 1990년에 ADHD의 신경생물학에 관한 논문을 발표한 정신과 의사 앨런 자메킨은, 뇌 기반 연구들이 ADHD가 부모의 잘못된 양육으로 초래된 심리적 문제가 아님을 입증했다고 말했다. 그는 『뉴욕타임스』에 이렇게 말했다. "약을 쓰면 안 된다고, ADHD는 양육의 문제라고 말하는 사람들이 있다. ……이 기회에 이런 사고방식이 종식되기를 바란다."[36] 신경과학자들은 이제 정신 질환이 '환자가 어쩔 수 없는 불가항력적인 것'임을 보여주기 위해, 비정상적인 대사 활동과 화학적 불균형의 정량적 척도를 개발해야 한다는 압박감을 느꼈다.[37]

다양한 정신 질환이 공공연하고 광범위하게 이야기되고 알려지면서 항정신병약에 대한 반감이 누그러지고, 일반 대중의 인식과 예방을 위한 노력이 개선되었다. 1980년대에는 대중매체가 특히 섭식장애에 관심을 기울이는 것 같았는데, 무엇보다 높은 치사율 때문이었다. 1935년부터 1995년까지 나온 주요 연구 42건을 검토한 자료는 신경성식욕부진증(거식증)을 가진 사람들의 평균 치사율이 5.9퍼센트라는 것을 보여 주었다. 이들 중 대다수는 질환이 직접적인 사망 원인이고, 4분의 1 정도는 스스로 목숨을 끊었다.[38] 정신건강 관리 옹호자들은, 더 많은 사람이 징후와 증상을 알게 되면 치료받는 사람이 늘어나고 사망자가 줄어들 거라고 주장했다.

1981년에 방송사 ABC는 실의에 빠진 한 소녀가 심각한 섭식장애를 앓게 되는 이야기를 담은 스티븐 레벤크런의 소설을 바탕으로 제작한 TV 영화 〈세계 최고의 작은 소녀〉를 방영했다. 같은 해에 연구자들은 이 주제만 다루는 최초의 학술지 『국제섭식장애저널』을 창간했다. 이듬해에 실라 매클라우드의 『굶주림의 기술』과 체리 분 오닐의 『관심을 향한 굶주림』 등 거식증에 관한 성공적인 회고록이 출판되었고, 1983년에는 여배우 제인 폰다가 1954년부터 폭식증을 앓았다고 고백했다. 1984년에는 당시 미국에서 가장 유명한 가수로 꼽히던 캐런 카펜터가 거식증 및 폭식증과 관련된 심장 합병증으로 사망했다. 섭식장애가 갑자기 잡지와 토크쇼에서 국민적 관심사가 되었고, 여성의 아름다움에 대한 현대적 이상과 관련된 새로운 장애로 널리 인식되었다.

섭식장애 진단이 폭발적으로 증가하는 것 같았다. 정말로 사례가 더 많아졌는지, 유명인의 영향으로 대중이 이 장애를 폭넓게 수용하게 됐는지 알 수 없었다. 그러나 전문가들이 볼 때, 깡마른 패션모델의 이미지가 그 자체로 사람을 병들어 죽게 할 수 없다는 것은 분명했다. 그보다는 이런 이미지가 정신 질환의 위험에 처한 소녀들에게 감정적 고통을 분명하게 표현하는 양식을 제공했다. 일부 심리학자들은 식욕과 체중의 통제는 소녀들이 자기 삶에 거대한 변화와 불확실성이 존재하는 시기에 본인과 환경을 어느 정도 통제하는 방식이라고 생각한다. 어쩌면 '만디케'라는 상태를 보인 줄루족 여자들과 다르지 않을 것이다. 그리고 여성의 마른 몸은 이상화되고 찬사의 대상이 되기 때문에, 사회가 격렬한 운동과 다이어트처럼 마른 몸을 만드는 데 도움이 되는 행동을 상당 부분 지지하는 셈이다.

거식증은 새로운 것이 아니었다. 1873년에는 런던에서 윌리엄 걸 경과 파리에서 샤를 라세그가 저마다 거식증에 대해 묘사했다. 두 사람이 동시에 묘사한 것이 거식증의 급증과 관련 있는지는 알 수 없지만, 두 사람의 글은 거식증이 수 세기 동안 존재했으며 현대 사회의 신체 이미지와 체중에 대한 집착만이 그 원인이라고 말할 수 없다는 견고한 역사적 증거를 제공한다. 한국·이란·홍콩·일본·노르웨이 등지의 유병률 연구는 미국의 유병률과 크게 다르지 않은 수치를 보여 주고, 거식증이 단순히 진기한 현상이 아님을 암시하는 초기 보고서들은 대부분 이탈리아·독일·중부 유럽·일본에서 나왔다. 그러나 거식증의 증상은 문화에 따라 상당히 다르며 일부 지역에서는 DSM 기준에 부합하지도 않는다. 예를 들어, 홍콩에서는 거식증을 신체에 대한 왜곡된 관점과 연결하지 않는 경향이 있으며 환자들은 종종 자신의 제한된 음식물 섭취가 식욕 부진이나 복부팽만감 탓이라고 여긴다.[39]

DSM 제5판 섭식장애 실무단을 이끈 티머시 월시 컬럼비아대학 교수가 뉴욕에서 정신과 수련의로 일하던 때를 회상하며 내게 이렇게 말했다. "1960년대 후반과 1970년대 초반에 내가 일한 브롱크스 시내의 병원에서는 거식증을 본 적이 없습니다. 적어도 그렇게 부르는 걸 본 적은 없어요." 1960년대에 웰즐리대학에 다닌 월시의 아내도 돌이켜 보면 분명히 거식증인 학생들이 있었지만, 당시 그녀와 친구들에게는 그것을 장애로 이해할 어휘가 없었다고 회상했다.

폭식과 구토를 반복하는 양상에 대한 기록이 몇 세기 동안 있었는데도, 폭식증은 거식증보다 훨씬 더 최근에 이름이 붙었다. 1979년에 영국의 정신과 의사 제럴드 러셀이 거식증이라는 진단을 받았지만 그것과 다른 독특한 증상이 있는 환자들을 보고, 이에 대해 처음으로 기술하며 이름을 붙였다. 이 환자들은 저체중이 아니었고 폭식한 뒤 구토를 했다. 어떤 환자들은 위산과다와 영양실조의 결과로 치아가 누레지고 깨졌으며 위궤양이 있었고 머리칼과 손톱이 잘 부스러졌다. 러셀은 돌아보면 자신이 폭식증을 가시화해서 본의 아니게 그런 증상을 조장하진 않았는지 모르겠다고 말한다. 2017년에 그가 한 기자에게 이렇게 말했다. "제가 논문을 썼으니 책임은 전적으로 제게 있습니다. 일단 그것에 대해 기술하자, 그에 대한 일상의 어휘가 생겼습니다. 그리고 지식은 아주 빠르게 퍼지죠."[40] 스탠퍼드대학의 섭식장애 예방 프로그램에 대한 연구가 시사하는 것처럼, 실제로 가시성은 진단이 증가하는 원인으로서 과소평가할 수 없다.[41]

고등학교와 대학교 여학생들이 섭식장애를 겪을 위험이 가장 큰 인구 집단이기 때문에, 책임 있는 교육기관은 종종 장애가 있는 학생들을 파악하고 치료하는 방법에 대한 공개 발표회나 설명회를 열기도 했다. 이런 프로그램들의 목적은 섭식장애를 예방하고, 증상 있는 사람들이 치료를 받게 하고, 낙인을 줄이는 것이었다. 그러나 사실 인식이 개선되면 보고 건수가 늘어나서 오히려 유병률이 증가하는 경향이 나타날 수 있다. 스탠퍼드대학 1학년 여학생 509명을 대상으로 연구가 진행되었다. 참가자 중 절반에게는 (10~20명으로 구성된) 소규모 토론 집단과 여성 토론자 두 명이 진행하는 발표회에 참석하도록 했다. 토론자 중 한 명은 스탠퍼드대학의 유명한 교직원이고, 다른 한 명은 폭식증을 성공적으로 치료한 상급생이었다. 두 여성이 '침착하고 자신감 있고 매력적이며 품위 있었다'고 연구자들은 말했다.

발표회에 참석하지 않은 여학생을 포함해 연구에 참여한 모든 여학생에게 섭식장애와 관련된 생각과 행동을 이끌어 내기 위해 고안한 설문지를 나눠 주었다. 피험자를 무작위로 배정했기 때문에 예상대로 발표회 전에는 두 집단의 응답 내용에 차이가 없었다. 연구자들은 프로그램 4주 뒤와 12주 뒤, 두 차례에 걸쳐 (토론회에 참석한 여학생과 참석하지 않은 여학생 등) 모든 여학생을 대상으로 후속 설문조사를 했다. 전에는 대조군과 실험군의 차이가 없었기 때문에, 이번 응답의 차이는 프로그램의 영향일 수 있었다.

연구자들은 예방 프로그램에 참석한 여학생들이 대조군 여학생들보다 거식증과 폭식증 증상을 더 많이 보고한 것을 발견했다. 다시 말해, 그 프로그램이 섭식장애 발생을 촉발하는 역설적 효과를 낳은 것처럼 보였다. 연구자들은 당황했다. 어쩌면 발표회에 참석한 학생들이 예방뿐만 아니라 더 많은 것을 배웠을지도 모른다. 어쩌면 카리스마 있는 토론자와 자신을 동일시했을지도 모른다. 어쩌면 새로운 행동, 즉 살을 빼는 새로운 방식을 배웠을지도 모른다. 어쩌면 기존 증상을 인식하고 보고하는 방법을 배웠을지도 모른다.

스탠퍼드 연구자들은 자신들의 예방 전략이 좋게 봐도 효과가 없었다고 결론 내렸다. 왜 그 프로그램이 증상을 증가시켰느냐는 질문에 저자들은 자신들이 '본의 아니게 섭식장애가 정상으로 인식될 만큼 그 낙인을 줄였을 것'[42]임을 시사했다. 이것은 마치 낙인이 예방 효과를 갖는다는 말처럼 들린다. 그러나 이와 마찬가지로 그럴듯한 결론은, 전에는 그저 정리되지 않은 생각과 행동일 뿐이던 어떤 증상들이 한 가지 양상을 형성한다는 사실을 학생들이 인식하게 되었다는 것이다. 어쩌면 예방 프로그램이 실제로 낙인을 줄이고, 따라서 진단과 치료의 가능성을 높였을 것이다. 달리 말해, 저자들의 견해와 달리 예방 프로그램은 실제로 효과적이었을 수 있다.

20세기 말에 섭식장애는 일부 정신보건 전문가들이 '숨겨진 유행병'이라고 부르는 것이 되었다. 장애 연구 전문가인 레너드 J. 데이비스는 이렇게 썼다. "숨겨진 유행병은 사실상 새로운 장애의 홍보를 시작하려고 쓰는 암호다."[43] 우리는 ADHD, 자폐증, 양극성 장애, PTSD 등 다른 진단들의 인기도 극적으로 증가한 것을 보았다. 특정 장애가 많이 진단될수록, 그 장애가 많이 가시화되고 새로우면서도 인정받는 것처럼 보이게 된다. 질환에 대한 메시지는 적절한 문화적, 역사적 조건에서 전달되고 일종의 임계점에 이르면 전염성을 띠게 된다.

예컨대 자폐증은 소아 정신의학과 정신역학, 정신약리학, 특수교육 산업의 성장과 맞물려 일반적 진단명으로 떠올랐다. 그리고 나서 그것이 새롭고 더 만연한 듯했다. 그러나 더 많은 사람이 진단을 받고 특수교육 프로그램에 등록한다고 해서, 그것이 자폐증의 발생이 증가했다는 뜻은 아니다. 오늘날 미국에서 커피숍에 가는 사람들의 수가 크게 증가한 것이 그 자체로 미국에서 커피를 마시는 사람의 수가 증가했음을 입증하지는 않는 것과 마찬가지다. 연구자인 힌쇼와 리처드 셰플러에 따르면, ADHD도 동일한 과정을 밟았다. '여기서 얻을 수 있는 교훈은, 일단 어떤 진단 범주가 의료 및 교육 서비스를 만들어 내면 그것의 사용이 급증하는 경향이 있다는 것'[44]이라고 그들은 말한다. 1845년, 영국이 새 정신병원을 세운 직후에도 정신병 발병이 급증했다. 병원을 지으면 환자는 오게 되어 있다. 요점은 이것이다. 때로는 진단이 늘어나는 것이 실제로 좋은 현상이다. 더 많은 사람이 치료받는다는 뜻일 수 있으며 조기 개입과 치료 및 교육 서비스에 대한 접근 기회가 적은 시골과 소수 인종 지역에서 자폐증 유병률이 증가하는 상황처럼, 정신의학적 상태가 더는 은폐되지 않는다는 뜻일 수도 있다.[45]

어떤 진단이 흔하지 않다면, 그 증상은 눈에 보이지도 않을 것이다. 내가 아내 조이스와 이저벨의 과거 영상을 다시 보다 딸의 증상을 비로소 알게 된 것처럼 말이다. 비디오 속 14개월 된 이저벨은 방 바닥에 앉아 동전 여남은 개를 돼지 저금통에 하나씩 넣고 있다. 우리는 이저벨을 소리쳐 부른다. "이저벨! 우리 좀 봐! 지금 뭐하니?" 이저벨은 시선을 돌리지 않고 계속 동전을 집어 넣는다. 화면에서 내가 말한다. "이런, 얘 집중력 좀 봐." 조이스가 말한다. "과학자의 정신이 있는걸. 믿을 수가 없어." 이저벨은 우리에게 관심을 보이지 않았다. 하지만 우리는 걱정하지 않았다. 우리는 우리가 아는 언어로만 상황을 해석할 수 있다.

1992년 12월이었다. 반복적인 행동과 우리와 상호작용하려는 마음이 없는 것, 다른 데로 관심을 돌리지 못하는 것이 자폐증의 위험 신호라는 생각을 우리는 전혀 못 했다. 당시 자폐증은 흔히 쓰는 말이 아니었으며 대부분의 부모는 (조이스처럼 정신과 의사인 부모조차) 자녀에게서, 특히 영유아기에는 자폐증의 증상을 찾지 않았다. 학령기 아동의 부모가 종종 ADHD와 불안증에 대해 말해도 자폐증에 대해서는 말하지 않았고, 1992년에 우리는 '제한된 관심'과 '반복적이고 정형화된 행동' 같은 문구를 자주 쓰지 않았다. 소아과 의사들은 자폐증 검사를 일상적으로 하지 않았고, 두세 살이 되기 전에 그런 증상을 식별할 수 있다고 믿지도 않았다. 아스퍼거 증후군은 1994년까지 정식 진단명이 아니었다. 오늘날 많은 부모와 대부분의 소아과 의사들은 자폐증의 징후를 알고 있으며 이저벨이 보인 증상을 쉽게 식별할 것이다. 점점 의사들은 생후 14개월 또는 많은 경우 그보다 더 어린 아이에게 자폐증 진단을 내리거나 적어도 어떤 개입을 권고하는 데서 큰 거북함을 느끼지 않게 되었다. 대중매체는 이제 자폐증을 '유행병'으로 부르며 원인과 치료법을 찾으려 한다.

일단 어떤 진단이 인기를 끌면, 다른 진단 범주의 비율은 떨어질 수 있다. 그래서 지난 20년 동안 미국 공립학교 시스템에서 자폐증 범주가 세 배로 늘었어도, 공립학교의 특수교육 프로그램에 소속된 학생들의 비율은 동일하게 유지되었다.[46] 일어날 수 있는 상황은 한 가지뿐이다. 특수교육의 비중이 일정한데 자폐증이 크게 증가하는 것은 다른 범주의 진단이 감소했을 때만 가능하다. 사실 자폐증이 대수롭지 않고 덜 무섭고 덜 치욕스러운 진단이 되면서, 지적장애와 특정 학습장애처럼 낙인찍힌다고까지는 말할 수 없어도 부모들이 불편해하는 다른 많은 범주들이 급격히 감소했다. 자폐증이 좁은 의미의 장애에서 더 넓은 의미의 스펙트럼으로 확대된 것과 정신분석가 때문에 대중화된 어머니에 대한 비난이 감소한 것 그리고 아스퍼거 장애가 자폐증이 있지만 언어 능력에 문제가 없는 사람을 표현하는 방식으로 DSM에 임시 포함된 것, 이 모든 것이 낙인을 줄이고 자폐증을 다른 진단들의 대체물로서 더 가치 있게 만들었다.

DSM은 여전히 자폐증을 (원인이 밝혀지지 않은) 특발성 장애로 본다. 그러나 실제 현장에서 자폐증은, 자폐 특징을 포함하는 유전적 증후군이 있는 아이들처럼 원인이 알려진 증상을 보이는 많은 사람을 위한 주요 진단이 되었다.[47] 희소하고 복잡한 유전적 장애가 있는 아이의 부모는 아마 '지적장애'보다 '자폐증'이라는 진단을 선호할 것이다. 이 간명한 범주를 통해 아이가 계속 확장되는 동료와 가족

집단에 합류하고, 어쩌면 기존의 또는 새로운 프로그램에 더 적합해질 것이기 때문이다.

최고의 의사는 재량껏 쓸 수 있는 진단명이 다양하며 특정 시간에 특정 환자에게 가장 이로울 만한 진단을 선택할 수 있다는 것을 안다. 달리 말해, 누군가 어떤 진단을 내릴 때 그것이 꼭 다른 모든 진단과 완전히 분리된 별개의 장애가 있음을 뜻하지는 않는다. NIMH의 소아정신과장을 맡았던 주디스 L. 래퍼포트 박사는 내게 이렇게 말했다. "어떤 아이에게 필요한 교육 서비스를 받게 할 수만 있다면, 나는 그 아이를 얼룩말이라고 부를 수도 있습니다." 더욱이 어떤 진단이 다양한 사람들에게 점점 더 유용해지면서, 그런 진단을 받은 사람과 받지 않은 사람의 차이가 줄어들 수 있다. 수백 건의 연구에서 묘사된 2만 7723명의 병력 자료에 기초한, 2019년에 발표된 자폐증 증상에 대한 분석에서 저자들은 지난 20년 동안 자폐증 진단을 받은 사람들과 자폐증이 아닌 사람들의 구분이 꾸준하게 흐려진 것을 발견했다.[48] 이 추세가 같은 속도로 계속된다면, 오래지 않아 모든 사람에게 자폐증이 있을 것이다.

일본의 조현병 사례는 진단 언어의 변화가 어떻게 가시성과 치료를 촉진하고 낙인을 줄일 수 있는지를 보여 준다. 일본에서 조현병은 무척 은밀하게 감춰지고 심하게 낙인찍혀서 의사들이 조현병 환자와 그 가족에게도 진단명을 밝히지 않았다. 또한 본인이나 가족이 조현병자일지도 모른다고 의심하는 많은 사람이 정신과 진료를 애써 피했다. 낙인을 줄이려는 노력의 일환으로 일본 의사들이 새로운 정신의학 언어를 실험했다. 1993년에 한 프로젝트가 시작되었는데, 그때 전국정신질환자가족연맹이 일본정신신경학회(일본의 APA에 해당하는 JSPN)에 정신분열병 대신 쓸 말을 찾아 달라고 요청했다. 일본에서 수십 년 동안 쓰인 '정신분열병'이라는 단어는 '분열된 정신' 이상을 뜻했다. 그것은 산산조각 나고 영구적으로 파열된 정신과 시간이 갈수록 그 파열이 심해져서 회복 가능성이 없다는 뜻을 담고 있었다. 더욱이 일본인들은 그 말을 들으면 구속복을 떠올렸다.

진단명의 임상 사용 실태를 검토한 JSPN이 1999년에 보고한 바로는, 회원들 가운데 52퍼센트가 환자와 가족에게 진단명을 가끔씩만 알려 주었다. 조현병 환자에게 질병명을 알려 준다는 회원은 7퍼센트밖에 안 됐고, 가족에게만 알려 준다는 회원은 37퍼센트였다. 정신과 의사 미쓰모토 사토 박사에 따르면, 일본의 정신병원에서 평균 1년을 보낸 조현병 환자들 중 16만 7000명이 자신의 진단명을 몰랐다.[49]

2002년, 다양한 방법으로 심의한 끝에 JSPN이 정신분열병 대신 '통합실조증'을 쓰기로 했다. 의사들은 새로운 진단명을 빠르게 수용했다. 2002년에 36.7퍼센트의 의사들이 모든 조현병 환자에게 진단명을 공개했으며 이 비율이 계속 증가해 2003년에는 65퍼센트, 2004년에는 70퍼센트가 되었다.[50] 세월이 흘러 일본의 젊은이들은 성장하는 내내 새로운 진단명에 노출되었기 때문에 이제 기존 진단명을 알지도 못한다. 최근 설문 조사는 일본의 젊은 성인들이 통합실조증을 심각하지만 시간이 지나면서 나아지는 치료 가능한 질환으로 생각한다는 것을 보여 준다.[51] 이름을 바꾼 것이 분명 큰 효과를 가져왔다.[52] 그 결과, 유럽과 미국의 많은 의사가 조현병에 해당하는 영어(schizophrenia)가 정신분열증을 의미하기 때문에 그 이름도 바꿔야 한다고 제안했다.[53] 그러나 이름을 바꾼다고 질환 자체가 바뀌지는 않는다. 조현병은 만성적이고 심각하고 치료하기 힘들다. 또한 어쩌면 모든 정신 질환 가운데 가장 고립적일 것이다. 이 질환이 대중에게 자아내는 불안감은 말할 것도 없고 망상, 무쾌감증, 타인과 함께하는 것에 대한 흥미 결여 같은 증상은 사회학자들이 가끔 사회적 죽음이라고 부르고 심리학자들이 사회적 패배라고 부르는 상태를 일으킨다. 조현병 환자들은 또한 자신이 더욱더 고립될까 봐 두려워서 자기 생각을 다른 사람에게 말하지 않는 법을 배운다.

그러나 1984년에 조현병 환자를 돕기 위해 일본의 외딴 지역에 세워진 비영리단체 '베델의 집'이라는 곳이 있다. 베델의 집이나 그 주변에 사는 사람들은 해초와 국수 또는 다른 지역 특산물을 만들어 공급하고 카페와 선물 가게를 운영한다. 그리고 1년에 한 번씩 '환각 망상대회'라는 축제를 연다. 해마다 관광객 수천 명이 이틀간 진행되는 행사를 보러 온다. 조현병 환자들이 이보다 더 자신의 존재를 드러내는 상황이 있을까?

지역 교회와 헌신적인 정신과 의사 도시아키 가와무라 박사의 도움으로, 조현병 환자 공동체가 일본 북동부 홋카이도에 있는 우라카

와라는 (인구 1만 3000명의) 작은 어촌에 베델을 만들었다. 주민들은 모두 60병상으로 이루어진 우라카와 적십자병원 정신과 병동의 환자다. 베델에서 그들은 (옛 병명을 그대로 쓰며) 정신분열병에 대해 이야기하고 정신분열병에 대해 노래하고 정신분열병에 대한 소설과 시를 쓰고 영화도 만든다. 여러 해 동안 이 공동체를 연구한 인류학자 캐런 나카무라는 내게 이렇게 말했다. "가와무라 박사의 생각은, 불편한 기분 때문에 사람들을 침묵시키기보다는 그들이 말하는 그들의 생각과 느낌을 들어야 한다는 겁니다."

나카무라는 미국과 달리 일본에서는 항정신병약이 탈시설화나 지역사회 정신보건 시스템의 발전을 가져오지 못했다고 지적한다. 사실 1956년부터 1966년까지 의약품이 널리 보급되었는데도 정신과 환자의 병상 수가 네 배나 증가했다. 중증 정신 질환자를 시설에 수용하는 관행은 오늘날까지 이어지고 있으며, 이것이 일본에서 노숙인에게 중증·만성 정신 질환이 없다고 여기는 이유다. 만일 이런 질환이 있다면, 그들이 병원에 들어갔을 가능성이 크기 때문이다. 대개 일본인들은 노숙인이 끔찍한 금전적 손실을 겪었거나 잔인한 대입 제도 때문에 트라우마가 생겼거나 늙어서 방치되었다고 생각한다.[54]

이런 면에서 베델의 집은 예외적이다. 구성원이 자신들의 상태를 숨기는 대신 이야기하고 축하하기까지 한다. 해마다 여는 축제에서 그들은 촌극을 공연하고 제품을 팔고 장애에 대해 스스로 연구한 결과를 발표하고 관광객들에게 사회기술 워크숍을 보여 준다. 그렇게 함으로써 그들은 자기 존재에 대한 서사를 통제하고 자신이 질병으로 환원되지 않도록 저항한다. 실제로 나카무라는 때때로 이 축제가 '사이코 관광'처럼 보여도 자신은 이런 활동이 힘을 실어 준다고 믿는다는 말을 했다. 그녀는 많은 거주자들이 '난데없이' 가족들에게 버림받았다고 느끼기 쉽다며 이렇게 말했다. "자신이 죽기 위해 존재한다거나 아무런 유산도 없이 일생을 보낸다고 생각하기 쉬워요. 그들은 대부분 자식이 없거든요." 나카무라는 중증 정신 질환이 종종 사람들에게 자신이 중요한 존재이고 미래에 달라질 수 있다는 믿음을 앗아 간다는 사실을 알고 있다. "베델은 세상에 흔적을 남기는 방식, 남들에게 기억되는 방식이 됐습니다. 저는 우리 모두 기억되기를 바란다고 생각해요." 그녀의 말이다.

환각망상대회는 축제의 가장 중요한 행사다. 베델의 집에서 사회적 결속과 지원에 가장 크게 기여한 망상이나 환각을 가진 사람이 수상자가 된다. 2002년에는 고헤이 야마네라는 전직 기술자가 상을 받았다. 그는 UFO가 자신을 데리러 온다고 확신하고 마중할 계획을 세웠다. 모든 구성원이 그와 UFO에 대해 이야기하며 UFO가 어떻게 생겼는지, 그 안에 몇 명이나 탈 수 있는지 등을 물었다. 고헤이가 편안하게 대화에 나서자, 구성원들은 그에게 UFO 면허가 없으면 UFO를 맞이할 수 없으며 면허는 가와무라우주연구센터에서 부업 중인 정신과 의사 가와무라에게서 받을 수 있다고 말했다. 이렇게 해서 그들이 고헤이를 가와무라 박사에게 데려갔고, 그가 시골로 자칫 위험하기 쉬운 여행을 떠나지 못하게 할 수 있었다. 2007년에는 베델의 집에서 한 방에 사는 네 명에게 그 상이 돌아갔다. 그들 모두 집 안에 보이지 않는 사람이 있다는 망상을 똑같이 갖고 있었기 때문이다. 이 공통적인 증상은 그들이 자신의 걱정을 터놓고 말하고 서로를 지원하도록 이끌었다. 또한 그들에게 주어지는 상과 경험은 구성원들 사이에 추억과 영구적인 유대를 만들어 준다.

이런 그들의 축하는 사회적 패배와 정반대다.

13

여느 질환과 마찬가지라고?

우울증은 마음의 감기다.
—일본 TV 드라마, 〈사이코닥터〉(2002)

　　　　　　　　　1980년대부터 제약 회사와 정신
장애인 권익 옹호 단체, 미국 국립보건원 그리고 전 세계 연구자와
의사 들은 로버트 휘터커가 '강력한 목소리의 4중창'[1]이라고 표현한
4자 간 조화를 통해 정신장애의 생물학적 성격에 대해 대중을 설득
하는 데 나섰다. 그들은 모두 사람들이 정신 질환이 성격의 질병이
아니라 뇌의 질병이라는 사실을 이해한다면 낙인이 줄어들 거라는
데 동의했다.

　그러나 정신 질환의 생물학적 모델은 오히려 정신 질환 낙인찍기
의 중심이 되어 왔다. DSM 초판과 제2판은 정신 질환을 환경에 대
한 정서적 반응, 즉 전투 중 불안을 느끼거나 사랑하는 사람이 죽은

뒤 슬픔을 느끼는 것처럼 꽤 적절한 반응으로 개념화했다. 그 반면 1980년대에 발표된 DSM 제3판은 정신 질환을 더 과학적인 어휘로 재정의했다. 이 책에서 정신 질환은 특정인에게 본질적인 뚜렷한 임상 조건이고, 의사가 측정하고 확실하게 진단할 수 있으며 특정 인구 집단과 연결하고 약물 치료를 시도할 수 있는 장애였다. 조현병이 있는 사람은 이제 '조현병 환자'였다. 우울증이 있는 사람은 '우울증 환자'였다. 낙인이란 바로 이런 것이다. 진단이 곧 사람 전체를 나타내게 되는 상황이다.[2] 낙인의 위험에 대응하기 위해, 내가 아는 의사들은 대부분 어떤 사람이 **조현병 환자**나 **우울증 환자**라고 말하지 않고 그 사람에게 **조현병이나 우울증이 있다**고 말한다. 그러나 사회의 다른 사람들이 꼭 이런 세부적 언어 표현에 귀를 기울이지는 않는다.

많은 전문가는 정신 질환을 의학적 질환으로 생각할 수 있다면 정신 질환이 사람의 특질을 규정할 가능성이 줄어들 거라고 생각했다. 1960년대에 영국 의사들이 미친 왕 조지 3세의 착란과 환각이 원인 불명의 정신 질환이 아닌 포르피린증이라는 대사 질환의 결과라는 것을 발견했을 때, 그들이 환호한 것도 이 때문이다. 그들은 '마침내 이 진단이 암묵적으로 하노버 가문의 유전적 광기라는 오점을 지웠다'고 선언했다.[3] 1984년에는 정신과 의사 낸시 앤드리어슨이 낙인을 줄이기 위해 정신 질환을 '망가진 뇌'라고 표현했다. 팔이나 다리가 망가진 사람은 의사를 멀리하려 하지 않지만, 심각한 정신 질환이 있는 사람은 의사를 멀리한다. 앤드리어슨은 정신 질환이 있는 사람들에 대한 편견과 차별이 무지에서 나오며 '정신 질환이 부도덕이 아닌 생물학적 원인에 따라 일어난 신체적 질환이라는 것을 깨닫지 못한 데서 비롯한다'고 주장했다.[4]

사회과학자들은 이렇게 인간성을 의학 용어로 이해하려는 경향을 종종 **의료화**라고 부른다. 의료화는 계몽주의와 과학 그리고 정신, 영혼, 인격 같은 인간 경험의 비물질적인 측면을 물질화하려는 충동에 뿌리를 둔다. 의료화는 사람들이 출산을 산부인과에 입원해야 하는 병이라고 생각하거나 폐경기에 약을 먹는 것처럼, 예전에는 비의료적이던 문제를 의료적인 문제로 바꾸는 과정이다. 망가진 뇌 모델처럼 정신보건 분야에서 정신보다 육체에 특권을 부여하는 의료화는 우리 자신의 문화를 포함한 많은 문화에서 성격, 믿음, 도덕이 우리의 뼈가 아닌 정신에서 나온다는 사실을 간과하는 경향이 있다.

의료화는 또한 자본주의의 필수 구성 요소이기도 하다. 자본주의에서 사회는 투표, 납세, 노동, 전쟁처럼 정치적, 경제적인 목적으로 인간의 몸을 조직하고 이용한다. 사회가 공장처럼 효율을 중시하는 기계적 조직이라면, 인간의 몸을 기계적·실용적 측면에서 설명할 수 있을 것이다. 따라서 의료화는 인간의 몸을 생물의학적으로 관찰하고 측정할 수 있는 측면들로 환원한다. 그리고 자본주의 사회에서 아프게 되면, 육체는 의약품과 의료 시장에서 보험 적용 여부를 결정하는 진단 같은 기술에 취약해진다. 이런 기술은 몸이 빨리 노동력으로 복귀하도록 도와 생산력 손실을 최소화하는 방향으로 치료 과정을 통제한다.

그렇다면 1996년에 세계은행에서 질병이 국가의 경제적 생산성에 미치는 영향이라는 측면에서 질병의 부담을 정의하는 척도인 장애보정생존연수DALY를 채택한 것도 놀랍지 않다. DALY는 조기 사망이나 장애 또는 질병으로 손실되는 연수를 측정한다.[5] 이것은 통화가치로 표시되지 않기 때문에 엄밀히 말하면 경제적 척도가 아니지만, 인간의 삶의 가치를 경제적·물질적 측면에서 함축적으로 평가한다. 그래서 DALY는 개인 또는 인구 집단이 경험하는 질환의 비물질적 측면을 포착하지 못한다.

망가진 뇌 모델은 정신 질환에 문화와 무관한 객관적 실재를 부여하려는 케케묵은 노력의 환생이다. 19세기 초에 정신이상을 연구한 초창기 의사들 중 상당수는 골상학자, 즉 두개골과 코·턱·귀의 전체적 구조를 측정해 정신 질환과 인격 및 범죄 행동 성향을 설명하고 예측하려 한 과학자다. 이들은 이렇게 측정한 것을 징후라고 불렀다. 이것은 뚜렷한 질병의 증거였다.[6] 망가진 뇌 모델은 중요한 의미에서 현대판 골상학이다. 골상학자들은 인격을 타고나는 것으로 이해하기 위해 두개골을 연구했고, 따라서 문화는 인격에 대한 책임이 없었다. 그리고 지금 우리는 같은 이유로 뇌를 연구하고 있다. 오늘날의 징후는 바로 뇌 영상이다.

지난 20년 동안 NIMH 전 소장 인설은 정신 질환과 관련된 낙인과 과소 진단 및 과소 치료가 정신 질환의 생물학적 토대에 대한 대중의 몰이해 탓이라고 생각했다.

그는 폭넓은 강연을 통해 선명한 뇌 영상을 보이면서 특정한 장애가 있는 뇌가 그렇지 않은 뇌의 차이를 청중에게 입증했다. 예컨대 ADHD가 있는 아이들은 다른 아이들에 비해 피질 표면적이 좁았고, 조현병이 있는 사람은 대조군과 비교해 대뇌피질의 두께가 얇았다.[7] 청중은 대체로 이런 사실들을 별로 놀라워하지 않지만, 강연의 의도는 정신의학의 정신적이고 행동적인 면을 교육하는 것이 아니라 뇌를 부각하는 데 있다. 왜 하필 뇌일까? 인설은 정신 질환과 관련된 신경생물학적 이상이 행동으로 가시화되기 한참 전부터 뇌에 나타나기 때문이라고 말한다. 행동적 증상이 나타나기 **전에** 뇌의 변화를 살피고, 가능하면 치료를 해야 한다고 인설은 주장한다. 그렇게 하지 않으면 마치 심장마비나 뇌졸중이 닥칠 때까지 심장병이나 고혈압에 대한 검사와 치료를 하지 않는 것과 같다는 말이다. 신경과학의 진보를 호소하는 인설의 관점에서 뇌는 그동안 치료가 가장 성공적이지 못한 질환, 즉 정신 질환이 있는 사람들을 돕는 데 결정적인 열쇠를 쥐고 있다.

인설이 프레젠테이션에서 쓰는 영상 중 일부는 아동의 뇌 스캔 사진에서 나온 것들인데, 그중에는 지극히 드물게 유년기에 시작된 조현병에 관한 래퍼포트의 종단 연구에 참여한 아이들의 사진도 있다.[8] 그녀의 영상은 행동적 증상이 심각해지기 전에 구조적 차이와 시간 경과에 따른 구조적 변화의 양상이 가시화된다는 것을 보여 준다. 내가 몇 년 전 래퍼포트의 사무실을 찾았을 때, 그녀는 어떻게 자신의 팀이 8년에서 10년에 걸쳐 서로 다른 간격으로 촬영한 많은

MRI 영상을 마치 애니메이션처럼 이어 붙이는지를 보여 주었다. 이 시간 경과에 따른 '영화'는 아이들의 뇌에서 태아 때부터 2세 정도까지 발달하는 잉여 신경세포(뉴런)와 신경 접합부(시냅스)가 사라지는 과정을 보여 준다. 가지치기라고 불리는 이 과정이 10세 정도까지 계속되지만, 가지치기의 양상은 상태에 따라 다르다. 래퍼포트는 정신 질환으로 진단받은 아이들의 영상에서 그런 양상을 보고, 그중 어느 영상이 조기 조현병이 있는 아이의 것인지 그리고 어느 것이 자폐증 또는 ADHD가 있는 아이의 영상인지를 추측할 수 있다. 모든 정신 질환 사례의 절반 이상이 14세 이전에 시작되기 때문에, 이것은 매우 중요한 신경과학적 발견이다.[9]

이와 비슷하게 자폐증 연구자들은 컴퓨터영상분석을 이용해, 예전에는 너무 어려서 표준적 임상평가가 어렵다고 여긴 유아들에게서 눈과 머리의 움직임 같은 운동 행동의 차이를 감지하고 정량화하고 있다. 이 방법은 종종 디지털 표현형이라고 한다.[10] PTSD의 경우, 연구자들은 컴퓨터음성분석을 이용해 어조 변화와 속도와 발음에서 PTSD의 핵심적 특징을 보여 주는 청각적 표시를 식별한다.[11] 그리고 1980년대부터 조현병 연구자들은 전구증 환자를 식별하기 위한 연구를 했다. 전구증이란 조현병이 실제로 발현되기 전 단계를 말한다. 제약 회사들은 이 연구가 진행되기를 간절히 바랐다. 어떤 장애를 치료하기 위해 개발한 약을 아직 증상이 발현되지 않은 사람에게도 판매할 수 있기 때문이다. 이런 연구의 공식적인 목적은 진단 정밀도 개선과 임상평가의 주관성 제거지만, 그 기저에는 정신과 진단을 확고한 과학적 사실의 영역에 두려는 의도가 있다.

영상 촬영과 컴퓨터는 연구자들이 뇌에 대해 더 많은 것을 알 수 있도록 도움을 주지만 정신과 질환이나 신경 질환이 있는 사람, 인생과 사회의 늪에 빠져 허우적대는 사람 들의 경험과 요구에 대해서는 사실상 아무것도 말해 주지 않는다. 예를 들어, 중증 알츠하이머를 앓는 가족을 돌보는 사람들에게 뇌에 대한 묘사는 거의 필요가 없다. 그들은 의사가 뇌 영상이 아닌 환자와 보호자를 보고 그들의 경험을 인식하고 인정해 주기를 바란다.[12] 뇌 스캔은 정신과 진단과 치료에 아무런 도움도 주지 않았다. 어떤 영상이 분명한 이상을 보여 준다고 해서 그 이상이 애초에 뇌의 문제로 생겼다는 것을 의미하지는 않고, 그 영상이 구체적인 치료법의 로드맵을 제공하지도 않는다.[13] 사실 신경과학 문헌들은 트라우마, 만성통증, 영양실조, 교육과 심지어 명상에 이르기까지 경험 자체가 뇌에서 관찰 가능한 변화를 만든다는 것을 충분히 입증했다. 뇌의 구조가 그토록 유연하고 환경의 영향을 많이 받는다면, 정신 질환이 뇌의 질환이라고 주장하는 것은 지나친 단순화가 아닐까?

2005년에 인설은 이렇게 썼다. "정신의학이 공중보건에 미치는 영향을 감안하면 정신적 장애를 뇌의 장애로 이해하고 그렇게 다룰 필요가 있을 것이다."[14] 그가 제기하는 의제는, 종종 개인을 그 사람이 속한 문화와 분리해서 볼 위험이 있어도 세계 어디에서나 서구의 DSM 용어로 개념화된 정신 질환을 진단하고 치료하려 하는 많은 공중보건 종사자들의 노력과 닮았다. 예컨대 APA의 웹사이트는

'스페인 바스크의 인격장애', '에티오피아 여성들의 트라우마와 우울증', '이란의 산후 기분장애' 같은 전 세계 정신보건 관련 자료의 목록을 제공한다. 세계보건기구의 정신건강 격차 해소 프로그램mhGAP은 그런 분류를 전 세계적으로 이용하는 데 문제가 있다는 것을 인정한다. 서양 정신의학의 무차별적 수출을 줄이려는 긍정적인 노력의 일환으로 mhGAP은 서양식 관리 모델과 문화적으로 적합한 관리 모델의 조화 그리고 의약품과 지역 토종 치유 시스템의 조화를 이룬 이용법을 찾고 있다. 그럼에도 무게중심은 뇌 과학 쪽으로 기울었다. 2011년에 발행된 『랜싯』의 한 호에서 mhGAP 지도자들이 '비합리적이고 부적절한 처치를 막고 뿌리 뽑아야 한다'고 주장했다.[15] 그리고 이렇게 덧붙였다. "〔정신적, 신경학적, 약물 남용〕 장애에 대한 치료법의 부재와 미흡한 예방적 처치는 부분적으로 뇌와 분자 및 세포 메커니즘에 대한 이해 부족을 반영한다."

　같은 해 『네이처』에 실린 또 다른 논문에서, 각계 정신보건 전문가들로 구성된 대규모 협의체는 향후 10년의 전 세계적 연구와 치료에 시급한 사항을 제시했다. 이 협의체가 생물학과 문화가 정신건강에 어떤 식으로 영향을 미치는지에 대한 이해를 촉구했지만, 논문은 서양의학의 개인주의를 재확인했다. 그 논문은 발달장애나 지적장애가 있는 듯한 대여섯 살쯤 된 소말리아 소녀가 사슬로 나무에 묶여 있는 사진을 실었다.[16] 편집자가 외로운 아이의 이미지를 선택한 것은 아마도 거기에 인권 담론, 즉 각 개인은 삶과 자유와 존엄성에 대한 권리가 있다는 주장이 담겼기 때문일 것이다. 비정부기구들이 유포하는 다른 이미지들이 모금을 위해 난민이나 인신매매 당한 여성 및 다른 피해자들을 보여 주는 것과 마찬가지로, 소녀는 저소득 국가의 전형적인 정신장애 아동이다.[17] 소말리아 소녀의 사진에서는 가족이나 정치 또는 종교의 흔적은 보이지 않고 개인만 보인다. 그 이미지에는 소녀의 삶의 알맹이가 빠져 있다.

인류학자 도미니크 베헤이그는 자신이 연구하는 브라질 남부 정신 질환의 전문용어에 대해 이렇게 말한다. "정부 정책의 결과인 지역사회의 빈곤에 대해 언급하지 않고 우울증이나 자살을 논하는 것처럼, 사람들이 겪는 정신적 고통에서 정치를 배제한다." 실제로 브라질 정신의학 개혁가들은 '낙인'이 차별을 덜 불편하게 표현한 단어일 수 있기 때문에 낙인이라는 개념 자체가 정치의 존재를 지울 수 있다고 주장한다.[18] 이런 공동체에서는 10대들이 학교에서 주의력이 부족하다는 이유로 상담받을 수는 있어도, 생물학적인 주의력 결핍장애라는 이름으로 상담받지는 않을 것이다. 학생과 상담사가 모두 주의력 문제를 가난, 편견과 연결해 생각할 것이다.

이렇게 사람을 의학적 분류명으로 환원하고 차별당하는 집단의 비참을 비정치적으로 해석하는 문제가 프랑스만큼 분명하게 드러나는 곳도 없을 것이다. 프랑스에서 불법 이민자들은 '질병 비자'를 취득한 경우에만 체류가 허용된다. 프랑스 정부는 자국으로 돌아가면 치료를 제대로 받지 못할 것으로 보이는 중증질환자들에게 인도적 차원에서 비자를 발급한다. 그러나 바로 이런 이유로 어떤 사람들은 계속 아픈 상태를 유지하기 위해 치료를 거부하기도 하고, 어떤 이들은 스스로 에이즈를 일으키는 바이러스에 감염될 방법을 찾는다. 병자들의 왕국으로 입국할 권리를 부여하는 나쁜 여권이라고 손택이 말한 개념의 충격적인 전개다. 이런 현상을 기록해 온 학자 미리엄 틱틴은 질병 비자가 고용을 비롯해 다른 혜택에 대한 권리 또는 프랑스 사회에 참여할 권리를 부여하지 않는다고 했다. 더욱이 빈곤하거나 정신 질환이 있는 사람에게는 비자가 발급되지 않는다. 틱틴은 이렇게 쓴다. "질병 비자는 인본주의를 내세우면서, 고통받거나 아픈 몸만을 권리의 형태로 인정받을 가치가 있는 보편적 인간성의 정당한 징후로 본다. 이런 관점은 생물학의 정당성과 고정성, 보편성에 근거한 것이다."[19]

컬럼비아대학 정신과 의사인 머나 와이스먼이 말하는 윌리엄의 이야기는 미국에서 의사들이 '생물학적' 상태와 '정신과적' 상태를 어떤 식으로 다르게 평가하는지를 보여 준다. 1980년대 중반에 태어난 윌리엄은 어린 시절에 주의력결핍장애, 강박장애, 자폐증, 편집성 조현병을 포함해 많은 정신과 진단을 받았고 친구가 없었다. 정신과 의사들은 윌리엄의 어머니가 자식에게 지나치게 주의를 기울이고 관대하고 체계적이지 못하다며 그녀를 탓했다. 윌리엄은 학교에서 괴롭힘을 당하고 정학도 당했다. 그리고 그가 호전적이라는 이유로 정신과 병동에 입원했을 때, 의료진이 가족의 방문을 만류했다. 1999년에 윌리엄이 백혈병에 걸렸다. 정신과 의사들과 달리, 종양내과 의사들은 그의 어머니가 주의력이 좋다며 칭찬하고 친척들의 문병을 권했다. 대학생 자원봉사자들이 병실에 와서 함께 게임을 하거나 그냥 옆에 있어 주었다. 와이스먼은 '이 소년이 정신 질환이 아닌 특정한 뇌질환이 있다고 분류되었다면, 정신보건 전문가들이 소년의 통제할 수 없는 행동에 대해 그 어머니를 탓할 가능성이 적었을 것'이라고 본다.[20]

사람들이 의료적 상태와 정신적 상태를 이렇게 다르게 생각하고 반응하는 사회에서 정신 질환의 생물학적 모델을 추구하는 경향은 이해할 만하다. 나는 그런 단순화의 유혹을 이해한다. 때로는 누군가의 질환을 과학적 측면에서 설명하는 것이 심리학적·감정적 측면에서 설명하는 것보다 쉬울 수 있고, "제 탓이 아니라, 제 뇌 때문이에요."라고 말할 수 있게 함으로써 많은 사람이 '망가진 뇌' 모델이 질환의 책임을 사람이 아닌 뇌 기관으로 돌리게 되기를 기대한다는 것도 이해한다.[21] 그러나 '여느 질환과 마찬가지인 질환' 모델이 낙인을 줄이는 데 성공적이라는 증거는 거의 없다.

정신 질환을 의학적 질환처럼 만들려는 것의 문제는 많은 의학적 치료가 사실은 박테리아나 바이러스, 암처럼 식별할 수 있는 생물학적 현상보다는 피로와 신체적 고통같이 설명되지 않는 증상과 관련된다는 데 있다. 두통만 해도 아주 흔한 '의학적' 증상이지만, 그 원인은 대체로 알려져 있지 않다. 진통제가 두통을 줄이는 메커니즘도 마찬가지다. 유럽과 북미 사람들은 사하라 이남 아프리카와 서아시아 사람들보다 두통을 훨씬 더 많이 경험하고, 두통을 경험하고 설명하는 방식도 다르다. 아프리카의 어떤 사회에서 긴장성두통이라는 것은 마치 머리 위에 벌레들이 기어 다니는 것 같은 감각이다. 미국에서 그것은 욱신거리는 통증이다. 일부 동남아시아인들은 두통을 두피가 따끔거리는 느낌으로 묘사한다. 두통을 앓는 많은 사람이 의학적인 도움을 구하고 아마 어떤 식으로든 치료받겠지만 뇌 영상이나 다른 실험실 검사의 도움을 받는 경우는 드물고 거의 항상 '두통' 외에 진단은 없을 것이다.

또한 의사들은 바이러스나 세균이나 기생충 감염을 포함한 온갖 질병에 대해 어떤 바이러스나 세균이나 기생충이 원인인지도 모르면서 치료법을 처방할 때도 많다. 식료품점 진열대에는 글루텐을 함유하지 않은 식품이 쌓여 있지만, 미국에서 유병률이 0.5~1.0퍼센트인 소아 지방변증에 대한 검사를 제외하면 글루텐 민감성에 대한 의학적 검사는 존재하지 않는다. 또한 사람들은 〔항생제〕 치료를 받고 한참 뒤에 종종 라임병(진드기가 사람을 무는 과정에서 나선형의 보렐리아Borrelia균이 신체에 침범하여 여러 기관에 병을 일으키는 감염 질환.―옮긴이)의 신경학적·류머티즘성 증상을 치료받으려고 하지만, 과학자들은 아직까지 만성 라임병으로 알려진 상태에 대해 의학적 근본 원인을 찾지 못했다.[22]

많은 과학자가 여전히 정신 질환이 언젠가 당뇨병이나 심장병만큼이나 '실재' 의학적 상태가 되기를 바라고 있다. 그러나 이는 지적으로 문제가 있는 비유다. 첫째, 정신 질환을 그런 질병에 비유하는 것은 잘못된 기대를 만들어 낸다. 정신 질환은 치료하기 힘들고 여전히 행동에 근거해 임상적으로 진단되지만, 그것이 형편없는 과학

탓은 아니다. 뇌는 심장이나 췌장보다 훨씬 더 복잡하다. 너무나 복잡해서 인설을 비롯한 사람들이 상상하는 미래는 결코 실현되지 않을지도 모른다. 정신 질환은 세균이나 바이러스 또는 동맥폐색으로 환원될 수 없고, 정신 질환의 믿을 수 없을 만큼 복잡한 유전적 특징은 그 원인의 일면일 뿐이다.

둘째, '신체적' 상태와 '심리적' 상태를 나란히 두는 것조차 문제가 있다. 심리 상태가 심장병이나 암 또는 기타 의학적 질환이 있는 사람들의 상태를 악화시키거나 개선하는 데 중요하게 작용한다는 것을 과학자들이 거듭 보여 주고 있기 때문이다. 예컨대 우울증과 불안, 스트레스는 관상동맥 질환이 있는 환자들의 이환율과 사망률 면에서 주요 위험 인자다.[23]

셋째, 실험실 검사에서 분명한 위험을 암시하는 결과가 나오면 많은 사람이 특정한 의학적 상태를 피하기 위해 치료받으려 하는 것과 달리 임박한 정신 질환을 예측할 수 있는 검사는 없다. 예를 들어, 우리는 심장마비가 오기 한참 전에 심장 질환을 치료할 수 있다. 높은 콜레스테롤 수치나 동맥폐색 같은 결과를 예측할 수 있기 때문이다. 그 반면 조현병이나 자폐증·양극성 장애같이 유전성 높은 상태가 있는 형제나 부모를 둔 환자의 경우, 의사들은 물론 그 환자에게 정신의학적 증상이 있는지 주의 깊게 살필 수는 있어도 환자에게 실제 증세가 나타날 때까지 치료할 방법은 없다. 예측할 수 있을 것 같은 행동들이 있지만, 그것은 어디까지나 돌이켜 보았을 때의 얘기다. 조현병이 있는 사람의 친척은, 돌이켜 보면 그 사람이 어릴 때부터 냉담하고 친구가 별로 없었으며 사회적인 기대에 부합하지 않는 행동을 보였다고 말할 수 있다. 거식증이 있는 사람의 부모는 자녀의 병세가 심각해지기 몇 년 전부터 식성이 까다로워졌다고 회상할 수 있다. 그러나 고혈압 환자는 뇌졸중이 오기 전에 치료할 수 있는 것과 달리, 조현병으로 냉담해졌거나 거식증으로 입맛이 까다로워진 사람을 치료할 수는 없다. 정신적으로 건강한 성인들 중 10대 때는 냉담하고 불평분자였던 사람이 얼마나 많은가? 섭식장애가 없는 성인들 중에 식성이 까다로운 사람은 또 얼마나 많은가?

넷째, 다른 장기와 달리 인간의 뇌는 연구를 위해 쉽게 해부할 수 없다. 물론 시각장애에서 암에 이르기까지 모든 질환에 대한 치료법을 개발할 때 동물 모델이 매우 유용하다. 연구를 위해 생쥐의 뇌를 이용할 수 있다. 그러나 생쥐가 암에 걸릴 수는 있어도, 생쥐가 환각을 느끼거나 자신이 정부의 감시 대상이라는 편집 망상을 가질 수 있는지는 아무도 모른다. 이런 어려움을 고려할 때, 나는 정신의학이 실제로 잘하고 있다고 생각한다.

다섯째, 어떤 사람을 그의 뇌로 환원하는 것은 누군가를 그 사람의 유전자나 인종·종교·성별 또는 성적 지향으로 환원하는 것만큼이나 단순하고 비인간적이다. 우리가 정신 질환의 형성에 사회적 요인이 어떤 구실을 하는지 잘 아는데 어떻게 뇌에서 문화와 경험을 제거할 수 있겠는가? 만일 그렇게 한다면, 우리는 가난과 트라우마를 포함한 역경이 우리에게 미치는 영향을 간과할 위험이 있다. 어떤 의사들은 뇌에 기반한 정신 질환 모델이 정신 질환을 나약한 성격의 반영으로 보는 경향을 최소화할 거라고 주장하지만, 그런 주장은 이제 시대에 뒤떨어진 것으로 보인다. 사람들이 누군가 전쟁 트라우마나 폭력적인 어린 시절을 겪고도 심각한 영향을 받지 않을 수 있다고 기대하는 경우가 적어지고, 그런 영향에 맞서 싸우는 누군가를 회복력 있는 사람으로 보는 경우가 많아지고 있다.

정신 질환이 있는 어떤 이를 화학적 불균형이나 비정상적인 뇌 회로의 문제를 겪는 사람으로 표현한다면, 그 사람을 두려워해야 할 이유와 그를 영구적 손상을 입은 사람으로 볼 이유를 제공할 위험이 있다. 고쳐야 할 것이 사회적 상황이 아닌 사람의 뇌가 되기 때문이다. 그리고 의사들이 약으로 뇌를 치료하는데 약이 안 듣거나 환자가 약을 견디지 못한다면, 그 사람은 고통을 자초하는 골칫거리나 비순응자라는 꼬리표가 붙거나 스스로 실패자라고 느낄 수 있다.

뇌 스캔이 언젠가 의사들이 정신 질환을 진단하고 치료하는 데 도움을 줄 가능성은 얼마나 될까? 물론 뚜렷한 성격 변화를 보이는 사람의 뇌 스캔을 실시한 결과 그 사람의 정신의학적 증상이 뇌종양에서 비롯했음을 알게 될 수도 있지만, 이런 생물학적 발견은 DSM의 영역을 넘어선 것이다. DSM이 정신보건 전문가들에게 어떤 증상에 대해 기질적 원인을 배제한 뒤에야 정신 질환으로 진단하도록 권고하고 있다는 사실을 떠올려 보자. 지금 정신 질환의 진단과 치료를 위한 근거로서 뇌 스캔 사용을 지지하기에는 알려진 것이 너무 적다. 혹시 그것이 가능해진다면, 그런 검사가 오용될 가능성은 없을까? 뇌 스캔에서 이상이 보이지만 행동 면에서는 아무 증상이 없는 사람이 일자리에서 해고되거나 퇴짜를 맞거나 의료보험 또는 생명 보험 가입을 거부당할 가능성은 없을까?

1982년, 로널드 레이건 대통령의 암살을 기도했으나 정신이상을 이유로 무죄를 선고받은 존 W. 힝클리 2세 재판에서 변호인 측이 힝클리의 평균보다 작아 보이는 뇌 사진을 증거로 제시했다. 그들은 힝클리의 뇌가 '수축'되었다고 주장했다. 범죄성과 뇌 크기 사이의 연관성을 시사하는 데이터가 없었는데도, 힝클리의 변호사는 그의 뇌에 뭔가가 잘못되었을 가능성과 그가 스스로 통제하지 못하는 뭔가가 있을 가능성을 제시하려고 했다. 그의 주장이 사실이라면, 판사와 배심원은 무죄 선고가 편향의 영향을 받은 주관적인 판단에 따른 것이라는 걱정을 할 필요가 없었다. 방사선 전문의는 힝클리의 뇌가 '정상적인' 뇌보다 작다고 말했고, 변호인들은 이 단순한 사실이 날조될 수 없다고 주장했다.[24] 정상적인 뇌가 정확히 어떤 모습인지 아무도 모른다는 사실이나 정신 질환은 뇌 스캔으로 진단할 수 없다는 사실 따위는 안중에도 없었다.

영상을 통해 정상적인 뇌의 특징을 보여 주려는 과학적 노력은 지금까지 성공하지 못했다. 스캔 대상자의 유전적 특징과 스캔 시간, 대상자가 당일 먹은 음식, 대상자가 왼손잡이인지 오른손잡이인지 등을 포함해 복잡한 변수가 너무 많기 때문이다. 조현병 연구에서 어떤 연구자들은 백인만 스캔하며 인구 집단 간 차이를 제거하려 했지만,[25] 이것은 정상적인 뇌를 백인의 뇌로 만든 다음 백인의 뇌를 이상적인 뇌로 만들 위험이 있는 전략이다. 이런 접근법은 20세기 중반 하버드대학 남학생들만을 대상으로 연구해서 정상성을 정의하려던 시도만큼이나 잘못 생각한 것이다.

몇몇 연구는 뇌 기반 정신 질환 모델이 주로 과학계와 의료계에서 인기 있다는 것을 시사한다. 이탈리아에서 실시된 대규모 설문 조사에서 조현병 환자의 친척 중에 '유전'을 조현병의 원인으로 꼽은 사람은 21퍼센트에 불과한 반면, 간호사는 74퍼센트였으며 정신과 의사는 75퍼센트였다.[26] 친척들은 환자의 고통을 환자가 세상에 참여한 결과물로 보기 때문에 (그것이 전쟁 트라우마건 환경 재앙이건 가족 내 사회적, 경제적 위기이건 간에) 문제를 개인의 탓으로 돌리는 경향이 덜하다. 영국, 에티오피아, 독일, 그리스, 일본, 러시아, 남아프리카에서 사람들은 조현병과 우울증, PTSD 같은 상태의 원인을 생각할 때 생물학적 원인보다는 사회적 스트레스, 특히 가족의 갈등을 더 우위에 놓는다.

1990년 독일에서는 정신보건 전문가와 비전문가로 이루어진 한 표본집단이 조현병 원인의 순위를 매겼다. 전문가는 생물학적 원인과 유전적 특징을 높은 순위로 꼽고 스트레스, 결손가정, 의지 부족을 낮은 순위로 꼽았다. 비전문가들은 이와 반대되는 순서로 원인을 나열했다. 2001년에 같은 저자들이 다시 설문 조사를 했는데, 대중의 믿음이 전문가 쪽에 가까워진 것으로 나타났다. 그러나 낙인이 줄어들기는커녕 비전문가들은 조현병이 있는 사람과 거리를 두고 싶은 마음이 커졌다고 답했다. 1990년에 응답자의 19퍼센트가 조현병 환자의 옆집에 살고 싶지 않다고 말했는데, 2001년에는 이 비율은 35퍼센트로 증가했다.[27] 따라서 뇌 기반 모델이 낙인을 증가시키는 것으로 보였다.

또 다른 연구는 1996년부터 2006년까지 미국 대중이 정신 질환, 특히 우울증과 조현병을 신경생물학적 상태로 보는 경향이 점점 커진 것을 보여 주었다. 그리고 그들이 어떤 상태를 신경생물학적 상태로 볼수록, 그것을 치료하는 데 찬성하는 경향이 컸다. 그러나 저자들은 '신경생물학적인 개념화가 결코 낙인의 현저한 감소로 이어지지는 않았다'고 썼다.[28] 정신 질환을 신경생물학적으로 이해하려는 노력은 오히려 조현병과 우울증 환자들이 위험하고 그들을 예측할 수 없다는 믿음을 부추겼다. 이와 마찬가지로 자폐증 연구에 비판적인 사람들은 자폐증이 있는 사람들과 그 가족을 '유전적으로 부적합'하다고 낙인찍는 자폐 스펙트럼 장애에 대한 진단 검사와 유전자 검사를 개발하는 연구에 큰돈을 쏟아붓고 있다고 주장한다.[29]

유전학은 이제 원인과 진단적 생물지표를 찾아, 질환의 책임을 환자의 부모와 가족에게 떠넘기는 경향을 끝내려는 노력의 중요한 부분을 구성하고 있다. 유전학이 새로운 치료법이나 치료제의 개발과 심지어 질환의 퇴치를 위한 열쇠를 쥐고 있는지도 모른다. (21번 세염색체증이라고도 알려진) 다운증후군은 자궁 내에서 식별하기 어렵지 않다. 다운증후군이 있는 사람은 염색체 중복으로 21번 염색체가 두 개가 아닌 세 개인데, 이걸 임신 3개월 무렵 유전자 검사를 통해 판별할 수 있다. 아이슬란드에서는 모든 태아가 유전자 검사를 받고 염색체가 세 개인 태아는 낙태되기 때문에, 다운증후군이 사실상 사라졌다. 이런 선택적 낙태를 통한 다운증후군 퇴치는 자폐인 권익 옹호자들의 논쟁을 포함해 가장 뜨거운 생명윤리 논쟁의 주제라고 할 수 있다.

다운증후군과 대조적으로 자폐증과 관련해서는 과학자들이 (흔히 '후보유전자'라고 부르는) 위험 유전자를 100개 이상 발견했으며 어쩌면 1000개 넘게 있을지도 모른다고 예측한다. 이것을 후보라고 부르는 것은, 유전자의 변이체가 오늘날 우리가 정의하는 자폐증과 관련되어 있다고 알려졌거나 그 유전자가 자폐증과 관련된 것으로 의심되는 영역에 존재하기 때문이다. 게다가 자폐증이 있는 사람들에게서 확인된 (사람의 유전체에서 삭제되거나 복제된) 변이체는 2000개가 넘는다. 바로 이 점이 수많은 자기 옹호 자폐인들을 두렵게 한다. 이들에게 자폐증은 질병이 아니라 인간 다양성에 해당한다. 만일 자폐증에 대해 산전 유전자 검사가 있다면, 자폐증을 안고 태어날 위험이 높은 모든 사람이 낙태되지 않을까?

특정 유전자 돌연변이와 관련 있다고 알려진 의학적 상태가 많다. 예를 들어, 헌팅턴병은 헌팅턴 유전자의 복사본 둘 중 하나에서 발생한 돌연변이와 직접적인 관련이 있다. 조기에 발병되는 알츠하이머는 19번 염색체에 있는 아포지질단백질 E 변이체와 관련 있다. 그러나 자폐증을 일으키는 단일한 유전자는 없다. 실제로 우리가 자폐증이라고 부르는 관찰 가능한 특성(또는 표현형)을 일으킬 수 있는 수천 가지 유전자의 수천 가지 방식이 존재할 것이다. 그리고 자폐증은 그 자체로 여러 표현형이 있는 상태다. 과학 전문 작가인 실버먼은, 연구를 위해 자폐증이 있는 어린이 100명을 무작위로 선택할 경우 그들이 저마다 고유한 유전적 원인을 가졌을 수 있다고 지적한다.[30] 사실 대규모 연구의 표본에 포함된 자폐아들 가운데 자폐증에 가장 흔한 유전자를 공유하는 비율은 3~5퍼센트에 불과하다. 그러니 자폐증을 유전적 실수로 생각할 수 없다는 말이 된다. 표현형을 만드는 (경로와 유전자 조합과 유전자 조절 등) 방식이 워낙 많아서, 자폐증을 유전자의 오작동으로 환원하는 것은 과학적 설득력이 없다.

자연선택설은 자폐증이 유전적 실수가 아니라는 사실을 이해하는 데 도움이 될 수 있고, 자폐증이 인간들 간 정상적인 차이 중 하나라는 점을 시사할 수 있다. 우리는 자폐인들이 (그리고 조현병이 있는 사람들도) 사회적 고립 때문에 그런 문제가 없는 사람들보다 자식을 적게 갖는 경향이 있다는 것을 안다. 그런데 왜 지난 수천 년 동안 그런 문제와 관련된 유전자 변이체가 자연선택에 따라 도태되지 않았을까? 한 가지 가능성은 이런 유전자의 영향이 워낙 미미해서 번식에 영향을 주지 않은 것이다. 하지만 자폐증 증상이 종종 사람들이 관계를 형성하고 결혼하고 번식하는 능력을 저해한다는 점을 고려할 때 설득력이 떨어진다. 그보다 설득력 있는 또 다른 가능성은 자폐증과 관련된 유전적 변이체가 '방관자'라는 것이다. 그런 변이체가 양성선택 압력을 받는 다른 유전자 변이체와 연관되거나 함께 진화한다는 뜻이다. 즉 자연선택이라는 진화 과정이 자폐증에 대한 위험을 제거하지 않고 보존해 왔다면, 우리를 자폐증의 위험에 놓이게 하는 공통적 유전자 변이체가 인간에게 긍정적인 기능을 한다는 얘기가 될 수 있다.

인간들의 차이 가운데 (언어와 사회적 기술처럼) 우리가 가치 있다고 생각하는 측면과 (자폐증처럼) 그렇지 않은 측면 사이에 유의미한 관계가 있다는 주장을 뒷받침하는 최근 연구가 많다. 과학자들은 자폐증과 관련된 유전자들이 '인간 가속 영역HAR', 즉 인간에게만 존재하는 유전체의 영역 가까이 있다는 사실을 알아냈다. HAR는 어떤 유전자의 발현 여부에 영향을 미치는 증폭자와 조절자로 구성된다. 이것들은 유전자가 아니며 단백질의 유전암호를 지정하지 않지만, 유전자 가까이에 있으면서 유전자의 발현을 조절한다. HAR를 찾기 위해 과학자들은 수많은 포유류 종의 전체 유전체를 살펴보고 6500만 년에 걸친 포유류 진화의 기간 동안 완전하게 보존된 영역을 찾았다. 이 영역에는 일반적으로 소수의 염기쌍(약 100쌍)이 있다. 모든 생명체의 유전적 특징이 실제로 상당히 비슷한 이유 중 하나가 진화적 보존에 있다. 예를 들어, 인간과 바나나는 유전적으로 약 50퍼센트가 일치하며 인간과 수선화는 35퍼센트 정도가 일치한다.

그다음, 과학자들이 인간에게만 존재하는 보존된 영역에서 유전물질 조각들을 찾았다. 오늘날까지 약 50개의 HAR를 식별했는데, 이것들은 비교적 짧은 인간 진화의 역사에서 가속화라는 특징을 제공한다. 일부 과학자들은 HAR가 인지, 지능, 학습 그리고 자폐증, 조현병에 관한 유전자와 관련 있다고 주장한다. 자폐증 유전학의 개척자 중 한 명인 UCLA 과학자 대니얼 게슈윈드는 특히 유전체에서 보존된 영역이 인간들의 정상적인 차이에 관해 말해 주는 것에 관심이 많다. 그가 나와 대화하며 이렇게 말했다. "자폐증의 위험을 높이는 유전적 차이는 교육적 성취와 0.3의 상관관계를 갖습니다." 다시 말해, 둘 사이에 비록 약하긴 해도 양의 상관관계가 있다. 만일 이것이 사실이라면, 자폐증은 우리를 교육·창의력·높은 지능의 가능성 때문에 특별한 포유류로 만드는 유전적 경로와 불가분의 관계일 것이다. 그리고 이런 유전자들이 어떻게든 제거된다면, 이런 인간의 능력은 위험에 빠질 수 있다.

NIMH에서 최근 열린 강연 중에 게슈윈드는 여러 해 전에 물리학자 로런스 바인더가 연구한 내용을 소개했다. 내가 보기에 그는 자폐증과 그 밖의 발달장애가 있는 사람들의 경우처럼 지적인 무능력이 사실 '정상성'의 일부라고 암시하는 것 같았다. 바인더는 평균보다 지능이 높은 성인이 웩슬러 성인 지능검사 제3판에 포함된 다양한 검사에서 과연 어떤 성과를 보일지 궁금했다. 유효성이 널리 입증된 이 검사는 열네 부분으로 이루어졌다. 바인더는 그의 표본에 포함된 성인들 중 28퍼센트가 적어도 두 가지 검사 부분에서 비정상적인 점수를 받은 것을 발견했다. 19퍼센트 이상이 검사의 세 부분, 14퍼센트는 네 부분 이상에서 비정상적인 점수를 받았다. 그리고 25퍼센트는 적어도 한 부분에서 평균보다 3 표준편차만큼 낮은 점수를 기록했다. 이는 지적 기능에서 뚜렷한 장애를 나타내는 경계에 해당한다.[31] 하지만 이들은 아주 지적인 성인이 아닌가! 게슈윈드는 바인더의 연구 결과가 '누구나 어떤 것은 잘하고 다른 것은 못하기 때문에, 평균적인 인간 같은 것은 없다'는 사실을 증명한다고 말했다.

예를 들어, 내 딸 이저벨은 몇 가지 특별한 능력이 있다. 만화를 잘 그리고, 절대음감이 있어서 피아노나 기타 소리를 듣고 음을 모두 알아맞힌다. 또한 내가 아는 사람 중에 기억력이 가장 비상하다. 2019년 7월에 내가 이저벨, 조이스와 차로 이동 중이었는데 라디오에서 스티비 원더의 〈슈퍼스티션〉이 나왔다. 조이스가 이저벨에게 그 노래를 들어 본 적이 있는지 물었는데, 이런 답을 들었다. "응, 2015년 10월 31일 토요일에 우리가 샌프란시스코에서 휴가 보낼 때 택시 타고 저녁 먹으러 가는 길에 라디오에서 나왔어." 이저벨은 비상한 기억력 덕분에 직장에서 돌보는 동물을 세밀하게 관리하고 각 동물의 활력 징후와 복용약을 상세하게 알 수 있다. 또한 만나는 모든 사람의 생일을 기억한다. 이런 능력은 자폐인들이 아주 어려워하는 사회적 관계 유지에 도움이 된다. 이저벨과 달리 나는 기억력이 형편없고 간단한 그림 퍼즐도 잘 맞추지 못하며 예술적인 소질이 없다.

정신 유전학 전문가들은 우리 삶을 결정하는 환경적, 생물학적 변수가 많다는 사실을 부정하지 않는다. 조현병은 아마 유전의 결정력이 가장 큰 정신 질환일 것이다. 그러나 같은 유전자 코드로 시작해서 같은 가정에서 함께 자란 일란성 쌍둥이에 대한 연구는, 쌍둥이 중 한 쪽에게 조현병이 발현되는 경우 나머지 한 명에게도 발현되는 확률이 30퍼센트 정도에 그친다는 것을 보여 준다.[32] 또한 두 사람이 유전적으로 우울증에 걸릴 성향을 갖고 있지만, 서로 다른 삶의 경험 때문에 한 명만 우울증에 걸릴 수 있다. 예를 들어, 한 사람이 사랑하는 사람을 잃은 뒤 우울해질 수 있다. 이 경우 사랑하는 이의 죽음이 증상을 촉발했기 때문에, 우울증이 온전히 유전적이라고는 할 수 없다. 또한 유전적 특징이 어떤 구실을 했기 때문에, 오로지 경험(또는 과학자들이 환경이라고 말하는 것)에 따른 우울증이라고 할 수도 없다.

심지어 완전히 유전적인 상태도 환경을 통해 어느 정도 통제할 수 있다. 페닐케톤뇨증PKU은 분명하게 식별되는 PAH 유전자의 유전적 결함이다. PAH는 페닐알라닌 아미노산을 분해하는 효소의 생산을 조절하는 유전자다. PKU가 있는 사람들은 페닐알라닌이 몸에 쌓여 발작과 지적장애를 포함해 다양한 증상을 겪을 수 있다. 그러나 페닐알라닌의 양을 최소 필요량만 섭취하는 식단을 통해 유전적 결함의 영향을 극적으로 제한할 수 있다. PKU가 완전히 유전적이라고 할 수 있지만, 환경이나 경험(식단)과 무관하게 독립적으로 존재하지 않는다.[33]

유전자와 환경의 복잡한 상호작용은 과학자들이 이해하기에도 상당히 어렵다. 내가 연구한 한국의 자폐증 낙인은 종종 유전적 특징이 가장 중요하다는 믿음 및 자폐증의 사회적 영향과 관련 있다. 내가 인터뷰한 많은 한국인 부모들은 자폐증의 유전적 원인이 상당하다고, 즉 유전력이 높을 수 있다고 이해하는 경향을 보였다. 그런

데 유전학에 대해 어설프게 아는 사람은 유전력이 곧 유전됨을 뜻한다고 가정하곤 한다. '유전력'은 '유전됨' 또는 '집안 내력'과 같지 않다. 유전력의 측정값은 어떤 특징이 유전적 차이에서 나올 수 있는 정도를 가리킬 뿐, 그것이 어떻게 유전될 수 있는지는 가리키지 않는다. 또한 유전력에는 신생 돌연변이, 즉 어떤 사람에게 처음 생긴 수없이 많은 돌연변이가 포함된다. 이것은 부모의 유전자 조합과 정확히 일치하는 사람이 없는 이유 중 하나다. 자폐증 사례의 상당 부분은 신생 돌연변이가 원인이지만, 유전인 경우도 있다. 조이스와 나는 자폐증 가족력이 없으니, 이저벨은 전자에 해당할 것이다. 그러나 내가 한국에서 인터뷰한 부모들은 모든 유전적 장애를 가족의 유전적 무결함과 혈통 전체에 드리운 어두운 그림자로 보았다.

그래서 자식의 자폐증 진단에 대한 어머니의 반응은 두려움인 경우가 많은데, 진단받은 자식에 대한 걱정만이 아니라 다른 자식들과 그들의 결혼 전망에 대한 걱정 때문이기도 하다. '유전적'이 유전되는 것이라고 가정한다면, 과연 누가 유전적 장애가 있는 집안과 사돈이 되겠느냐고 어머니들은 묻는다. 그 결과, 부모들은 종종 자폐증 진단을 거부하고 그 대신 유전적 부담이 적은 '반응성 애착장애RAD'라는 진단을 받으려고 한다.[34]

RAD는 1980년에 DSM 제3판에서 처음 등장했지만 그보다 훨씬 전인 DSM 초판 때부터 의료계에서 인기를 얻었다. 정신 질환을 가정환경에 대한 건강하지 못한 반응으로 보는 정신분석적 패러다임이 지배적이었기 때문이다. 제1, 2차 세계대전 이후 아이들이 태어나거나 어린 시절을 보낸 가학적 보호시설(포로수용소와 대규모 고아원 등)에 대한 상세한 기록이 늘어나면서 심리학자들은 특정 환경 조건이 일부 아이들에게서 (심지어 유아들에게서도) 관찰되는 사회적 반응성 결여와 성장장애 같은 증상에 대한 설명이 될 수 있다고 단정했다.[35] 그래서 의사들은 방치와 결핍, 지속적으로 돌봐 줄 사람의 결여 같은 '극단적인 돌봄 부족'을 겪은 아동에게 RAD를 진단하는 경향을 보였다.[36] 그러나 한국에서처럼, 일부 의사들은 학대 증거가 없는데 RAD 증상을 보이는 아동에게도 RAD 진단을 내렸다.

2006~2011년에 한국에서 대규모 역학 연구를 진행하며 나와 동료들은 학교 및 임상 기록에 자폐증에 대한 언급이 거의 없다는 사실을 발견했고, 대부분의 의사들이 자폐증이 한국에서는 드문 장애라고 말했다. DSM이 정의하는 의미에서 자폐증이 존재하지 않기 때문이 아니었다. 우리 연구에 참여한 의사들이 중간 규모 도시에 사는 8~12세 아동을 (5년 동안) 5만 명 넘게 평가했을 때, 유병률이 2.6퍼센트 이상이라는 것을 알게 되었다. 뉴저지의 자폐증 유병률 추정치보다 약간 높은 수준이었다.[37] 우리는 정규교육을 받으며 자폐증 진단에 부합하는 아동 중 3분의 2가 특수교육이나 발달 문제에 대한 임상적 진단을 받은 적이 없다는 사실을 알고 놀랐다. 어떤 아이들은 참담한 상태였고, 다른 아이들은 간신히 교육을 버텨 내며 매년 쌓여 가는 사회적 요구와 학업에 주눅이 들어 있었다.

사람들이 유전적이라고 정의하는 상태를 진단하거나 기록하는 것에 대한 낙인은 한국 중매 제도의 유산 중 하나일 것이다. 오늘날에도 한국에서 중매쟁이는 결혼을 주선한다기보다 잠재적 배우자, 즉 경제적·교육적 위상 및 유전적 특징과 혈통 면에서 서로 화합할 수 있는 동반자를 소개한다는 의미에서 여전히 중요한 구실을 한다. 어머니는 자녀에게 자폐증보다는 RAD 진단이 내려지기를 바라면서, 자식의 문제를 자신의 탓으로 돌리려 한다. 마치 이렇게 말하는 것 같다. "우리 가족은 나쁜 유전자가 없어요. 그저 제가 이 아이에게 나쁜 엄마였죠." 본인이 잘못된 양육에 대한 사회적 낙인을 감수함으로써 나머지 가족을 유전적 이상이라는 생물학적 낙인으로부터 보호하려는 것이다.

또한 정말 문제가 있는 사람이 아이가 아니라 어머니일 뿐이라면 회복 가능성이 크다는 가정이 있다. 사실 지난 10~15년에 걸쳐 부분적으로는 한국에서 RAD를 대중화한 한국인 의사들 덕분에, 어머니가 자녀에게 감정적 애착을 더 많이 갖는 법을 배우기 위한 프로그램이 서울에 등장하기 시작했다. 정신보건 전문가들이 RAD가 있는 아이의 어머니에게 직장을 그만두라고 권하는 경우가 있다. 그래서 아이의 상태가 좋아지면, 진단과 치료의 타당성이 확인된다. 어머니가 그런 권유를 거부했는데도 아이의 상태가 개선되면, 어머니와 의사의 치료적 관계가 아이에게 도움을 주었다는 주장으로 진단의 타당성이 확인된다. 한국의 사례는 생물의학적 모델과 정신분석학적 모델의 한계를 모두 보여 준다. 두 방법이 다 낙인을 증가시킬 수 있는데, 서로 다른 낙인을 증가시킨다.

한국 못지않게 일본에서도 질환에 대한 유전학적 설명과 생물학적 설명이 낙인을 부추긴다. 개인의 질환 때문에 가족 전체가 공격받을 수 있고, 그래서 중매쟁이에게 어려운 문제가 된다. 인류학자인 조지 비커리는 21세기가 도래할 무렵 일본인들이 정신 질환과 관련해 뇌 또는 화학적 불균형에 대해 이야기하고 싶어 하지 않았다고 쓴다. "그 대신 정신 질환은 스트레스의 측면에서 이야기된다." 그들은 일본어보다 영어 단어인 '스트레스'를 쓴다. 그들은 정신 질환과 정신과 의료진을 가리킬 때 영어 단어를 폭넓게 쓰기 시작했다. 외국어 단어가 그것에 해당하는 일본어보다 감정적인 세기가 약하기 때문이다. 정신건강 관리를 받는 사람들은 '멘털 클리닉'에 간다거나 '카운슬러'를 보러 간다고 말한다. 미국에서 많은 사람이 심리학자나 사회복지사, 정신과 의사 대신 '치료사'를 보러 간다고 말하는 편을 선호하는 것과 마찬가지다.[38] 구체적인 정신 질환을 가리키는 일본어 단어와 '정신과 의사'라는 말이 여전히 심각한 장애를 암시하고 사람들에게 보호시설 수용을 떠올리게 하기 때문에, 2000년대 초반 정신보건 옹호자들은 부분적으로 정신적 고통을 뇌나 정신보다 마음에서 찾기 위해 정신 질환을 '마음의 장애'라고 번역하기 시작했다. 그래서 제약 회사는 판매를 위해 우울증을 '마음의 감기'라고 그럴싸하게 표현하며 소비자의 환심을 사려 했다.

그러나 지난 20년 동안 설명할 수 없는 우울증과 자살률이 증가해, 정신 질환을 그렇게 부드러운 방식으로 말하기가 훨씬 더 어려워졌다. 정신 질환의 심각성을 축소하는 것으로 보였기 때문이다. 그래서 일본인들은 정신 질환 용어가 아닌 업무 스트레스에서 해답을 찾으려 했고, 과로 자살·과로사·은둔형 외톨이 같은 말이 새로 생겼다. 이런 외적인 인과관계가 낙인을 제한한다. 스트레스는 모두가 대처해야 하며 환경을 바꿔 개선할 수 있기 때문이다. 많은 사회에서 의사들은 정신 질환 용어가 치료에 방해가 된다고 말한다. 인도 콜카타의 의사들이 환자에게 '우울증'이나 '불안' 대신 '긴장'에 대해 이야기하는데, 그들이 보기에 긴장은 '다른 사람이 나에게 일으키는 것'이기 때문이다.[39]

일본에서 우울증의 역사는 그 원인을 그 사람의 내부적(생물학적)인 것으로 설명하느냐, 외부적(환경적)인 것으로 설명하느냐에 따라 특정 진단명의 인기와 유용성이 어떻게 변하는지를 보여 준다. 지난 세기 동안 일본에서 우울증이 신경학과 정신의학의 영역에서 벗어나 사회적·역사적 원인으로 설명되면서 우울증의 진단율과 치료율이 증가했다. 19세기 후반의 어느 시기에는 우울증이 흔했고, 심지어 누군가의 성격에 긍정적인 인상을 줄 수도 있었다. 인류학자 준코 기타나카에 따르면, 우울하다는 것은 19세기 후반 미국과 영국의 신경쇠약처럼 '축적된 슬픔이나 과도한 사색이나 조용한 인내의 이미지를 떠올리게 하는 것'이었으며 우울증은 '정상성의 연장선상'에 있었다.[40] 그러나 1900년대 초, 미국과 영국 정신의학의 영향을 크게 받은 일본 의사들이 우울증을 위험하고 예측할 수 없고 돌이킬 수 없으며 숨겨진 뇌 질환으로 정의하게 되었다. 이런 정의 때문에 아무도 우울증 또는 어떤 정신 질환과도 연관되고 싶어 하지 않았다. 기타나카는 이렇게 썼다. "심리학적, 사회적 의미로부터 분리된…… (우울증)은 너무도 경험에서 동떨어지고 너무도 낙인이 따라붙는 질환이 되어서 일본인들이 더는 그것을 앓을 여유가 없었다."41 우울증 진단이 일본에서 거의 사라지다시피 했다.

그러나 우울증이 다시 흔해졌다. 왜? 우울증에 사회적 의미가 다시 연결되었기 때문이다. 이제 일본인들은 신경쇠약과 마찬가지로 우울증을 업무에서 오는 피로나 노부모 부양, 시장의 과도한 경쟁 같은 현대 생활의 스트레스 증상으로 생각한다. 빳빳하게 다린 흰 셔츠와 정장, 넥타이 차림의 회사원은 스트레스에 따른 우울증의 상징이 되고 있으며 사람들이 과로로 사망한다는 말을 듣는다. 미국에서는 (여성의 우울증 유병률이 남성의 두 배고) 우울증이 종종 여성과 연결되지만, 일본에서 우울증은 점점 더 남성화되고 있으며 발버둥치는 샐러리맨이 그 상징적 존재가 되었다. 미국에서는 항정신병약의 과다 복용에 대한 우려가 커지는데, 일본에서는 특히 높은 자살률을 고려할 때 약을 복용하지 않는 것에 대한 우려가 있다.

나는 지금 뇌 기반 모델과 유전적 모델이 연구와 치료에 도움이 되지 않는다고 주장하려는 것이 아니다. 뇌가 어떻게 작동하는지에 대해 우리가 많이 알수록, 효과적인 치료법을 찾을 가능성이 커질 것이다. 그러나 신경생물학적이고 유전적인 지식은 뇌가 포함된 더 큰 시스템의 단편을 구성할 뿐이다.

케케묵은 천성 대 양육 논쟁에서처럼, 양자택일의 문제가 아니다. 생물학과 문화는 함께 작용하며, 그렇지 않다고 생각하는 것은 사람들이 보호시설과 뇌엽 절제술·불임화·인종주의와 절멸까지 정당화하기 위해 '생물학이 곧 운명'이라는 개념을 이용하던 과거로 회귀할 위험을 무릅쓰는 것이다. 나는 생물학적 모델이 자본주의 사회의 개인주의에 견고하게 뿌리를 두고 있고, 그것이 이로운 치료법을 가져올 수 있을지는 몰라도 낙인을 줄이지는 않을 것이며 어쩌면 오히려 더 악화시킬 수도 있다고 말하는 것이다. 생물학적 모델은 또한 우리의 복잡한 정치적, 경제적, 사회적 삶을 가린다. 자본주의 체제에서 노동자가 노동의 생산물로부터 소외되는 것처럼 '여느 질환과 마찬가지' 모델은 우리를 우리의 감정적·사회적 삶의 생산물, 즉 좋은 것과 나쁜 것·성공과 실패·우리를 우리의 모습으로 만드는 우리 자신을 제외한 모든 사람과 상황으로부터 소외한다.

그래서 앤 섹스턴은 질환에 대한 시를 통해, 당연시되는 의학의 진실과 객관성을 거부한다. 임상의 어떤 체크리스트도 조울증으로 입원했을 때 어머니의 부재가 아이에게 무엇을 의미하는지 포착할 수 없다. 「이중 초상」에서 섹스턴은 세찬 겨울비에 노란 나뭇잎들이 떨어지는 것을 보며 네 살배기 딸에게 말한다.[42]

네가 절대 알지 못할 말을 해 줄게. / 내 머릿속을 설명한 모든 의학적 가설이 / 비에 맞아 떨어지는 이 나뭇잎들만큼 / 진실할 수는 없단다.

14

마법의 지팡이처럼

그래서 우리는 밖으로 나와 다시 별을 보았다.
—단테의 『신곡』(1472)

미국 국립정신건강연구소NIMH 소장과 정신과 과장들과 그 밖의 정신보건 지도자들은, 정신 질환을 치료하는 최고의 방법은 그것을 뇌의 장애로 이해하는 것이며 사람이 아닌 뇌를 치료함으로써 낙인을 줄일 수 있다고 주장한다. 그러나 뇌에 직접 작용하는 전기경련요법ECT은 어떤가? ECT는 치료 저항성 우울증에 효과가 좋고 안전한 치료법이지만, 아마 모든 치료법 중에 사람들이 가장 두려워하는 치료법일 것이다. 그래서 환자와 가족은 생명이 위태로울 때도 이 치료법을 꺼린다.

정신 질환에 관한 회고록에서 자신의 사회생활과 성생활에 대해 상세하게 공개하는 사람도 ECT를 받은 사실만큼은 공개하지 않는 경우가 많다. 자신의 우울증에 대한 글을 많이 쓴 한 작가는 ECT가 큰 도움이 되었다면서도 그것에 대해 글에 담지는 않았다. 그녀가 최근 내게 말했다. "우울증이 있는 것하고 ECT를 받은 것은 다른 문제예요. 사람들에게 그 얘기를 하면 점수를 전혀 못 따죠. 잠재적인 고용주에게 말하면 내가 정말 심각한 상태고 제정신이 아니라고 생각해서 고용하지 않을 거예요." 항정신병약은 이보다 훨씬 낙인이 덜한데, 아마도 그것이 뇌에 작용하는 방식이 간접적이고 신비에 싸여 있기 때문일 것이다. 항정신병약을 복용하는 사람들 중에 실제로 그 약이 뇌에서 어떻게 작용하는지를 아는 사람은 거의 없다. 우리가 복용하는 약도 뇌에 작용하지만, 그것은 마치 마법의 약처럼 삼켜지고 흡수되고 대사되고 혈류를 통해 전달되고 나서야 임무를 수행한다.

많은 의사가 ECT에 낙인찍는 데 동참하고 있으며 그걸 치료법으로 쓸 생각은 아예 하지 않는다. 내가 인터뷰한 조지워싱턴대학병원 정신과 의사들은 병원 소재지인 워싱턴 DC의 어디에서 환자가 ECT를 받을 수 있는지도 몰랐다. 사실 스스로 포괄적이라는 모든 정신과 서비스가 연속적 관리의 일환으로 ECT를 제공해야 마땅하다. ECT가 약물이나 심리치료보다 좋은 방법이라서가 아니라, 환자가 질환을 겪는 동안 의사들이 특정 시간에 특정 증상에 대해 무엇이건 최선의 치료법을 이용할 수 있어야 하기 때문이다.

어떤 연구에서는 ECT 치료 후 정신병적 우울증과 비정신병적 우울증 모두에 대한 완화율이 90~95퍼센트 정도로 높게 나타났다.

1985년 초 미국 국립보건원은 ECT에 관한 합의 보고서에서 '단 한 건의 대조 연구도 중증 우울증의 단기적 관리에서 …… 다른 치료법이 더 우월하다는 것을 보여 주지 못했다'고 밝혔다.[1] 자살이 점점 흔해지고 있다는 사실(2016년 미국에서 4만 5000명이 자살했으며 자살이 10~34세 사망 원인 2위였다[2]는 사실)을 감안할 때 우리는 이 치료법을 더 많이 써야 할지도 모른다. 물론 부작용이 있다. 그러나 그것으로 구할 수 있는 생명을 생각해 보자.

이런 근거가 있는데도 왜 아직 ECT에 그렇게 큰 낙인이 찍혀 있을까? 이에 대한 답은 뇌엽 절제술에서 시작된다. 이것은 우리 할아버지가 격렬히 반대한 야만스럽고 석연치 않은 신경외과적 시술이다. 20세기 중반에는 인슐린과 메트라졸, 전기자극을 뇌엽 절제술과 함께 썼다. 그래서 낙인이라는 측면뿐만 아니라 과학자들이 뇌엽 절제술 자체를 뇌에 가하는 충격으로 표현한다는 사실에서도, ECT와 뇌엽 절제술은 연관된다.[3] 뇌엽 절제술을 그리워할 사람은 없다. 그것은 수천 명의 뇌를 손상하는 비극적 결과를 낳았다.[4] 문제는, 뇌엽 절제술의 인기가 떨어지면서 ECT도 같은 운명을 겪게 된 것이다.

2007년, 캘리포니아의 버스 기사 하워드 덜리가 열두 살이던 1960년에 뇌엽 절제술을 받은 뒤 겪은 수치심과 침묵을 묘사한 책을 펴냈다. 당시 의사들은 눈 뒤쪽 안와부에 얼음송곳을 박아 뇌에 접근했다. 덜리는 수술에 대한 기억이 없다. 아마 수술 전에 한 전기충격과 관련된 마취 때문일 것이다. 그의 부모는 그 얘기를 하지 않았고, 그는 너무 무서워서 물어볼 엄두를 내지 못했다. 그리고 책을 쓸 때까지 친한 친구 몇 명과 아내 외에는 그 사실을 비밀로 했다. 그냥 수치스러워서, 뇌가 손상되었다는 것을 아무에게도 말할 수 없었다.

덜리는 이렇게 말했다. "나는 항상 전과 달라진 기분을 느꼈고, 내 정신에서 뭔가 빠져나간 게 아닌지 의심스러웠다." 그래서 자신의 의료 기록을 파헤친 덜리는 조지워싱턴대학의 월터 프리먼이라는 신경학자를 찾아냈다. 이제 그는 알았다. 프리먼은 한 가지로 유명했다. 바로 그가 시술한 수백 건의 뇌엽 절제술이다. 덜리에 관한 세부 사항은 조지워싱턴대학 도서관의 프리먼 기록 보관소에 있는 메모에서 찾을 수 있었다. 그 메모는 그를 난폭하고 감정 없는 '부적응자'로 묘사했다.

뇌엽 절제술을 발명한 포르투갈의 신경학자 에가스 모니스는 1949년에 노벨의학상을 받았다. 모니스는 '특정 정신병의 치료에서 (처음에 루카터미leucotomy로 불리다 현재 러바터미lobotomy로 통용되는) 뇌엽 절제술의 가치를 발견'하고, 1만 명이 넘는 환자들의 삶을 개선한 수술법을 고안한 것에 대해 찬사를 받았다.[5] '루카터미'는 그리스어로 흰색을 뜻하는 레프코와 절개를 뜻하는 토미에서 온 말로, 뇌의 흰 부분을 잘라 낸다는 뜻이다. 그런데 정작 모니스는 이 시술을 한 적이 없다. 연구 중에 쓴 방사성물질의 영향으로 손이 변형되었기 때문이다.

수술명을 러바터미로 바꾸고 얼음송곳을 쓰는 유명한 방법을 고안한 사람은 프리먼이다. 그는 실제로 자기 집 부엌에 있던 송곳을 가져다 썼다. 외판원 같은 에너지와 공연 기획자 같은 연극적 재능이 있는 야심 찬 의사 프리먼은 미국 최초의 뇌엽 절제술 전문가로서 틈새를 공략했다. 그는 카메라 앞에서 근육을 보여 주기 위해 민소매 가운 차림으로 뇌엽 절제술에 나서고, 인기 잡지에서 수술의 이점을 홍보했다. 대머리에 콧수염을 말끔하게 손질한 그는 둥근 금테 안경을 썼으며, 수술실 밖에서는 값비싼 스리피스 정장에 장식용 손수건을 꽂고 다녔다. 그는 기이하고 가끔은 충격적인 성격으로도 유명했다. 의사 생활 초기에 프리먼이 음경에 낀 금속 고리를 빼지 못한 환자를 만났다. 그가 고리를 뺐고, 환자는 고리를 달라고 했다. 하지만 그가 수술 적출물은 모두 병원에 보관해야 한다고 말하고는 보석 세공인에게 가져가서 프리먼가의 문장을 새기고 금줄에 매달아 여러 해 동안 목에 걸고 다녔다.[6]

몇 세기 전 피넬처럼 프리먼은 중증 정신 질환자를 수용 시설에서 해방하겠다고 약속했다. 1936년부터 1970년까지 약 5만 명의 미국인이 뇌엽 절제술을 받았고, 그중 상당수가 내가 지금 글을 쓰는 곳에서 불과 100미터 떨어진 병원에서 프리먼과 그의 파트너 신경외과 의사 제임스 와츠에게 수술을 받았다. 뇌엽 절제술은 뭔가 석연치 않았으며 연쇄살인범 제프리 다머가 피해자들에게 시도한 것과 크게 다르지 않았다. 다머는 피해자의 두개골에 구멍을 뚫어 산을 주입했는데, 그렇게 하면 그들이 좀비로 변할 거라고 믿었다.[7]

여기서 프리먼 시대에 실제 뇌엽 절제술이 어떻게 진행되었는지 알아보자. 우선 전기충격을 통해 환자를 무의식 상태로 만든다. 그런 다음 의사가 환자의 안구 위에 얼음송곳을 놓고 망치로 때려 안와부에 박아 넣고 이리저리 움직여 전전두엽 피질 부분을 뇌의 나머지 부분, 특히 감각 정보를 대뇌피질로 보내는 부분인 시상에서 잘라 낸다. 환자는 하루 안에 멍든 눈으로 깨어난다.

프리먼은 뇌엽 절제술이 뇌에서 우리의 감각들이 지나치게 또는 불균형하게 감정적으로 변하는 전달 회로를 제거한다고 생각했다. 그의 말에 따르면, 그 수술은 생각하는 뇌에서 감정적인 뇌를 분리했다. 한 역사학자는 뇌엽 절제술사를 전기기사에 비유했다. "전력이 너무 높아서 전구가 타 버릴 위험이 있는 경우, 해결책은 전구를 바꾸는 게 아니라 전선을 끊는 것이다."[8]

권위 있는 『신경정신질환저널』에서 프리먼은 'HD'(하워드 덜리의 머리글자)가 거짓말과 도둑질, 부정행위를 일삼고 똥오줌을 칠하고 다녔다고 썼다. 그의 의붓어머니는 프리먼에게 이렇게 말했다. "애가 사랑을 주건 벌을 주건 통 반응이 없어요. …… 침대에 안 간다고 버티다가 잠만 잘 자죠. 한껏 몽상에 빠졌다가 그것에 대해 물으면 모른대요. 대낮에도 방에 불을 켜 놓기 일쑤랍니다." 몇 해 뒤 하워드의 아버지는 아내가 의붓아들을 너무 싫어해서 집에서 쫓아내고 싶어 했기 때문에 문제행동을 날조했다고 인정했다. 뇌엽 절제술 이후 하워드의 부모는 그를 위탁 가정에 보냈다.

프리먼은 이와 같은 수많은 아이들, 즉 다루기 힘든 아이, 주의력이 부족한 아이, 과잉행동을 보이는 아이, 오늘날이라면 자폐증이라고 불렸을 증상이 있는 아이, 학습 또는 인지 장애가 있는 아이, 감정이 없거나 지나치게 감정적으로 보이는 아이 등 '정상적' 행동의 정의에 부합하지 않는 다양한 아이들에게 뇌엽 절제술을 시행했다. 그는 성인들에게도 뇌엽 절제술을 시행했다. 무기력한 남자, 산후우울증을 겪는 여자, 불감증이 있거나 난잡한 여자, 외모에 신경 쓰지 않은 여자 들이 대상이었다. 뇌엽 절제술의 주요 기능 중 하나는 여성에게 기존 성 규범을 강요하는 것이었다. 여성 뇌엽 절제술 환자에 대해 어떤 학자는 이렇게 썼다. "요리하고 청소하고 아이를 돌보고 성관계를 할 수 있게 되면, 그녀가 완벽하게 회복된 것으로 여겨졌다."[9]

그러나 수술 후 임상 기록은 뇌엽 절제술을 받은 환자 수천 명 중 상당수가 둔하고 조용하고 무기력하며 무신경하다고 했다. 덜리처럼 뇌엽 절제술을 받은 사람의 친척들은 수술이 영혼에 영향을 미친 것처럼 말했다. "남편의 영혼이 파괴된 것 같아요." 한 영국 여성이 한 말이다. 스웨덴에 사는 다른 여성은 딸에 대해 이렇게 말했다. "내 딸이지만 어쩐지 영혼이 사라진 거 같아요."[10] 프리먼 자신도 뇌엽 절제술을 받은 환자를 고분고분한 '밀랍 인형'으로 표현했다.[11]

그러나 많은 부모와 배우자 들이 그런 결과에 만족하는 것 같았다. 둔감하고 조용한 성격은 애초에 그들에게 치료를 받게 만든 성격보다 선호할 만한 것이었다. 프리먼은 뇌엽 절제술이 사람들이 낮은 지위의 저임금 일자리에 고용되어 흔히 겪기 마련인 수치심이 없이 일하는 데 도움이 될 거라고 확신했다. 이렇게 사람들을 '정상화'

하거나 '개조'하는 데 수술을 이용하려는 노력은 신체적 차이에 대한 의료적 치료에서도 똑같이 나타난다. 예를 들어, 샴쌍둥이의 강제 분리와 모호한 생식기를 가지고 태어나서 성적 이형성(같은 종의 암수에서 나타나는, 생식기뿐만 아니라 외형상으로도 뚜렷한 차이를 보이는 성질이다.—옮긴이)의 이상에 부합하지 않는 (전체 신생아의 3퍼센트 정도 되는) 아이들을 위한 '생식기 정상화 수술' 등이 그런 노력에 해당한다.[12]

우리 할아버지는 분노를 참기 힘들었다. 뇌엽 절제술은 극단적이고 석연치 않고 뇌에 돌이킬 수 없는 손상을 주는 수술이지만, 많은 의료계 종사자들의 저항 속에서도 유용한 수술로 인정받고 있었다. 1941년에 프리먼은 저널리스트 월데머 캠퍼트가 당시 미국에서 가장 많이 유통되던 잡지로 꼽히던 『새터데이이브닝포스트』에 뇌엽 절제술을 찬양하는 기사를 발표하도록 손을 썼다. 캠퍼트가 이렇게 썼다. "세상을 깜짝 놀라게 한 이 수술은 대체로 정당성을 증명했다. 오래된 조발성치매 사례에는 도움이 안 되지만, 건강염려증 환자가 더는 자신이 암에 걸렸다거나 실성했다고 생각하지 않았고, 자살 충동을 느끼는 사람들은 죽음을 갈망하며 저지르는 자해를 멈췄으며, 피해망상 환자들은 상상 속 음모자들의 교묘한 책략을 잊어버렸다. …… 정신 치료의 역사에서 이만 한 성공은 없었다."[13]

한때 친구였던 그린커와 프리먼은 이제 적이 되었다. 할아버지는 비난을 퍼부었다. 첫째, 정신 질환이 전적으로 기질적이며 그래서 뇌 수술로 고칠 수 있다는 가정에 도전했다. 둘째, 뇌엽 절제술의 시행

여부에 대한 주관적 결정을 비판했다. 도대체 불안증이 얼마나 심해야 뇌 절제가 필요한가? 불안은 쉽게 측정되지 않는데, 의사가 어떻게 그런 결정을 내릴 수 있나? 할아버지는 불안이 건강한 심리적 기능에 얼마나 중요한지를 제2차 세계대전에서 알게 되었다. 불안은 우리가 위험에 대한 경계를 늦추지 않게 하고 어려운 환경에서 생존할 수 있도록 자극한다. 할아버지는 불안 자체가 '병적인 것이 아니며' 정도가 문제일 뿐이라고 말했다.

셋째, 의사들이 너무 성급하게 뇌엽 절제술을 선택한다고 주장했다. 할아버지는 뇌엽 절제술을 받은 환자들 중 상당수가 대화 요법을 포함한 다른 방법으로 치료할 수 있었을 환자라고 생각했고,[14] 자연스러운 회복 과정을 통한 치유조차 받아들여지지 않은 게 분명하다고 말했다.[15] 넷째, 할아버지는 뇌엽 절제술이 불안이나 과잉행동을 줄인다고 해도 다른 한편으로는 독창성·창의성·야망·자발성을 앗아 갈 수 있다는 점을 지적했다. 그리고 수술이 뇌 조직과 혈관에 남기는 외상과 흉터를 고려할 때, 장기적으로 어떤 영향이 있을지 누가 알겠는가? 할아버지는 뇌엽 절제술에 대해 이렇게 말했다. "일어날 수 있는 큰 위험 중 하나는 가짜 정상 상태가 되는 것이다. 다시 말해, 환자를 파국이 예상되는 상황이나 책임으로 복귀시키는 것이다." 마지막으로, 할아버지는 아직 뇌 발달이 진행 중인 어린이에게 그렇게 과격한 방법을 쓰는 것에 반대했다. 예비 환자로 어린이들을 많이 두고 있던 프리먼과 그 추종자들에게는 아마 이 부분이 가장 거슬렸을 것이다.

이런 주장들 중 어느 것도 뇌엽 절제술을 시행하는 많은 의사에게 받아들여지지 않았다. 그들은 정신 질환은 원래 다 기질적이며 뇌엽 절제술이 해결책이라고 확신했다. 클리블랜드에서 열린 뇌엽 절제술에 관한 토론회에서 반대 목소리를 내는 사람은 할아버지뿐이었다. 프리먼은 이렇게 대응했다. "나는 항상 그린커 박사와 논쟁하고, 박사도 그건 압니다." 장애 연구자인 지넬 존슨은 『미국의 뇌엽 절제술』이라는 저서에서 그린커가 프리먼에게 자신이 '『새터데이이브닝포스트』를 포함해' 뇌엽 절제술에 대한 의학 문헌을 모두 읽었다고 말하며 프리먼을 어떻게 조롱했는지를 연대순으로 정리했다. 프리먼은 뇌엽 절제술에 대한 그린커의 감정적 반응을 비판했다. 조지워싱턴대학 도서관에 보관되어 있는, 프리먼이 직접 작성한 클리블랜드 토론회 회의록에서 그는 할아버지의 발언 중 ("저는 가볍게 무시할 문제가 아니라고 느낍니다." 또는 "위험성이 있다고 생각합니다." 같은 문장에서) '느낀다' 또는 '생각한다'가 나올 때마다 모두 밑줄을 긋고 반박하며 의학은 감정이 아닌 이성으로 해야 한다고 지적했다. 프리먼은 '그린커 박사는 (뇌가 아닌) 시상(뇌의 중앙에 자리하며 후각을 제외한 감각 정보를 받아 대뇌피질로 보낸다.―옮긴이)으로 생각한다'고 비난했다. 할아버지는 '느낀다'거나 '믿는다'고 표현한 것이 뇌엽 절제술의 단기적 또는 장기적 영향을 아무도 모르기 때문이라고 반박했다.[16] 또한 '시상으로 생각한다'는 비난에 반응해, 자신이 시카고로 돌아가면 뇌엽 절제술을 받아야 한다고 권하는 것이냐고 프리먼에게 묻고는 결국 많은 정신 질환자가 장애인이 되는 상황이 '심히 우려스럽다'고 말했다.

물론 할아버지의 정당성이 입증되었지만, 그것은 대중매체가 뇌엽 절제술의 끔찍한 결과를 겪은 에바 페론과 (테네시 윌리엄스의 누나) 로즈 윌리엄스와 로즈메리 케네디 같은 유명인에게 관심을 기울이기 시작한 이후다. 로즈메리의 뇌 손상에 책임이 있는 프리먼은 찬양의 대상에서 경멸의 대상으로 전락했다. 1954년에 조지워싱턴대학이 그의 명예교수직을 철회했고, 1967년에는 그가 의료과실로 의사 면허를 잃었다. 그때까지 그가 집도한 뇌엽 절제술이 거의 3000건이다.

오늘날에도 뇌엽 절제술이 시행되지만, 다른 치료법이 듣지 않는 중증 강박신경증 환자에게 제한적으로 한다. 드물긴 해도 치료할 수 없는 발작증이 있는 사람들에게는 뇌 조직 일부를 제거하는 것이 도움이 될 수 있다. 이제 그 시술은 여느 신경수술과 마찬가지로, 안와부에 얼음송곳을 박지 않고 고해상도 영상과 뇌전도의 세심한 관찰 하에 진행된다.

속삭임은 낙인의 소리다. 어린 시절에 나는 부모님의 친구들이 정신병원에 들어가서 '충격요법'을 받은 사람들에 대해 마치 교도소에서 복역 중인 것처럼 말하는 소리를 들었다. 그들은 마치 그 치료법 자체가 불명예스러운 죄인 양, 그 사람의 우울증보다 치료법에 대해 더 많이 얘기했다. 할아버지는 그렇게 비판적이지 않았다. 1940년대와 1950년대 내내 할아버지가 뇌엽 절제술에 대해 경고했지만 ECT는 반대하지 않았고 1977년에는 내게 참관 기회도 줬다. 당시 고등학생이던 내가 정신의학에 흥미를 갖게 하려고 애쓰신 것이다.

내가 본 환자는 시카고 남부의 마이클리스병원에서 치료받고 있었다. 70대 중반 여성으로, 평균 키였는데 몸무게는 40킬로그램이 안 되었다. 우울증을 앓던 중에 긴장증까지 생겼다. ECT를 시행할 때 환자의 위생 문제로 처치실에서 코를 찌르던 냄새가 났던 것이 기억난다. 할아버지는 환자가 거동이 불편해서 생명을 위협하는 혈전까지 생겼다고 말씀하셨다. 병원에 있는 어떤 약도 듣지 않았고, 극도로 쇠약해진 환자는 얼마 살지 못할 것 같은 상태였다.

마취과 의사로 보이는 의료진 중 한 명이 주사를 두 번 놓았다. 첫 번째는 환자를 무의식 상태로 만들기 위한 일반적인 정맥 마취제고, 두 번째는 근육이완제였다. 다음으로 의료진이 그녀의 두피에 전극을 붙이고 혀를 깨물 위험을 줄이기 위해 입에 재갈을 물렸다. 그러고는 짧은 경련을 일으킬 정도로만 전기를 가했다. (콘센트에서 나오는 전압보다 조금 낮다고 들었다.) 약 10초간 발가락이 살짝 떨렸다.

실망한 기억이 난다. 나는 좀 더 극적인 것을 기대했다. 할아버지는 정신과 수련의 시절인 1954년에 ECT 환자 두 명이 시술 중 뼈가 부러지는 일을 겪었다고 말씀하셨다. 한 명은 경추 골절이고 다른 한 명은 손목 골절이었는데, 그때는 근육이완제를 쓰지 않았기 때문에 생긴 일이다. 내가 본 환자는 움직임이 거의 없었다. 오늘날 실제 ECT 치료 영상을 인터넷에서 본 사람은 누구나 할리우드 영화에 등장하는 충격요법과 전혀 달라 보인다는 사실을 알 것이다.

그것이 그 환자에게 최초의 ECT였는지는 기억나지 않지만 몇
주 뒤 그녀가 소파에 앉아 허벅지에 팝콘 그릇을 놓고 TV를 보던 모
습은 기억난다. ECT가 없었다면 그녀는 살지 못했을 것이다. 그래
서 나는 앤드루 솔로몬이 ECT를 직접 받아 보지 않고도 ECT에 대
해 '기적처럼 효과적인', '놀라운', '은혜', '가장 성공적인 우울증 치
료법' 같은 표현을 쓴 이유를 알 것 같다.[17] 또한 토크쇼 진행자 딕 카
벳이 왜 ECT를 '마법의 지팡이'라고 했는지, 민주당 대통령 후보였
던 마이클 두카키스의 아내 키티 두카키스가 왜 ECT와 관련된 낙인
에 관해 책을 썼는지 알 것 같다. 그녀가 이렇게 썼다.

> 정신 질환자들은 안 그래도 걱정할 게 많은데, 다른 사람들이 어
> 떻게 생각할지에 따라 치료법을 결정해서는 안 된다. 그건 공정하
> 지 않다. 나는 그 낙인에 대해 잘 안다. 나 자신이 직접 겪었기 때문
> 이다. ECT를 받고 처음 한두 해 동안 나는 직계가족과 친한 친구
> 에게만 그 사실을 말했고, 그들 모두에게 비밀 유지에 대한 다짐을
> 받았다.

ECT가 극단적인 방법이라는 대중적 인식 때문에, 그런 낙인을
내면화한 환자가 치료에 동의하면 자기 자신을 '미친' 것으로 본다.

지넬 존슨은 열아홉 살의 대학교 2학년생이던 1995년에 ECT에
대한 자신의 편견과 싸운 경험을 기억한다. 그녀의 할아버지가 일흔

나이에 정신병적 우울증을 앓았다. 우울증과 **동시에** 환각, 망상도 있었다는 뜻이다. 그는 먹는 것을 거부했고 처방받은 어떤 약에도 반응하지 않았다. 그가 농부로 인생의 대부분을 보낸 노스다코타의 시골에서 중증 정신 질환 치료를 위해 선택할 수 있는 것은 변변찮았다. 그래서 가족들이 150킬로미터 넘게 떨어진 파고의 정신과 의사들에게 진료를 받게 했다. 의사들이 ECT를 추천했을 때, 존슨은 강하게 반발했다. 그것이 비인간적이고 야만적이라고 그녀가 말했다. 그리고 다음 날 자신의 반발에 대해 곰곰이 생각해 보았다. 〈뻐꾸기 둥지 위로 날아간 새〉라는 영화를 언급하면서 그녀가 내게 말했다. "어느 순간 이런 생각이 들었어요. 내가 지금 순전히 잭 니컬슨이 나오는 영화에 근거해서 그야말로 사랑하는 사람의 생사를 가르는 중요한 결정을 내리려고 한다." 그녀는 결국 의사들의 권유에 동의했다. 할아버지는 ECT 치료를 받았고, 남은 인생 동안 유지 요법의 일환으로 이따금 치료를 받았다.

그럼에도 존슨은 뇌엽 절제술의 역사에 대한 책을 쓰기 시작했을 때 자신의 우울증을 공개하지 않겠다는 결정을 내렸다. "처음에는 그 내용을 쓰고 싶지 않았어요. 그때는 내가 종신교수직을 맡은 첫해인데, 사람들이 나를 합리성의 이상에 벗어나는 사람으로 볼까 봐 두려웠어요. 내가 그토록 개탄하던 낙인을 스스로 찍고 있던 거죠. 내가 장애 연구에서 지지하는 내부자 관점, 즉 우리 없이 우리 문제를 다루지 말라는 관점을 폄하하고 있었어요." 그녀가 스스로에게 물었다. "자기 사연을 이야기하지 못한 사람이 나 말고도 있지 않을까?" 존슨은 결국 뇌엽 절제술에 관한 저서에서 그 주제와 자신의 연관성을 공개하기로 결심했다. 하지만 이야기되지 않은 다른 사람들의 사연, 현상을 타파할 기회가 허락되지 않던 사람들의 그림자가 아직까지 그녀의 머리에서 떠나지 않고 있다.

우울증과 ECT에 대한 낙인이 여전한 상황에서, 퓰리처상을 받은 작가 윌리엄 스타이런이 1988년 『뉴욕타임스』에 자신이 심각한 우울증 때문에 정신병원에서 7년을 보낸 사실을 공개했을 때 많은 독자가 깜짝 놀랐다.[18] 그는 ECT 치료를 받은 사실도 나중에 밝혔다. 1985년 여름과 가을, 그가 침울해지고 6개월간 체중이 9킬로그램이나 빠지더니 급기야 자살할 방법까지 찾았다. 그는 바로 치료해야 한다는 사실을 알았다. 의사들은 낙인 때문에 그에게 입원 치료를 오랫동안 만류했다. 그의 전기 작가가 '그에게 낙인은 아무것도 아니었다'고 썼지만, 스타이런은 너무 우울해서 싸울 의욕이 없었다.[19] 1992년에 그가 자신의 우울증에 관한 짧은 회고록 『보이는 어둠: 광기의 회고록』을 출판해 수많은 환자에게 희망을 주었다. 그는 단테의 『신곡』 지옥 편에 나오는 문장을 마지막 줄에 옮기며 책을 마쳤다. "그래서 우리는 밖으로 나와 다시 별을 보았다."[20] 그로부터 거의 20년 뒤 메리 크리건이 그 문장을 언급했다. "그렇게 아름다운 마무리는 자신이 겪은 일을 표현할 말을 찾지 못한 수많은 독자들에게 스타이런이 준 선물이다."[21]

작가 페이건 케네디는 스타이런이 우울증을 어둠에서 끌어내고, 기막힌 직업적 성공과 사랑하는 가족도 누군가를 정신 질환으로부터 보호하지 못한다는 사실을 세상에 알렸다고 평가한다. 스타이런의 딸 알렉산드라는 아버지의 고백이 독자들에게 자신의 질환에 대해 이야기할 힘을 불어넣었다고 케네디에게 말했다. "그건 미투 운동하고 같아요. 누군가 나와서 '이런 일이 생겼어요, 이건 사실입니다. 그건 이런 느낌이에요.' 하고 말해요. 그리고 그것이 물꼬를 텄죠."22

토머스 이글턴은 ECT 치료를 받은 사실을 공개하고 부통령 후보 자리를 잃었다. 1972년 대선에서 조지 맥거번과 이글턴은 민주당 후보로서 닉슨과 그의 부통령 후보 애그뉴에 맞섰다. 좋은 평판과 노동계급 가톨릭교도 사이의 인기에 힘입어 민주당 후보로 선택된 이글턴 상원의원은 훌륭한 후보로 인정받았다. 그러나 그가 부통령 후보로 있던 기간은 18일에 그쳤다. 상원의원으로서 그는 매우 성공적이었고, 1987년에 정계에서 은퇴할 때까지 계속 상원의원 자리를 지켰다. 그는 장애인교육법의 효시인 모든 장애아를 위한 교육법(1975)의 핵심 지지자였고, 사실상 미국의 베트남전을 끝낸 법안을 냈으며, 환경보호 면에서 20세기의 가장 중요한 법이라고 할 수 있는 청정 수질 관리법(1970, 1972)의 핵심 지지자이기도 했다. 그러나 대부분의 사람들은 오직 질환 때문에 그를 기억한다. 이런 상황을 예견한 이글턴은 2003년에 한 기자에게 아마도 자신의 부고가 이렇게 쓰일 거라고 말했다. "톰 이글턴. 맥거번 후보자 명단에서 잠시 부통령 후보를 지냄."23 낙인이란 바로 이런 것이다. 어떤 사람을 그 사람에게 있는 장애만으로 정의하는 것.

이글턴이 후보직 제안을 받아들였을 때는 1960년에 조울증 때문에 ECT 치료를 세 차례 받은 사실을 밝히지 않았다. 훗날 이글턴에게 도움을 주는 리튬과 웰부트린 같은 약들이 나오기 전이었다. 그러나 곧 대중매체를 통해 사실이 밝혀졌고, 기자회견에서 이글턴이 '신경쇠약 때문에, 살면서 세 번 자발적으로 병원에 갔다'고 말했다. 그 뒤 한 저널리스트가 이렇게 썼다. "이글턴은 역사상 가장 눈에 띄는 부통령 후보가 될 것이다. …… 그는 청중이 틱이든 경련이든 떨림이든 일일이 주목하면서 그것을 의사가 치료 목표를 이루지 못한 징후로 보게 될 줄 뻔히 알고도 선거 유세를 할 것이다."[24] 실제로 후보 지명 뒤 CBS의 뉴스 프로그램 〈페이스더네이션〉에서 진행자 조지 허먼이 인터뷰 중 이글턴에게 이렇게 말했다. "지금 땀을 흘리면서 손을 떠시네요."[25]

일단 정신 질환이 있다는 것이 공개되니, 대중과 이글턴의 관계가 돌이킬 수 없이 변했다. 사실상 그는 자신의 생각을 말할 힘을 잃었다. 그는 환자가 되었고, 이 새로운 사람을 이해하려고 뚫어지게 쳐다보는 타인들의 눈에 수동적인 대상이 되었다.[26] 심각한 정신 질환이 있는 사람들은 종종 목소리와 자유의지를 다 잃어버린다. 그들은 자신의 상태와 치료를 비밀에 부치려 한다. 그리고 (회고록, 소설, 시에서 또는 이글턴처럼 TV 인터뷰에서) 말을 하거나 글을 쓰는 경우, 그들이 하는 말은 마치 학자들이 조현병 환자의 글을 분석하며 비합리와 장애의 예만을 찾으려고 하는 것처럼 종종 질환의 증거로만 평가된다. 더욱이 의사와 정치인 들은 종종 장애가 있는 사람들이 자신을 표현할 능력이 없다고 가정하기 때문에 거침없고 똑 부러지게 말하는 장애인 권익 옹호자들이 '진짜' 장애가 있는지 의문을 제기한다.[27] 학자인 캐서린 프렌더개스트는 '정신적으로 장애가 있다는 것은 수사적으로 장애가 있다는 것'이며 병 때문에 애초에 수사적 능력이 없어서가 아니라 사회가 그 능력을 빼앗기 때문이라고 쓴다.[28] 질환이 있으면 진심을 말하지 못하는 것처럼 여겨진다. 손택이 암과 결핵의 낙인에 관한 유명한 에세이에서 유방암 치료를 받는 중에 글을 썼다고 밝히지 않은 것도 이런 이유가 아닐까 싶다.

정치인으로서 이글턴은 많은 신체 질환이 정치적으로 위험하지 않다는 것을 알았다. 아이젠하워는 사무실에서 심장마비를 겪고도 대통령으로 재선했다. 그러나 개리 하트를 비롯한 맥거번 선거 캠프의 지도자와 주요 신문 들이 이글턴이 맥거번 후보를 위해 빨리 사퇴하도록 종용했다. 하트에 따르면, 냉전 절정기의 유권자들은 유사시 핵무기 접근권을 가질 부통령의 후보자로 정신 질환 전력이 있는 인물을 거부할 터였다. 맥거번과 이글턴은 정신 질환 이력이 선거운동에 치명적일 거라고 재빨리 결론 내렸고, 맥거번은 이글턴의 자리에 존 F. 케네디의 매제인 사전트 슈라이버를 앉혔다.

혹자는 맥거번이 닉슨에게 압도적으로 패배한 것을 이글턴의 탓으로 돌리지만, 애초에 맥거번에게 승산이 없었을지도 모른다. 심지어 맥거번이 미국 대중을 과소평가했을지도 모른다. 여론조사 결과는 미국인의 과반수가 이글턴에게 동정적이었고, 맥거번이 정치적인 고려와 기금 조성 때문에 그를 '버린 것'에 비판적이었다. 언론인들은 맥거번이 잔인한 것과 달리 이글턴은 강인함과 고결함을 보여주었고 생각보다 우울증이 널리 퍼져 있다는 사실에 눈뜨게 해 주었다고 믿는 미국인이 많다고 보도했다. 이글턴이 말했다. "나는 전보다 더 강해졌고, 나 자신과 화해했다. …… 이번 주는 내 인생에서 가장 중요한 한 주였다. 나는 목적을 달성했다. 압박을 받았고, 그것을 견뎌 냈다."[29] 이글턴이 떠난 뒤 맥거번이 풋볼 시즌을 앞두고 워싱턴 레드스킨스의 시범 경기에 갔을 때 야유와 조롱을 받았다. 며칠 뒤 이글턴은 세인트루이스 카디널스의 야구 경기에 참석해서 기립 박수를 받았다. 1000명에 이르는 사람들이 공항에서 그를 맞이하기도 했다. 며칠 뒤 인터뷰에서 이글턴은 열두 살 때부터 우울증을 앓기 시작했고, 매일 거울을 보며 스스로에게 "오늘 누군가 알게 될까?" 하고 묻던 것을 회상했다. 그가 말했다. "그런데 이제 사실이 밝혀졌다. 멋진 일은 거의 모든 사람이 정말 좋은 사람이라는 거다. 거리의 사람들, 이해하지 못할 거라고 내가 우려한 사람들 말이다."[30]

오늘날이라면 이글턴처럼 정신과 병력이 있는 정치인이 대선 후보 명단에서 얼마나 잘 해낼 수 있을지 궁금할 따름이다. 아직까지 전문적인 정신건강 관리를 받는다고 인정한 대통령은 없다. 기자가 정신의학에 대해 물었을 때 낸시 레이건은 이렇게 말했다. "정신과 치료를 받는다면 정신을 똑바로 차리려고 노력하지 않는다는 뜻입니다. 책임을 저버리는 것이죠."[31] 그리고 클린턴을 비롯해 미국의 정치 지도자들이 정신적인 도움을 구할 때는 오로지 기독교 성직자에게만 의지했다.

21세기에 누군가 ECT를 받고 실제로 어떤 일이 일어나는지를 설명한다면 ECT에 대한 공포심을 덜어 내는 데 도움이 될 것이다. ECT 과정은 주로 8~12회 정도의 개별 치료로, 보통은 주당 2~3회씩 3~4주간 진행된다. 각 치료는 정신과 의사와 마취과 의사를 포함한 의료진이 처치실에서 진행한다. 마취과 의사가 총 5~10분 동안 환자가 잠들어 있게 하고 환자의 근육을 완전히 이완하는 일을 책임진다. 간호사가 플라스틱 정맥 카테터를 환자의 팔 혈관에 넣어 마취제를 주입한다. 보통은 외과 의사와 치과 의사가 쓰는 단기 작용 마취제, 메토헥시탈이다. '경련성'이라는 불행한 단어가 ECT 중에 환자가 움직일 것 같은 인상을 주지만, 사실은 전혀 그렇지 않다. 환자들은 움직이지 않고 가만히 누워 있는다. 근육이완제 숙시닐콜린은 짧은 시간 동안 빠르게 작용한다. 간호사가 환자의 한쪽 발목에 혈압계 커프를 감고 조금 부풀린다. 커프가 압박대 구실을 해 근육이완제가 아주 조금만 발로 가게 한다. 이렇게 하면 경련을 일으키는 동안 의사들이 발의 작은 움직임을 볼 수 있고, 그래서 경련이 일어나는 것을 알 수 있다. ECT가 진행되는 동안 경련은 1분 정도 지속되고, 이때 전기의 상당 부분은 피부와 두개골에 흡수되어 아주 소량만 뇌에 이른다.

환자의 머리에 전극 네 개가 배치돼, 뇌파기록장치EEG와 ECT 장치에 두 개씩 연결된다. 내과 의사들이 뇌전도, 혈압, 심장박동수, 호흡을 보는 동안 정신과 의사가 환자의 필요에 따라 양이 조정된 전기를 환자에게 보낸다. 적용량은 전극의 배치, 전기의 펄스폭과 관련이 있다. 약 20년 전에 의사들은 전극을 머리 오른쪽에만 배치하면 기억상실이 최소화되면서 치료 효과는 양쪽 배치와 똑같다는 것을 발견했고, 그래서 지금은 거의 항상 일측 배치법으로 시작한다.[32] 오늘날 전기 전달 자체에 대한 치료 표준은 '초단기'로, 펄스폭이 0.5밀리초 동안만 지속되며 이렇게 짧은 지속 기간 덕분에 기억상실이 최소화된다.

의사들은 경련을 유도할 수 있는 최소량의 전기를 전달하는 것으로 ECT 치료 과정을 시작한다. 단시간 자극을 준 다음 환자가 경련을 일으킬 때까지 시간을 조금씩 늘린다.

그런데 ECT가 중증 우울증에 왜 그렇게 효과적일까? 대부분의 의료적 개입과 마찬가지로, '그 치료가 왜 효과적인가'보다는 '그 치료가 무엇을 **하는가**'를 묻는 편이 더 나을 것이다. 항생제가 세균을 죽이고 아스피린이 두통을 완화한다는 사실은 우리 모두 알지만, 그런 약들이 정확히 어떻게 그렇게 할 수 있는지를 아는 사람은 (나를 포함해서) 별로 없다. 미국인의 약 10퍼센트가 항우울제를 복용한다. 콜레스테롤 억제제인 스타틴을 복용하는 미국인과 같은 비율이다. 항우울제나 스타틴을 복용하는 사람들은 대개 그 약이 어떻게 작용하는지는 몰라도 무엇을 하는지는 분명히 안다. 키티 듀카키스는 이렇게 썼다. "나는 ECT가 어떻게 작용하는지 모른다. 상관없다. …… ECT는 내게 효과가 있다. 나를 나아지게 만든다."[33]

현재 ECT의 생리적 작용과 반응 예측, 기술, 적용량, 효능에 관한 문헌이 많이 나와 있다. 그리고 여느 복잡한 과학적 주제처럼 관점과 논쟁도 많다. 일반적인 견해는 ECT가 경련을 유도하고, 이것이 다시 뇌를 자극해서 경련을 중지시키기 때문에 효과적이라는 것이다.[34] 그 과정에서 뇌세포는 신경전달물질을 빠르게 방출하고 뇌의 물질대사와 혈류를 바꾼다. 뇌가 경련을 멈추려는 노력 자체가 내부에서 생산되는 천연 항우울제 구실을 하는 셈이다. ECT는 전기 활동이 고조된 부분으로 혈류를 늘리고,[35] 세로토닌·도파민·아세틸콜린 및 자연적으로 발생하는 (엔도르핀 같은) 아편 유사제의 선천적 통증 완화 시스템을 포함해 거의 모든 신경전달물질에 영향을 준다.[36]

ECT는 첫인상은 오싹할 수 있어도 의사들이 자랑스러워할 만한 치료적 개입이다. 중증 우울증과 자살 충동이 있는 환자들에게 가장 빠른 치료법이며, 긴장증에 대해 가장 효과적인 치료법이다. 긴장증은 정동장애, 조현병과 연관된 치명적인 증상이다. 긴장증이 있는 사람은 먹지 않거나 움직이지 않거나 말하지 않거나 얼굴 표정까지 짓지 않을 수 있다. 탈수와 영양실조, 실금, 무활동, 깜빡임 없는 응시 같은 증상의 영향으로 사망에 이르기도 한다.[37] 그러나 한두 번의 ECT 치료만으로도 자살 충동과 긴장증을 줄일 수 있다.

ECT는 의학적으로 승인된 치료법이며 '신경 조절' 범주에 속한다. 국제신경조절학회가 정의한 신경 조절은 '목표를 겨냥한 자극 전달을 통한 신경 활동의 조정'이다. 그러나 수십 년 전에 시행된 전기충격의 야만적 이미지와 여전히 긴밀하게 연결된 ECT는 언급만으로도 눈살을 찌푸리게 한다. 그 이미지가 너무 강렬하게 남아서, 마치 시간이 멈춰 버린 것 같다. 오늘날 ECT는 과거의 '충격 요법'

과 닮은 점이 거의 없다. 전기충격이 처벌과 고문의 도구로 등장하는 〈뻐꾸기 둥지 위로 날아간 새〉가 개봉된 1975년에도, ECT는 이미 다른 방법이 듣지 않는 우울증에 유용하고 안전한 개입이었다. 원작 소설 작가인 켄 키지는 그 요법에 대한 지식 없이 상상으로 그 장면을 썼다고 인정했다.

심리치료와 항정신병약이 중증 정신 질환의 장기 치료에 필수적이지만, 죽을 위기에 처했는데 항우울제에 반응하지 않는 사람의 단기 치료에는 거의 무용할 수 있다. 항우울제가 치료 효과를 보이려면 6개월 이상이 필요하다. 그리고 어떤 약이 환자에게 효과가 없어서 다른 약을 시도해야 한다면, 그동안 아까운 시간을 잃어버리게 된다. NIMH가 엄격하게 실시한 STAR*D 시험이라는 연구는 심한 우울증이 있는 사람이 첫 번째 약에 반응하지 않는 경우 두 번째 약의 도움을 받을 가능성이 낮고, 세 번째와 네 번째 약이 도움이 될 가능성은 더더욱 낮다는 것을 보여 주었다. 다른 종류의 의약품에서 나온 신약도 마찬가지였다. 새 약에 반응하지 않을수록 다른 어떤 약에건 반응할 가능성도 낮아지기 때문에, 수확 체감의 법칙이 적용된다.[38]

그래서 ECT가 아주 중요하다. 대부분의 환자는 거의 즉시 긍정적인 효과를 본다. 또한 ECT는 정신 질환에 대한 모든 의료적 개입 중에 아마도 독성이 가장 적을 것이다. 단기 및 장기 기억상실처럼 잠재적 부작용이 있긴 해도, 성기능장애·체중 증가·구갈·변비를 포함한 항정신병약의 부작용에 비해서는 가짓수가 훨씬 적다. 더욱이 ECT는 어떤 약과 함께 써도 부정적인 영향을 미치지 않아서, 여러 약을 복용하는 노인들에게 안전하다. 어린이와 임산부에게도 안전하다. 단기 기억상실은 보통 일시적이고, 상실의 일부는 ECT가 아닌 마취제와 결부된 것이라서 의료 시술을 위해 마취한 환자라면 누구에게나 나타날 수 있다. 그러나 일부 환자들은 영구적인 장기 기억상실을 겪기 때문에, 부작용에 대비할 필요가 있다.

공정하게 말하면, 어떤 부작용이 우울증 때문에 생겼는지 아니면 치료 때문에 생겼는지를 알아내기가 쉽지는 않다. 우울증 자체가 종종 언어적 기억과 판단 속도, 정보 처리의 결함을 포함한 인지 문제를 수반하기도 한다. 때로는 이런 문제들이 우울증의 흔적, 즉 우울증의 다른 증상들이 완화된 뒤에도 이어질 수 있는 인지적 결함인데 환자들이 ECT 탓으로 돌리기도 한다.

리베카는 쉰 살에 세 아이의 어머니로 보스턴 근처에 산다. 내게 실명을 밝히지 말라고 한 그녀는 정신 질환에 대한 글을 썼고, 자신의 우울증에 대한 책도 펴냈다. 그렇게 개방적이지만 몇 년간 진행된 심리치료와 광범위한 약물 치료에 실패한 뒤 10년 전에 ECT를 스무 차례 받은 사실만큼은 아무도 모르길 바랐다. 왜 내 책에 실명 밝히기를 꺼리는지 물었을 때, 그녀가 이렇게 대답했다. "바로 선생님이 책을 쓰는 이유 때문이죠. 낙인이 찍힐 테니까요."

리베카는 대학에 다닐 때 처음 우울증을 겪었다. 그녀가 대학 보건실의 내과 의사에게 갔는데, 그 의사가 정신과 의사까지는 필요 없을 것 같다며 '상황을 잘 이겨 내기 위해 서너 차례 이야기를 나눠 보자'고 말했다. 그녀가 그때를 회고했다. "사람들이 나를 진짜 아픈 사람으로 본 것 같지는 않아요. 나도 나를 아픈 사람으로 보지 않았죠. 그냥 일종의 성격적 결함 때문에 살아가기가 힘든 거라고 생각했어요. 결국 진짜 병이라는 사실을 스스로 인정하게 됐을 때, 저는 남들이 내 얘기를 듣게 하려고 싸워야 했죠." 처음 찾아간 내과 의사도 그녀에게 전문가의 도움이 필요하다는 것을 깨닫고 정신과 의사를 만나라고 권했다.

10년 넘게 한 약물요법이 우울증 완화에 도움을 주었다. 그러나 임신하면서 복용을 중단했고, 첫아이가 태어났을 때 우울증이 심각해졌다. 저녁 식탁에 남편만 둔 채 어둠 속에 혼자 앉아 있곤 했다. 그녀는 업무 실적이 저조한 자신이 직장에서 해고되지 않는 이유를 알 수 없었다. "저는 엄마 노릇, 아내 노릇도 거의 못 한 데다 그 상태가 얼마나 이어질지도 알 수 없었어요." 우울증을 끝내고 싶던 그녀가 ECT 수련을 받은 의사와 상담했다. 우울증에서 벗어나게 돕겠다고 약속한 의사는, 기억상실 가능성이 있지만 시간이 지나면 차츰 기억이 돌아올 거라고 그녀를 안심시켰다.

열 번의 시술 뒤 리베카는 기억을 일부 잃어버린 느낌이 들어서 치료를 중단하기로 마음먹었다. 그러나 우울증이 더 심해졌다. "남은 치료를 받으러 돌아가야 했어요." 그녀가 말했다. "저는 후퇴하고 있었고, 치료받으러 돌아가는 건 그때까지 한 일 중 가장 힘들었어요. 지금도 차를 몰고 그 근처에 가면 숨이 가빠져요." 그러나 두어 주 만에 그녀가 정신이 깨어나는 기분을 느꼈다. "색깔과 음악을 즐기고, 아침에 일어나고, 머리를 빗고 화장을 했어요. 남편은 알츠하이머를 앓는 사람하고 사는 것 같았겠죠. 껍데기만 전과 같고 정신은 멀리 가 버린 사람이 갑자기 돌아온 느낌이랄까요?"

그러나 시간이 지나면서 리베카는 자신이 기억의 큰 부분을 잃어버렸다는 사실을 깨달았고, 그런 기억 상실을 깨달을 때마다 대단히 충격적이었다. 아이들이 "엄마, 전에 우리가 ……했을 때 기억나?" 하고 물을 때 그 경험을 기억하지 못하는 것, 자연스럽게 떠올라 관계를 확인시켜 주는 기억을 상실한 것이 가장 고통스러웠다. 치료를 마치고 두어 해 뒤에 그녀가 ECT에 관한 심포지엄에 참석했는데, 의사 겸 연구자인 연사가 치료에 따른 기억상실은 항상 극히 적으며 일시적이라고 주장하는 것을 들었다. 그녀가 이렇게 회상했다. "분노가 치밀었어요. 회의실에서 그를 따라 나가 제가 겪은 기억상실에 대해 말했죠. 그는 저를 무시하는 듯 거만했고, 내 말을 진지하게 받아들이지 않았어요. 어쩌면 제가 여자라서 또는 한때 정신과 환자였기 때문일지 모르겠네요. 그는 '그들'에게 데이터가 있다는 말만 반복했어요."

내가 리베카에게 ECT를 고려하고 있지만 겁먹은 사람에게 어떤 조언을 하겠냐고 물었다. 그녀가 말했다. "저는 ECT가 싫었어요. 하지만 효과가 있었죠. 저는 많은 기억을 잃었어요. 하지만 상태는 나아졌죠." 그녀는 ECT를 몸에서 괴사 조직을 잘라 내는 데 비유했다. "생존을 위해 자신의 일부를 영원히 잃어야 할지도 모르는 상황이죠." 이런 비유가 처음에는 과장으로 들렸지만, 생각할수록 적절한 것 같았다. 정밀의학의 시대에 ECT는 여전히 무딘 도구고, 어떤 의사의 표현으로는 '망치로 손목시계를 고치려는 것과 같다'.[39] ECT가 인지능력과 지능에 부정적이거나 지속적인 영향을 미치는 것 같지는 않다. 그러나 기억을 전부 회복한 환자가 많아도 리베카 같은 일부 환자는 치료 전에 일어난 사건에 대한 기억을 영구적으로 잃었다. 이것을 영구적 역행 기억상실이라고 한다. 불행히도 이런 기억상실이 항상 입증되지 않다 보니 의사들이 이것을 더디게 인식하고, 그래서 많은 환자가 아무도 자신을 믿지 않는다고 느끼게 된다.[40]

최근 몇 년 동안 ECT의 야만적 이미지는 기억에서 희미해졌다. 그리고 미국과 영국에서 치료받는 환자의 수가 증가했다.[41] 2015년에 『디애틀랜틱』지가 '전기충격요법의 귀환'이라는 제목의 글을 실었고, 2018년에 앤더슨 쿠퍼는 CBS의 탐사 보도 프로그램 〈60분〉에서 '충격요법이 돌아오고 있는가?' 편을 진행했다. 둘 다 듀카키스와 카벳처럼 ECT 경험을 기적적이라고 표현하는 유명인을 많이 언급했다. ECT를 대놓고 옹호하는 사람들 중에 뉴욕필하모닉의 롤런드 콜로프와 피아니스트 블라디미르 호로비츠도 있는데, 두 사람 모두 단기 기억상실을 조금 겪었지만 폭넓은 연주 레퍼토리에서 음표 하나도 잊지 않았다. 캐리 피셔와 패티 듀크 같은 여배우들도 ECT 경험에 대해 긍정적인 글을 썼다. 그리고 예일대학 의대 학장을 지낸 리언 로젠버그 박사는 ECT가 자신의 생명을 구했다고 썼다.

또한 두 건의 텔레비전 보도에서 세라 리샌비 박사에 대해 다뤘다. 그녀가 태어나기 전에 ECT가 할아버지의 생명을 구했다. 리샌비는 인상적인 인물이다. 큰 키에 진지한 태도, 우아한 옷차림, 권위 있는 분위기로 신중하게 말하는 그녀는 ECT 연구와 좀 더 일반적인 신경 조절 분야를 주도하고 있다. 텔레비전에서 그녀가 ECT의 효능에 대해 설득력 있는 주장을 펼쳤지만, 불행히도 두 프로그램에서 언론인들은 '충격'이라는 단어를 썼다. 정신보건 전문가들은 이 단어를 삼가지만, 대중매체에서는 여전히 이 단어가 없으면 못 견디는 것 같다. 듀카키스도 자신의 책 제목을 '충격'으로 했지만, 그것은 순전히 ECT의 지지자로서 자신의 생명을 구해 준 그 치료법에 언론인이 그 단어를 쓰게 하느니 차라리 본인이 직접 쓰려는 의도였다.

NIMH에 있는 리샌비의 사무실에서 만났을 때, 그녀가 이렇게 말했다. "선생님한테 우울증이 있는데 그동안 영화에서 본 이미지와 관념 때문에 생명이 위태로워도 ECT를 피하려고 고통을 연장한다고 상상해 보세요. 또는 선생님에게 정신병적 우울증이 있고, 끔찍한 말로 선생님을 괴롭히는 목소리가 들린다고 상상해 보세요. 그 목소리가 선생님이 끔찍한 일을 저질러서 벌을 받아야 한다며 자살을 부추기는 거예요. 그 괴로움, 그 깊은 절망……. 그런 게 있을 필요가 없어요. 치료할 수 있거든요. 하지만 슬프게도 사람들은 ECT를 받기 전에 자살을 기도하죠." 어째서 ECT에 대해 의학적으로 잘못된 이미지가 이어지고 있는지 그녀로서는 여전히 이해하기 힘들다.

우리가 대화하기 직전에 리샌비가 미국과 캐나다의 충격적인 자살률 추세를 보여 주는 질병통제예방센터의 2018년 보고서를 읽었다. 1999년 이래 미국 주의 절반에서 자살률이 30퍼센트 증가했다. 리샌비가 말했다. "북미에서 인구는 늘었는데 ECT 사용은 증가하지 않았어요. ECT로 도움받을 수 있는 사람들의 수와 ECT를 받는 사람들의 수가 다른 것은 간극을 의미하고, 그것이 계속 커지고 있어요. 우리가 간극을 좁힐 수 있다면, 사람들에게 그들이 필요할 때 필요한 곳에서 자살을 막는 효과적인 치료를 할 수 있다면, 자살률을 줄일 수 있습니다."

그런데 사람들이 ECT를 원해도, 그것을 시행하는 곳을 찾기 힘들다는 문제가 있다. 워싱턴 DC에서 우리 대학과 조지타운대학도 ECT 서비스를 제공하지 않고, 미국의 더 열악한 지역에서는 ECT 서비스를 만나기가 훨씬 더 힘들다. 의료보험도 ECT 치료를 가로막는 장벽이다. 실제로 심각한 우울증이 있는 사람이 ECT를 받을 가능성에 대한 주요 변수는 그 사람이 가입한 보험의 종류다. 일반적으로 몇 주에 걸쳐 대여섯 차례의 치료가 필요한 ECT는 치료비가 4만 달러에 이를 수 있다. 과거에는 주로 가난한 사람들이 모여 있는 주립 보호시설에서 ECT를 (치료보다는 처벌로) 썼지만[42] 이제 상황이 역전되었다. 오늘날 ECT를 받는 사람들은 주로 중산층 이상이며 좋은 보험에 가입한 40대 이상의 백인이다.

ECT에 대한 고정관념을 성공적으로 영속화하는 (사이언톨로지 같은) 정신의학 반대 집단 때문에, 몇몇 주에서는 실제로 ECT를 규제하고 ECT에 대한 접근성을 떨어뜨리기 위한 법이 통과되었다. 내가 알기로는, 주 의회 의원들이 연방 정부와 의료계가 승인한 의료 절차를 규제하려고 나선 경우가 낙태뿐이다. 우울증으로 사망 위험이 있는 어린이와 청소년에게 ECT가 부정적인 영향을 미친다는 증거가 없는데도, 콜로라도와 텍사스에서는 16세 미만은 ECT를 받을 수 없다. 이런 주의 의원들은 아이들을 보호해야 한다고 주장했지만, 미국에서 ECT를 받는 사람들 가운데 18세 미만은 1퍼센트 미만이고[43] 1940년대 이래로 ECT가 어린이에게 안전하다고 여겨지는 상황에서[44] ECT를 규제하는 것이 왜 보호인지는 명확하지 않다. 왜 그 보호에 우울증과 자살로부터 청소년을 보호하는 것은 포함되지 않는지 궁금할 따름이다.

플로리다에서는 어린이나 청소년을 치료하려면 ECT 시설과 관계없는 의사 두 명의 의견서가 필요한데, 이 주의 다른 의료적 승인 절차에는 이런 요구가 없다. 미주리에서는 법원 명령이 있을 경우에만 16세 미만의 청소년이 ECT를 받을 수 있다. 역사학자 에드워드 쇼터에 따르면, 테네시에서는 우울증과 조증에 한해 ECT가 허용된다. 이는 순전히 한 의원이 1960년대 『새터데이이브닝포스트』에 실린, 아동에게 ECT를 쓰는 편이 아동 자살보다는 낫다는 취지의 기사[45]를 읽었기 때문에 특별히 허용된 경우다. 어느 주보다 사이언톨로지의 영향을 크게 받는 주인 캘리포니아의 법은 의사 세 명 이상이 ECT 사용에 동의하고 환자에게 '〔ECT〕 사용에 대해 의료계 내에 의견 차이가 있다'는 것을 서면으로 알리도록 요구한다.[46] 유럽에서는 ECT에 대한 장애물이 적은 편이지만, 1970년대에 등장한 반정신의학 운동과 사이언톨로지의 유럽 진출 때문에 사용이 줄어들었다.

리샌비는 ECT를 개선하는 동시에 인지적 부작용이 더 적은 새 신경 조절 방법 개발을 계속 하고 있다. 최대한 안전한 치료법을 만들고 싶고, 정신과 의사의 도구를 다양화하고 싶기 때문이다. 또한 많은 환자가 기억상실에 대한 공포로 ECT를 거부하기 때문에, 그녀는 치료의 장애가 되는 기억상실을 없애고 싶어 한다. 그녀가 기억상실을 최소화하기 위해 시험하는 방법 중 하나는 자기자극을 통해 뇌에 전류를 만들어 내는 것이다. 의사들은 항우울 반응에 중요한 뇌의 특정 부분에 전자기 펄스를 더 정확히 겨누고 해마같이 기억에 중요한 구실을 하는 부분은 피할 수 있다. 리샌비가 개척해 온 전략들 중에는 자기경련치료가 있다. 이 치료법은 인지적 부작용 없이 경련을 일으키며 현재 국제적으로 시험 중이다. "사람들이 기억과 기분 중에 하나를 택할 필요가 없어야 합니다. 우리가 더 잘할 수 있어요." 리샌비가 내게 말했다.

우리는 더 잘하고 있다. 2019년 3월, FDA가 치료 저항성 우울증을 앓는 성인에게 병원 진찰실에서만 투여되는 에스케타민이라는 코 분무제를 승인했다. 스프라바토라는 이름으로 시판되는 이 약은 수십 년 동안 수술용 마취제로 쓰였지만 기분 전환용 약물로도 악용되던 사촌 격 화학물질인 케타민을 새롭게 조제한 것이다. 에스케타민은 ECT보다 빠르게 작용한다. 치료의 긍정적인 영향은 ECT 쪽이 더 오래가지만, 이 새로운 치료법은 적어도 의사에게 환자의 생명을 구하고 치료법의 새로운 조합을 시도할 기회를 준다.

ECT와 신경 조절 일반에 대해 많은 사실들이 알려졌는데도 의사들은 여전히 고전 중이다. ECT를 반대하는 싸움은 전 세계에 사무실을 두고 있는 사이언톨로지 교회의 지부인 국제인권시민위원회 CCHRI가 주도해 왔다. 이 조직이 운영하는 로스앤젤레스 박물관에 방문했을 때, 나는 한시라도 빨리 그곳을 떠나고 싶은 마음이 들었다. 그곳은 마치 고문실처럼 설계되어 있었다. 쇠사슬과 고문 기구들이 전시되어 있고, 안으로 들어가면 뒤에서 거대한 감방 문이 닫혀 공포감이 조성되었다. CCHRI를 운영하는 잰 이스트게이트에 따르면, 정신의학은 '역대 최대 사기'이며 정신과 의사들은 탐욕 때문에 과학과 의학의 기치 아래 사람들의 삶을 파괴한다.

CCHRI를 과소평가하면 안 된다. 1999년 미국 공중위생국이 정신보건에 대한 보고서를 처음 발표했을 때, CCHRI는 연방 정부가 ECT를 '안전하고 효과적인 우울증 치료법'으로 설명하는 대목이 있다는 정보를 입수했다. CCHRI와 조력자들은 신속한 행동에 나서서 ECT가 최후의 보루라는 것을 강조하는 쪽으로 문장을 바꾸도록 정치적 압력을 행사했다. 출판된 보고서 문구는 이렇다. "오늘날 우울증이 있는 사람들에 대한 1차적 치료는 항우울제나 심리치료 또는 그 둘의 결합으로 구성된다. …… 이런 선택 사항이 효과가 없거나 너무 더디게 반응할 때 …… 전기경련요법을 고려할 수 있다."[47]

내가 아는 한 ECT는 위험하지 않다. 그러나 설령 그것이 위험하다 해도, 사랑하는 사람이 고통스러워하는데 다른 방법이 고통을 줄이지 못할 경우 나는 그 방법을 추천할 것이다. ECT가 여전히 신체 폭력과 연관되는 반면, 방사선요법과 항암치료의 부작용 그리고 흉골을 20~25센티미터나 절개해야 하는 심장 수술 같은 대수술은 회복과 연관된다. 또한 심박 조율기나 새로운 '전자약' 산업의 일부를 구성하는 신경 자극 임플란트처럼 의사들이 현재 폭넓게 쓰는 전기 임플란트는 고문이라고 여기지 않는다. 크리건은 자신의 책에서 ECT에 대해 논하면서 제세동기는 많은 TV 드라마에서 생명을 구하는 영웅으로 등장하고, 심장에 강력한 전기충격을 전달해도 부정적인 낙인이 찍히지 않는다는 것을 상기시킨다.[48]

ECT를 연구하는 과학자와 ECT를 제공하는 의사들은 그것이 야만적이라는 비판론자들의 생각 때문에 여전히 시달리고 위협받는다. 사실 ECT 훈련을 잘 받고도 그런 싸움이 싫어서 ECT 시술을 중단한 의사들도 있다. 불과 얼마 전에 ECT 전문가들이 새 ECT 장치의 승인에 관해 논의하려고 미국 식품의약청에 도착해 보니 반정신의학, 반ECT 활동가들이 공격 태세를 갖추고 통로에 줄지어 서서 시위를 벌이고 있었다. 전문가들이 지나갈 때 일부 시위자들은 '쇼크 박사'라고 부르며 모욕적인 말을 내뱉었다. 또 어떤 이들은 전기충격 소리를 흉내 내며 '찌릿찌릿' 소리를 내기도 했다.

15

몸이 말할 때

눈물로 드러나지 않는 슬픔은 다른 신체 기관을 울게 만든다.

—헨리 모즐리(1867)

1975년, 나이지리아 북서부에 자리 잡은 서니 일레추쿠라는 젊은 의사의 진찰실에 세 남자가 찾아왔다. 남자들이 하는 말이 너무 황당해서, 처음에 그는 진료를 거부했다. 남자들 중 한 명은 경찰이었다. 그가 두 남자 사이에 서서, 두 남자 중 한 명이 다른 한 명에게 성기를 도둑맞았다며 고소했다고 말했다.

절도범으로 몰린 남자를 기소하려면 절도를 입증하는 진단서가 필요했다. 경찰이 끈질기게 요청해서 의사가 결국 피해자를 진료했다. 예상대로, 그는 제 기능을 할 것 같은 성기가 멀쩡히 있었다. 그러나 피해자는 미심쩍어했다. 겉으로는 멀쩡해 보이지만, 그것이 정말로 거기 있는지 그리고 여전히 제 기능을 하는지 의심했다. 경찰은 상황이 정리된 것을 다행으로 여기며 피해자를 무고죄로 기소했다.[1]

이제 성기 절도가 일레추쿠의 레이더망에 들어왔고, 그는 거의 같은 양상의 사건이 몇 건 더 일어난 데 주목했다. 주로 혼잡한 시장이나 버스 정거장에서 현지인과 다르게 (대체로 먼 지역이나 심지어 다른 나라의) 옷을 입은 차림의 낯선 사람이 피해자에게 접근해 시간이나 길을 묻고는 몸이나 옷을 만졌다. 피해자는 곧 사타구니에서 '한기'나 '불쾌하고 뭔가 허전한 기분'을 느끼고 자신의 성기가 잘 붙어 있는지를 확인했다. 그는 성기가 사라진 것을 깨닫고 "성기 도둑이야!" 하고 비명을 질러 군중을 동원했고, 사람들은 도둑을 쫓아가서 때리거나 불로 태우거나 린치를 가했다. 도둑이 느끼는 고통과 공포가 클수록 성기를 돌려줄 가능성이 커진다고 여겼다. 1980년대 후반에 일레추쿠가 이렇게 썼다. "라고스 거리에서 성기를 대놓고 붙잡거나 주머니에 손을 넣어 붙잡고 있는 남자들이 보였다."[2] 이것은 몸이 마음을 대변하는 상황의 일례다.

인류학자들은, 아는 사람끼리만 사회적 상호작용을 하던 지역사회가 급격히 도시화되면서 익명성에 대한 불안이 불러온 이해할 만한 반응이 성기 절도라고 주장한다. 예일대학의 인류학자 루이자 롬바드에 따르면 인구 증가, 국가 간 이동, 넓어진 교역 범위, 여행의 스트레스가 불가사의한 불안이 자라나기 좋은 토양을 제공했다. "타자는 사람의 개인적·사회적 정체성을 위협하는데, 그 정체성의 상당 부분은 생식능력에 초점이 맞춰지죠." 그녀가 내게 말했다. 롬바드는 중앙아프리카공화국에서 자신이 인터뷰한 남자는 성기 절도 사건을 겪은 뒤 며칠 동안 마당에 돗자리를 깔고 누워서 가족과 친지에게 둘러싸여 시간을 보냈다고 회상했다. 그는 여느 병자나 범죄 피해자처럼 대우받았다. 마을 사람들이 그에게 찾아가 필요한 도움을 주었다. 많은 사람이 그의 벗은 몸을 보았는데, 성기가 없고 눈에 띄는 상처도 없었다고 말했다.

중요한 질문은 성기 절도 또는 다른 고통이나 위험의 증상이 '진짜'인지 여부가 아니라, 왜 특정한 신체적 증상이 특정한 시간과 장소에서 고통을 표현하기에 문화적으로 적절한 언어가 되느냐다. 이것은 프로이트가 '증상감'이라고 부른 것에 관한 질문이다. 증상이 이해가 되면, 그것이 더 흔해질 뿐 아니라 낙인도 덜 찍힌다. 어떤 상황에서건 낙인이 아예 사라지지는 않을 것이다. 질환의 책임이 사회가 아닌 개인에게 부여될 때, 심리적 고통이 외부가 아니라 환자 내부에서 비롯할 때, 증상이 흔하고 예상되는 것이 아니라 특이하고 이해할 수 없는 것일 때, 낙인은 더 커진다. 그 반면 질환의 양상이 사람들이 공감하는 고통과 희생을 표현하는 수단으로서 이해되고 받아들여질 때, 환자가 환경의 무고한 희생자일 때, 낙인은 줄어든다. 성기 절도의 피해자가 번잡한 시장에서 도와 달라고 소리칠 때, 그는 사람들이 자신을 미쳤다고 생각할까 봐 걱정하지 않는다. 그는 사람들이 자신의 말을 믿을 것임을 안다. 그리고 자신의 성기로 또는 성기의 부재로 대중의 관심을 끌어도 민망해하지 않는다. 사람들은 그의 괴로움을 위기에 대한 합리적 반응으로 이해한다. 그렇게 이해되기 때문에, 신체적 증거를 꼭 찾겠다는 마음도 없다. 사라졌다는 신체 부위가 그대로 있는 것처럼 보여도, 성기 절도 자체가 마법의 행위라서 그 존재가 환각일지도 모른다고 생각한다.

대부분의 사회는 비난을 외부로 돌리는 쪽을 선호한다. 미국에서는 어떤 병의 원인이 시장의 악의적인 낯선 사람이 아니라 바이러스나 박테리아일 것이다. 우리가 신체적 고통을 의학적 틀에서 설명하고 우리의 문제에 대한 의학적 해결책을 추구하는 경향이 있는데, 이것은 상당 부분 우리가 과학 그리고 개인의 통제 밖에 있으며 비인격적이고 객관적으로 보이는 유전학과 생리학의 메커니즘을 신봉하기 때문이다. 의사가 우리에게 감염되었다고 말하면, 우리는 미생물을 보지 못해도 그것이 몸에 있다고 믿는다. 그러고 보니, 나는 감염으로 치료받는 환자들 중에 의사에게 실제 바이러스나 박테리아를 보여 달라고 요구하는 사람을 본 적이 없다.

이런 의료화의 과정은 시간이 흐르면서 과학 진보의 결과로 더욱 강화되었고 미국 의학에 대중이 참여하는 것의 이로움에 대한 낙관주의를 키웠다.[3] 전 세계에서 생물의학적 지식이 인터넷을 통해 퍼지고, 유명인이 특정 질환 관련 재단을 설립하고, 연구자가 자신의 연구를 과학자와 대중의 '제휴'·'협동'·'연합'이라고 일컫는 경우가 많아졌다.[4] 사실 연구 조사를 위한 사전동의를 강화한 덕에 이제 연구 대상들이 연구 뒤에 있는 과학, 예컨대 배경·목적·위험성·이점 등을 알게 되었다. 그러나 현실은 과학 지식에 대한 대중의 접근이 늘어나고 평범한 사람이 그것을 이해할 수 있는 능력에 대한 믿음이 커짐에 따라, 대중과 과학자 사이에 때로는 첨예한 갈등이 새로 생겼다. 특히 전문가들이 어떤 병에 대해 설명할 수 없을 경우에는 더더욱 그렇다.

특히 자폐증과 백신에 대한 논쟁이 이런 갈등을 분명하게 드러냈다. CNN, MSNBC, 폭스의 TV 프로그램 패널 중에는 여배우 제니 매카시와 라디오 진행자 돈 아이머스 같은 유명인들이 포함되었다. 마치 그들의 목소리에 과학자들의 목소리와 똑같은 의미가 있는 것 같았다. 당시 의사인 앤드루 웨이크필드는 자폐증과 홍역 백신의 연관성을 주장한 뒤 망신당하고 자료를 날조한 혐의로 영국에서 재판 중이었다. 그의 지지자 중 한 명은 '우리는 나쁜 과학을 원한다'고 쓰인 피켓을 들고 있었다. 매카시는 자폐증이 백신 때문에 생기지 않는다는 것을 보여 주는 많은 증거들은 허점이 있으며, 과학자들이 잘못된 인구 집단을 연구한 탓이라고 주장했다. 과학자들이 백신 때문에 자폐증이 생긴 아이들을 연구하지 않았다는 것이다. 그녀의 추종자들은 자폐증을 발달장애나 정신 질환으로 보기를 거부하고 외부 원인이 있는 신체 질환이라고 주장했다.

지식에 대한 믿음을 기반으로 한 과학의 민주화가 그토록 많은 불신으로 이어진 것은 참으로 아이러니하다. 사람들은 자신이 진실이라고 믿는 것을 확인해 주지 못하는 의사 또는 자신이 앓고 있다고 확신하는 질환의 원인을 찾지 못하는 의사를 무능하다고 생각할 것이다. 의사가 환자가 말하는 증상 외에 이상을 찾지 못하면, 환자는 '의사 쇼핑'을 하며 원인을 찾아 치료할 의사를 찾을 것이다. 자폐증의 경우, 자녀의 증상이 백신이나 수은이나 기타 독성 때문에 생겼다고 믿는 부모는 파격적이고 종종 위험한 치료법을 쓸 생각이 있는 의사를 찾을 때까지 계속 검색한다. 킬레이션, 고압산소치료, 영양요법 그리고 자폐증이 만성 박테리아·바이러스 감염이나 질염·수은중독 때문에 생긴다는 가설같이 입증되지 않은 개념에 근거한 치료법들이 여기 포함된다.[5]

우리 할아버지 그린커는 의료화에도 그리고 고통의 심리적 원인을 지나치게 강조하는 경향에도 강하게 반대했다. 1945년에 그린커는 생물학적, 심리학적, 사회적 시스템이 어떻게 상호작용하는지를 연구하기 위한 기관을 만들 계획을 세우기 시작했다. 1951년에 200만 달러를 들인 정신신체·정신의학연구소가 시카고 마이클리스병원에 문을 열었고, 그린커가 1976년까지 소장을 맡았다. 95명 규모의 연구진이 신체와 정신의 관계를 연구하고 암, 심장병, 갑상샘항진증, 편두통, 궤양성 대장염 등을 치료하며 환자의 심리적 측면을 살피도록 지원했다. 그는 이렇게 말했다. "어떤 질환에 대해 단일 원인은 없다. 건강한 이유도 단일하지는 않다."[6] 그러나 그가 『뉴욕타임스』에서 '궤양이나 심장병 같은 신체 질환이 있는 환자의 감정적 문제까지 치료하는 것에 대해 많은 환자와 의사 들이 여전히 강하게 반대한다'고 말했다.[7] 그는 신체와 정신의 건강하거나 건강하지 않은 관계를 설명하지 않고는 건강 또는 '건강하지 않음'을 설명할 수 없다고 주장했다. 그는 모든 의학이 정신신체 의학이던 크레펠린 이전 시절을 소환하고 있었다.

자신이 신체만의 문제라고 믿는 증상에 대한 정신과 치료를 경계하는 환자들이 많다. 내 아내 조이스는 정신과 의사로서 경력의 상당 부분을 희소성 유전질환이나 진행성 암, 에이즈같이 생명을 위협하는 의학적 상태에 있는 환자들과 상담하며 그들이 정신과 관리를 받아들이도록 하는 데 보냈다. 그녀는 누군가 처음 찾아오면 '갈 길이 멀겠군.' 하고 생각한다고 말했다. 정신과 의사가 부족하기 때문에, 환자가 치료를 받으려면 본인이 치료를 원해야 하고 진료 예약을 하는 데도 인내심이 필요하다. 조이스가 환자들과 꼭 낙인에 대해 얘기하진 않아도 '그것은 항상 밑바탕에 깔려 있다'고 말한다.

조이스는 환자들이 정신과 질환에 대해 비정신과 치료를 받으려고 하는 경우가 많다는 것을 알았다. 무감각, 시각장애 및 언어장애, 발작, 마비 증상이 있는 환자를 포함해 오늘날 신경과 전문의를 찾는 환자 중 3분의 1 정도는 의학적 결과나 측정하거나 관찰할 수 있는 데이터, 증상에 대한 확실한 원인이 없다. 의사는 이런 환자들 중 일부에게 '기능성 신경 증상 장애'[8]를 진단하지만, 이것의 정확한 의미는 말하기를 꺼린다. 기능성 신경 증상 장애란 전환장애(의학적으로 설명할 수 없는 신체적 증상)의 현대 용어다. 전환장애는 한때 정신신체장애의 현대 용어였다. 그리고 정신신체장애는 한때 히스테리의 현대 용어였다. 의사들은 많은 환자가 그 진단에 대해 마치 자신이 증상을 날조한다는 비난을 받는 것처럼, 자신의 아픔이 진짜가 아니라는 취급을 받는 것처럼 반응할 것임을 안다.

정신과 의사들은 '전환'이나 '심인성', '정신신체' 같은 단어를 대체로 버렸다. DSM 제5판에는 '신체 증상 장애'라는 어설픈 정신 질환 범주가 있다. 하지만 환자들은 단순한 구글 검색만으로도 그것이 정신신체장애를 그럴듯하게 포장한 말임을 알 것이다. '정신신체'라는 표현을 더욱더 애매하게 만들기 위해, 의학적 질환과 정신 질환의 교차점과 관련된 정신의학 부문인 미국정신신체의학회가 몇 년 전 자문조정정신의학회로 개명했다. 정확히 '정신신체'라는 단어와 관련된 낙인 때문에 개명했지만, 아직도 '자문조정정신의학'이라는 말을 못 들어 본 의사들이 많다.

문제는 이것이다. 광범위한 신체적 증상을 겪는 수많은 사람이 심리학에 속하는 치료에서 도움을 받을 수 있다. 그런데 환자와 의사가 공모해 신체를 정신에서 분리하고 신체 질환을 '진짜'로, 정신 질환을 다소 허구적인 것으로 본다. 그러나 이런 분리가 바로 낙인의 원천이며 정신건강 관리의 장애물이다. 사실 미국에서 의료화는 의사들이 '신체화'라고 부르는 현상을 부추긴다. 환자들은 가벼운 통증을 포함한 신체적 불편을 마치 신체 질환이나 잠재적 신체 질환처럼 이해하고, 많은 의사가 '의료산업복합체'의 금전적 인센티브를 위해 그들을 치료한다.[9]

2000년까지 성기 절도는 사하라 이남 아프리카에서 일종의 유행병이었다.[10] 신문과 정부 관료도 이것을 정당한 우려라고 반복적으로 언급하며 이런 이야기가 퍼지는 데 일조했다. 2005년 12월 9일, 토고에 주재한 나이지리아 대사가 나이지리아인들이 토고인들의 성기를 훔친다는 주장은 사실이 아니라고 밝히기 위해 기자회견을 열었다. 그러나 단호한 부인조차 결국 그런 일이 실제로 일어날 수 있다고 확인하는 꼴이 되었다. 지난 20년 동안 가나, 세네갈, 나이지리아, 감비아, 콩고민주공화국, 중앙아프리카공화국에서 성기 절도 사건이 꾸준히 발생했다.[11] 안타깝게도 사건들이 폭력적으로 변했다. 2001년 4월에 '성기 절도범' 여섯 명이 나이지리아의 오이오주에서 불에 타 죽었다.[12] 다음 달에는 나이지리아 남부 오순주에서 2주 동안 비슷한 사건으로 열두 명이 살해당했는데, 그중 여덟 명은 그 지역을 방문 중이던 기독교 복음주의자들이었다. 시 경찰국장은 이 사건을 '집단 히스테리'라고 표현했다.[13]

2010년에 롬바르가 중앙아프리카공화국 북부 티링굴루에 있었는데, 그곳에서 한 수단 상인이 악수 한 번에 성기 두 개를 훔친 사건이 일어났다. "놀랍지도 않았어요. 비슷한 일이 다른 아프리카 국가에서 일어난 걸 알고 있었으니까요." 그녀는 암스테르담에서 카메룬 여성이 마치 크로크무슈 샌드위치처럼 바게트에 성기를 넣어 밀반출하려 한 혐의로 체포된 이야기를 들려주었다. 롬바르는 15, 16세기에 유럽에서 일어난 성기 상실 사건과 1967년에 중국과 싱가포르에서 '코로'라는 질환이 유행병처럼 돌았다는 사실도 알고 있었다. 코로는 성기가 몸속으로 오그라들어 죽게 될까 봐 걱정하는 병이다.[14] ('거북이의 목'을 뜻하며 성기의 비속어로 쓰이는 말레이어) 코로는 오늘날도 흔하다. 이것은 치명적이라고 믿어지며 많은 사람에게 발생한다. 인도, 터키, 뉴질랜드, 한국, 서아시아에서 그리고 영국에 거주하는 카리브해 지역 및 그리스 출신 이민자들 사이에서 증상이 보고되었다.[15] 미국에서도 의사들이 이런 증상을 접하는데, 다른 나라에서 이주한 사람들이 문화도 가져오기 때문이다. 1989년에 내가 아는 의사가 보스턴 외곽의 응급실에서 야근하고 있었는데, 어떤 중국인 남자와 그의 누이가 허둥대며 들어섰다. 그녀가 남동생의 바지를 내리고 성기가 사라지지 않도록 꼭 부여잡고 있었다.

사람들이 그런 주장을 하는 것은 그들이 교육받지 못했거나 잘 속거나 비이성적이기 때문이 아니라, 상실의 증상이 그들 자신과 그들이 사는 사회의 사람들에게 이해되기 때문이다. 미국인 의사들은 코로 같은 상태를 한때 '문화 관련' 장애라고 불렀고, 지금은 '장애의 문화적 표현'이라고 부른다. 두 단어 모두 '이곳, 미국에서는 그런 일이 일어나지 않는다'는 것을 암시한다. 그러나 질환은 모두 문화적이다. 걸프전 참가 군인들이 4일간 지상전을 치르면서 자신의 성기가 독소와 백신에 손상되었다고 믿었을 때, 그것을 코로라고 부르지 않았다. 아프리카인들도 성기 절도를 코로라고 부르지 않는다. 그러나 이 세 가지 증후군이 도착점은 달라도 비슷한 경로를 따르는 불안 표출의 방식이다.

학자인 마크 미케일에 따르면, 스트레스에 대한 신체적 반응은 '신체와 음성, 몸짓으로 표현되는 대안적 언어이며 상징적인 사회적 소통'이다.[16] 걸프전 증후군과 관련해 우리가 본 것처럼, 노시보 효과는 많은 사람이 아플수록, 사회가 그 병을 인정하거나 공감할수록 더욱더 강해진다. 타인의 증상을 목격하거나 심지어 증상에 대해 듣는 것만으로, 자신에게 그런 증상이 생길 수 있다. 1962년 (당시 탕가니카로 불린) 탄자니아에 웃음 전염병이 퍼져서, 사람들이 몇 시간에서 심하면 2주 동안 웃음을 멈추지 못해 극심한 고통을 겪었다. 학교가 문을 닫고 부모들은 공황에 빠졌다. 같은 해 6월에 미국의 한 직물 공장 직원들이 각다귀만 한 크기의 벌레에게 물렸는데, 물리고 20분 만에 병이 났다고 말하기 시작했다. 며칠 만에 같은 공장의 노동자 62명이 발진과 구역질을 겪었다. 그들은 대부분 비조합원으로 저임금에 과로하는 이혼녀들이었고, 그래서 정신적 스트레스에 특히 더 취약했다. 나중에 '6월 벌레 전염병'으로 알려지는 증상의 생물학적 근거를 의사, 과학자, 역학자 중 아무도 찾지 못했다.[17]

설명되지 않는 증상의 최근 사례에서, 미국 국무부는 2016~2017년에 쿠바에 주재한 26명의 미국 외교관과 그 가족이 마이크 폼페이오 국무부 장관과 그의 전임 렉스 틸러슨이 '건강 공격'이라고 부른 청각과 시각·균형감·수면·인지 관련 문제의 피해자라고 보고했다. 그때까지 캐나다 외교관들 사이에서 비슷한 질환에 대한 보고가 없었지만, 미국인에게 증상이 나타나고 4개월 뒤 미국 대사 직무대행이 캐나다 외교관들을 만나 이 문제에 대해 경고했다. 얼마 있다 캐나다 외교관 15명이 동일한 증상을 겪었다. 증상을 겪은 대사관 직원들은 '집과 호텔 객실에서 증상이 시작될 때 한쪽에서 생소한 소리가 들렸다'[18]고 회상했다. 많은 사람이 쿠바에 도착하고 24시간 안에 증상이 시작되었고, 따라서 감염원이나 화학약품의 영향일 가능성은 배제되었다. 증상은 뇌진탕과 비슷했지만 외교관들의 머리에 외상은 없었다. 정부 관료들은 쿠바인들이 지향성 음파를 이용해 조직화된 공격을 시작한 게 아닌지 의심했다.

이 질환을 다룬 과학 논문의 저자들은 '알려지지 않은 에너지원', 어쩌면 초음파, 초저주파, 극초단파가 원인이라고 생각했다. 그러나 대부분의 과학자들은 외교관들이 기능성 장애를 겪었다고 생각한다. 증상을 겪은 대사관 직원들은 자신의 상태가 정신의학적인 것이라는 암시에 불쾌한 반응을 보였다. 그중 한 사람은 『뉴욕타임스매거진』의 기고가인 댄 헐리에게 '우리가 증상을 마음에서 만들어 냈을 뿐이라고 암시하는 것은 피해자인 우리에게 몹쓸 짓을 하는 것'이라고 말했다.[19] 이 질환이 연구할 가치가 있는 새로운 임상적 실체라고 말하는 논문의 저자들 중 한 명인 더글러스 스미스는 자신이 환자들의 생각에 동의한다고 말했다. "그것은 진짜였다. …… 그것이 심인성이라고 생각하는 사람은 외부인뿐이다." 그러나 스코틀랜드 신경학자 존 스톤은 헐리에게 이렇게 말했다. "쿠바에서 미국과 캐나다 외교관들이 뇌 손상을 겪었다고 말하는 건 누구에게도 도움이 되지 않으며…… 그들이 도움이 될 만한 치료를 받지 못하게 할 수 있다."[20]

400

2012년 겨울, 뉴욕주 서부 버팔로 동쪽에 있는 (인구 7641명의) 작은 마을 르로이에 사는 10대 소녀 스무 명이 운동 틱과 음성 틱 증상을 보였다. 그들은 같은 학교에서 얼추 같은 시간에 같은 증상을 겪었다. 그것은 통제할 수 없는 운동 증상을 갑자스럽게 반복적으로 보이고 종종 말더듬증과 웃음, 울음이 동반되는 투레트장애와 비슷했다. 그러나 전염성이 없는 발달장애인 투레트장애와 달리, 르로이에서 발견된 전염성 있는 특발성 현상은 전투를 목격한 적 없는 군인들이 겪은 탄환 충격처럼 실재나 상상 속 불안이나 스트레스에 대한 반응이었다. 언론 매체들이 마을에 몰려들고 소녀들과 그 부모들, 다양한 분야의 의사들이 TV 프로그램에 출연했다. 줄리아 로버츠에게 아카데미상을 안겨 준 영화 〈에린 브로코비치〉의 실제 주인공도 물과 흙에서 독성 물질을 시험하기 위한 장비로 무장하고 찾아왔다. TV 토크쇼는 소녀들의 사랑스러운 사진으로 시작했다. 어느 날 낮잠에서 깨어나서 갑자기 경련을 일으키기 전까지 행복한 치어리더였고 예술적 소질이 있고 우수한 학생이던 소녀들이다. "말 더듬는 걸 멈출 수 없었어요." 세러 샌체즈가 TV 프로그램 〈닥터 드루〉에서 말했다. 말더듬증은 결국 멈췄지만 그 대신 '통제할 수 없는 경련'이 찾아왔다. 몇 주 뒤 세러는 그녀의 어머니가 '비간질성 발작'이라고 말하는 증상을 겪기 시작하면서 말은 해도 몸을 움직일 수 없었다. 그녀의 어머니는 딸의 몸이 '거의 석상 같았다'고 말했다. 리디아 파커는 증상이 너무 심해서 한동안 휠체어 신세를 져야 했다. TV 프로그램을 통해 시청자들은 리디아의 오른쪽 얼굴에서 그녀가 본의 아니게 스스로를 치는 바람에 생긴 커다란 멍을 볼 수 있었다.

그 뒤 몇 주 동안 진행된 검사에서 소녀들에게 어떤 병의 증거도 발견되지 않았다. 환경 검사도 음성이었다. 그러나 소녀들과 부모, 마을 사람 들은 분개했다. 그들은 소녀들의 증상이 심인성일 수 있다고 말하는 지방정부나 의사를 믿지 않았다. 그런 증상이 나타날 때까지 소녀들이 감정적으로 스트레스를 받은 일이 없었다고 부모들이 말했다. 의사들이 차례로 TV에 나와서 집단적 심인성 질환이 전 세계적으로 흔하다고 말할 때마다, 부모들은 모욕감을 느꼈다. 〈닥터 드루〉에서 그들은 **진짜** 진단을 원한다고 말했다. 세러의 어머니가 의사들에 대해 말했다. "이것이 **그냥** 스트레스와 불안 때문에 생겼다거나 전환장애라는 그들의 느낌, 그들의 가정만으로는 충분하지 않습니다." 리디아의 어머니는 『뉴스위크』를 통해 '도저히 이해할 수 없다. 딸의 몸에 징말로 뭔가 이상이 있는 게 분명하다'며 심리적인 증상일 리 없다고 주장했다.

드루 박사가 세러에게 전환장애 진단에 대해 어떻게 생각하는지 물었을 때, 그녀가 이렇게 답했다. "사실 무슨 뜻인지 잘 모르겠어요. 아무도 말해 주지 않았거든요." 드루 박사는 기다렸다는 듯 응수했다. "사람들은 모든 잠재적 생물학적 원인이 배제될 때까지 뭔가를 정신의학적 상태라고 생각하지 않죠." 그것은 너무 높은 기준이며 모든 가능한 설명을 철저히 다루었다고 증명하기가 매우 어렵기 때문에 인과관계의 끝없는 가능성이 열린다. 그날 쏟아진 폭우가 원인일 수 있을까? 폭우 때문에 몇십 년 전 르로이 근처에 폐기되었다는 독소들이 상수도로 흘러들어 갔을까? 어쩌면 2004년에 학교를 지으려고 쓰레기 폐기장 근처 채석장에서 가져온 돌과 자갈에서 뭔가가 침출되었을지도 모른다. 또는 나무들을 죽게 한, 마을의 천연가스정이 원인일지도 모른다.

마침내 부모들은 틱 증상이 자가면역질환 때문에 생겼을 수 있다고 생각하는 뉴저지의 의사 로사리오 트리필레티를 찾아냈다. 그는 그 여학생들이 PANDAS(연쇄구균 감염과 관련된 소아기 자가면역성 신경정신과적 장애)일 수 있다고 의심했다. PANDAS는 아직 질환으로 인정되지 않는, 연쇄구균 감염과 관련된 드문 상태다. 2014년, 그가 『코스모폴리탄』에 자신이 PANDAS를 3000건 넘게 치료했으며 '모든 유치원 학급에 PANDAS 아동이 한 명씩'은 있을 거라고 말했다.[21] PANDAS는 NIMH의 수전 스웨도 박사와 동료들이 처음 언급했다. 그들이 1988년에 강박장애나 투레트장애가 있는 (그리고 틱이 있는 40명을 포함해) 아동 50명의 사례를 보고했는데, 이들은 연쇄구균 감염으로 치료받고 두어 주 안에 증상을 보였다.[22] (PANDAS를 처음 진단받는 나이가 평균 6세로) 주로 어린이들에게 나타나는 경향이 있으며 진단받은 환자들에 대한 연구에서 1퍼센트만 14세 이상이었다.[23] NIMH의 또 다른 소아정신과 의사 대니얼 파인은 PANDAS를 연구하지는 않았지만, 자신이 PANDAS라고 믿는 환자들을 많이 만났다. 그는 겨우 몇 건의 사례에서만 그 진단이 맞는 것으로 보인다고 생각했다. 파인이 내게 말했다. "PANDAS는 실재 상태입니다. 제

말은 연쇄구균 감염 후에 그런 증상을 보이는 상태가 실재한다는 뜻이에요. 하지만 그런 경우는 아주 드물고, 정말로 심각하거나 재발되는 감염 이후에만 볼 수 있어요. 그리고 재발할 때마다 틱 증상도 나타납니다. 일단 그런 증상이 나타나면 한 번으로 그치지 않죠." 실제로 저널리스트들이 스웨도 박사에게 연락해서 르로이 소녀들이 PANDAS일 수 있는지 물었을 때, 그녀는 불가능하지는 않아도 가능성이 매우 희박하다고 말했다. PANDAS는 극히 드물어서, 같은 학교에 그런 환자가 두 명 있는 상황도 상상하기 어렵다는 것이다.

그러나 PANDAS일 가능성이 있다는 사실만으로 부모들과 트리필레티는 충분히 만족했다. 트리필레티는 혈액검사를 의뢰한 끝에 소녀들이 대부분 연쇄구균에 대한 항체가 있다는 것을 알아냈다. 이런 결과는 소녀들이 연쇄구균에 노출된 적이 있다는 것을 암시할 뿐, 그들이 어떻게 그렇게 늦은 나이에 반복적인 운동장애 전력도 없이 PANDAS 증상을 겪을 수 있는지에 대해서는 아무것도 말해 주지 않았다. 또한 어떻게 한 무리의 10대 소녀가 동시에 PANDAS에 걸릴 수 있는지에 대해서도 말해 주지 않았다. 그리고 왜 같은 고등학교에 다니는, 서로 친구이거나 아는 사이인 동년배 소녀들만 병에 걸렸는지에 대해서도 말해 주는 것이 없었다.

퓰리처상을 받은 저널리스트 수전 도미너스가 그 소녀들 중 다섯 명과 그 부모들을 만나 이야기를 나누었다. 한 소녀는 열네 살 때 아버지에게 신체적 학대를 당했다. 또 다른 소녀는 위탁보호를 받고 있었다. 또 다른 소녀는 부모가 아닌 언니의 보호를 받고 있었다. 그리고 또 다른 소녀는 거의 노숙인 같은 빈곤 속에 살고 있었다. 케이티라는 소녀는 어머니가 뇌수술을 받고 1주일 뒤에 증상이 나타났다. 도미너스가 트리필레티에게 그 소녀들의 가정사가 증상 시작의 원인이 되었을 가능성에 대해 물었을 때 그는 '그들에게 그런 것을 물어볼 시간이 없었다'고 답했다.[24] 어쨌든 소녀들은 항생제를 처방받은 뒤 상태가 좋아졌다. 어쩌면 플라시보 효과였는지도 모른다. 부모들이 공감하며 손을 뻗어 주었을 때 상태가 나아졌는지도 모른다. 또는 친구들과 공동체 전체가 그들을 지원하려고 나섰을 때나 열다섯 명의 소녀를 치료한 버팔로의 신경학자 라즐로 메크틀러가 믿는 것처럼 대중매체가 그들에게 크나큰 관심 기울이기를 멈췄을 때였는지도 모른다.[25]

정신 질환의 낙인은 설명되지 않은 증상을 겪는 사람에게 특별한 영향을 미친다. 신체와 정신이 분리되어 있다면, 신체의 질병은 오직 신체만의 질병이다. 따라서 신체적 증상이 있는 사람은 정신과 치료를 (최후의 보루가 아닌 이상) 자발적으로 받으려고 하거나 치료 권유를 받아들이지 않을 것이다. 또한 불필요한 의료적 검사는 환자의 문제를 지연하거나 악화시킬 수 있고, 의사가 공황 발작을 심장병으로 오인하는 경우처럼 심각한 합병증까지 불러올 수 있다. 불안증이 있는 내 친구는 자신이 심장기능을 상실했다고 확신해서 심장 도관 삽입 수술을 받았다. 그는 호흡곤란, 어지럼, 흉부 통증, 손가락 저림 같은 증상이 최근 가족 상황의 극적인 변화와 관련 있을 가능성을 고려하는 것조차 거부했다. 수술은 멀쩡한 동맥을 손상하는 결과를 낳았다. 1년 넘게 지나, 그를 담당한 (내과 의사도 정신과 의사도 아닌) 심장 전문의가 애초에 심장 증상을 촉발한 불안증 해소에 도움을 주기 위해 항우울제를 처방했다.

그러나 결과적으로 애초의 심장 증상은 그에게 도움이 되었다. 그가 도관 삽입 수술을 받은 뒤, 가족과 친구들이 중환자실로 찾아왔다. 다시 말해, 그의 증상은 가족의 연대가 위기에 처했을 때 심리적·사회적 지지를 불러일으키는 효과가 있었다. 정신보건 전문가들은 어떤 증상의 심리적인 또는 사회적인 이득을 2차적 이득이라고 표현하기도 한다. 1차적 이득은 심리적 문제의 존재를 알리는 증상이며, 2차적 이득은 그것이 주는 이로움 때문에 1차적 이득을 강화한다.

2차적 이득은 그것을 목격한 다른 사람들이 무의식적으로 비슷한 증상을 겪게 부추길 수도 있다. 심리학자들은 이런 현상을 종종 사회적 전염 또는 행동 전염이라고 부른다. 그런 전염은 제법 흔하다. 우리는 누군가 미소 짓거나 하품을 할 때 무의식적으로 미소 짓거나 하품을 한다. 우리가 동일시하는 집단에 속한 사람들의 행동을 흉내 내는 일은 훨씬 더 흔하다. 우리가 본능적으로 그들의 신체 언어를 이해하기 때문이다. 2012년 내가 학부 연구생과 〈투데이〉 쇼에서 팔과 머리를 빠르게 움직이곤 하는 르로이 소녀들의 인터뷰를 보고 있을 때, 연구생이 놀라움과 걱정이 섞인 말투로 말했다. "그린커 박사님, 방금 제 팔에 경련이 일어났어요!"

의사들은 신중한 태도를 취한다. 워싱턴 DC의 한 내과 의사는 내게 이렇게 말했다. "어떤 환자를 아주 잘 알지 않는 이상, 환자에게 그들의 증상이 심리적 원인에서 비롯했다고 말하기는 어렵습니다. 환자는 그런 말을 자신이 증상을 날조하고 있다는 뜻으로 받아들이고 모욕감을 느끼거든요." 그녀는 글루텐 민감성이라는 것의 극적인 증가가 심리적 원인이 있는 문화적 표현 양식이라고 생각한다. "소아 지방변증이 있는 사람들을 제외하면, 글루텐 민감성이 있는 거의 모든 사람이 그저 스트레스나 불안증의 문제예요. 하지만 글루텐을 함유하지 않은 식단을 유지하는 것은 무해한 데다 이로운 영향까지 줍니다. 그러니 제가 뭐라고 그들을 말리겠어요? 플라시보 효과는 믿을 수 없을 만큼 강력하죠." 인근 대학의 소화기내과 과장은 더 신중한 태도로 이렇게 말했다. "어느 날 광범위한 글루텐 민감성에 대한 생물학적 근거가 정말로 존재한다는 것이 발견되어 공연히 혼쭐날까 봐 두렵습니다. 그래서 어느 한쪽으로든 단언하고 싶지 않아요. 대개 저는 '뭐, 한번 해 보시죠. 글루텐 없는 식단을 해 보세요!' 합니다. 그럼 사람들이 집에 가서 배우자한테 자신이 글루텐 불내증으로 진단받았다고 말하죠."

미국 의사들은 글루텐 민감성과 만성 라임병 증상을 호소하는 환자들뿐 아니라 자신에게 만성 진균 감염이 생겼다고 믿고 항진균제를 많이 복용하는 환자들도 본다. 그 밖에 자신이 (미국의학협회에서 인정하지 않는) 다중화학물질과민증이라고 믿는 사람들은 화학물질에 대한 공포 때문에 스스로 행동을 심각하게 제한한다. 만성피로증후군CFS 또는 근육통성뇌척수염ME도 치열한 논쟁의 대상이 되는 증상이다. CFS나 ME가 있는 사람들은 극심한 피로와 두통, 집중력 저하 같은 증상을 보인다. 그러나 걸프전 증후군과 섬유근통증후군을 비롯한 다증상성 질병과 마찬가지로 CFS나 ME 진단을 위한 실험실 검사는 없으며 그것의 원인을 아무도 모르고, 모든 치료의 초점은 증후군 자체가 아닌 증상 완화에 맞춰져 있다. 실제로 증상을 보면, 이런 질환들 중 어떤 것도 다른 질환과 쉽게 구분되지 않는다.[26]

임상 연구는 만성 다증상성 질병의 가장 효과적인 치료가 운동과 인지행동치료CBT, 정신 치료를 병행하는 것임을 보여 주었다. 이런 연구 결과가 CFS 또는 ME 환자들을 많이 격분시켰다.[27] 운동 부족은 근육 약화를 일으켜 피로를 악화시키고 광범위한 의료적 문제로 이어질 수 있기 때문에, 운동은 결정적으로 중요하다. 그러나 CFS나 ME에 대해 운동이나 정신과 치료를 권하는 의사들과 그 질환에 대한 성신의학석 연구를 지원하는 일부 정부 정책 입안자들은 살해 위협까지 받고 있다.

'만성피로 살해 위협'으로 구글 검색을 해 보면 CFS나 ME가 (아마도 바이러스나 면역장애나 호르몬 불균형에 따른) 생물학적 질병이라고 주장하는 환자와 의사의 갈등에 대한 글이 10여 건 나온다. 환자는 의사가 자신의 고통을 심리적인 것으로 치부한다고 여기며 분노한다. 이런 분노가 영국에서 특히 두드러지는데, 1989년에 일간지 『가디언』의 한 기고자가 이렇게 썼다. "감염은 부끄럽지 않다. 거기에는 심리적으로 유발된 질환에 따라붙는, 나약함과 도덕성의 부족을 암시하는 낙인이 없다."[28] 나의 논점은 CFS나 ME가 생물학적인지 심리적인지가 중요한 게 아니라 종종 생물학적 모델이, 이로울 수 있는 심리학적 개입을 방해한다는 것이다.

가장 심한 비방을 당했다고 할 수 있는 연구자인 킹스칼리지런던의 사이먼 웨슬리 박사가 적대적인 분위기 때문에 2001년에 관심 분야를 CFS·ME에서 군 정신보건으로 옮겼다. 그가 한 저널리스트에게 이렇게 말했다. "이제 저는 이라크와 아프가니스탄으로 갑니다. 제게는 그곳이 훨씬 더 안전하게 느껴지네요."[29]

16

네팔에서 몸과 정신의 연결

> 몸을 치료하려면, 정신을 치료해야 한다.
> —네팔 속담

전쟁 생존자는 트라우마와 상실의 무게, 폭격, 처형, 고문, 성폭력의 기억을 안고 살아간다. 소년병이 징집되는 네팔과 시에라리온, 우간다, 엘살바도르 같은 곳에서 어린이의 정신 질환 발생률이 특히 높다. 네팔에서 수행된 연구에 따르면, 소년병 출신 어린이의 절반이 불안과 우울 같은 정신적 고통을 심하게 겪었으며 징집된 적은 없지만 전쟁을 겪은 어린이들의 정신적 고통도 그에 못지않았다.[1] 소년병들의 고통은 종종 낙인 때문에 악화되는데, 시신을 옮겼다거나 계급 또는 민족이 다른 사람들과 먹고 잤다는 이유로 가족에게 버림받을 수 있기 때문이다. 네팔에서 여군은 특히 더 가혹하게 낙인찍힌다. 그들이 (문화적 금기를 깨고) 남자들

주변에서 자거나 더 심한 경우 성관계를 가졌다고 가족과 이웃이 의심하기 때문이다.

그러나 네팔의 한 구호단체 봉사자는 네팔 문화와 정신보건을 연구하는 정신과 의사이자 인류학자인 브랜던 코트에게 '네팔에는 PTSD가 없다'고 말했다. PTSD 증상이 없다는 게 아니라, 그 질병 범주가 거의 알려지지 않았고 만일 누군가 정신적 트라우마로 치료받으려 간다면 나쁜 업보의 징후이며 그 사람에게 큰 문제가 될 거라는 뜻이었다. (네팔에서 지배적인) 힌두교와 (네팔에서 두 번째로 흔한 종교인) 불교에서 업보는 미래의 번영이나 고통을 결정하는 전생의 행동을 가리킨다.[2] 심지어 외상성 사건을 겪는 것도 개인이 불행에 취약함을 암시하기 때문에 업보의 징후일 수 있다.

1996년부터 2006년까지 10년간 이어진 네팔 내전 중에 수천 명이 실종되고 15만 명이 난민이 되었으며 10만 명이 고문당했고 1만 4000명은 목숨을 잃었다. 피해자라는 현재 상태가 본인이나 가족이 전생에 지은 죄의 업보라서, 네팔 사람들로서는 전쟁 피해로 팔이나 다리를 절단한 환자를 치료하기도 쉽지 않았다. 그럼 네팔에서는 어떻게 낙인을 줄이고 정신적 관리를 할 수 있었을까? 그 답이 '뇌 과학을 통해서'는 아니다. 네팔에서 임상의들이 토속신앙을 창조적으로 재구성하는 데 성과를 내기 시작했다. 그것은 정신의학이 인기 없고 부정적으로 평가되는 곳에서 정신보건 전문가가 될 만큼 강인한 의사들의 헌신과 상당한 낙천성과 인류학 조사가 필요한 과정이었다.

　　　　　　　　　　코트 박사는 따분한 괴짜와 힙스
터의 면모가 반씩 있는 인물이다. 안경을 끼고 턱수염을 기른 의사
면서, 힌두교에서 아주 신성시하는 식물인 툴씨로 만든 네팔 목걸이
를 하고 오른쪽 팔뚝에 문신을 한 연구자다. 몽골 전통 문자로 쓰인
문신의 내용은 '몸을 치료하려면 마음을 치료해야 한다'는 것이다.

　　코트 박사는 낙인을 줄이는 데 경력을 바쳤다. 1996년에 대학생
이던 그가 네팔에서 1년을 보내면서 트라우마 발생률이 매우 높은
데도 정신건강 관리 자원이 전무하다시피 한 상황에 충격을 받았다.
그는 민족 차별과 성차별, 환경 재앙, 자동차 사고와 관련된 트라우
마를 보았다. 그해는 네팔 정부와 마오쩌둥 사상을 따르는 반군 간
싸움이 시작된 해이기도 하다. 전쟁의 이유 중 하나는 보건 의료 서
비스에 대한 접근성을 포함해 사회적 불평등에 대한 폭넓은 불만이
었다. 평범한 시민들은 의료 서비스에 대한 선택권이 거의 없고, 접
근할 수 있다고 해도 그들이 받는 치료는 높은 카스트나 부유층과
정치권력자 들로 이루어진 엘리트가 받을 수 있는 것과 달랐다. 여
성은 재산을 소유하거나 교육 또는 일을 통해 독립적인 삶을 추구할
기회가 별로 없었다. 코트는 이런 장벽들이 정신건강에 어떤 영향을
주는지 그리고 정신건강 관리 서비스의 희소성을 감안할 때 도움이
될 만한 전통적인 치유 방식이 있는지에 관심을 가졌다.

　　그는 네팔 남부에 있는 힌두교 치유 사원에서 두 달을 보냈다. 사
람들이 샤먼에게 치료받을 수 없거나 집에서 치료할 수 없는 가족
(조현병과 조증이 있다고 할 만한 사람)을 보내는 장소였다. 사원에서

가축우리에 수용된 그들은 건초 깔린 바닥에서 잠을 잤다. 보통 새로 온 환자는 처음에 시멘트로 땅에 단단히 세운 기둥에 사슬로 묶인 채 지냈다. 달아나지 못하게 하는 동시에 가족에게 사랑하는 사람이 무사히 있다는 것을 보여 주기 위해서였다. 그도 그럴 것이, 애초에 사람들이 가족을 사원에 데려오는 이유가 밤에 달아나서 며칠에서 몇 주씩 사라지고 때로는 국경 너머 인도로 가기 때문인 경우가 많았다. 사원의 환자들은 너무 오랫동안 치료받지 못하고 방치되기 때문에, 코트는 사원에 있는 동안 미국에서 본 그 어떤 경우보다 심각하고 다루기 힘든 정신병을 목격했다. 미국에서는 의사가 진료할 때쯤 환자는 이미 어떤 약을 복용했거나 진료 직후에 복용할 테니까, 의사가 정신병의 자연사를 볼 기회가 거의 없다.

사원에는 치매를 앓는 노인과 이제 막 정신병 증상이 나타난 청년을 포함해 다양한 남녀 환자들이 있었다. 치료되지 않은 만성 정신병적 장애가 있는 중년의 사람들, 끔찍한 짓을 저질렀다며 꾸짖는 목소리가 들린다는 사람들도 있었다. 먹지도 않고 말하지도 않는 정신병적 우울증이 있는 여자들도 보였다. 술을 못 먹게 사슬로 묶어놓은 중증 알코올중독자도 있었는데, 그중 일부는 금단현상으로 발작이 일어나 사망했다. 사원에서는 날마다 문제행동을 불러온 악귀를 몰아내기 위한 의식이 열렸는데, 살풀이 같은 과정이었다.[3] 사원에 있는 환자 20~30명이 모여 맨발로 무릎을 꿇고 나란히 붙어 앉아 확성기에서 나오는 소리(한 사람이 인도의 작은 풍금인 하모늄을 연주하고 한 사람이 찬가를 부르는 소리)에 맞춰 몸을 규칙적으로 움직였다. 흰색 옷을 입은 힌두교 사제가 한 명 있었는데, 그가 길고 가느다란 회초리를 들고 다니면서 악령의 지배를 받고 있다고 생각되는 사람에게 악령을 몰아낸다는 이유로 매질을 했다.

람 바카스라는 20대 초반 남성은 갑자기 시력을 잃고 이상하게 말하며 집에서 계속 달아났다. 이 증상들이 어떻게 동시에 일어났으며 심리학적으로 서로 연결되어 있는지, 그가 급성감염증에 걸렸는지는 아무도 알아내지 못했다. 그가 시력을 잃고 6개월이 지나 당황스럽고 두려워진 가족들이 그를 사원에 데려왔고, 그는 다른 신참들처럼 사슬에 묶였다. 람 바카스는 하루하루 지나면서 사람들과 상호작용이 많아졌고 짧은 기간만 사슬에 묶여 있다가 마침내 의식에 참여하기 시작했다고 코트가 회상한다. 심지어 사원에서 조수가 되어다른 사람들의 치유 과정을 안내하기까지 했다. 사원은 상태가 많이 좋아진 그를 가족에게 돌려보냈다.

그러나 가족은 그가 악령을 집으로 끌고 오거나 다시 난폭해질까봐 두려워했다. 그래서 그를 염소 우리에서 재웠다. 이웃들은 그가 미쳤다고 했다. 결국 가족은 동네에서 따돌림을 당하게 될까 걱정하며 그를 사원으로 돌려보냈다. 코트의 말에 따르면, 가족들이 사원에 '우리는 람 바카스를 원치 않는다'고 말했다.

1년 뒤 코트가 사원에 다시 찾아가 람 바카스의 안부를 물었는데, 그가 죽었다는 말을 들었다. 병이 도져서가 아니라 치료 의식에서 샤먼이 쓰는 확성기를 고치려다 사고로 죽은 것이다. 람 바카스는 눈이 멀었는데도 사원 지붕에 올라갔다가 감전사나 실족사를 당했다. 아니면, 둘 다인지도 모른다. 코트는 람 바카스의 죽음에 너무도 속이 상했다. "이런 부상이 일어날 수 없다는 말은 아니지만, 그는 거기 있을 필요도 없었어요. 그는 훨씬 나아졌고, 따돌림 당하고 버림받는 게 아니라 지역사회에서 생산적이고 기능적인 구실을 할 수 있었을 겁니다." 코트는 람 바카스의 경험이 드물지 않다는 걸 알게 되었다. 누군가 치료를 위해 (사원이건 병원이건 수용시설이건) 어디로 보내지건 간에, 나중에 집으로 돌아가면 똑같은 상황이 벌어졌다. 사실 환자였다가 회복했는데 갈 곳이 없어서 사원에 머물며 일하는 사람들이 많다.

코트의 마음을 가장 착잡하게 만든 것은 사원의 환자들을 가족이 데려왔다는 사실이다. 이것은 환자들에게 실제로 사회적 지원이 있다는 뜻이다. 코트가 미국 병원의 응급실에서 본 정신과 환자들은 대체로 혼자였고, 종종 경찰이 데려온다. "그런 환자들을 보면 버려졌다는 생각이 듭니다. 환자 친척의 전화번호를 하나라도 구할 수 있다면 다행이죠. 전화를 걸어도 안 받는 경우가 태반이고요." 코트가 학부 시절 서던캘리포니아대학 사회복지대학원에서 아르바이트를 했는데, 수용 시설에서 생활하는 조현병 환자를 돕는 일이었다. 그 환자들은 대부분 가족과 접촉이 거의 또는 전혀 없었다. 네팔에서 가족은 중증 정신병을 앓는 친척에게 상당히 충실하며 다른 방법이 없을 때만 최후의 보루로 외부에서 (자신을 위해 또는 친척을 위해) 도움을 구한다. 그들은 아픈 친척이 나아지기를 바라고, 어지간해서는 버리지 않는다. 애초에 람 바카스의 가족이 그를 사원으로 데려올 때도 충분히 힘들었을 것이다. 그러나 그들은 람 바카스가 훨씬 건강해졌는데도 돌려보낼 수밖에 없을 만큼 그가 절대적으로 두려웠을 것이다. 코트는 이런 점이 너무 안타까웠고, 그 두려움이 어디에서 왔으며 그것을 줄이기 위해 무얼 할 수 있을지 묻게 되었다.

네팔에서 1년간 생활한 뒤 코트는 일본에서 3개월을 보냈는데, 그곳에서도 정신 질환과 정신과 치료에 대한 분명한 두려움을 목격했다. 상당한 고소득 국가와 지독한 저소득 국가가 모두 정신 질환에 낙인찍는 것을 보면서 그는 정신보건 분야에서 일하겠다고 결심했다. 그리고 에모리대학 대학원에 다니던 2006년에 네팔로 돌아가서 내전 때 마오주의 인민해방군을 위해 싸운 소년병이던 사람들을 18개월 동안 연구했다. 네팔에서 '인민 전쟁'이라고 불리는 그 무장 투쟁은 네팔 정부를 상대로 군주제와 사회경제적 불평등을 철폐하려고 일어난 농민반란이다. 전쟁 중에 수천 명이 사망했는데, 그중 대다수가 정부군의 손에 죽었다. 전쟁 이후 생존자들은 자신이 목격한 잔학 행위를 뇌리에서 떨쳐 버리지 못하고 괴로워했다. 어떤 이는 친구와 친척이 죽는 모습을 보았고, 어떤 이는 붙잡혀서 갇혔다.

코트가 놀라운 말을 했다. "특히 소년병이던 소녀들 사이에서 계속 나오는 얘기는 '집에 돌아온 지금보다 군인이었을 때가 차라리 살기 좋았다'는 겁니다." 그들은 인신매매를 당하지 않았고, 아군의 성폭력을 당하지도 않았다. 그들은 코트에게 오히려 마오주의자들이 그들을 성폭력에서 보호해 줬으며, 그것이 소년병의 장점 중 하나였다고 말했다. 코트가 말을 이었다. "그들이 집에 돌아왔을 때, 나는 거기서 진짜 낙인을 보았습니다."

여기서 내가 아샤라고 부를 여성은 낮은 카스트의 가난한 집안에서 태어난 두 아이 중 한 명이었다. 그녀는 학교를 좋아했고 열심히 공부했다. 그러나 열두 살이 되었을 때, 두 아이를 다 학교에 보낼 힘이 없던 부모가 (학교에 별로 관심 없어 보이는) 남동생만 교육시키고 그녀는 집에 있게 했다. 1년 뒤 마오주의자 여성들이 신병을 모집하러 마을에 왔다. 그들이 아샤에게 집을 떠나 투쟁에 동참하라고 설득하며 군대에서 여성의 자유를 위해 싸울 수도 있다고 했다. 그녀가 1년 동안 이곳저곳 다니며 여성운동에 참여했지만, 폭력 장면을 목격하기도 했다. 어느 날 여성 사령관들과 고향 근처에 갈 일이 있었는데, 부모님과 동생을 보고 오게 해 달라고 했다. 이때 그녀의 가족이 그녀에게 마오주의자들에게 돌아가게 할 수 없다며 당장 결혼시키겠다고 말했다. 아샤가 거부했지만 어머니가 곧바로 이웃 마을에 사는 스물두 살 총각을 찾아냈다. 그는 코트가 알지 못하는 이유로 신붓감을 찾는 데 어려움을 겪고 있었다.

아샤는 마오주의자들에게 돌아가지 못했다. 그녀는 강제로 결혼했고, 부모는 아샤가 군인이었다는 사실을 감췄다. 그러나 오래지 않아 시댁에서 그 사실을 알게 되었다. 코트가 말했다. "그들은 아샤를 경멸하는 것을 넘어 동물처럼 대했습니다." 그녀는 여러 달 동안 정신적 고문을 견디다가 자살을 기도했다. 밧줄로 천장에 목을 맨 채 숨을 헐떡이는 그녀를 시아버지가 발견했다. 그가 밧줄을 끊고 그것을 아샤에게 건네주며 집에서 나가라고 말했다. "친정으로 가거라.

죽으려면 거기서 죽어."

아샤의 부모는 그녀를 반기지 않았지만 마지못해 방 하나를 내주었다. 그들은 아샤가 다른 사람과 일정 거리를 유지하고, 절대 집 밖에 나가지 않고, 집안일을 절대 안 하는 것을 조건으로 그녀를 받아들였다. 아샤가 코트에게 말했다. "부모님은 저를 약하고 쓸모없는 짐짝처럼 취급했어요. 제가 장작을 구하러 밖에 나가는 것조차 못하게 했어요." 남자아이들이 그녀 방의 창문 앞에 와서 그녀를 조롱하거나 순전히 단잠을 방해하려고 한밤중에 문을 두드렸다. 남동생은 그녀를 무시했다. 그녀는 머리 위에 지붕이 있어도 사실상 노숙자와 다름없었다.

그녀를 걱정스럽게 여긴 마을의 유니세프 직원이 도움의 손길을 내밀었다. 아샤를 노래 동아리와 댄스 동아리에 초대하고 재봉사가 되도록 교육해 주겠다는 제안도 했다. 그러나 사실상 갇혀 사는 신세인 아샤는 거의 참석할 수 없었다. 유니세프는 코트가 일하는 다문화심리사회기구에서 상담원을 고용하고 그녀의 집으로 보내 1주일에 몇 시간씩 대화를 나누게 했다. 1년쯤 뒤 아샤는 사우디아라비아에 가서 불법이긴 하지만 가사도우미로 취업했다. 그 뒤 1년 동안 그곳에서도 학대를 겪었는데, 그나마 소득이 있었기 때문에 돈을 대부분 어머니에게 보내며 자신을 위해 저축해 달라고 했다. 마침내 사우디아라비아에서 집으로 돌아왔을 때, 그녀는 어머니가 돈을 가지고 내연남과 달아난 것을 알게 되었다.

그 어느 때보다 더 소외된 아샤는 아무도 받아 주지 않고, 사회의 일원이 될 방법이 없을 것 같았다. 비슷한 경험을 한 소년병 출신 여성들이 있었지만, 그들의 고통은 종종 사회적 지원으로 완화되었다. 그들에게는 자식의 돈을 훔쳐 달아나지 않는 사랑하는 부모가 있었고, 심지어 먼 친척이 그들을 집에 들이기도 했다. 아샤는 우울증과 정신병적 증상, PTSD 증상을 겪었다. 증상이 심해질수록 고립도 심해졌다. 그녀가 코트에게 말했다. "제가 인간으로 대우받은 유일한 순간은 마오주의 군대에 있을 때였어요." 그곳에 있는 동안 폭탄과 피를 보았지만 적어도 어딘가에 소속된 느낌이었다.

코트가 아샤를 마지막으로 보았을 때, 그녀는 아버지와 동생과 이웃의 기피와 냉대 속에서도 여전히 예의 그 방에서 살고 있었다.

코트는 인류학을 공부하기 시작하면서 에이즈와 결핵을 비롯한 감염성 질환을 연구하고 치료하는 데 평생을 바치는 의료계 종사자들이 전 세계에 꽤 많다는 사실을 알게 되었다. 저명한 학자들이 문화가 정신 질환의 경험과 정신의학적 지식의 구성에 미치는 영향을 연구하고 있다는 것도 알았다. 그러나 인류학과 정신의학을 접목해 정신 질환의 낙인을 줄일 새로운 접근법을 고안하려는 사람은 한 명도 알지 못했다. 그는 정신건강을 충격적인 사건의 유무로 설명할 수는 없으며 경제와 정치, 성별 등을 포함해 개인이 사는 사회제도 전체의 일부로 이해해야 한다고 주장하는 네덜란드 정신보건 전문가 집단에서 영감을 받았다.

그 작은 집단의 관점은 코트가 만난 수많은 구호단체 봉사자들의 관점과 대비되었다. "재난 전에는 모든 것이 좋았다고 생각하는 사람들을 숱하게 만났습니다. 그건 종종 저소득 또는 중간 소득 국가들, 그중에서도 특히 네팔처럼 목가적인 곳에 사는 사람들의 낭만적인 미화예요. 그런 곳에서는 지진이 일어나기 전, 쓰나미가 닥치기 전, 전쟁 전에는 모두가 잘 지내고 있었다고 생각하죠." 2012년에 코트가 우울증 및 불안증에 대한 연구 결과를 발표했다. 개인의 상태는 네팔 내전 **전후**로 달라진 것이 없었다. 전쟁이 불안증의 유병률을 높였지만 우울증을 증가시키지는 않았다. 사실 사람들이 전쟁에 노출되기 **전에도** 우울증의 비율은 높았고, 노출 이후 유병률의 증가는 거의 없었다. 우울증은 전쟁이 아니라 기존 위험 인자들의 산물이었다. 예컨대 가부장적 사회에서 여성으로 사는 것, 가난, 낮은 카스트, 교육과 의료 서비스에 거의 접근할 수 없는 현실의 결과이며 사회과학자들이 종종 '교차성'이라고 부르는, 서로 연결된 것들의 효과다. 마오주의자들은 정부와 투쟁하면 정신적 해방이 올 거라고 굳게 믿었다. 그러나 어느 인구 집단에서든 단 한 가지 정신 질환의 유병률도 감소하지 않았다.[4]

그럼에도 많은 의사와 정책 입안자 들이 일하는 방식을 보면 종종 사회·문화적 맥락이 진단, 치료, 치료 결과와 무관하다고 생각하는 것 같다. 만일 정신 질환이 생물학적 요소에 기반한다면, 언제 어디서나 같은 방식으로 치료할 수 있을 것이다. 세계보건기구WHO가 진두지휘하고 영국 최고의 의학 저널 『랜싯』이 널리 유포하는 이런 관점은 과학과 낙인을 대척점에 둔다. 2001년에 발표된 160쪽짜리 문서에서 WHO는 '낙인'이라는 단어를 73회 쓰며 이렇게 선언한다. "선도적인 공중보건 기관으로서 WHO의 선택은 단 하나뿐이다. 바로 우리 세대가 과학과 이성에 대한 수치심과 낙인의 지배를 끝내는 것이다."[5] WHO는 지역사회가 정신건강 관리에 참여할 것을 주창하면서도, 스스로를 토착적이고 미신적인 믿음에 맞서는 과학의 옹호자로 묘사한다. 이 연구로 WHO는 정신 질환이 계급이나 인종이나 성별에 관계없이 모두에게 똑같은 방식으로 영향을 미치는 생물학적 실체라고 암시했고, 결과적으로 고통에 대한 장기적이고 뿌리 깊은 정치적 이유를 가려 버렸다.[6]

물론 모든 지역사회에 정신건강 관리를 방해하는 장애물이 있다. (프랑스와 아르헨티나, 미국, 일본처럼) 의학적, 과학적 인프라를 든든하게 갖추고 자원이 많은 나라에서도 정신 질환이 있는 사람 가운데 겨우 25퍼센트 미만이 '최소한의 적절한 관리'를 받는다.[7] 더욱이 대부분의 정신긴강 관리는 1차 의료 기관처럼 징신건강 관리와 관계없는 환경에서 제공된다. 최소한의 적절한 관리를 받는 사람들의 비율은 (루마니아, 멕시코, 레바논 같은) 상위 중간 소득 국가에서 11.4퍼센트, (페루, 나이지리아, 이라크 같은) 하위 중간 소득 국가에서 3.7퍼센트로 떨어진다.[8] 그러나 관리를 받는다고 해서 모든 것이 해결되지는 않는다. 치료를 시작한다고 해서 모든 것이 좋아지고 낙인도 사라지지는 않는다. 의료계에도 낙인이 존재한다. 의사 자신이 정신 질환자를 두려워하고, 그들을 치료할 수 없다고 생각하고, 환자의 신체적 건강을 위해 필요한 것마저 방치할 수 있다.

남쪽으로 인도와 접하고 있는 네팔 남서부 시골인 치트완에서 코트와 그의 동료들이 정신건강에 관한 과학적 연구와 훈련이 의료인의 낙인찍기 경향을 줄일 수 있는지를 알아보기 위한 연구를 실시했다. 첫째, 그들은 1차 의료 기관 의사들로 두 집단을 조직하고 많은 나라에서 낙인의 정도를 측정하는 데 써 온 표준화된 설문 조사를 실시했다. 설문 조사에는 정신 질환, 인과적 설명, 지식, 편견에 대한 대중적 관점과 임상적 관점에 관한 질문이 포함되었다. 설문 조사 결과, 두 집단 모두 의료인의 낙인찍기 경향이 높은 것으로 나타났다. 두 집단 중 어느 쪽도 중증 정신 질환자가 치료를 위해 자신이 있는 시설로 오는 것을 원치 않았다. 그들은 자신이 치료를 위해 해 줄게 없으며 환자가 난폭해질까 봐 두렵다고 답했다. 그들은 중증 정신 질환자는 정신과 시설에 감금해야 한다고 믿었다.

그다음 코트가 두 의료인 집단에 WHO의 정신건강 격차 해소 프로그램mhGAP 훈련을 제공했다. 이것은 정신의학이나 심리학 분야에서 수련받지 않은 의료인을 위해 고안된 간단한 진단 및 관리 지침이다. 요약하면, 두 집단은 지식과 교육과정과 배경이 같았다. 그 상태에서 코트가 두 집단 중 한쪽 의료인들에게만 정신 질환자나 정신 질환 병력이 있는 환자를 접하게 하는 훈련 모듈을 추가 제공했다. 환자가 그들에게 자신의 고통과 회복력, 회복된 정도에 대해 이야기했다. 환자의 가족도 찾아와서 이야기했다.

그 직후 코트가 훈련 전에 실시한 것과 똑같은 설문 조사를 다시 했고, 18개월 뒤에 한 번 더 했다. 그동안 환자들의 이야기에 노출된 집단은 임상 환자를 정신 질환으로 진단하는 비율이 다른 집단보다 높았다. 그리고 코트가 환자 기록에 있는 증상을 살펴보니, 1차 의료 기관 의사들 중 대부분이 네팔의 훈련받은 정신보건 전문가들이 권고한 것과 일치하는 진단과 치료를 제공하고 있었다. 환자들의 이야기에 노출되지 않고 표준 훈련만 받은 1차 의료 기관 의사 집단에서는 진단과 치료의 3분의 2 정도가 전문가들의 권고와 일치하지 않았다. 자신이 어떤 증상을 찾는지 몰랐기 때문이다. 정신 질환을 생물학적 지식의 틀에 끼워 넣어 낙인을 줄이려는 미국 전문가들의 노력을 생각하며 코트가 이렇게 말했다. "우리는 정신 질환의 틀을 바꾸지 않았고 생물학 지식을 추가 제공하지도 않았습니다. 더 많은 사람이 치료받았고 더 많은 사람이 나아졌지만, 그것은 의료인이 과학 지식을 더 많이 갖게 되었기 때문이 아니라 사람들과 인간적인 대화를 나눴기 때문이었죠." 그는 에티오피아와 인도, 네팔, 남아프리카공화국에서 WHO의 표준 훈련이 낙인에 어떤 영향이라도 주었다는 증거가 있다면, 그 훈련이 오히려 낙인을 악화시켰다고 시사하는 것뿐이라고 말했다.."예를 들어, mhGAP 훈련으로 정신병에 대해 알게 된 인도의 의료인은 정신병이 있는 사람이 위험하다고 생각할 가능성이 높아졌습니다."

코트는 자신이 시도한 새로운 접근법의 성공이 근접성 효과(물리적으로 가까울수록 더 친해지고 더 호감을 느끼는 심리적 경향이다.—옮긴이) 덕분이라고 본다. 이런 방식은 미국의 학교와 군대에서 인종차별을 줄이고 중증 정신 질환자와 상호작용하는 경찰관들의 훈련을 개선하는 데도 도움을 주었다. "지식만으로는 우리가 가려는 곳에 이르지 못합니다. 우리가 우리와 다른 사람들과 시간을 보내면, 점차 그들을 같은 인간으로 보고 비슷한 특성을 찾게 됩니다." 성공의 열쇠는 편안한 훈련 프로그램의 환경에서 사람들과 상호작용하면서 형성된 새로운 시각으로 편견을 극복하는 것이다.

코트는 현지의 토속신앙을 포용하는 치료 전략을 개발하는 데도 공을 들이고 있다. 처음 네팔에 갔을 때 그곳에는 데카르트적인 정신과 육체의 분리가 없고 아시아의 많은 치유 운동이 주창하는 정신과 육체의 합일을 보게 될 거라고 생각했다. 그때 이미 그는 데카르트의 이론을 해체한 뒤 어떻게 감정이 몸에 작용하고, 그에 따라 몸이 생각과 태도에 어떻게 작용하는지를 생물학적인 면에서 보여 주는 안토니오 다마지오 같은 신경학자의 저작에 익숙했다.[9] 인류학자들은 전 세계 대부분의 지역에서 정신과 육체가 별개의 존재가 아니고, 감정적 고통은 육체를 통해 표현되는 경우가 많으며, 따라서 정신적 증상과 신체적 증상을 구분하려는 시도조차 타당하지 않다는 것을 오래전부터 보여 주었다.[10] 모든 신체 기관의 상호의존성과 음양의 조화처럼, 건강은 전체의 문제다. 네팔에서 코트는 신체와 정신이 분리되어 있는가, 통합되어 있는가 같은 단순한 질문을 던질 수 없다는 사실을 깨달았다. 그것은 훨씬 더 복잡한 문제였다.

네팔의 병원에서 우울한 환자들은 "내가 쓸모없게 느껴져요." 또는 "내 인생은 의미가 없어요."라고 말하지 않는다. 그들은 손과 발에 통증이 있다거나 저린 느낌, 따끔거리는 느낌, 타는 듯한 느낌이 있다고 말한다. 의사들이 감각이상이라고 부르고, 네팔 사람들이 '잠잠'이라고 부르는 것이다. 우울증이 있는 사람들은 가스트릭(소화불량)을 호소한다. 네팔의 정신과 의사 리샤브 코이랄라는 대부분의 정신 질환자가 신체적 고통을 치료하기 위해 이 병원 저 병원, 이 의사 저 의사를 전전하며 치료비를 대기 위해 땅까지 판다고 한다. "그들은 때로 몇 년 동안 고통을 겪고 난 뒤에야 마지막으로 정신과를 찾습니다." 그가 내게 말했다.

네팔 남부에서 코트는 사람들이 **몸**을 몇 부분으로 나눈다는 사실을 알게 되었다. 가슴과 관련된 마음(만), 뇌와 관련된 정신(디마그), 물리적인 몸(지우), 영혼(사토), 사회적 지위(이자트) 등이다. 낙인을 이해하는 데는 아마도 마음과 정신의 관계가 가장 중요할 것이다. 네팔 사람들은 일상적 대화와 임상적 대화에서 '마음(만)'을 개인의 의도와 느낌과 의견, 걱정과 기분, 기억을 뜻하는 명사로 쓴다. 따라서 정신의학의 역사에 관한 책을 읽고 싶어 하는 것은 독자인 여러분이 아니라, 여러분의 마음이다. 그래서 네팔어에서는 사람이 주어로 쓰이지 않는 경우가 많다. 축구를 좋아한다면 "축구가 내 마음의 맨 위에 있다.", 우울하다면 "내 마음이 슬프다." 하고 말한다. 심지어 "나 가고 싶어." 같은 기본적인 말도 "내 마음이 가는 쪽으로 이끌리고 있어."라고 표현한다. 또한 마음은 육체적, 정신적 질환을 일으킨다. 오랜 희망과 꿈, 나쁜 기억이 마치 흉터나 상처처럼 마음의 일부가 될 수 있기 때문이다. 산스크리트어 뿌리(마나스)에서 나온 비슷한 단어들이 (그리스어 메노스, 라틴어 멘스, 벵골어 몬, 영어 마인드

처럼) 전 세계에서 '생각'을 가리킬 때 쓰인다.[11]

'디마그'는 사회적 기대에 부합하는 방식으로 행동하려는 의도를 가리킨다. 이것은 생각과 의사 결정, 공동체의 규칙을 위반하지 않는 이성에 해당한다. '만'이 하고 싶은 것을 나타낸다면, '디마그'는 해야 하는 것을 나타낸다. 디마그는 프로이트의 에고와 슈퍼에고 개념이 하나로 응축된 것과 비슷한 반면, 만은 이드와 비슷하다. 디마그는 가슴의 욕망에 대해 통제력을 행사하는 자의식(에고)과 양심(슈퍼에고)이다. 코트가 내게 설명한 대로, '가슴과 관련된 마음은 당신을 **당신**이게 하는 것인 반면, 뇌와 관련된 정신은 당신을 사회에서 존재할 수 있게 해 주는 것'이다. 따라서 디마그의 장애는 디마그가 음주 충동을 통제하지 못해서 알코올에 중독된 경우처럼 정신 질환의 증거다. 망가진 디마그는 서양의 망가진 뇌 모델과 유사하지만, 관련된 낙인은 더욱더 강하다. 디마그가 망가진 사람은 사회적 존재로서 기능할 수 없고 폭력적인 존재로까지 보일 수 있기 때문이다.

코트는 네팔의 한 의사가 환자의 불안증과 우울증을 치료하면서도 그것을 불안증이나 우울증이라고 표현하지 않는다고 말한 것을 회고한다. "환자들이 '정신병'이라는 말을 들으면, 세상이 끝난 것처럼 생각하죠."[12] 중증 정신 질환이 있는 사람은 결혼이 금지되거나 직장에서 해고되거나 가족들에게 추방당한다. 배우자는 이혼을 생각할 것이다. 디마그는 뇌와 관련된 정신을 통해 강화되거나 훼손되는 사회적 자아의 측면인 명예와 지위(이자트)의 상실을 포함해 엄청난 실망과 수치심을 불러일으킨다. 코트가 이렇게 말했다. "미국에서 우리가 지난 10년간 뇌의 시대, 다시 말하면 정신 질환에 대한 유전학적 사고의 등장을 경험했고 정신 질환이 나쁜 성격이나 결함 때문에 생기는 것이 아니라고 누누이 말했습니다. 하지만 낙인과 관련된 상황이 크게 바뀌진 않은 것 같습니다." 그가 말한 해결책은 정신건강과 사회적 기능을 개선하는 데 가슴의 구실을 강조하는 것이다. "네팔에서 뇌가 아닌 가슴을 통해 정신 질환에 접근할 때, 사람들이 마음을 열고 치료받으려 하고 치료 과정에 열심히 임할 가능성이 더 큽니다."

머리가 아닌 가슴에 대해 말하는 것은 환자가 치료에 적극적으로 참여하게 할 가능성이 있다. 예를 들어, 코트는 정신건강 관리를 받는 사람들에게 정신 질환에서 회복된 것을 상징하는 사진을 찍은 다음 의료진과 사진에 대해 이야기하라고 요청했다.[13] 그들은 미소 짓거나 즐거워하거나 건강해 보이는 사람들의 사진은 찍지 않는 경향이 있으며, 주로 염소의 사진을 찍는다. 그래서 코트와 동료들은 그런 이미지를 '염소 징후'라고 부른다. 사람들이 염소 사진을 찍으면, 그들이 염소를 키울 수 있을 만큼 회복되었음을 암시한다. 환자들은 그들이 치료받고 있기 때문에 또는 인간으로서 존중받아 마땅하기 때문에 존중받기를 요구하는 것이 아니다. 그들이 생산적이고 가족에게 도움이 되기 때문에 존중받기를 요구한다. 그런 개인에 대한 낙인이 줄어드는 것은 그들이 낙인 없는 질병 틀에 부합해서가 아니라 사회와 경제에 부합하기 때문이다.

마음은 누구에게나 있기 때문에 의사가 어떤 환자에게든 마음에서 무슨 일이 벌어지는지 물을 수 있다. 그러나 새 환자에게 뇌와 관련된 정신에 대해 묻는다면, 치료 관계가 즉시 끝날지도 모른다. 삶이 난장판이 되어 있지 않는 한 정신 때문에 의사를 만나고 싶어 할 사람은 없을 것이다. 10년간의 내전 이후, PTSD 전문 병원이라는 홍보 때문에 사람들이 거의 찾지 않은 병원들이 있다. PTSD는 네팔어로 '정신적 충격'이라는 낙인이 따르는 말로 번역되는데, 이것은 곧 뇌와 관련된 정신의 충격을 뜻했다. 그 뒤 2015년에 지진이 발생해 수천 명의 사상자와 그보다 더 많은 이재민이 나왔다. 의료인들은 PTSD 사례가 많을 거라고 생각했지만, 어떻게 하면 사람들이 정신건강 관리에 좀 더 호감을 갖게 할 수 있는지를 몰랐다.

당시 의대를 막 졸업한 코이랄라는 정신과에 흥미가 있는 몇 안 되는 경우에 속했다. 정신과를 지위가 낮은 전공으로 보는 사람들이 많았다. 네팔에서 그가 다니던 의대는 정신과 실습이 아예 없었다. 코이랄라는 자유로운 영혼인 데다 과학 못지않게 유럽 철학과 짐 모리슨, 도어스에도 관심이 있어서 정신의학을 혼자 공부했다. 세계보건기구는 환자에게 처방전을 써 주는 데 긴 시간을 들인다는 이 젊은 의사에 대한 이야기를 듣고 곧 그를 지진 대응을 위한 정신건강 코디네이터로 임명했다.

코트와 코이랄라는 많은 네팔 상담사들이 PTSD 환자가 살인이나 자살을 저지르기 쉽다고 믿는다는 것을 분명히 알게 되었다. 그래서 이들은 가슴과 관련된 마음의 상처와 흉터라는 관점에서 심리 치료의 틀을 만들었다. PTSD를 뇌와 관련된 정신보다는 가슴과 관련된 마음의 문제라고 표현하는 것이 두 정신과 의사에게는 무리라고 생각되지 않았다. 이들은 뇌와 관련된 정신의 존재를 무시할 수 없다는 것을 알았지만, 치료가 정신을 강화하는 방법이라고 사람들에게 설명할 수 있었다. 코트는 이렇게 말했다. "우리는 환자들에게 '마음이 괴로울 때 그것을 관리할 수 있게 당신의 뇌를 포함한 신체를 강화하도록 돕고 싶다'고 말했습니다. 다시 말해, '당신의 뇌는 이상이 없지만, 당신이 마음의 힘을 좀 더 키울 수 있도록 당신의 뇌를 단련시키고 싶다'는 거죠."

코이랄라는 뇌 강화에 대한 코트의 생각에 전적으로 동의하지는 않는다. 그는 전형적인 가슴과 뇌 구분을 하지 않는 경향이 있으며, 환자를 만날 때 거의 전적으로 가슴에 대해서만 이야기하기를 원한다. 그는 환자들에게 그들의 괴로움이 뇌와 별로 관계가 없다고 말한다. "굳이 뇌와 인지능력을 운운해서 사람들을 겁줄 필요가 있을까요?" 많은 외국인 의료인들이 네팔어 개념을 생물학적 용어나 뇌기반 단어로 번역하는 방법 또는 서양의 과학적 방법을 지지해 네팔어 개념을 아예 없애는 방법에 대해 묻지만, 코이랄라의 관심은 기존의 네팔 질환 모델을 재구성하는 데 있다. 그는 모든 사람에게 두 가지 마음이 있다고 말한다. 하나는 속마음(비트리 만)이고 다른 하나는 겉마음(바히리 만)이다. 겉마음은 우리가 느끼고 남들이 관찰할 수 있는 모든 감정과 신체적 증상으로 이루어져 있기 때문에 우리 모두 그것을 인식한다. 그러나 우리의 인식에서 숨겨진 속마음도 있다. 이것은 겉마음보다 더 강력하다. 환자가 잘 인식하지 못하지만, 이것이 신체 증상을 만들어 낸다. 내가 코이랄라에게 속마음과 겉마음이라는 개념이 프로이트 이론처럼 들린다고 말했더니, 그가 외쳤다. "바로 그거예요! 하나는 의식, 하나는 무의식이죠!"

코이랄라가 의료 서비스가 없는 외딴 마을에 임시 '건강 캠프'를 꾸렸을 때, 뇌에 대한 언급을 피해야 할 필요성이 분명해졌다. "처음 캠프를 꾸렸을 때, 저는 제 의견을 굽히고 디마그라는 단어를 써서 '정신' 건강 캠프로 하자는 상담자들의 의견에 동의했어요. 그런데 환자들이 전혀 오지 않았죠." 몇 개월 뒤 그가 다시 캠프를 꾸렸고, 이번에는 상담자들이 '만성 두통' 캠프라고 부르는 데 동의했다. 코이랄라는 말했다. "환자들이 줄을 이었습니다. 진료해 보니 모두 우울증과 불안증이 있었지만, 아무도 자신에게 정신 질환이 있다고 생각하지 않았어요. 그러나 우리는 그들의 우울증과 불안증을 치료했고, 다들 상태가 나아졌어요."

임시 병원에서 그는 환자들에게 말할 때 오래된 네팔어 문구를 썼다. "'긴장성 두통'과 '긴장성 속 쓰림'처럼 몇 백 년 동안 통용된 문구였어요." 또한 그는 불행히도 너무 많은 네팔 시민들이 알고 있는 현상인 환각지幻覺肢에 대해 말하며 마음과 신체적 고통의 관계를 살펴보는 데 좀 더 편안해지도록 했다. "저는 사람들에게 다리를 잘랐는데도 마치 다리가 있는 것처럼 느끼듯, 정신적 고통의 신체적 증상은 비록 마음에서 비롯해도 실재한다고 말합니다. 그리고 치료하는 데 시간이 좀 걸린다고 말하죠."

　　　　　　　코이랄라는 시간이 걸리는 것 따
위는 괘념치 않는 것 같다. 도움이 필요한 사람 한두 명을 만나기 위
해 오지 마을을 찾는 것도 마다않는다. 퓨탄시에서 버스로 다섯 시
간을 달려가 거기서 오토바이를 타고 논밭 사이에 임시로 낸 길로
90분을 더 달려야 나오는 네팔 최서단 지역에는 결박당하거나 발이
묶인 채 살아가는 사람들이 있다. 코이랄라가 내게 나무로 만든 어
떤 장치의 사진을 보여 주었다. 발을 구멍에 넣은 다음 발목 위쪽에
서 자물쇠를 채워 발을 못 빼도록 만든 차꼬였다. 내가 여기서 이메
이라고 부를 30대 중반의 남자가 18년 동안 결박된 채 살았다. 이메
이는 정신병이 닥치기 전인 10대 소년일 때 결혼을 했고, 결박 상태
에서도 아내와 두 아이를 낳을 만큼 성생활을 영위했다. 가족은 그
를 먹이고 씻기고 익천후를 피할 곳을 제공했다. "그의 몸에는 피부
감염 때문에 생긴 흉터가 군데군데 있고, 이발을 했지만 엄밀한 의
미에서 신사처럼 보이지는 않았다." 가족들이 그를 신앙요법을 하는
사람에게는 데려갔지만 의사나 간호조무사에게 데려간 적은 없었
다. 그런 사람들은 너무 멀리 있었다. 가족들은 안전을 위해 차꼬를
쓰는 것이며, 그것이 없으면 이메이가 달아나거나 절벽에서 뛰어내
릴 거라고 코이랄라에게 말했다.

　가족들이 직접 도움을 구하지는 않았다. 한 이웃이 코이랄라에게
의사의 도움이 필요할 것 같은 사람이 있다며 그를 이메이가 사는

작은 언덕으로 데려갔다. 가족들은 코이랄라를 환영하며 오이 몇 개를 내주었다. 그는 이메이에게 항정신병약인 리스페리돈을 복용하게 했다. 몇 개월 뒤 이메이가 퓨탄에 있는 코이랄라의 병원을 찾았다. "번듯한 옷차림을 한 그와 이야기를 나눴습니다. 그는 아주 딴사람이 된 것 같았어요. 18년 동안 결박 상태에 있던 사람이 그렇게 회복될 수 있다는 게 정말 놀라웠죠. 나중에 어떻게 되었는지는 잘 몰라도, 2년 뒤에 제가 다시 퓨탄에 가서 일할 때 그는 병원에 오지 않았어요."

눈에 띄는 발전도 있었다. 퓨탄의 길거리에서 벌거벗은 채 정처 없이 걸으면서 행인이 준 음식에만 의존해 살아가던 한 소녀가 그의 병원 환자가 되었고, 항정신병약으로 상당한 효과를 거뒀다. 이 도시에서 그녀를 모르는 사람이 없었기 때문에 정신과 치료의 잠재적 이점에 대한 인식이 높아졌다. 네팔의 유명인들은 여전히 자신의 질환 공개를 꺼리고, 성공적으로 치료받은 환자들도 혹여 자신의 병이 노출되거나 상대방에게 실례가 될까 봐 두려워서 좀처럼 누군가에게 정신과 의사를 추천하지 않는다. 그럼에도 코이랄라는 쉽사리 낙담하거나 일자리를 찾아 스칸디나비아와 호주 등지로 떠나는 우수한 의대생들의 대열에 합류하기를 거부한다. 그는 당장은 이메이처럼 오랫동안 치료받지 않고 고통을 견뎌 온 사람들의 단기적 치료 결과에 만족한다. 그는 네팔 정신의학의 개척자가 되기를 바라고, 존 밀턴의 『실낙원』에 나오는 '섬기느니 차라리 지옥에서 군림하는 편이 낫다'는 구절을 농담 삼아 인용하곤 한다. 그는 정신 질환의 증상을 현지의 표현 방식으로 재정의하고, 그렇게 낙인을 줄임으로써 네팔에서 정신의학 혁명을 시작할 수 있을 거라고 말했다. 그러나 몽상가인 동시에 실용주의자인 그가 이렇게도 말했다. "네팔은 낙관주의로만 생존할 수 있는 곳이 아닙니다."

17

위험의 존엄성

"여기서는 도움을 청하셔도 됩니다.
여기는 독립성을 중시하는 곳이 아닙니다."
―필라델피아에서 한 식당 종업원이 장애인 인권 활동가
수나우라 테일러에게 한 말.

2013년 1월의 어느 무더운 여름 밤, 호주의 사이버 보안 전문가 마이클 필드하우스가 멜버른에 있는 집에 친구들을 초대해 즐거운 시간을 보내고 있었다. 한 부부가 자폐증이 있는 10대 아들 앤드루를 데려왔다. 지적장애인 앤드루는 말을 못한다. 필드하우스는 이렇게 말했다. "많은 사람이 저기능 자폐증이라고 부르거나 최악의 경우 사회에서 없는 셈 치는 부류의 사람이죠." 마당에는 자갈에 둘러싸인 작은 일본식 연못이 있었다. 필드하우스는 앤드루가 수북이 쌓인 자갈을 하나씩 집어서 연못에 던져 넣는 모습을 지켜보았다. "볼수록 그 아이가 일정하고 규칙적인 속도로 자갈을 던지는 것 같았어요. 시간을 재 보니 정말로 정확한 간격으로 자갈을 던졌고, 저녁 내내 계속 그러더군요." 필드하우스는 말했다. "그것은 제게 깨달음의 순간이었어요. 장애가 있어 보이는 사람이 얼마나 정확하고 반복적으로 뭔가를 할 수 있는지에 대해 생각했죠."

필드하우스는 휼렛패커드의 자회사인 대형 IT 서비스 회사 DXC 테크놀로지와 기업 서비스 회사 CSC의 미래 사업과 사이버 보안 책임자다. 그날 저녁 이후 몇 개월 동안 그는 재능과 기량에 대한 자신의 정의를 다시 생각하고 자폐증에 대해 읽을 수 있는 모든 자료를 읽었다. 그는 자폐증이 있는 많은 사람이 심각한 지적장애가 있고 말을 못하며 자해적이고 평생 보살핌이 필요하다는 것을 알게 되었다. 또한 태블릿과 컴퓨터 같은 전자 기기와 소셜 미디어와 온라인 그룹 채팅 같은 기술이 자폐증을 가진 많은 사람에게 세상과 좀 더 소통하고 적극적으로 사회적 활동에 참여하도록 도움을 주었다는 것 그리고 자폐증이 있는 사람들 중 일부는 고용주들이 진가를 알아보기 시작한 재능을 가졌다는 사실도 알게 되었다. 특정 주제에 대한 세부 사항을 기억하는 놀라운 능력과 시각적·수학적 패턴을 감지하는 능력처럼, 전에는 장애였지만 지금은 능력으로 인정되는 자폐증의 특징들이다.

이런 재능은 컴퓨터 프로그래밍과 소프트웨어 개발 및 기타 기초 과학 분야에서 아주 유리한 능력이다. 이런 이유로 잘 알려진 작가이자 자폐증 자기 옹호자이자 동물학 전문가인 템플 그랜딘은 한때 미국 항공우주국NASA을 미국에서 가장 큰 안전한 작업장으로 묘사했다. 기후변화 활동가 그레타 툰베리는 자신의 자폐증을 밝히며 자폐증은 '초능력'이라고 말한다. 작가 스티브 실버먼은 자폐증이 있는 사람들이 우리가 상상한 것보다 많은 일을 하고 있다고 생각한다. "의외로 세상의 첫 도구는 동굴에 앉아 있던 외톨이가 개발한 것일 수 있다. 평범한 사람들이 모닥불 앞에서 잡담을 나누는 동안, 그 사람이 혼자 돌 수천 개를 깎다가 그중 가장 날카롭게 깎인 것이 창이 됐는지도 모른다."[1]

필드하우스는 전부터 중역들과 이야기를 나누며 인공지능과 패턴 인식, 기계적 추론, 대규모 데이터 세트의 정리 같은 분야에서 일할 인재가 부족하다는 인식을 공유했다. 물론 DXC는 끊임없이 직원을 새로 고용하지만 동종 업계가 전체적으로 이직률이 높고, 모두 같은 인력 풀을 두고 경쟁했다. "제가 잉글랜드의 식품 회사 막스앤드스펜서에서 일하는 동료, 훌륭한 시각화 기술이 있는 인재를 찾는 캐나다 광산 기업 BHK의 중역, 미국 주택담보대출업체 프레디맥의 임원 들과 이야기를 나눠 보니 다들 일부 인력 풀, 특히 우리 DXC가 필요한 인력 풀에서 수요와 공급이 원활하지 않다는 데 동의했습니다." 필드하우스는 앤드루를 떠올리며 자폐증이 있는 사람들 중에 재능이 있지만 자폐증 때문에 일자리에 지원해 본 적이 없거나 혹시 지원했어도 1차 서류 심사를 통과하지 못한 사람들이 있지 않을까 생각해 보았다. 그런 사람들에게 기회를 주면 어떨까? 설령 실패할 기회라도 말이다.

그 뒤 그가 고객인 이스라엘방위군IDF을 통해 장애가 있는 사람들을 포용하려는 노력에 대해 놀라운 사실을 알게 되었다. IDF는 남성이건 여성이건 18세 이상 시민이 모두 3년간 복무해야 하는 징집 군대다. 정통파 유대교 신자와 비非드루즈파 아랍 시민은 본인이 원할 경우 복무가 면제되지만, 대부분의 면제 대상은 심각한 질환과 자폐증 또는 지적장애와 기타 발달장애가 있는 젊은이다. 이스라엘 젊은이에게 군 복무는 일종의 통과의례라서, 군 복무를 하지 않으면 심한 낙인이 찍힐 수 있다. 젊은이들이 만나 처음 묻는 것 중 하나가 어디에서 군 복무를 했냐는 것이다. 군 복무를 마치지 않은 사람은 스스로 부족하다는 느낌, 온전한 시민이 아닌 듯한 기분이 들 수 있고 부정적 편견의 대상이 된다. 부모도 자녀의 군 복무 면제에 대해 감정적으로 힘겨워한다.[2] 또 다른 중요한 사실은 '민중의 군대'라고 여겨지는 IDF가 다른 민족 집단 구성원이나 종교적 배경이 다른 사람들처럼 평소에 상호작용이 거의 없을 사람들이 함께 일하고 생활하는 거의 유일한 배경이 된다는 점이다. IDF 구성원들은 많은 민간인 사업에도 참여한다. 이는 IDF의 포괄성과 다양성에 대한 대중적 인식을 강화한다.

수십 년 동안 IDF는 '자폐증'으로 분류된 학생에게는 무조건 면제 통지서를 보냈다. 그런데 2007년에 IDF가 지적장애 아동의 권리를 옹호하는 시민단체 그리고 지적장애 및 발달장애를 담당하는 이스라엘 정부 기관과 협력해 '제복 속 평등' 프로그램을 시작했다. 이 프로그램은 경도와 중등도의 지적장애가 있는 젊은 남녀를 훈련 뒤에 입대시켜 다양한 기능을 맡긴다. (다만 프로그램 참가자는 군 기지에서 생활하지 않으며 본인이 원하면 언제든 군 복무를 그만둘 권리가 있다.) 이들이 하는 일에 청소, 창고 정리, (위성 영상 분석과 감시 사진에 대한 실시간 스캐닝 같은) 시각지능 등이 포함된다. 군 당국은 자폐 스펙트럼 장애와 기타 발달장애가 있는 사람들에게 그동안 활용하지 못한 유용한 기술이 있으며 어떤 사람은 소리 구별이나 시각적 패턴 감지를 포함해 특별한 감각 능력이 있다고 믿는데, 이런 믿음을 전문가들이 뒷받침하고 있다.

예를 들어, 군의 시각영상첩보 부대인 9900부대에서는 현재 자폐 청년 10여 명이 컴퓨터 화면으로 고해상도 영상을 지켜보며 수상한 징후를 찾고 있다. (현재까지 한 명인 여성 참가자를 포함해) 이 청년들은 특별히 이 프로그램에 지원했고, 합격자들은 이스라엘 중부에 있는 오노아카데믹칼리지에서 위성 영상 분석 훈련을 받는 동시에 그 일을 사회적 측면과 세부적 실행 측면에서 처리하는 방법에 대해 상담사와 대화했다. 이들이 훈련을 성공적으로 마치면 공식적으로 입대한다. 발달장애 자녀를 둔 부모들은, 장애인이 스물한 살이 되면 특수 장애 서비스 수급 자격을 잃기 때문에 자녀의 군 복무를 특히 간절히 바란다. 미국에서 부모들은 때로 이런 상황을 '레이더에서 사라지는 것'이라고 말한다. 성인이 되면 아동일 때보다 지원을 찾기가 훨씬 더 어려워지기 때문이다. 이스라엘에서는 이것을 '잔인한 21세'라고 한다.[3]

'제복 속 평등' 프로그램 뒤로 이와 비슷하게 고등학교 졸업생을 위한 프로그램들이 개발되었다. 각 프로그램은 잠재적 징집병이 자신의 비교우위를 찾을 수 있도록 돕는다. '제복 속 특별함'이라는 프로그램을 공동 개발한 요시 카한은 과보호에 도전하는 것이 목표라고 말한다. "특별한 요구가 있는 아동의 부모는 자녀를 과보호하는 경향이 있어서 그들이 자기 힘으로 뭔가를 할 기회를 동등하게 갖지 못하죠."[4] 제복 속 특별함 프로그램은 치료사와 사회복지사, 특수교육 전문가를 고용해 다운증후군을 비롯해 신체적으로나 지적으로 장애가 있는 사람들이 공적인 공간에서 여러 상황에 효과적으로 대처하도록 훈련한다. 처음에는 그들을 자원자로 훈련한 다음, 유급 군인으로서 지원한다.

필드하우스는 스스로에게 물었다. 이스라엘 군대가 자폐증으로 분류된 사람들 중에서 위성 영상 분석자를 찾을 수 있다면, 나라고 좋은 신입 사원을 찾지 못할 이유가 있을까? 아마도 그런 사람들은 자신에게 기회를 준 회사에 충성하지 않을까? 2014년 1월, 필드하우스가 일반적인 '졸업생' 채용을 보완하기 위한 채용 프로그램을 시작했다. 졸업생 채용은 컴퓨터 과학이나 공학 관련 분야의 학사 또는 석사 학위 취득자를 대상으로 한다. 그러나 자폐증 프로그램은 필요한 인력의 절반만 대학에서 채용하고, 나머지 절반은 호주의 '종합기술교육' 학교(지역의 전문대학과 직업학교)에서 채용하며 컴퓨터 관련 분야의 학위 보유 여부에 따른 차별이 없다. 필드하우스가 이렇게 말했다. "우리가 자폐 권익 옹호 단체 같은 자폐증 공동체를 찾아가서 설명합니다. 컴퓨터에 관심 있는 사람을 찾는데, 훈련은 우리가 할 테니 꼭 실적이 있는 사람일 필요는 없다고 말입니다. 우리는 간호, 역사, 심리학 등에서 훈련받은 사람들을 사이버 팀에 고용했습니다." 자폐증이 있는 직원들은 해킹의 징후일 수 있는 데이터의 변칙을 찾고 해커들의 침입을 감지하는 데 특히 능하다고 필드하우스가 말한다.

필드하우스는 직원 유지율에 만족한다. 지난 3년간 졸업생 채용을 통해 고용한 직원의 76퍼센트가 DXC에 남아 있는데, 지난 5년간 채용한 자폐증 직원은 92퍼센트가 남아 있다. 내가 필드하우스를 만났을 때, 자폐증 직원이 100명 넘게 있었고 대부분 남성이었다. (필드하우스는 남성의 자폐증 유병률이 높기 때문일 거라고 생각한다.) 어쩌면 필드하우스에게 가장 큰 보람은 자폐증 프로그램의 이로움이 정신 질환 일반으로 확대된 것이다. 그의 직장에서 가장 큰 도전은 자폐증 자체나 관리자들에게 자폐증에 대해 교육하는 것이 아니라 자폐증과 관련이 있을 수도, 없을 수도 있는 정신 질환이라고 그가 말한다. "증상이 무척 많습니다. 불안증, 우울증, 불면증에 자살 충동까지. 그래도 이 모든 자폐증 합병증에 대처하는 것이 회사 전체 차원에서 크게 이로웠죠." 자폐증 직원들을 지원하려는 분위기가 회사 전체로 퍼졌다. 예를 들어, 관리자들은 최근에 자폐증은 아니지만 PTSD가 있는 트랜스젠더 직원이 자신에게 불안증을 일으키지 않는 직무를 찾도록 도와주었다. 역시 자폐증이 아닌 또 다른 직원은 가끔 자해를 했는데, 그녀의 직속 상사가 직장에서 그녀를 도울 방법을 찾을 수 있도록 그녀의 치료사와 대화하게 해 달라고 제안했고 그녀도 동의했다.

"우리에게 정신 질환은 말하기 껄끄러운 주제였습니다." 필드하우스가 덧붙였다. DXC 관리자들은 이제 정신 질환에 대해 편하게 얘기하고, 이는 필드하우스가 '인지 기반' 회사라고 부르는 곳에 적절해 보인다. "건설업계에서는 노동자가 척추 지압사를 찾는 것이 흔한 일입니다. 그러니 생각과 추론, 학습에 의존하는 업계 사람들이 정신건강 관리를 받는 것도 흔한 일이 돼야 마땅하죠." 정신건강은 모든 직원이 참여하는 회의에서 단골 주제가 되었다. 필드하우스와 내가 워싱턴에서 만나기 한 달 전에 한 직원이 그를 찾아와 직장에서 폐경과 관련해 느끼는 어려움을 토로했다. 그녀는 요새 수면 장애가 있고 일하다 화장실에 자주 가는 등 '원래 자신과 달라졌다'고 필드하우스에게 말했다. "정말 놀라운 일이죠! 20년 전 같으면 직장 여성이 여성으로서, 그것도 나이 든 여성으로서 자기 모습에 주의가 쏠리게 할 생각을 했겠어요? 물론 살면서 겪는 자연스러운 호르몬 변화이지만, 입 밖에 내지 않던 애기잖아요." 필드하우스의 말이다.

DXC를 비롯해 이와 비슷한 프로그램이 있는 많은 기업이, 이런 포용에 대한 개방성과 직장 내 다양성에 대한 지지를 '자력으로 살아남기'를 표방하는 자본주의 이데올로기에 대한 거부로 보지 않는다. 자신들이 정부의 서비스나 개입을 대신 한다고 보지도 않는다. 그러나 정부가 복지 지출을 삭감함에 따라, 우리는 인권과 평등을 지지하는 목소리가 점점 더 강력해지는 현상을 보고 있다. 예를 들어, 전 세계의 법원에서 장애인의 권리를 확대하고 있다. 이는 사회주의나 국가 복지를 추구한다기보다는 자본주의에 따르는 불평등과 불공정을 근절하려는 노력이며, 일부 학자들은 이것을 사회주의와 자본주의 사이 '제3의 길'이라고 부른다.[5] 이런 옹호의 움직임에는 오래전 자본주의 경제가 질병과 기형, 장애를 통해 육체노동자와 가난한 사람들의 몸에 해를 끼치는 방식에 대해 마르크스와 엥겔스가 제기한 우려를 향한 관심도 포함된다. 더욱이 노동자를 생산할 뿐 아니라 그들이 독립할 나이에 이른 뒤에도 지원하는 제도로서 확대가족이 자본주의에서 더 중요해지고 있다.

미국에서 포용적 고용과 낙인의 감소, 정신보건에 대한 인식, 여성과 남성 모두에게 보장되는 육아휴직 등은 탁월한 경제이론가이자 자본주의 비평가인 칼 폴라니가 예측한 것의 증거일지도 모른다. 1950년대에 폴라니가 자본주의의 성장이 사회적 지원을 파괴할 거라는 걱정을 하지 않는다고 말했다. 그는 아무리 보수적인 자본주의자라도 사회와 경제의 분리에 적극적으로 반대할 거라고 믿었다. 그는 정부의 규제 완화에 대한 바람이 있는 곳에 정부가 경제에 부여하는 안정성과 예측 가능성에 대한 바람도 존재하고, 무조건 시장에 맡기자는 자유방임 경제에 대한 바람이 있는 곳에서 사람들은 (관세나 통화정책 또는 전쟁 등) 정부를 통해서건 (시민권, 장애인 인권, 노동자 인권 등에 대한) 사회운동을 통해서건 끊임없이 경제에 영향을 미치려고 할 거라고 말했다.[6] 어떤 법 제정은 역설적으로 개인과 개인주의에 힘을 실어 주는 동시에 어려움에 처한 사람들을 돌보는 의무를 국가와 시장에 강제하기도 한다. 예를 들어, 영국의 아동법(1989)

은 어린이에게 가족이 주는 권리를 넘어서는 권리를 부여한다. 다시 말해, 자본주의의 이념적 틀을 지지하면서도 자본주의로부터 보호하는 대책이 존재할 수 있다.

자폐증 연구자 보니 에번스가 볼 때 영국에서 자폐증 진단의 극적인 증가가, 어쩌면 당연하게도, 정부 서비스의 축소를 지지한 마거릿 대처 수상의 보수당 정권하에서 일어났다. 그녀는 '자폐증 진단이 1980년대 사회복지 시스템의 대규모 파괴로부터 특정한 사람들을 보호했다'고 말한다.[7] 자폐증 진단이 없었다면 누군가는 그냥 실업자였을 것이다. 자폐증 진단으로 누군가는 서비스에 대한 권리와 자폐증 환자로서 새로운 정체성을 확립할 기회도 가질 수 있었다. 따라서 그녀가 보기에 자본주의는 오늘날 우리가 알고 있는 자폐증의 범주를 탄생시켰다. 그다음 자본주의는 자폐증을 스펙트럼 장애로 그리고 자본주의의 부정적 영향에 대한 방어막이 되는 사회적 정체성으로 바꿔 놓았다.

이와 마찬가지로, 장애가 있는 사람들의 독립성을 키우기 위해 1960년대 캘리포니아에서 시작된 독립생활운동은 장애인 인권운동인 동시에 자주성과 자율권 그리고 자본주의의 자유시장 이데올로기에 기반을 둔 운동이었다.[8] 이 운동이 쓰는 언어 표현은 유엔의 장애인권리협약에 직접적으로 영향을 끼쳤다. 이 협약은 '장애가 있는 사람이 독립적으로 생활할 수 있도록 하는 것'이 목표라고 언명한다. 기본적으로 자기결정력 강화를 위해 노력하겠다는 약속이지만, 가끔은 경제적 자립이라는 뜻으로 전용되기도 했다. 한편으로는 모든 장애인을 위해 의미 있는 일자리 기회와 목적의식과 공동체 생활 지향 통합 등을 확대하는 데 반론을 제기할 사람은 거의 없을 것이다. 비장애인에게 열려 있는 활동에 더 많은 장애인이 접근할수록 낙인을 줄이기도 쉬울 것이다. 다른 한편으로, 이런 기대는 경제적 생산력이 부족하거나 혼자 힘으로 살아갈 능력이 없으면 의미 있게 살 수 없다는 것을 암시한다. 이는 애초에 정신 질환의 낙인을 만들어 낸 자본주의적 이상의 반복이며, 운동을 추진한 활동가들의 좋은 뜻과는 상당한 거리가 있다.

자본주의가 과거에 장애인이나 정신 질환자처럼 배척해야 할 새로운 종류의 사람들을 만들어 냈다면, 이제 새로운 역사적 조건 속에서 포용을 도모할 수도 있다. 물론 장애인이 비장애인보다 가난할 가능성이 큰 것은 사실이다.[9] 장애인이 비장애인보다 실업자일 가능성이 큰 것도 사실이다.[10] 미국의 어떤 주에서는 중증 정신 질환자들의 실업률이 무려 90퍼센트다. 그러나 포용과 배척은 동적인 과정이다. 제2차 세계대전 중에 50만 명에 육박하는 장애인들이 영국의 노동력으로 포함되었다가 전쟁 뒤 다시 소외된 사실을 떠올려 보자.[11] 자폐증 같은 장애가 있는 사람들의 유급 고용은 여전히 어려운 과제지만, 오늘날 많은 국가에서 이들이 유례없는 수준으로 교육·교통·인프라·정보에 접근할 수 있다. 기업들은 직원에 대한 24시간 비밀 지원 같은 새 프로그램과 명상, 요가, 스트레스 줄이기 같은 현장 수업을 시작하고 있다. 발달장애 학생들 중 학교에서 유급 또는 무급으로 일한 경험이 있는 학생들이 보여 주는 더 나은 고용 성과를 인식한 고등학교들은 새로운 업무 프로그램을 제공하는 한편 고등학교 졸업 후 포용적 업무 환경에서 성공할 수 있도록 직장에서 정부 지원으로 훈련받는 '지원 고용'을 도모하고 있다.[12]

미국 기업체의 대다수는 장애인 대상 채용과 지원 고용을 시도하지 않지만,[13] 이런 방향으로 많은 노력을 기울인 기업들 중 상당 부분을 월그린·뱅크오브아메리카·매리엇·JP모건체이스를 비롯해 영향력 있는 대기업이 차지한다. 이런 기업에서는 직무 코치가 새로운 직원의 적응을 돕고, 수시로 들러 문제 해결을 확인한다. 자폐증이 있는 사람은 업무를 바꿀 때나 관리자가 특정한 날 좀 더 일찍 출근하거나 늦게 퇴근하라고 요청할 때 융통성 있게 대처하는 법을 이해하기 어려울 수 있다. 코치는 그 직원이 직장의 규칙을 이해하도록 돕는다. 그런 규칙은 대개 암묵적이거나 몇 주에서 몇 달이 지나야 분명해지는 것들이다. 또한 코치는 관리자와 동료 들이 그 직원의 성공을 위해 편의를 제공하도록 돕는다.

종종 '지원 고용'으로 불리는 전략은 1980년대 중반에 시작되었지만 최근에야 활성화되었다. 이것은 기존 '훈련과 배치' 과정을 뒤집는다. '선배치-후훈련'이라고 할 수 있는 이 새로운 접근법은 전반적인 훈련을 제공하고 고용하는 대신 고용한 다음에 특정 직무에 대한 현장 훈련과 지속적인 지원을 제공한다.[14] 내가 아는 자폐 여성은 워싱턴 DC의 혈액 실험실에서 혈구를 세는 지루한 일을 하고 있다. 그녀에게 제공되는 편의 중 하나가 다른 직원보다 자주 쉬는 것인데, 그 대신 휴식 시간을 짧게 한다. 이 휴식 시간에 그녀는 혼자 방에서 빙글빙글 돌 수 있다. 그러면 스트레스가 완화되어 다시 일에 집중할 수 있다.

2017년 4월에 JP모건, 포드자동차, 언스트앤드영과 많은 첨단 기술 사업체를 포함해 대기업 50개 사가 자폐 성인의 고용을 늘릴 방법을 논의하기 위해 실리콘밸리에 모였다. 이 행사를 주최한 독일 소프트웨어 회사 SAP는 지난 5년 동안 자폐 스펙트럼 장애인 128명을 고용했으며 장기적으로 전체 노동력의 1퍼센트(650명)를 자폐인으로 채우는 것이 목표라고 말했다. SAP가 고용한 자폐인 노동자들은 무엇보다 사회적 이익이 많았다고 했다. 남녀 젊은이들 중 상당수가 부모와 살았지만, 일이 없을 경우 광범위한 사회적 관계망에서 분리되어 있었다. 이 회사들이 제공하는 편의로는 트램펄린과 탁구, 비디오게임, 낮잠 소파 같은 휴식 시간의 활동과 빛에 대한 과민 반응이 있는 사람들을 위한 특수 전구가 포함된다.

제임스 머호니는 JP모건체이스에서 직장 내 자폐증 프로그램을 책임지고 있다. 내가 뉴욕에서 그를 방문했을 때, 그는 2015년에 시작된 자신의 구상이 동정심이나 아량에서 나온 것이 아니라고 누누이 강조했다. "우리는 절대 '자, 옳은 일을 하고 자선을 베풉시다.' 하고 말하지 않았습니다." 머호니에게 낙인과 싸우는 것은 분명 연민과 관계없다. 연민은 오히려 동정심의 옷을 입은 낙인이다. "우리는 결코 자폐 스펙트럼 장애인을 위한 일자리가 있다고 말하지 않습니다. …… '우리는 재능 있는 사람을 원하고 우리가 지금까지 고용하지 않은 재능 있는 사람 집단이 있을 수 있다'고 말했죠." 필드하우스와 머호니에게, 경제에서 자폐증의 '정상화'는 노동시장의 필요에 대한 반응이다.

　머호니는 문제를 이렇게 지적했다. "능력 있는 자폐인들이 종종 면접 과정 때문에 차단된다는 겁니다. 전통적인 면접은 자폐인이 잘하는 것보다는 자폐증의 결점을 부각하죠." 예를 들어, 면접관은 지원자가 사회적으로 서툴고 눈을 잘 맞추지 않으며 장황하게 대답한다고 쓰고는 그 사람이 그 지역에서 자바 코딩을 가장 잘하는 사람으로 꼽힌다는 사실을 못 본 채 면접을 끝내기 쉽다. 특정하게 자폐인 소프트웨어 엔지니어를 고용하기 위해 세워진 덴마크 회사 스페셜리스테른에서 영감을 받은 머호니와 그의 동료들은 자폐인 채용 경로를 따로 만들고 싶었다. 그래서 직업재활원과 오랫동안 관계한, 델라웨어의 한 기술 회사와 제휴했다.

　첫째, 그들은 신청자가 이메일로 역량 중심 질문에 답하게 하는 구직 신청 과정을 새로 개발했다. "우리가 주관적인 이미지로 사람을 고용하는 경향이 있는데, 이메일을 이용하면 그런 편향을 피하는 데 도움이 될 겁니다." 머호니가 말했다. 둘째, 그들은 기술 분야에서 일한 경험이 없는 자폐인 직원 네 명의 주택 금융 소프트웨어 검사 능력을 평가하기 위한 시범 연구를 시작했다. 자폐증이 있지만 뇌 기능에 문제가 없는 직원들이 '수동 회귀 검사'라는 것을 했는데, 아주 단순하게 말하면 엔지니어가 새로운 코드를 도입한 뒤에 생기는 기능적 문제를 찾아내는 작업이다. 머호니는 이렇게 회상한다. "6개월 뒤 자폐인 직원 네 명이 검사의 품질 면에서 다른 동료들과 동등한 능력을 보였는데, 속도는 동료들보다 48퍼센트 빨랐습니다." 다른 시범 연구들은 더 성공적인 것으로 입증되었지만, 약간의 문제도 있었다. 일부 관리자들이 여전히 자폐증을 결점으로 보고 자폐인 직원에게는 기본적인 작업만 맡겼다. 그 직원들은 일을 워낙 빨리 끝내기 때문에 지루해져서 컴퓨터게임을 하기도 했는데, 그것이 마치 그들이 일에 몰두하지 못하는 듯한 인상을 주었다. 사실 그들은 맡은 일을 다 마쳤고, 일을 더 요청하는 방법을 몰랐을 뿐이다. 학교에서 성적은 좋지만 태도 면에서 부정적인 평가를 받는 많은 ADHD 학생과 그 부모에게 익숙한 상황이다.

2018년에 내가 머호니와 대화를 나누었을 때 그 프로그램을 통해 고용된 자폐인 직원이 90명이었는데, 프로그램이 시작되기 전부터 회사에서 일한 다른 자폐인 직원들도 자신의 자폐증을 당당히 공개하기 시작했다. 공개의 이점은 JP모건이 자폐증 프로그램 채용자에게 제공하는 것과 똑같은 지원이었다. 예컨대 직장 내 코칭과 멘토 그리고 머호니가 '친구'라고 부르는 볼링과 마이너리그 야구 경기 같은 것들이다. 머호니의 다음 계획은 부분적으로 미국 뉴욕시립대학교 캠퍼스와 영국 배스대학교 채용처럼 다른 도시에서 프로그램을 시작해 채용자의 수를 늘리는 것이다. 그는 특히 시간제로 일해도 의료 및 연금 혜택을 받을 수 있는 나라에서 더 유연한 업무 시간을 모색하고, 다른 신경다양성이 있는 사람들을 채용하는 데도 열심이다. 그가 이렇게 말했다. "다른 사고방식을 받아들이고 싶다는 진심이 있습니다. 그리고 자폐증만 다른 사고방식이어야 하는 건 아니죠."

　　　　　　'신경다양성' 운동은 낙인찍힌 질환의 낙인을 없애는 데 경제가 어떤 구실을 할 수 있는지를 잘 보여준다. 신경다양성 지지자들이 명백하게 장애의 사회적 모델을 본떠서 이 운동을 만들었다. 그것은 장애의 책임이 개인이 아니라 살아가는 환경에 있다고 본다.[15] 이 관점에서는 앞이 보이지 않는 사람은 보도에 장애물이 있으며 촉각적, 청각적 보조 장비가 없을 때만 장애가 있는 것이다. 이와 마찬가지로 말할 수 없는 사람이나 사회적으로 서툰 사람의 장애는 이메일 같은 디지털통신과 재택근무를 통해 완화할 수 있다. 특정 장애가 있는 사람들에게는 다행스럽게도 경제가 마케팅을 비롯해 다양한 목적의 데이터 수집과 분석, 조작 같은 정보 서비스에 점점 더 크게 의존하는 반면에 사회적 기술과 직접 대면에 따른 상호작용에는 덜 의존하고 있다.

　미국과 영국을 비롯해 대부분의 G20 회원국에서 대안적 업무 시간표에 따라 일하는 노동자들의 비율이 증가하고 있다. 이것은 다른 상황이라면 실업 상태였을 사람들에게 유리하게 작용한다.[16] 경제협력개발기구OECD는 '업무 방식의 유연성 증가가 여성과 노인, 장애인 같은 소외 계층 사람들이 노동시장에 참여할 기회를 늘릴 것'[17]이라고 예측한다. 그 반면 많은 학자와 정책 입안자 들은 시간제 노동자가 완전한 혜택을 받지 못하는 경우가 많기 때문에, 그렇게 유연한 노동은 '한시적 노동'으로 노동자를 착취하는 또 다른 방법이라고 본다.[18] 그럼에도 창의적인 업무 일정은 신체적, 정신적 장애가 있는 사람들이 지역사회의 필수 일원이 되는 것을 가로막는 규범을 극복하고 일할 수 있게 한다. 공장 생산에서 유연 생산을 향한 이행과 통신의 민주화는 정신 질환과 일반적 장애가 있는 사람들에게 닫혀 있던 지역사회로 통합될 기회의 문을 어느 정도 열어 주었다.

자폐증이 있는 성인의 삶의 궤적에 대한 연구, 특히 고용 기회에 관한 연구는 자폐 아동과 특수교육에 대한 연구보다 뒤처져 있다.[19] 그러나 자폐인들이 여전히 차별을 직면하고도 경쟁적이고 포용적인 고용에서 성공할 수 있음을 시사하는 문헌이 늘고 있다.[20] 특히 10대에 업무 경험이 있는 경우가 그렇다.[21] 장애인 고용의 국가적 동향에 관한 케슬러재단 보고서가 긍정적인 동향을 보여 준다.[22]

그러나 자폐증을 수학적 기술과 연결하는 것이 1988년에 개봉한 흥행 영화 〈레인맨〉에서 시작된 고정관념을 강화한다고 우려하는 목소리도 있다. "자폐증을 브랜드로 삼아 마케팅에 나서는 것은 편견 극복이라는 미명하에 어떤 일반화, 심지어 고정관념을 영속화하기 쉽다. 그것은 전략적이지만 복잡한 타협이다."[23] 자폐인이자 자폐증 옹호자로서 자폐증 관련 TV 프로그램 컨설턴트로 활동하는 배우 알렉스 플랭크는 우리가 특별한 재능이나 천재성과 결부된 자폐증 유형만을 중시해서는 안 된다고 말한다. 사실 직무에 따라서는 '저기능' 자폐증이 있는 사람이 '고기능' 자폐증이 있는 사람보다 고용에 더 적합할 수 있다. 플랭크는 '자폐증이 있는 사람은 다른 모든 사람과 마찬가지로 온갖 일을 한다'고 말한다. ABC TV의 인기 프로그램 중 자폐인 의사가 등장하는 〈굿 닥터〉를 언급하며 그가 씁쓸하게 말했다. "TV 프로그램 중 '좋은 의사'에 대한 것은 있지만 '좋은 식료품점 종업원'에 대한 것은 없습니다." 발달장애인을 위한 지원고용 프로그램에서 대부분의 사람들은 서류 정리filing, 원예flowers, 식품food, 쓰레기 수거filth 등 종종 경멸적으로 '4F'라고 불리는 직종에서 일하는 것이 현실이다.

이저벨은 지속적인 대화나 논증을 시작하기 위한 언어 능력도, 미묘한 공격을 감지하거나 빈번한 사회적 상호작용을 추구하기 위한 사회적 기술도 없다. 언어 능력 및 '고기능' 자폐증과 관련된 아스퍼거 증후군에도 해당하지 않을 것이다. 그러나 의사들이 '고기능'이라고 특징짓는 많은 사람도 우리가 '저기능'이라고 생각하는 사람들과 똑같이 사회적 장애가 있다. 게다가 총명하고 말을 잘하며 학사나 석사 학위가 있는 아스퍼거 장애인이나 그 부모는 아마 가진 것보다 훨씬 많은 사회적 능력이 필요한 일자리를 찾을 것으로 기대하기 쉽다. 이런 사람들은 목표를 낮추기가 어렵다. 물론 저기능이라는 성인의 부모도 목표를 높게 잡을 수 있다.

내가 버지니아 북부에서 인터뷰한 여성은 집에서 멀리 떨어진 식료품점에서 정직원으로 일하는 자폐인 딸을 두고 있다. 그녀는 식료품점에서 물건을 봉지에 담는 일이 딸의 '수준에 안 맞는다'는 이유로 일을 그만두라고 했다. 그러나 그녀의 딸은 그 일을 좋아한다. 자신이 물건을 잘 정리해서 봉지에 담는 데 자부심을 느끼면서 반복적인 업무 및 자신의 이름을 아는 사람들과 반복하는 상호작용을 즐긴다. 연간 약 16만 대의 차를 닦는 마이애미의 세차 업체 라이징타이드에서 일하는 사람들 중 대다수가 자폐인이다. 세차에 필요한 반복적인 일이 많은 자폐인들의 능력과 흥미에 잘 맞는다. 불만이 있다면, 여러모로 자신의 일을 즐기는 직원들이 아니라 자녀에 대한 기대가 큰 부모들의 불만이다.

몇 년 전에 조이스와 나는 이저벨이 약국에 취직하는 것을 도와주려고 했다. 이저벨은 정부가 지원하는 직무 코치의 도움으로 수습 기간 동안 선반 정리와 청소하는 법을 배웠다. 내 딸은 특정 직업이 낙인을 동반하거나 사회경제적 계급과 연관되어 있다고 배운 적이 없어 그 일이 품위를 떨어뜨린다고 생각하지 않았다. 이저벨과 우리 부부가 그곳 임직원을 만났을 때, 관리자가 이저벨에게 본인의 직무를 표현해 보라고 요청했다. 이저벨이 말했다. "아침에 일하러 오면 저는 청소부예요." 관리자가 나무랐다. "청소부가 아닙니다! 점원이죠." 아이들은 이런 식으로 금전적 측면뿐만 아니라 도덕적 측면에서도 다른 직업보다 더 대우받는 직업이 있다는 것을 배운다.

이저벨은 여러 해 동안 여러 일자리에 자원해, 많이 기여하면서도 임금을 받지 않았다. 우리는 이저벨이 연방 정부 일자리를 찾는 것을 꿈꾸었다. 그러면 고용 안정과 혜택을 누리게 되기 때문이었다. 그러나 한편으로는 우리 의도에 의구심을 느꼈다. 이저벨이 임금 받기를 바란다면, 임금을 성공의 증거로 본다면, 인간으로서 이저벨의 가치가 생산성에서 나온다는 것에 대한 동의가 아닐까? 그런데 이저벨이 계속 무급 자원봉사자로 남는다면, 우리는 아이가 공짜 노동으로 착취당하는 것을 방치하는 꼴이 될까? 그리고 이저벨에게 최저임금을 지불하는 일자리를 우리가 찾는다면, 아이가 저임금 일자리를 받아들이는 것 말고는 선택의 여지가 없기 때문에 값싼 노동력으로 착취당하는 상황이 될까?

미국에서 직업 간 엄청난 임금격차에 이의를 제기하는 데 그치지 않고, 다양한 일에 대한 사회적 가치의 차이에도 이의를 제기해야 한다. 대학생들이 입문 강좌에서 배우는 경제학의 정의는 (사회가 아닌) 개인이 항상 부족한 자원으로 이익의 극대화를 추구하는 것이다. 이 정의는, 본인이나 가족에게 평균적인 사회 구성원에게 어울리는 수준에서 경제적으로 기여하지 못하는 사람은 비생산적이고 장애가 있는 존재임을 암시한다. 이런 기준에 따르면, 집에 머무는 어머니나 아버지의 경우 그들이 하는 일은 대부분 생산노동으로 계산되지 않기 때문에 장애가 있는 것이다. 또한 이런 관점에서, 먹을 것을 구하기 위해 밤낮으로 일하는 노숙인은 노동을 하는 것이 아니다. 장애를 연구하는 학자들은 이런 '생산성 규칙'이 남들보다 많이 생산하지 못하는 사람들의 가치와 가족이 그들을 지원할 가능성을 떨어뜨린다고 주장한다.[24] 나는 이 학자들이 장애인에 대한 범주가 없고 사람들이 자신이 할 수 있는 것으로 가족에게 기여한 중세에는 오늘날 장애라고 부르는 것이 있는 사람들이 행복하게 잘 살았다고 믿는다고는 생각하지 않는다. 그러나 적어도 그때는 개인의 가치가 그 사람의 생산력만으로 결정되지 않았고, 아무도 무한한 욕망의 사원에서 숭배하지 않았다.

수나우라 테일러는 자본주의가 건강에 영향을 미치고 장애를 만드는 방식에 대한 글을 쓰는 학자이자 활동가다. 그녀는 남들과 움직임이 조금 다르다. 선천적 다발성 관절 만곡증이라는 질환(관절이 영구적으로 고정되는 희소 질환)을 가지고 태어났기 때문에 움직이는 데 제약이 있어서 휠체어를 이용한다. 성공한 화가이자 작가이고 오늘날 장애 연구를 선도하는 테일러는 스마트폰을 작동하거나 그림 그리기를 비롯한 대부분의 활동에 입을 이용한다. 그녀는 애리조나에서 성장하며 '몸이 나빠서' 다른 사람이 자신을 치료사에게 데려가야 하는 데서 오는 수치심에 괴로웠지만, 자신이 본질적으로 가족 구성원으로서나 시민으로서 가치가 부족하다고는 생각하지 않았다. 그러나 자신이 신체적으로 좀 더 독립적이라면 더 많은 가치를 창출할 수 있을 거라고 믿었다. 그런데 마침내 옷 입기나 화장실 가기를 비롯해 대부분의 활동을 혼자 할 수 있게 되었을 때, 그녀의 삶에 대단한 변화는 없었다. 그녀에게 가장 큰 불편을 일으킨 것은 신체적 제약이 아니라 도움을 필요하다는 것에 대한 사람들의 낙인과 신체적인 제약이 선택의 여지가 없는 삶으로 이끌지 않을까 하는 걱정이었다.

2003년 필라델피아에서 장애인 인권 시위에 참여한 뒤 그녀가 어느 분주한 식당에 갔다. 빈자리가 없었지만 그녀는 카운터석에서 음식을 먹을 수 있었다. 누군가 그녀가 먹는 데 불편한 것을 보고 말했다. "여기서는 도움을 청하셔도 됩니다. 여기는 독립성을 중시하는 곳이 아닙니다."[25] 그녀가 독립선언문 서명 현장에서 겨우 몇 발짝 거리에 있다는 점을 생각하면 참 아이러니한 상황이었다. 그러나 그녀는 이것이 어떤 의미인지 이해했다. 그녀의 신체적 의존성이 꼭 누군가에게 부담은 아니라는 뜻이었다. 미국에서 뭔가가 변했다는 것, 어쩌면 장애가 항상 고립을 불러오지는 않는다는 것, 장애가 돌봄과 호혜의 관계로 사람들을 연결할 수 있다는 것을 시사했다.

테일러는 최근 장애 동물의 생존권을 포함한 동물 권리 운동까지 시작했다. 그 이유 중 하나는, 그녀가 자신이 당하는 억압을 식민지 시대의 정신과 의사들이 아프리카에서 '짐승 같은' 대상을 억압한 것과 비슷한 동물에 대한 억압에 비유하는 데 있다.[26] 아프리카 식민지 사람들이 유럽의 문화적, 경제적 성취 수준에 결코 이를 수 없고 유럽인이 준 모든 것에 고마워해야 하는 열등한 존재로 여겨지며 장애인 취급을 받은 것처럼 그녀는 근대성의 피해자다. 그렇다면 독립성과 성공이 임금노동과 동일하다고 믿도록 키워진 그녀가 자신이 치료사와 의사, 간호사에게 수입을 제공하는 것 외에는 별로 가치가 없는 존재라고 믿어야 할까? 아무 일자리나, 그것이 아무리 착취적이더라도 그냥 받아들여야 할까?

테일러는 우리에게 '일하지 않을' 권리가 있는지도 묻는다. 아무것도 하지 않을 권리를 말하는 게 아니다. 예술가건 활동가건 자원봉사자건 집에 머무는 부모건 간에 사람이 임금노동에 참여하지 않을 권리를 말하는 것이다. 그녀가 2004년에 발표한 획기적인 에세이 「일하지 않을 권리: 권력과 장애」에서 '서양 문화는 사회에 이로운 것이 무엇인지에 대해 매우 제한된 생각만 있으며' 장애가 있는 사람이 취업할 수 없거나 다른 사람에게 의지할 때 자신이 실패자 같다고 느낄 수 있다고 했다. 그리고 장애인에 대해 이렇게 말한다. "우리는 종종 비효율적인 노동자가 된다." 그리고 "비효율성은 좋은 노동자에게 기대되는 것의 반대다. 그래서 우리는 고용주에게 차별받는다. 우리는 값비싼 적응과 값을 매길 수 없는 이해가 필요하다."[27] 일하지 않을 권리에 대한 테일러의 주장은 장애가 있는 사람들을 오랫동안 소외해 온 자율성이라는 규범에 도전하기 때문에 체제 전복적인 의도가 있다. 식당에서 도움을 받는 것에 대한 그녀의 이야기도 미국 사회의 근본적 이데올로기의 토대인 독립성에 도전한다는 점에서 체제 전복적이다.

　　　　　　　　장애 문제 전문가인 세라 헨드런은 신체적, 정신적 질환에 대한 낙인의 문제는 고용 방식을 개조하고 생산성을 더 창의적으로 생각함으로써 그리고 우리가 만든 환경을 다시 생각함으로써 대응할 수 있다고 믿는다. 예술가이자 디자이너이자 매사추세츠 올린공과대학의 교수인 헨드런은, 자폐증과 양극성 장애가 있는 근친과 다운증후군 아들이 있다. 10여 년 전에 아들이 태어난 뒤 그녀는 아들을 다양한 물리치료사에게 데려가기 시작했고, 발목보조기와 압박조끼와 목발 같은 장치에 처음으로 익숙해졌다. 이런 맥락에서 그녀는 의학적 언어가 얼마나 물체 속에 실체화된 물질 언어가 되었는지에 놀랐다. 예를 들어, 휠체어 사용자는 '휠체어 신세를 지는 사람'이 될 뿐 아니라 주차장 표지판이나 화장실 문에서 휠체어 기호로 표현된다. 마치 휠체어와 사람이 하나인 것처럼 말이다. 테일러가 자신의 '몸이 나쁘다'라고 말할 때 암시한 것처럼, 이런 이미지가 자아감에 미치는 영향은 지대하고 지속적일 수 있다.

헨드런이 내게 말했다. "우리가 사용자를 다르게 표현하는 방식으로 보철물을 생각하고 디자인할 수 있겠다는 생각이 들었어요." 기술이 실용성이나 기능과 워낙 밀접하게 관련되기 때문에, 공학자는 기술이 문화이기도 하다는 점을 종종 잊는다고 그녀가 말한다. 그녀는 고정되고 기계적인 이미지(국제장애인기호)를 역동적이고 앞으로 기울어진, 그래서 통제하는 주체가 휠체어가 아닌 사람임을 암시하는 이미지로 대체하는 새로운 휠체어 기호의 디자인을 도왔다. 또한 예술적이고 아름다우며 휠체어 사용자와 스케이트보드 사용자가 모두 쓸 수 있는 휠체어 경사로를 설계한다. 움직임의 예술과 도움이 되는 기술이 결합한 아름다움을 보여 주기 위해, 그녀는 안무가 앨리스 셰퍼드와 협업해 남다른 능력이 있는 휠체어 사용 댄서를 위한 경사로를 설계하고 있다. 또한 고급 가죽과 광을 낸 목재로 의족을 만드는 등 미학적 변형에 공을 들였다.

헨드런은 이런 변화가 시작일 뿐이라는 것을 안다. 그녀는 새로운 보철물의 매끈한 디자인을 애플 컴퓨터 디자인에 비유하며 '다듬질'이라고 표현한다. 안경의 경우, 우리가 보철물을 일상생활의 자연스러운 일부로 만드는 목적을 이루었다. 우리는 시각장애가 장애임을 공공연히 인정하면서도 안경을 쓴 사람에게 종종 안경에 대해 칭찬한다. 그러나 보청기나 휠체어 사용자에게는, 보청기나 휠체어 또한 도움이 되는 기술인데도 그런 장치에 대해 칭찬하지는 않는다. 다음 단계는 장애학자와 장애인 권익 옹호자 들이 종종 '불구화'라고 부르는 것이다. 이 말은 『불구론』이라는 학술 문헌에서 나왔다. 불구화는 다른 옹호 단체들이 퀴어 이론을 위해 '퀴어'를, 지방fat 연구를 위해 '지방'을, 잡년 행진을 위해 '잡년'을 재전유하는 것과 같은 방식으로 '불구'라는 경멸적 단어를 재전유한다. 불구화는 우리가 장애를 손상이나 결함이 아닌 독립적 정체성이나 문화로 보는 것을 뜻한다. 불구화는 또한 애초에 사회가 장애인을 억압하기 위해 만든 규범에 대한 이의 제기를 뜻한다. 불구화의 일례로 테일러가 일하지 않을 권리를 주장하는 것이나 헨드런을 비롯한 사람들이 새로운 휠체어 아이콘 디자인을 담은 스티커를 들고 거리에 나와 그것을 표준적인 표지 위에 붙이는 것이 있다.

또한 헨드런이 다운증후군 아들을 키우는 경험은 그녀를 유전질환을 제거하기 위한 선택적 낙태에 민감하게 만들었다. 그녀가 이렇게 말한다. "마치 아이의 삶이 유용성과 효율성의 논리에 대한 모욕인 양 생각하는 것 같아요. 사람들이 경제성에 따라 가치를 평가받는 것 같고요. 내 아들은 항상 최상의 삶을 살고 있는데 말입니다." 그녀는 아들을 이상화하거나 아들이 심각한 장애에 직면해서 승리했다는 판에 박힌 얘기를 하려는 게 아니라, 그저 아들이 '행복하게 잘 자라고 있다'는 것을 내게 알려 주고 싶어 했다. "아들이 식료품점에서 물건을 봉지에 담아 주는 사람이 되어 날마다 즐겁게 일하고 건강하고 행복한 공동체의 일부라고 느낀다면, 저는 그것을 100퍼센트 성공이라고 말할 거예요."

헨드렌 부부는 아들이 원할 경우 독립성을 더 줄 수 있도록 대중교통 시설이 가까운 곳에 살며 보스턴 지하철의 요금 결제 시스템이 자동화된 것을 고마워한다. 다운증후군이 있는 많은 사람과 마찬가지로, 그녀의 아들은 수학적 계산을 어려워한다. 지하철은 붉은 셔츠를 입은 '대사'를 고용해 발달장애를 비롯해 장애가 있는 사람들을 돕고 있다. 이런 '서비스 디자인'은 다양한 장애인들이 좀 더 기동성을 누릴 수 있게 돕는 우버 어시스트와 비슷하다. 기사들은 다양한 장애인들과 상호작용하는 방법에 대해 익힌다. 대부분의 스키 리조트가 이제 자폐증과 ADHD 같은 특정 장애에 대해 훈련된 강사가 있는 장애인 스키 프로그램을 제공한다. 그러나 헨드런은 그런 기회를 제공하는 것과 선택적 낙태를 계속하는 것 사이 모순을 우려하며 이렇게 말했다. "그런 가능성과 임신과 태아의 최적화 간 충돌이 불가피한 상황이라는 사실이 뇌리를 떠나지 않아요." 그녀의 우려는 자신의 아들 같은 아이들이 아예 태어나지도 않는다면, 그것이 우리가 좋은 삶과 누가 그것을 누릴 자격이 있는지를 정의하는 방식에 대해 무엇을 말해 주겠느냐는 것이다.

내가 접한 구체적 도움 중 가장 인상적인 예는 독일 베를린에 강의하러 갔을 때 접했다. 호텔 로비에서 택시를 기다리는데, 호텔 안내원이 내 직업을 물었다. 내가 자폐증을 연구한다고 말했더니 그가 "우리 독일에서는 자폐인을 위해 많은 편의를 제공합니다. 심지어 창녀촌에서도 말입니다." 내가 쏘아붙였다. "뭐라고요?! 자폐인이 창녀란 말입니까?" 그가 말했다. "아닙니다. 성매매업 종사자들이 장애가 있는 고객을 돕기 위해 훈련받는다는 말입니다. 장애인도 다른 사람들처럼 그런 곳에 가고 싶을 수 있으니까요." 나는 이것을 윤리적으로나 법적으로 어떻게 봐야 할지 몰랐다. 그러나 일반적으로 잘 이야기되지 않는 장애인의 성을 사회가 화제로 다룬다면, 대단한 진보라는 결론에 닿았다. 신경퇴행성질환으로 장애인이 된 인류학자 고 로버트 머피는 기동성이 남들과 다른 사람들은 성행위의 쾌감을 경험하는 다양한 방식이 있다는 것을 알면서도 일단 휠체어를 타면 종종 탈성화된 느낌이 든다고 썼다. '대다수의 장애인이 정상인과 똑같은 욕구가 있고 그것을 표현하는 능력이 똑같다는 사실을 인식하지 못하기 때문에, 휠체어에 탄 사람은 무성애자라고 생각'[28]하는 사람들이 대부분이다.

위험 속에, 즉 성공하고 실패할 기회를 모두 갖는 상황 속에 존엄성이 존재한다. 눈에 보이는 존재가 되는 상황, 예상하지 못한 방식으로 평가받을 기회를 갖는 상황 속에 존엄성이 존재한다. 사실 장애와 낙인에 대한 투쟁에 관해 내가 들은 긍정적인 이야기는 대부분 어느 정도 실패를 포함하고 있다. 장애와 낙인에 대한 거의 모든 부정적인 이야기는 철저히 보호받고 실패할 기회를 거부당한 누군가에 관한 것이다.

자폐증이 있는 아프리카계 미국인 싱글 맘이자 워싱턴에 있는 자폐증자기옹호네트워크의 임원이기도 한 레이마 맥코이 맥데이드에게만 물어봐도 알 수 있다. "저는 가망이 없다는 소리를 들었어요, 사람들은 말했죠. '넌 아무것도 못 할 거야.' 대학은 말할 필요도 없었죠." 그녀가 말했다. 어린 시절의 상당 부분을 위탁보호를 받으며 지낸 레이마는 이 가정 저 가정을 전전했다. 그녀는 다섯 살 때까지 말을 못했고, 그 뒤에는 단조로운 목소리로 말했다. 자기 머리칼을 자꾸 잡아당기고 몸을 앞뒤로 흔들었다. 학교에서 자꾸 손을 펄럭이거나 구석에 처박히는 것과 같은 행동 문제로 종종 곤란을 겪었다. "자폐증이 있는 흑인인 나는 별종이었어요. 생물학적 가족은 나더러 정신지체라고 말하고 나를 캘리포니아주의 피보호자로 만들었죠." 그녀가 말했다.

열다섯 살 때 그녀가 위탁가정을 떠나 친모와 그녀의 내연남과 일리노이주 록포드로 이사 갔는데, 거기서 친모가 대장암으로 곧 사망했다. 법적인 후견인이 없는 그녀가 다시 위탁가정으로 갔는데, 이 가족은 그녀에게 보모 일을 시키고 연방 장애 혜택을 포함해 그녀의 돈을 다 가로챘다. "비록 이용당하고 괴롭힘을 당했지만, 고등학교에서는 성적이 좋았어요." 그녀가 전화 인터뷰에서 말했다. 1998년에 그녀가 아이오와주립대학의 입학 허가를 받았고, 결국 두 가지 석사 학위를 받아 지역사회의 비영리단체에서 일했으며 2015년에 장애가 있는 성인이나 노숙인이 지역사회에 통합될 수 있도록 돕는 조직인 중부아이오와독립생활센터의 최고 책임자가 되었다. 이 조직은 사회적 기술 훈련과 직무 지도 등을 제공한다. "문제는, 우리가 발달장애인을 실패할 자리에 아예 들이지 않는다는 거예요. 하지만 시행착오, 성공과 실패는 인간 경험의 정상적인 부분이에요. 실패하지 않으면, 성장하거나 변화하지도 않죠. 누구에게나 실패할 자격이 있어요."

2018년에 레이마가 아이오와 하원 선거에 출마했다 낙선했다.

로버트 퍼스크는 1972년에 지적장애인을 위한 주립 주거 시설인 캔자스신경원의 사제로 지내면서 '위험의 존엄성'이라는 말을 만들었다. 그는 역설적으로 '안전 속에 비인간적인 모욕'이 있다고 썼다. 당시 '정신지체'라고 불린 환자들에 대해 말하면서 그가 지적했다. "과잉보호가 환자의 인간적 존엄성을 위험에 빠뜨리고 정상적인 인간의 성장과 발전에 꼭 필요한 보통 삶의 위험부담을 겪지 못하게 하는 경향이 있다."[29] 당시 지적장애가 있는 아이들은 일반적으로 교육할 수 없다고 여겼고, 많은 나라에서 작업장의 보호 속에 바구니를 엮거나 도자기를 만들었다. 이저벨이 태어난 뒤에도, 교육자와 잠재적 고용주 들은 그녀의 능력에 회의적이었으며 그녀를 실망시키는 것에 대해 경고했다. 그럴 때마다 우리는 이렇게 말했다. "이저벨은 실패해도 괜찮지만, 그 아이가 선생님을 놀라게 할 수도 있습니다." 퍼스크는 1970년 초에 스웨덴에 갔다가, 다운증후군이 있는 남성이 금속 공장에서 타공기를 작동하고 다른 지적장애인이 볼보자동차를 조립하는 것을 보고 놀랐다.

퍼스크는 지적장애인이 그렇게 위험한 일을 해야 한다고 주장한 것이 아니라, 그 노동자들이 종종 북미에 사는 장애인에게는 차단된 위험의 존엄성과 실패할 권리를 가지고 있다고 주장한 것이다. 개인의 성공과 실패가 자유와 자율·선택·자기결정이라는 이데올로기에 기초한 만큼, 노골적인 자본주의적 개념일 수 있다. 그러나 그것이 연민과 포용의 방식일 수도 있다.[30] 스페셜올림픽은 포용이 어떻게 장애인에게 승리와 패배를 모두 경험할 가능성을 주는지 보기에 좋은 예다. 메달을 따는 사람이 한 명이면 못 따는 사람은 열두 명이다. 못 따는 사람에게는 미래에 다시 경쟁을 이어 가거나 포기할 선택권이 있다. 그들은 다른 모든 운동선수처럼 신체적 부상을 입고 울고 스스로에게 화가 나거나 좌절할 것이다.

워싱턴 DC 교외에 사는 패럴 가족은 스물일곱 살의 자폐인 아들 패트릭의 투쟁에 대한 자긍심이 크다. 무엇보다 그들이 패트릭의 삶을 1928년에 태어나고 지금은 세상에 없는 아버지의 외삼촌 레이먼드의 삶과 비교하기 때문이다. 패트릭의 아버지 조가 내게 말했다. "레이먼드 외삼촌이 20세기 후반에 태어났다면 분명 자폐증 진단을 받았을 겁니다. 외삼촌은 가벼운 지적장애가 있었죠." 그럼에도 레이먼드의 어머니는 그를 가톨릭 학교에 보낼 수 있었고, 레이먼드는 몇 가지 과제와 시험을 통과해 고등학교 졸업장을 받았다. 레이먼드의 여동생 앤(조의 모친)은 이렇게 회상했다. "어머니가 오빠를 위해 매일 밤 숙제를 했고, 그럼 오빠가 그걸 베껴서 학교에 낼 수 있었지. 학교에서 그 모든 걸 오빠가 했다고 믿었을 것 같지는 않아." 레이먼드는 진단을 받지 않았고, 학교에 편의시설도 없었다. 여동생과 동네의 다른 아이들은 잔디밭과 길에서 뛰어놀기를 좋아했지만, 그는 실내에 머무는 것을 좋아했다. 조가 말했다. "고등학교를 졸업한 뒤 외삼촌은 평생 외할머니의 집에서 살았고, 혼자서는 구멍가게에 가서 신문을 사고 온종일 지하철을 타는 정도만 했습니다." 그가 평생 직장을 딱 한 번 가졌는데, 실테스트 우유 회사에 들어갔다가 1주일도 안 돼 해고당했다. 그의 어머니는 그에게 일을 찾아 줄 노력을 다 시는 하지 않았고, 정부에 그를 위한 장애 혜택도 신청하지 않았다. "오빠는 친구가 없었어. 하지만 패트릭을 좀 봐!" 앤이 말했다.

패트릭은 1993년에 롱아일랜드에서 태어났고, 1995년에 자폐증 진단을 받았다. 집중적인 초기 개입과 일관된 양질의 특수교육 프로그램 덕분에 그는 고등학교를 졸업했고, 마침내 지적장애와 발달장애가 있는 사람들에게 직무기술 훈련과 학술 경험을 지원하기 위해 고안된 버지니아주의 프로그램, 조지메이슨대학 '라이프'에서 자격증을 받을 수 있었다. 그는 연방 사무실 두 곳에서 매주 4일 동안 유급 사무직원으로 일하며 1주일에 하루는 지역 도서관에서 자원봉사를 한다. 장애인만 고용하고 최저임금에 못 미치는 임금을 주는 보호작업장 노동자와 달리 패트릭은 비장애인 노동자들과 일하면서 충분한 돈을 벌어, 관리감독하에 공동생활을 하는 그룹 홈의 월세 800달러 정도를 감당하고 있다.

패트릭의 성취는 팀의 노력 덕분이기 때문에, 부모인 조와 패멀라는 그의 예전 교사와 치료사 한 명 한 명의 이름을 모두 기억한다.

패트릭이 자폐증 진단을 받았을 때 그들은 곧바로 움직여 정부 지원 치료를 받기 위한 준비를 하고, 학교의 교장을 만나고, 미래를 위해 전략을 세웠다. 그는 언어치료와 작업치료를 받았고 소아정신과 의사도 만났다. 그의 옆에는 그의 교육구에서 '그림자'라고 부르는 도우미가 있었고, 치료사가 집으로 찾아와 행동 교정을 도왔다. 이런 지원의 비용은 거의 대부분 주 정부나 연방 정부가 전액이나 일부를 댔다.

조는 정부 출연 대출을 관리하는 회사에서 일했고 패멀라는 주부였다. 패멀라가 말했다. "패트릭이 1학년이었을 때가 기억나요. 그때 저는 그냥 집에 있으면서 학교에서 패트릭이 소리를 지르는 등 문제행동을 일으켰으니 데리러 오라는 전화가 오기만 기다렸죠." 1년도 지나지 않아서 패멀라는 특수교육에 관한 경험이 충분해졌고, 그래서 패트릭이 다니는 학교의 보조교사 자리를 구해 11년 동안 일했다. 조는 이렇게 말했다. "우리가 지금까지 한 일 중 최고였어요. 왜냐하면 우리는 이제 내부자가 됐으니까요. 만일 어떤 가족이 찾아와서 '저희 아이가 방금 진단을 받았어요.'라고 하면, 제가 이렇게 말할 겁니다. '첫째, 두 분 중 한 분이 학교에서 일하세요.' 사람들이 '나는 학교 일에 권한이 없다. 내 아이에게 가장 좋은 교사를 선택할 수 없다.' 말하는데, 순 헛소리죠. 내부에서 일이 어떻게 진행되는지 알면 할 수 있는 게 많아집니다."

패트릭의 친구인 리사와 줄리는 패트릭과 그의 부모에게 지속적인 영향을 미쳤다. 리사와 줄리는 발달장애가 없고, 패트릭이 다니는 학교에서 인기 있는 학생들이었다. 리사는 현재 간호학교에 다니고 줄리는 대학원에서 산업디자인을 전공하고 있는데, 이들이 패트릭과 시간 보내기를 좋아했다. 패멀라가 눈물을 글썽이며 말했다. "고등학교 다니는 내내 그 아이들이 결코 패트릭의 곁을 떠나지 않았어요." 이들의 우정은 패트릭이 아이들에게 괴롭힘을 당하거나 소외되지 않도록 막아 줬다. 패멀라가 말했다. "리사와 줄리가 패트릭을 정상으로 만들진 않았지만, 패트릭과 친하게 지내는 걸 정상으로 만들었죠."

패트릭은 리사와 줄리가 다른 친구들과 있는 자리에는 좀처럼 끼지 않았다. 한편으로는 패트릭이 적응해야 하는 상황을 굳이 만들 이유가 없어 보였기 때문이고, 다른 한편으로는 그들이 자신들만의 독특한 관계를 소중히 여기기 때문이다. 줄리는 내게 말했다. "디즈니 영화를 보는 것처럼, 다른 친구들이 너무 컸거나 어쩌면 내가 창피해서 잘 하지 않는 것들을 패트릭하고는 공유할 수 있어요. 그게 좋아요. 패트릭과 대화하기는 쉽지 않거든요. 패트릭이 갑자기 전화해서 수다를 떨 일은 없죠. 하지만 같이 영화를 보기에는 좋은 상대예요." 줄리는 대학에 가서 만난 사람들 중 고향에 패트릭 같은 친구가 있는 사람이 한 명도 없다는 사실에 놀랐다. "다들 살면서 패트릭 같은 친구를 만나야 해요. 패트릭은 인내와 공감에 대해 많은 것을 가르쳐 줬어요. 패트릭은 자신이 내게 얼마나 중요한 존재인지 전혀 모를 거예요." 줄리의 얘기를 듣고 있자니 신경전형인과 신경다양성이 있는 사람 간 의미 있는 관계의 가능성에 대해 우리가 그녀와 패트릭에게 배울 게 많다는 생각이 들었다.

패럴 가족에게는 학교와 가정, 지역사회의 분명한 경계선이 보이지 않는다. 사실 패트릭은 그런 경계의 부재에서 덕을 보았다. 패멀라는 학교에서 패트릭에게 무슨 일이 있는지 알기 때문에, 집에서 그 연장선상에서 아들에게 필요한 것을 줄 수 있었다. 패트릭은 지역 학교에 다닐 수 있었기 때문에, 적어도 공원이나 수영장에서 또래를 (상호작용까지는 못해도) 볼 수 있었다. 패트릭이 스페셜올림픽 야구, 축구, 육상에 참가하기 시작하면서 사회적 인맥도 넓어졌다. 더욱이 리사와 줄리의 어머니는 패멀라의 가까운 친구가 되었다.

자폐증과 교육 부문에 대한 전문 지식이 있는 드렉셀대학의 사회학자 엘리자베스 해스릭은 학교와 교육자, 부모, 확대가족, 의사의 관계가 서로 어떤 영향을 미치고 자폐인의 성과를 어떻게 변화시키는지에 대해 연구한다. 오클랜드의 빈민촌과 나바호 인디언 보호구역 그리고 (평화유지군 자원자로서) 카메룬에서 교사로 일한 그녀는 사람들의 기대치가 얼마나 낮은지에 놀랐다. "20년 전에는 아주 다른 학생들이 같은 교육을 받고 있었는데, 그 아이들이 뭔가를 해내리라는 기대가 없던 것도 그 이유 중 하나죠. 그리고 모두 남 탓을 했어요. 나쁜 부모, 나쁜 아이, 나쁜 선생님 때문이라고요." 그녀는 이제 우리가 전혀 다른 세상에 살고 있다고 말한다. "우리는 점점 특수교육을 학교 안의 학교로 보지 않습니다. 우리는 학생과 학교 전체, 심지어 지역사회의 관계를 토대로 하는 학교교육의 모델을 개발하고 있어요."

해스릭은 우리가 학교에는 너무 많은 관심을 기울이는 반면 집과 지역사회, 공원, 수영장, 아이스링크, 쇼핑몰, 영화관 등 레이먼드가 소외되던 공간을 포함한 더 넓은 네트워크에서 아이들이 어떤 식으로 존재하는지에는 관심을 너무 적게 기울인다면서 이렇게 말한다. "저는 제가 가진 모든 자원을 네크워크에 집중해 왔어요." 그녀는 사람들이 자폐아에게 친구와 가족, 반려견 사이에 뚜렷한 경계선을 그으라고 말할 때 짜증이 난다. "가족이 친구가 될 수 없고 친구는 가정 밖에만 존재해야 한다는 법이 어디 있나요? 그리고 반려동물이 친구가 될 수 없다는 법이 어디 있나요? 사람이 열여덟 살이 넘으면 꼭 가족과 따로 살아야 하나요?" 해스릭에게 이런 것들은 리사와 줄리가 패트릭의 친구가 되었을 때처럼, 패멀라가 학교의 일부가 되었을 때처럼, 리사와 줄리의 부모가 패럴 가족의 좋은 친구가 되었을 때처럼, 우리 모두가 경계를 넘어 상호작용을 많이 한다는 진실을 가리는 거짓 경계선이다. 혹시라도 줄리와 리사가 진정으로 패트릭의 친구가 될 수 있는지 의심스럽다면, '친구'란 그저 단어일 뿐이며 우리는 그것을 우리가 원하는 대로 어떻게든 정의할 수 있다고 스스로에게 상기시키기만 하면 된다.

패멀라는 패트릭이 서너 살 때 치료사가 그녀에게 "패트릭이 앞으로 뭘 하면 좋겠어요?" 하고 물은 것을 기억한다. 당시 그녀가 장기적인 것은 생각할 수 없었기 때문에 패트릭이 소년 야구단에서 활동하기를 바란다고 대답했다. "왜 그렇게 대답했는지 모르겠어요. 어쩌면 그냥 야구가 남자아이들이 하기에 가장 '정상적'인 활동처럼 보였고, 내가 패트릭이 정상이 되기를 바라서였는지도 모르겠어요."
패트릭은 야구를 하지 않았지만, 패럴 가족은 패트릭이 지금까지 해
온 것에서 보상받았다. 이제 그들은 과연 '정상'이 무엇을 의미하는
지 모르겠다고 한다. 패트릭은 그냥 패트릭일 뿐이고, 그들이 레이먼
드를 제외하면 다른 누구와도 패트릭을 비교하려 하지 않기 때문이
며, 미국의 현 위치가 어디인지를 제대로 인식하려 하기 때문이다.

조가 말했다. "그거 아세요? 패트릭은 스페셜올림픽을 좋아하고,
일하는 걸 좋아하고, 비디오게임을 좋아하고, 양키스와 레드스킨스
를 좋아하고, 지하철 타는 걸 좋아합니다. 그리고 그 아이가 불법 약
물을 복용하거나 음주운전을 할까 봐 걱정할 필요가 없어요. 많은
사람이 걱정해야 하는 그런 일들이 논외죠." "패트릭은……." 그가
생각을 정리하기 위해 잠시 멈췄다가 말했다. "패트릭은 착합니다."

예전 같으면 시설에 감금되어 있
기 쉬웠을 사람들이 지금은 고용되어 일하고 있다. 이런 성공의 상
당 부분은 그들이 대중에게 노출된 것 그리고 장애에 대한 공개적인
논의와 정의 덕분일 수 있다. 우리가 자신의 상태를 숨기면 도움을
청할 기회를 저버리는 것이다. 최근 나와 아내가 이저벨의 잠재적
고용주를 만났을 때, 우리는 이저벨의 장애에 대해 이야기하고 싶었
다. 그는, 어쩌면 정치적으로 온당한 태도를 취하려는 것이었는지 몰
라도, 이저벨에게 업무 수행 능력이 있는 것으로 보이기 때문에 장
애에 대해 이야기하고 싶지 않다고 말했다. 물론 그는 핵심을 놓쳤

다. 업무 수행 능력이 장애를 지우지는 않는다. 일은 누군가를 성공적이거나 그렇지 않은 노동자로 만드는 요소의 일부일 뿐이다. 노동시간과 노동조건이 피곤을 일으키는가, 실수 가능성을 높이는가? 노동자가 자신에게 필요한 것을 다른 사람에게 전달할 수 있는가? 직업 전반의 신체적, 심리적 어려움은 무엇인가? 동료들이 이저벨의 장애를 모른다면, 그녀의 남다른 점을 어떻게 이해할 수 있을까? 누군가 자신의 독특한 특성과 기술과 어려움을 숨길 때 또는 누군가 그런 것을 안 보는 척하거나 볼 필요가 없는 척할 때, 낙인은 뿌리 뽑히지 않는다. 공개는 낙인을 지우는 반면 은폐는 낙인을 만든다.

이저벨이 고등학교를 졸업하던 날, 나는 낙인이 나타났다가 몇 초 만에 사라지는 상황을 목격했다. 당시 이저벨이 졸업 연설을 했다. 그 학교에서 장애인의 졸업 연설은 처음이었다. 교장은 이저벨이 그렇게 많은 말을 해야 하고 그렇게 압박감이 큰 일을 해낼 수 있을지에 대해 회의를 표현했지만, 이저벨은 한번 해 보겠다고 고집했다. 학교가 아니라 백악관 건너편에 자리한 워싱턴 DC 최대의 콘서트홀인 미국혁명여성회 헌법관에서, 이저벨이 스포트라이트를 받으며 3000명의 청중 앞에서 말했다. "제가 어렸을 때 어떤 사람들은 제가 고등학교를 졸업하지 못할 거라고 생각했습니다." 이저벨이 입을 열자 청중 가운데 일부 학생들이 웃기 시작했다. 이저벨을 모르는 사람들은 마치 노래하는 듯한 목소리의 특이한 리듬에 놀랐다. 여기저기서 수군거리고 웅성대는 소리도 들렸다. 그러나 이저벨이 '저처럼 자폐증이 있는 사람들은'이라고 말하는 순간 갑자기 실내가 조용해졌다. 이제 청중은 이저벨을 이해하고 그녀가 보이고 싶어 하는 모습대로 그녀를 볼 수 있게 되었다. 그리고 이상하게 보이던 것이 갑자기 이해되었다. 이저벨은 기립 박수를 받았다.

결론

스펙트럼에서

당신은 조현병인가, 조울증인가, 자폐증인가? 어쩌면 피해망상증인가?
지금 당신을 욕하려는 게 아니다. …… 그저 당신의 성격을 분류하려는 것뿐이다.
당신은 이들 중 하나 또는 그 이상일 것이 거의 분명하다. 저항하지 말라!
부끄러워할 필요가 없다. 훌륭한 사람들도 다 이런 범주에 속한다.
—「이제 모든 사람이 미쳐 있다」, 『로스앤젤레스타임스』, 1924년 7월 13일.[1]

너새니얼 호손의 1850년 작 『주홍
글씨』에 주목할 만한 구절이 있다. 헤스터 프린이 자신이 죄를 저지
른 지역을 오랫동안 떠나 있다가 돌아온다. 그녀가 간통죄의 형벌로
가슴에 'A'라는 붉은색 글씨를 달고 다녔지만, 오랜 세월이 흐른 지
금 가혹한 판사마저 그녀에게 글씨를 계속 달고 다니라고 강요하지
않는다. 그러나 그녀는 자유의지에 따라 블라우스에 글씨를 계속 달
고 다니기로 결정한다. 화자가 말한다. "그 주홍글씨가 더는 세상의
경멸과 적의를 끌어내는 낙인이 아니라 사람들이 가엽게 여기는 무
엇, 두려움과 동시에 존경심을 가지고 바라보는 무엇이 되었다."

마을 사람들은 이제 그녀를 죄로 얼룩진 존재가 아닌, 위안과 힘

의 원천으로 보았다. 사람들이 특히 사랑이나 잘못된 대상을 향한 열정 때문에 '쓸쓸한 마음의 부담'을 겪을 때면 그녀의 오두막에 방문해 조언을 구했다. 그들은 헤스터가 자신의 고통을 이해할 것임을 알았다. 형벌의 목적은 헤스터를 사회에서 소외하는 것이었다. 그런데 그녀는 마치 편협한 사람들이 경멸적으로 쓴 '퀴어'라는 단어를 재전용한 21세기의 성소수자 옹호자처럼 당당하게 스스로 '간통'이라고 주장함으로써 그 글씨를 수치의 표시가 아닌 경험에 대한 자존감의 표시로 만든다.

애초에 헤스터에게 찍힌 낙인도 그 낙인이 자긍심의 표시로 바뀐 것도 모두 그녀의 개성과 그녀가 속한 사회의 기대 사이에서 벌어진 지속적 투쟁의 결과이며, 헤스터는 지역사회로 돌아감으로써 그 투쟁을 기꺼이 받아들였다. 우리에게 문제는 우리 자신의 투쟁에서 승리해 배재와 차별의 언어와 관행을 주도적으로 바꿔 나갈 수 있느냐다. 이 책에서 서술한 많은 승리는 우리가 그렇게 할 수 있음을 시사한다.

지난 세기에 정신보건 전문가와 환자, 옹호자, 사회과학자 들은 낙인의 기저에 깔린 많은 가정들에 대해 거듭 이의를 제기했다. 그들은 정신 질환을 허구적인 것과 실재적인 것으로 나눌 필요가 없음을 증명했고, 정신의 병을 신체의 병과 분리해야 할 정당한 근거가 없다는 것, 정신 질환이 항상 '비정상'이나 장애는 아니라는 사실을 증명했다.

물론 낙인을 완전히 없앨 수는 없으며, 어느 사회나 비하와 소외의 대상은 있기 마련이다. 그러나 우리는 여전히 낙인을 거부하고 고발하고 약화하고 그것에 영향을 미칠 수 있다. 낙인은 고정된 것이 아니라 과정이며 우리는 그 과정을 바꿀 수 있다.

이런 승리 중 하나는 정신의학을 정신병원 밖으로 끄집어 낸 것이다. 정신병원은 애초에 뚜렷이 구분되는 별개의 정신 질환이라는 개념을 탄생시킨 시설이다. 사람들은 오래전부터 심각하거나 만성적인 정신 질환자들을 식별하거나 감금하거나 통제하거나 치료했다. 그것이 과거 정신병원이 한 일이다. 그러나 일반 대중 속에 존재하며 덜 심각한 문제가 있는 사람들, 특히 직업이 있고 사회관계를 유지할 만큼 여전히 기능적인 사람들은 치료받지 않고 넘어갔다. 이들은 증상을 비밀로 하거나 자신의 괴로움을 문화적으로 수용되는 유일한 방식으로, 예컨대 피로나 부분적 마비나 두통 같은 신체적 증상을 통해 표현했다. 그러나 제1차 세계대전이 시작될 무렵 정신 질환은 그저 정신이상이나 미친 것 이상의 무언가가 되었다. 미국의 병사들은 탄환 충격이라는 진단을, 장교들은 신경쇠약이라는 진단을 받아들였다. 저마다 사회계급에 알맞은 이 새로운 분류가 그들의 고통에 어느 정도 존엄성을 부여했기 때문이다.

전쟁 중에 비록 한정된 시간 동안이나마 낙인이 감소한 것도 군인이건 민간인이건 비교적 덜 심각한 문제가 있는 사람들, 즉 불안과 우울증 같은 일반 장애가 있는 사람들에게 도움이 되었다. 초기 정신의학은 심각한 장애 연구에서 얻은 지식을 덜 심각한 장애로 확대하는 것이 목적이었지만, 오늘날 이 과정이 반대 방향으로 진행될 수 있다는 희망이 존재한다. 덜 심각한 형태의 정신 질환에 대한 인식이 제고되면서 더 심각한 질환에 수반되는 불가해한 느낌과 두려움이 줄어들 수 있다.

오늘날 누군가 집이나 사무실을 깔끔하게 정리하는 데 집착할 때, 그 사람은 자신에게 '약간의 강박증'이 있다고 말할 수 있을 것이다. 감정 기복이 큰 사람은 '약간 조울증'이 있다고 말하고, 내성적인 사람은 '스펙트럼 장애'가 있다고 말한다. 나는 이런 말들이 질환의 심각성을 과소평가하게 만든다고 생각하지 않는다. 예컨대 희극인 제리 사인펠드가 '자폐 스펙트럼 장애'가 있다고 말했을 때, 그는 심각한 지적장애가 있고 평생 돌봄이 필요한 자폐인이 많다는 사실을 잘 알고 있었다. 이와 마찬가지로 한 학생이 어려운 기말고사를 마친 뒤 내게 자신에게 'PTSD'가 생겼다고 말했을 때, PTSD가 심각하고 치명적인 불안을 수반할 수 있고 때로는 자살까지 불러올 수 있다는 사실을 모르고 한 말이 아니었다.

정신 질환의 어휘가 널리 쓰이는 것은 결국 정신 질환이 정도의 문제라는 것, 정신 질환이 모두 하나의 스펙트럼에 존재한다는 것을 점점 더 많은 사람들이 받아들이고 있다는 증거다. 가장 중요한 사실은, 이런 단어를 자유롭게 말할수록 일반적인 인간의 상태로 여겨지게 되고 그럼으로써 질환명과 관련된 낙인이 무력해질 수 있다는 것이다. 헤스터가 'A'라는 글씨를 계속 달고 다녔을 때 그랬듯이 말이다. 호손은 헤스터에게 붙은 표시가 '사람들의 마음을 들여다보고, 겉으로만 순수한 척하는 거짓을 드러내는 능력을 그녀에게 부여하는 듯 보였다'고 썼다. 헤스터가 만난 사람들은 모두 비밀을 간직하고 있었기 때문에, 그녀가 가슴에 단 표시는 마치 'A'가 옛날 임상심리학 학위라도 되는 듯 사람들에게 그녀가 공감해 주리라는 것과 그녀가 그들과 다른 점보다 비슷한 점이 많다는 것을 알려 주었다.

'스펙트럼'이라는 새로운 개념은 뚜렷이 구별되는 별개의 정신질환이 존재하는가를 묻는 과학적 연구들과 일맥상통한다. DSM 제3판(1980~1994)과 제4판(1994~2013)이 쓰이던 시절에는 연구자와 의사 들이 정신 질환을 범주적 용어로 이야기하는 경향이 있었다. 다시 말해, 특정한 정신 질환이 있거나 없거나 둘 중 하나였다. 그런데 성별을 이원체가 아닌 연속체로 바라보고 자폐증을 스펙트럼으로 보는 신경다양성 운동과 트랜스젠더 인권운동 같은 사회운동에 부응해 DSM 제5판(2013~현재)은 차원적 채점 요소를 추가했다.(성격 장애 진단에서 '범주적'이란 각 질병이 뚜렷이 구별되며 이상행동과 정상행동이 명확히 구분된다고 보는 관점, '차원적'이란 이상행동과 정상행동을 정도의 차이로 보는 관점을 의미한다.—옮긴이) 이 편람은 증상군을 개념화하고 치료와 직장이나 학교에서 제공하는 편의를 정당화하고 보험 사기를 방지하기 위해 여전히 이름과 범주를 이용한다. 그러나 차원적 모델은 의사에게 환자가 특정 질환의 모든 기준에 부합하는지를 평가하기보다는 시간 경과에 따라 환자가 보이는 다양한 증상의 중증도와 역학을 설명하는 데 더 관심을 기울이라고 권한다.

DSM 제5판은 이렇게 명시한다. "인간에게 흔한 대부분의 질환과 마찬가지로 정신 질환은 유전적 위험 인자부터 증상에 이르기까지 많은 차원에서 이질적인 부분들로 이루어진다."[2] 한 선도적인 역학자는 이렇게 말했다. "차원적 평가에서 증상 간의 양상을 설명하는, 정말 뚜렷이 구분되는 정신 질환이 존재한다는 증거는 없다."[3] 예컨대 자폐증 연구에서, 과학자들은 자폐증의 경미한 증상이 일반 대중 사이에서 흔하게 발견되며 자폐증이 있는 사람의 가족이 종종 자폐적 특징을 보인다는 것을 증명했다. 그러나 자폐증은 어떤 치료가 필요하기 때문에 또는 자폐증 진단에는 특수교육 같은 개입이 따르기 때문에 그 한 사람만 진단을 받기가 쉽다. 고혈압과 비만을 비롯해 다른 많은 의료적 상태와 마찬가지로, 자폐증은 자연보다는 문화를 통해 경계가 그어진다. 인간의 차이를 뚜렷이 구분되는 별개의 질환들로 나누는 것은 색의 스펙트럼을 뚜렷이 구분되는 별개의 색들로 나누는 것과 같다. 우리가 대개 노란색과 주황색을 쉽게 구별할 수 있지만, 정확히 어디에서 노란색이 끝나고 주황색이 시작되는지에 대해서는 아마도 합의에 이르지 못할 것이다. 하나가 다른 것이 되는 단일 지점이 없기 때문이다. 이와 같이 건강과 질환의 경계는 증상이 생활에 장애가 되고 치료가 필요한 수준인지에 대해 우리가 재량껏 내리는 판단이다.

또한 스펙트럼은 시간 경과에 따라 증상이 바뀌거나 나아지면서 환자와 의료인이 건강 상태에 대한 인식을 협상할 기회를 제공한다. 스펙트럼은 낙인의 기저에 깔린 진단의 안정성, 즉 한번 환자는 영원한 환자라는 태도와 특정 진단을 받은 사람들이 다 똑같다는 가정에 도전한다. 스펙트럼은 일종의 초대다. 그것은 우리에게 정신적 고통의 연속선상에서 더 넓은 세계에 합류할 것을 요청한다. 신경다양성 옹호자들과 함께 정상성과 비정상성은 실제로 아무도 살지 않는 허구의 땅이라고 말할 것을 요청한다.

10여 년 전에 자폐증에 대해 그랬던 것처럼, DSM 제5판의 저자들을 포함한 연구자들은 이제 주요 진단명을 (조현병 스펙트럼 장애, 양극성 스펙트럼, 강박 스펙트럼처럼) 스펙트럼 장애로 재구성하고 있다. 전 세계적으로 조현병과 양극성 장애같이 아주 심각한 질환이 있는 사람들은 증상과 중증도, 치료 결과 면에서 폭넓은 차이를 보인다. 어떤 조현병 환자는 입원 치료가 필요한 반면, 서던캘리포니아 대학교 법학대학원 학과장이자 교수인 작가 엘린 삭스 같은 사람은 매우 높은 수준의 기능을 수행하고 있다.[4] 양극성 장애가 있으며 자살을 기도하기도 한 케이 레드필드 제이미슨은 성공한 심리학자이자 작가가 되었다. 템플 그랜딘은 자폐증이 있지만 (또는 어쩌면 자폐증 때문에) 선도적인 동물권 활동가이자 동물학 교수이자 축산업 컨설턴트이자 디자이너가 되었다. 삭스, 제이미슨, 그랜딘 같은 사람을 많이 만날수록 우리가 조현병이나 양극성 장애나 자폐증 같은 분류명이 어떤 동질적인 상태를 가리킨다고 추정할 가능성이 더 적어지고, 그것들을 하나의 고정관념으로 제한할 가능성도 적어질 것이다.

최근에 거둔 또 하나의 승리는 오랫동안 비하와 억압에 쓰이던 경멸적 단어를 재전유하려는 활동가들의 지속적인 노력이다. 퀴어 연구, 뚱보 연구, 불구자 연구, 신경다양성 같은 학술 운동의 이름들이 이런 노력의 완벽한 본보기가 된다. 일부 뚱보 연구 활동가들은 고용주, 의사, 보험사의 차별과 다이어트 업계의 금전적 이익에 도전하기 위해 동성애자 권리의 언어를 가져다 '뚱보'로 '커밍아웃'한다는 표현까지 쓴다. 이런 운동들 중 어떤 것도 구성원을 '정상'으로 만드는 데 목적을 두지 않는다. 오히려 헤스터처럼 저마다 나름의 방식으로 자신감을 가지려고 한다.

저항은 '정상'인 사람들의 권리와 특성을 추구하거나 슬로건으로 차이에 대한 정당한 평가를 주장하는 것 이상이다. '게이는 좋은 것이다', '검은 것이 아름답다' 또는 전국정신질환연맹의 '낙인을 치유하라' 같은 대중 인식 제고 캠페인의 문구는 태도 변화라는 의도가 있지만 여전히 성적 특징과 인종, 질병의 기존 범주를 언급하면서 그것을 재생산한다.[5] 물론 슬로건이 새로운 정신 질환 용어들과 마찬가지로 긍정적인 효과를 가져올 수 있다. 영국과 미국에서 발명한 '아스퍼거 증후군'과 일본에서 한때 정신분열병으로 불리던 조현병의 새 이름 '통합실조증'이 이런 효과의 예다. 분류 명칭이 얼마나 강력할 수 있는지에 관한 유명한 연구는 부분적으로 시력이 있는 학생들이 맹학교에 들어간 뒤 자신을 '맹인'으로 생각해서 남은 시력의 사용을 멈춘 예를 보여 주었다.[6] 이와 비슷하게, 조현병으로 진단받은 사람들이 때로는 평생 노출된 부정적 고정관념으로 스스로를 보게 된다는 것을 증명한 문헌이 있다. 그들은 자신이 위험하며 남들이 두려워할 만한 대상이라고 믿을 수 있다.[7]

우리는 수 세기에 걸친 질병과 문화를 분리하려는 무책임한 노력과 연결된 망가진 뇌 모델도 거부해야 한다. 정신 질환의 이해와 치료에 대한 신경과학적 접근 방식이 질환 경험이나 개인 성격의 복잡성을 두뇌의 문제로 환원해 낙인을 영속화하는 것을 나는 우려한다.[8] 여기서 의문은 뇌에 기반한 연구가 언젠가 새로운 치료로 발전할 수 있느냐가 아니라, 그것이 실제로 치료의 장애물을 제거하고 낙인이 불러일으킨 고통을 줄일 수 있느냐다. 전기경련요법이 분명히 보여준 것처럼 뇌의 질환으로서 정신 질환에 매우 효과적인 치료법이 있는데도, 자아와 영혼이 뇌에 존재한다는 지속적인 믿음 때문에 그 치료는 낙인을 줄이지 못하고 (오히려 악화시키고) 있다. 제아무리 효과적인 치료라 한들 이용하려는 사람이 거의 없다면 무슨 소용이 있겠는가?

　　물론 생물학적 정신의학의 확고한 옹호자들은 이런 비판적 의견에 대해 뇌가 문화와 역사, 정치, 경제와 상호작용하는 것을 분명히 안다고 대응할 것이다. 그러나 학자인 니컬러스 로즈가 쓴 것처럼, '단순히 사회적·환경적 요인이 중요하다고 인정하고 나서, 연구와 설명은 뇌의 신경 구조에 초점을 맞춰야 한다고 주장하는 것'으로는 충분하지 않다.[9] 정말로 우울증에서 가난과 사회적 스트레스가 해마만큼 중요하지 않단 말인가? 해마를 치료한다고 해서 그 사람의 굶주림이나 차별받은 역사가 변하지는 않는다. 또한 해마를 치료한다고 해서 항상 우리 삶의 더 넓은 맥락에 경험이 자리 잡고 있다는 사실도 변하지 않는다. 사실은, 경험이 뇌의 구조를 바꾼다.[10]

또한 뇌에 초점을 맞추다 보면 질환을 생물학적으로 설명할 수 있는 질환과 그럴 수 없는 질환으로 나눌 위험이 있다. 그럼 우리는 전자, 즉 눈으로 확인하거나 실험실 검사에서 관찰할 수 있는 증거가 있는 상황을 진짜로 보고 후자를 허구로 볼 위험이 있다. 2019년에 존경받는 과학사가 앤 해링턴마저 이렇게 썼다. "일반의나 정신과 의사에게 정신적 고통이 있어 보이는 많은 사람 중 어떤 사람들은 (거의 분명하게) 실제 질환, 즉 다른 의학적 증상처럼 (원칙적으로) 이해할 만한 질환을 겪고 있다. 같은 이유로 다른 사람들은 (거의 분명하게) 그렇지 않다."[11] 이런 관점은 거의 모든 정신 질환자와 만성 질환이나 만성피로, 걸프전 증후군, 만성 라임병처럼 분명한 의학적 소견이 없는 증상이 있는 많은 사람이 자신의 질환이 진짜가 아니라고 믿도록 유도한다. 더욱이 많은 정신 질환자가 DSM의 질병 기준에 부합하지 않으며 현재의 분류 시스템에 딱 들어맞지 않는 증상들을 겪고 있지만, 그들의 고통은 여느 고통과 마찬가지로 실제한다.

또한 어떤 상태를 다른 상태보다 더 '진짜'라고 취급하며 특권을 부여하는 사람들은 다른 모든 질환과 마찬가지로 정신 질환의 개념이 역사의 역학 관계 속에 존재하며 따라서 그저 임시적인 틀일 뿐이라는 사실을 간과한다. 예를 들어, 1994년에 아스퍼거 장애가 DSM에 포함되었을 때 의료계는 그것을 '진짜' 상태로 받아들였다. 당시 '자폐증'이라는 단어는 두려움을 자아내는 경향이 있어서 의사들이 진단을 꺼리는 바람에 아이들이 중요한 조기 치료의 기회를 놓친 채 취학연령에 이르기도 했고, 그래서 특정 자폐증을 가리키는 낙인이 덜한 말이 필요했다. 그러나 아스퍼거 장애가 일반 진단명이 되었을 때도, 최고의 신경정신과 검사자들은 아스퍼거와 다른 자폐증을 확실하게 구분할 수 없다는 것을 시인했다. 아스퍼거 장애는 과학적인 이유보다 문화적인 이유로 지속되었다. (2013년에 DSM에서 제거된) 그 말이 이제 임상 및 연구 분야에서 한물갔지만, 그것은 새로운 과학 지식 때문이 아니라 그것이 허구적이라는 생각 때문이다. '아스퍼거 장애'가 문화적 소명을 잘 수행해서 더는 필요 없어진 것이다. 사람들은 이제 수치심 없이 자폐증 진단을 받을 수 있다.

또 하나의 임시적 틀은 우리가 이제는 진단하지 않는 신경쇠약이었다. 피로, 짜증, 두통 같은 증상이 특징인 신경쇠약이 20세기에는 분명 허구적인 것으로 받아들여지지 않았다. 신경쇠약의 증상이 이제 다른 질병 용어들로 분류되었기 때문에 오늘날 미국에서 그것은 '허구적'이 되었다. 우리는 이제 '신경쇠약'이라는 병명을 쓰지 않지만, 사람들은 여전히 피로와 짜증과 두통을 통해 정신적 고통을 겪는다. 어쩌면 차원적 전환의 주된 가치가 바로 이것일 수 있다. 진단 분류명과 진짜 상태냐 허구적 상태냐를 두고 옥신각신하기보다는 증상을 해결하려 하고, 범주적 증상 체크리스트로 설명할 수 있는 것보다 훨씬 더 많은 사람을 위해 정신보건을 연구하고 치료할 수 있게 하는 것 말이다.

문화와 시대에 따른 가변성을 모두 고려할 때, 정신 질환에 대한 현재의 어떤 접근법이든 최선의 또는 유일한 방법이라고 가정한다면 어리석을 것이다. 모든 사회가 행동에 대해 저마다의 해석을 하고 나름의 정신 질환 분류와 낙인을 만들 수 있다. 행동 문제가 있는 아이들에 대한 비교 문화적 연구에서, 이탈리아 부모는 부끄럼 타는 아이를 '어렵다'고 표현하는 반면 스웨덴 부모는 그런 아이를 '요구가 많지 않다'고 표현한다. 이탈리아 부모는 가끔 감정 기복이 심하고 짜증을 잘 내는 아이를 '표현을 잘한다'고 칭찬하지만, 스웨덴과 네덜란드 부모는 그런 아이는 너무 많은 주의가 필요해서 '어렵다'고 비판적으로 말한다.[12] 나미비아의 경우를 떠올려 보자. 준오안시 사람 탐조에게 약을 처방한 의료진은 그를 '조현병'이 있는 개인으로 생각하지만, 집에서 그는 개인적 질환보다 사회적 질환을 겪고 있으며 악귀의 무고한 희생자다. 그러나 그는 똑같은 증상이 있는 똑같은 사람이다. 탐조의 증상이 두 가지 맥락에서 더없이 다른 의미일 수 있지만, 그것은 양쪽 모두에서 똑같이 의미 있고 유용하다.

이제 나미비아의 준오안시 수렵채집인이 미국에 와서 참전 군인이나 채식주의자같이 그에게 낯선 존재를 접하게 되었다고 상상해 보자. 그의 사회에서 가장 중시되는 품목은 고기다. 고기는 생존에 필요한 데다 그것을 나눠 먹는 것은 사회적 관계를 구축하고 유지하는 주요 수단이다. 그의 관점에서 채식주의자는 심신을 쇠약하게 하고 소외를 불러올 수 있기 때문에 정신 질환일 수 있다. 그 장애, 편의상 잡식 불쾌감이라고 할 것에 대한 설명은 다음과 같을 수 있다.

잡식 불쾌감의 주된 특징은 섭식 양상과 관련된 어려움이다. 혼자 있을 때와 자칫 사람들의 주목을 받을 수 있는 상황에서 육류 섭취에 대해 지속적인 두려움과 피하고 싶은 욕구가 있다. 증상은 경미할 수도 있고, 육류 섭취의 실재 또는 상상된 트라우마를 수반하거나 상징하는 사회적 관계나 활동에 대한 공포증적 회피를 포함해 삶의 모든 측면에 영향을 미칠 수도 있다. 이 상태는 대인 관계를 형성하고 유지하는 능력을 떨어트리고 직장에서 사회활동의 어려움으로 이어질 수 있다. 개인은 화해할 수 없는 성격의 양상으로 이런 갈등을 경험하며 엄격한 이데올로기와 철학적 사명, 숭고한 목적을 통해 이런 태도를 정당화한다.

이것은 장난삼아 해 보는 실험적인 생각이 아니다. 한 사회가 일탈적이라고 보는 어떤 것을 다른 사회는 당연하며 사회적으로 적절하다고 볼 수 있다.

예를 들어, 미크로네시아에는 정신적 장애를 일탈로 해석하지 않고 친족 관계를 공고히 하는 관계 경험으로 해석하는 사회가 있다. 그들은 자신의 고통이 사회적이기보다 개인적인 것이라고 말하는 의료진과 싸운다. 그들의 관점에서 정신적 고통은 가족을 더 가깝게 만들어 주는 방식이기 때문이다.[13] 이런 사회들은 정신 질환이 꼭 가족의 분열을 가져오지는 않는다고 우리에게 가르쳐 준다. 브라질 상파울루에서는 에이즈의 정신과적 합병증과 퇴행성 신경 질환이 있는 사람들이 장애에 대해 자기 나름의 서사를 구축하려고 한다. 그들은 자신의 삶을 서술할 때 회복력과 끈기, 독창성을 강조한다. 그러나 DSM의 언어로 훈련받은 의료 전문가들이 그 사람의 질환을 질병의 언어로 재구성할 때 그 사람은 그런 능력을 잃어버린다.[14] 과학적 분류는 때로 우리 자신이 스스로를 정의하려는 노력을 해칠 수 있다.

몬태나주의 샐리시 인디언 사이에서 우울증은 끔찍한 고통이긴 해도 꼭 질병은 아니다. 누군가의 슬픔이 그를 가족이나 친구와 갈라놓을 경우에만 그것이 질병이 된다. 우울증과 우울증의 극복은 곧 인디언의 정체성이다. '진짜 인디언'이 오랜 세월 동안 비인디언 압제자들에게 지배당하면서 우울증에 빠졌기 때문이다.[15] 우울증을 자신들에게 부과된 것으로 정의함으로써, 샐리시 인디언은 우울증이 자아의 병이라는 것을 거부한다.

이런 사회들은 비만을 무책임과, 폐암을 흡연과, 간 질환을 알코올중독과 연결하듯 의사들이 얼마나 쉽게 질병을 개인의 도덕적 실패로 볼 수 있는지를 각자의 방식으로 이해하고 있다. 사회학자 조너선 메츨이 우리에게 상기시키는 것처럼, 건강과 질병은 우리가 남들을 '우리 문화의 기대에 부응할 의무를 이행하지 않는 건강하지 못하거나 비정상적인 사람'이라고 폄하하기 위해 이용할 수 있는, 계속 변하는 이데올로기적 태도다. 메츨은 이렇게 쓴다. "우리가 담배를 피우는 사람을 보고 '담배는 건강에 해로워요.' 하고 반사적으로 말할 때 그 말이 진짜로 의미하는 것은 '당신은 담배를 피우니까 나쁜 사람이에요.'다."[16] 신체 질환이건 정신 질환이건 환자들은 질환을 그냥 질환으로서만 경험하는 게 아니라 사람들의 시선과 관련된 것, 즉 대중의 평가를 당하게 만드는 상태로서 경험한다.[17]

알코올중독과 싸우는 사람은 의문을 품는다. 나는 알코올중독이다. 사람들이 나를 나약하고 죄 많고 고용하기에 부적합한 사람으로 볼까? 내게 우울증 이력이 있다는 사실을 고용주가 알면 내 승진 기회에 영향을 미칠까? 사람들이 '나'를 보고 있을까? 그냥 정신질환의 낙인만 볼까? 이런 것들은 19세기 후반 철학자 프리드리히 니체가 언젠가 끝날 거라고 꿈꾸던 불안한 숙고다. "병약자가 적어도…… 병 자체보다 병에 대한 생각 때문에 **더** 고통스러워야 하는 일이 없도록 병약자의 상상을 진정시키는 것. 나는 그것이 중요할 거라고 생각한다!"[18]

이 책에서 나는 낙인이 낙인찍힌 사람에게서 나오지 않은 판단임을 보여 주려고 노력했다. 낙인은 그것을 찍는 사람들에게서 나온다. 병을 앓거나 남들과 다르다고 생각되는 사람에게 가혹한 도덕적 판단의 불빛을 비추고는 그 사람이 만들어 낸 그림자만을 보며 그것이 실재라고 오해하는 사람들 말이다. 그 그림자는 대체로 낙인의 당사자와 그 가족까지 따라다닌다. 그림자는 떨쳐 낼 수 없는 제2의 자아처럼 그 사람의 연장된 부분이 되어, 본인조차 그것을 사실로 받아들이게 될 수 있다.

정신보건 전문가들은 여전히 정신건강 관리를 가로막는 장벽의 역사적, 문화적 복잡성을 그저 '낙인'이라는 단어 하나로 축소하는 경향이 있다. 마치 그 단어가 그 자체로 자명한 것처럼 말이다. 우리가 관리에 대한 장벽과 정신 질환자들의 이중적 고통을 '낙인'이라는 말로 축소할 때 부정적인 태도와 믿음, 차별과 편견의 곡절과 가변성에 대한 논의가 마치 인간 경험의 세부 사항들을 빨아들이는 블랙홀처럼 멈춰 버린다. 내가 여기서 비록 미미하게나마, 낙인이 꼭 대화의 마침표가 될 필요는 없다는 것을 보여 주었기를 바란다. 낙인이 우리의 경제적·사회적 역사에 너무도 깊숙이 뿌리박혀 있어서 종종 눈에 보이지 않고 우리가 당연시하는 가치와 관점으로 우리의 관심을 이끌 수 있다면, 그것은 대화의 출발점이 될 수 있다. 또한 '낙인'이라는 단어가 존재하지 않는다면 또는 우리가 그 단어를 쓸 때마다 그것의 역사를 인식한다면 우리가 어떻게 할지를 상상해 보는 것도 가치 있을 것이다. 그 단어가 없다면, 어쩌면 우리는 사회가 비순응자에게 오명을 씌우고 배제하는 방식에 직면해야 할 것이다. 그런 다음 어쩌면 정신 질환과 그것의 의미가 우리가 만들어 왔고 따라서 우리가 바꿀 수도 있는 특정 사회에 뿌리박혀 있음을 더 온전히 인식하게 될 것이다.

아이가 학교에서 집중력을 유지하기 힘들어할 때, 우리는 교실과 학교를 조직하는 방식에 의문을 제기하기보다 아이의 행동 방식을 바꿔야 한다고 생각한다. 노숙인을 보면서 우리는 차별과 불평등의 역사적 유산에 의문을 제기하기보다 그 사람이 개인적으로 실패했다고 생각한다. 어떤 사람이 주어진 성별에 부합하지 않을 때, 우리는 정상성에 대한 정의에 의문을 제기하기보다 그 사람이 정신적이거나 신체적인 질병이 있다고 생각한다. 아이에게 어떤 행동을 바라는 것, 차별과 불평등, 성 순응성에 대한 기대 자체가 정신 질환을 일으키지는 않는다. 그러나 그것은 낙인을 불러온다. 지금 과제는 다른 사회와 과거로부터 배움을 얻고 문화의 창조적 힘을 이용해 낙인 자체와 낙인에 대한 두려움을 모두 줄이는 것이다. 문화가 낙인과 정신 질환을 함께 묶었다면, 그것은 분명 그 둘을 분리할 수도 있다.

감사의 글
———

　　　　　　　　몇 년 전 장거리 자동차 여행 중에 셰넌도어국립공원 어딘가에서 아내 조이스가 불쑥 말했다. "생각해 봤는데, 아무래도 당신이 낙인에 대한 책을 써야 할 것 같아."

　　정신과 의사인 조이스는 의사와 치료사, 정책 입안자들이 가난, 부족한 보험, 정신보건 전문가 부족, 1차 진료 의사들의 정신의학 교육 부족 같은 정신건강 관리의 수많은 장벽에 대해 하는 말을 오랫동안 들었다. 그들이 항정신병약 개선, 조기 진단을 위한 평가 방식 개선, 보험 적용 확대, 인식 제고 캠페인 등을 요구하는 소리를 들었다. 조이스는 말했다. "그 사람들은 그렇게 제안한 다음에야 이렇게 말해. '그리고 물론 우리가 정신건강 관리를 가로막는 주요 장벽인 낙인을 뿌리 뽑을 필요도 있습니다.'"

달리 말하면, 가장 큰 문제가 나중에 생각나서 더해진 것처럼 들렸다. 마치 과학자가 인간 행동을 정량화할 수 있는 이유를 샅샅이 다루고 나서 어깨를 으쓱하며 자신이 설명할 수 없는 것은 다 문화 때문일 거라고 말하듯, 낙인은 다른 모든 가능한 설명 다음에야 이야기하는 장애물이었다. 조이스는 나에게 우리가 실험실에서 측정하거나 볼 수 없는 것들에 대해 써야 한다고 그리고 낙인을 그저 다른 조사들이 다루고 남은 찌꺼기가 아닌, 문화가 정신의 과학과 정신 질환에 대한 우리의 개인적·사회적 경험에 어떤 영향을 미치는지 보여 주는 창으로 생각하도록 독려했다. 그녀가 없었다면 나는 이 프로젝트를 시작할 수 없었을 것이다.

나에게 지적으로나 정서적으로 도움을 준 많은 사람 가운데 나와 함께 작업해 온 놀라운 학생들에게 가장 먼저 고마움을 전하고 싶다. 클로이 아만, 빅토리아 에이비스, 데이나 버턴, 마이클 캐플런, 캐럴라인 피커링. 이 학생들 한 명 한 명이 이 책의 모든 페이지에 대해 자신의 견해와 예리한 통찰을 제공했다. 빈디아 에카나야케는 나와 워싱턴 DC 곳곳에서 수많은 인터뷰를 진행했다. 매켄지 푸스코는 내가 쓴 글을 한 자 한 자 읽고, 크고 작은 문제에 대해 자문해 주었다. 산문을 시로 만드는 글쓰기에 능한 슈웨타 크리슈난은 내가 서론을 다듬는 데 도움을 주었다. 애비게일 피오치와 데빈 프록터, 마리아 타피아스 드 폼보는 찾기 어려운 문서를 찾는 데 특히 큰 도움을 주었다. 총명하고 마음이 넓고 내가 지금까지 본 학생들 중 가장 아량 있는 에비 불라이데스는 본인이 아는 것보다 훨씬 더 내 자신감을 북돋아 주었다. 조지 베나비데스-로슨 박사의 의학과 의료 인류학에 관한 전문적이고 꼼꼼한 자문에 두 배로 감사한다. 조지워싱턴대학 동료들에게도 빚을 졌다. 셀레스트 애링턴, 브렌다 브래들리, 앨리슨 브룩스, 알렉산더 덴트, 일라나 펠드먼, 휴 거스터슨, 수전 존스턴, 브랜던 코트, 조엘 퀴퍼스, 셋 셔우드, 타데우시 자위즈키 그리고 특히 세라 와그너에게 아이디어에서 출판에 이르는 험난한 길에서 나를 측은히 여기고 조언해 준 것에 감사한다.

인터뷰 대상이나 독자로서 너그럽게 도와준 줄리 앤소지와 사이먼 배런 코언, 줄리아 배스컴, 앤 베커 박사, 도미니크 파레자 베하그, 앤디 빅포드, 카이 블레빈스, 폴 블리스, 폴 브로드윈, 로절린 카터, 로버트 서튼 대령, 네이너 커노프, 존 조, 경진 조, 린 콘웨이, 패트릭 코리건, 피터 크라일, 잭 드레셔 박사, 찰스 엥걸, 스티븐 엡스타인 박사, 조지프 패럴, 패멀라 패럴, 패트릭 패럴, 엘리자베스 파인, 마이클 필드하우스, 마이클 퍼스트 박사, 브라이언 하워드 프리드먼, 마이클 프리드너, 대니얼 게슈윈드, 샌더 길먼, 페이 긴즈버그, C. T. 고든 박사, 올리비아 그린커, 제럴드 그롭, 로버트 그런드, 커샌드라 하트블레이, 맷 하퍼, 엘리자베스 해스릭, 세라 헨드런, 스티븐 힌쇼, 해리 홀러웨이 박사, 베스 호로비츠 박사, 토머스 인설 박사, 지넬 존슨, 데이비드 키런, 은정 김, 제롬 김, 폴 김, 준코 기타나카, 아서 클라인먼, 리베카 클링, 리샤브 코이랄라, 엘런 라이브러프트, 세라 리샌비 박사, 루이자 롬바드, 제임스 R. 머호니, 마이클 멀로니, 레이마

맥코이 맥데이드, 테이 메도, 토드 메이어스, 고와-오나이우 모레니케, 캐런 나카무라, 아리 니먼, 테레사 오닐, 프란시스코 오르테가, 로런스 박 박사, 알렉스 플랭크, 대니얼 파인 박사, 유진 라이켈, 로런스 랠프, 주디스 래퍼포트 박사, 레이나 랩, 존 리드, 어맨다 루, 서맨사 로즌솔, 찰스 세임나우, 랠프 새버리스, 벤 셰퍼드, 스티븐 쇼어, 스티브 실버먼, 짐 사이너키, 앤드루 E. 스코돌, 앤드루 솔로몬, 마이크 스탠턴, 엘리자베스 스티븐스, 루커스 수아레스-핀들리, 루시언 태차-로, 프레드 볼크머 박사, 티머시 윌시 박사, 필립 왕 박사, 사이먼 E. 웨슬리 박사, 레이철 예후다 박사, 데브라 유릭, 타일러 조니에게 감사한다. 존 스피걸의 제2차 세계대전 관련 문서 전체를 공유해 준 헬리 멜츠너에게 특별한 감사를 보낸다.

여러 해 동안 자아감에서 지출에 이르기까지 일에 관해 나의 모든 면을 관리하는 데 도움을 준 서배너 페터롤프는 내가 오롯이 책에만 집중할 수 있게 해 주었다. 내가 그녀의 평온한 성품과 아량과 기지를 얼마나 중요하게 생각하는지 말로 표현하기 힘들다. 랜스 클로슨 박사는 내가 문장을 줄이고 주장을 다듬고 사실을 확인하고 글을 더 명료하게 하는 데 도움을 줬다. 박사가 이 어려운 주제에 지성과 지혜를 쏟아 준 것에 감사한다. 역시 이 책 전체를 읽어 준 대니얼 파인 박사는 오랫동안 내 친구인 동시에 건설적인 비평자였다. 바쁜 일정에도 항상 전화 한 통이면 달려와 준 그에게 깊이 감사한다.

나를 믿고 내가 학계 외부의 목소리를 찾도록 도와준 에이전트 앤 에델스타인에게 깊은 감사를 표한다. 나는 그녀의 판단력과 실용주의, 계산해 보면 수십 시간에 이를 전화 통화를 소중하게 여긴다. 또한 박식하고 통찰력 있는 베테랑 편집자 제인 로즌먼의 열정과 조언에 큰 감사를 보낸다. 물론 W. W. 노턴의 편집자 질 바이얼로스키의 신뢰와 지원이 없었다면, 이 책은 출판되지 못했을 것이다. 또한 W. W. 노턴에서 나는 낸시 팜퀴스트와 드루 엘리자베스 와이트먼의 조언에 크게 의지했다.

마지막으로 내가 나의 경력을 위해 한 모든 일에 대해 나의 가족에게 감사한다. 작고한 조부모님 로이와 밀드러드, 작고한 어머니 플로렌스와 아버지 딕, 여동생 제니퍼, 나의 아이들 이저벨과 올리비아 그리고 누구보다 조이스에게 고마운 마음이 크다. 나의 가장 소중한 비평자인 조이스는 빈약한 생각과 잘못된 단어 선택, 정리되지 못한 문장, 존재할 이유가 없는 구절을 포착하고 골수를 찾아내는 보기 드문 독자이자 편집자다.

주

서문 베들럼에서 나오는 길

1 정신 질환의 유병과 치료에 관한 미국 정부 통계는 미국 국립정신건강연구소 웹페이지(https://www.nimh.nih.gov/health/statistics/mental-illness.shtml#part_154788)에서 찾아볼 수 있다.

2 미국 국립정신건강연구소 통계. https://www.nimh.nih.gov/health/statistics/mental-illness.shtml, 2019년 5월 10일 검색.

3 거식증 사망자 중 20퍼센트 정도는 스스로 목숨을 끊었다. Arcelus, J., et al. (2011) Mortality rates in patients with anorexia nervosa and other eating disorders: A meta-analysis of 36 studies. *Archives of General Psychiatry, 68*(7), 724-731 참조.

4 Centers for Disease Control and Prevention. (2014) Youth risk behavior surveillance—United States, 2013. *Morbidity and Mortality Weekly Report, Surveillance Summaries, 63*(4), 1-172.

5 World Health Organization. (2004) *The global burden of disease: 2004 update*. Geneva: World Health Organization; 이런 감금을 보고하는 포토 에세이가 많다. 예를 들어, Hammond, Robin.(2014) Breaking the chains of stigma. *Transition, 115*, 34-40 참조.

6 U. S. Department of Health and Human Services. (1999) *Mental health: A report of the surgeon general*. Rockville, MD: U. S. Department of Health and Human Services, Substance Abuse and Mental Health Services Administration, Center for Mental Health Services, National Institutes of Health, National Institute of Mental Health.

7 Goffman, Erving. (1963) *Stigma: Notes on the management of a spoiled identity*. Englewood Cliffs, NJ: Prentice-Hall, 128.

8   Hoge, Charles W., et al. (2002) Mental disorders among U. S. military personnel in the 1990s: Association with high levels of health care utilization and early military attrition. *American Journal of Psychiatry, 159*, 1576-1583; Hoge, Charles W., et al. (2004) Combat duty in Iraq and Afghanistan, mental health problems, and barriers to care. *New England Journal of Medicine, 351*, 13-22.

9   Carmichael, Rodney. (2019) Stressed out: How "Mind Playing Tricks on Me" gave anxiety a home in hip-hop. National Public Radio, May 29. https://www.npr.org/2019/05/29/726615663/geto-boys-mind-playing-tricks-on-me-anxiety-american-anthem, 2019년 5월 29일 검색.

10 점점 더 많은 대학생과 청소년 들이 소셜 미디어에 심각한 정신 질환 증상을 포함해 정신의학적 증상을 공개하고 있다. 이는 사회적 지원과 치료를 위한 전문 기관 추천을 쉽게 하는 면이 있다. 예를 들어, Moreno, Megan A., et al. (2011) Feeling bad on Facebook: Depression disclosures by college students on a social networking site. *Depression and Anxiety, 28*, 447-455; Mulfinger, Nadine, et al. (2019) Secrecy versus disclosure of mental illness among adolescents: II. The perspective of relevant stakeholders. *Journal of Mental Health, 28*(3), 304-311; Nasland, John A., et al. (2014) Naturally occurring peer support through social media: The experience of individuals with severe mental illness using YouTube. *PLOS One, 9*(10), 1-9 참조.

11 Schweik, Susan. (2014) In defense of stigma, or at least its adaptations. *Disability Studies Quarterly, 34*(1). http://dsq-sds.org/article/view/4014/3539에서 2018년 7월 24일 검색; Gleeson, Brendan. (1999) *Geographies of disability*. London: Routledge.

12 Link, B. G., & Phelan, J. C. (2001) Conceptualizing stigma. *Annual Review of Sociology, 27*, 375.

13 Collins, Francis, et al. (2003) A vision for the future of genomics research: A blueprint for the genomic era. *Nature*, 422, 841.

14 De Boer, Hanneke M., et al. (2008) The global burden and stigma of epilepsy. *Epilepsy and Behavior, 12*, 540-546.

15 루스 베네딕트가 1932년에 말했듯이 "정상에서 벗어난 사람에 대해 일반화된 설명을 하는 것은 확실히 불가능하다. 그는 자신이 속한 문화에서 돈벌이에 이용되지 않는 인간 능력의 영역을 대표한다. 그가 속한 문명 자체가 그와 맞지

않는 방향으로 움직이는 만큼 그는 고통받을 것이다." Benedict, Ruth. (1932) Configurations of culture in North America. *American Anthropologist, 34*(1), 25 참조.

16 Office of the Surgeon, Multinational Force-Iraq, and the Office of the Surgeon General, United States Army Medical Command. (2006) *Mental Health Advisory Team (MHAT) IV. Final report. Operation Iraqi Freedom 05-07.*

17 Addington, Jean, et al. (2015) Duration of untreated psychosis in community treatment settings in the United States. *Psychiatric Services, 66*(7), 753-756.

18 Bettelheim, Bruno. (1979) *Surviving and other essays.* New York: Alfred A. Knopf, 111.

19 힌쇼의 경험은 Hinshaw, Stephen. (2017) *Another kind of madness: A journey through the stigma and hope of mental illness.* New York: St. Martin's Press 참조. 글렌 클로즈의 가족에 대해서는 그녀의 여동생인 제시의 회고록, Close, Jessie. (with Earley, Pete, & Close, Glenn) (2015) *Resilience: Two sisters and a story of mental illness.* New York: Grand Central Publishing 참조.

20 Foucault, Michel. (1989) *Madness and civilization: A history of insanity in the Age of Reason.* (Richard Howard, Trans.) New York: Routledge; Rose, Sarah F. (2017) *No right to be idle: The invention of disability, 1840s-1930s.* Chapel Hill: University of North Carolina Press.

21 Yang, Lawrence Hsin, et al. (2007) Culture and stigma: Adding moral experience to stigma theory. *Social Science and Medicine, 64,* 1529.

22 Tocqueville, Alexis de. (1899[1835]) *Democracy in America.* (Vol. 2) New York: Colonial Press, 332.

23 Silberman, Steve. (2001) The geek syndrome. *Wired,* December 1, 2001.

24 Conrad, Peter. (1992) Medicalization and social control. *Annual Review of Sociology, 18,* 209-232.

25 Kleinman, Arthur. (1988) *The illness narratives: Suffering, healing and the human condition.* New York: Basic Books, 3.

26 Grob, Gerald N., & Horwitz, Allan V. (2010) *Diagnosis, therapy, and evidence: Conundrums in modern American medicine.* New Brunswick, NJ: Rutgers University Press, 9.

1장 자립적 인간형의 탄생

1   Thomas, Elizabeth Marshall. (1958) *The harmless people*. New York: Vintage.

2   Groce, Nora Ellen. (1985) *Everyone here spoke sign language: Hereditary deafness on Martha's Vineyard*. Cambridge, MA: Harvard University Press.

3   Baynton, Douglas C. (1996) *Forbidden signs: American culture and the campaign against sign language*. Chicago: University of Chicago Press.

4   청각장애 연구 전문가들은 (멕시코, 발리, 이스라엘, 가나, 일본, 자메이카 등) 세계 여러 곳의 다른 '신호 공유 공동체'를 여전히 '마서스비니어드 상황'이라고 부른다. Kusters, Annelies. (2010) Deaf utopias? Reviewing the sociocultural literature on the world's Martha's Vineyard situations. *Journal of Deaf Studies and Deaf Education*, *15*(1), 3-16 참조.

5   Sacks, Oliver. (1989) *Seeing voices: A journey into the world of the deaf*. New York: Vintage.

6   Sahlins, Marshall. (2017[1972]) *Stone Age economics*. London: Routledge, 37.

7   Dols, Michael. (1984) Insanity in Byzantine and Islamic medicine. *Dumbarton Oaks Papers*, *38*, 135-148 또한 Dols, Michael. (1987) Insanity and its treatment in Islamic society. *Medical History, 31*, 1-14 참조.

8   Dols, Insanity in Byzantine and Islamic medicine; Dols, Insanity and its treatment in Islamic society. 또한 Fabrega, Horacio, Jr. (1991) Psychiatric stigma in non-Western societies. *Comprehensive Psychiatry*, *32*(6), 534-551 참조.

9   Suh, Soyoung. (2013) Stories to be told: Korean doctors between hwa-byung (fire-illness) and depression, 1970-2011. *Culture, Medicine and Psychiatry*, *37*(1), 81-104.

10 Bou-Yong, Rhi. (2004) Hwabyung: An overview. *Psychiatric Investigations*, *1*(1): 21-24.

11 Suh, Stories to be told, 82.

12 Yoo, Theodore Jun. (2016) *It's madness: The politics of mental health in colonial Korea*. Oakland: University of California Press, 39.

13 Kim Haboush, Ja Hyun. (1996) *The memoirs of Lady Hyegyŏng: The autobiographical writings of a crown princess of eighteenth-century Korea*. Berkeley: University of California Press 참조.

14 Yoo, *It's madness*, 42

15 Yoo, *It's madness*, 124, 153.

16 Spierenburg, Peter. (1996) Four centuries of prison history: Punishment, suffering, the body and power. In Norbert Finzsch and Robert Jütte, (Eds.) *Institutions of confinement: Hospitals, asylums, and prisons in western Europe and North America, 1500-1900*. Cambridge: Cambridge University Press, 17-38.

17 Guarnieri, Patrizia. (2005) Madness in the home: Family care and welfare policies in Italy before Fascism. In Gijswijt-Hofstra, Marijke, et al., (Eds.) *Psychiatric cultures compared: Psychiatry and mental health care in the twentieth century: Comparisons and approaches*. Amsterdam: Amsterdam University Press, 312-330.

18 Haskell, Thomas L. (1985) Capitalism and the origins of the humanitarian sensibility, part 2. *American Historical Review, 90*(3), 547-566, 550.

19 Federici, Silvia. (2004) *Caliban and the witch: Women, the body and primitive accumulation*. Brooklyn: Autonomedia, 69.

20 Steuart, Sir James. (1966) *An inquiry into the principles of political oeconomy* Vol. 1. (A. S. Skinner, Ed). Edinburgh, 67[Linebaugh, Peter. (2003) *The London hanged: Crime and civil society in the eighteenth century*. London: Verso, 99에서 재인용].

21 Scull, Andrew. (1993) *The most solitary of afflictions: Madness and society in Britain, 1700-1900*. New Haven, CT: Yale University Press, 26. Anderson, Michael. (1971) *Family structure in nineteenth century Lancashire*. Cambridge: Cambridge University Press.

22 교회의 언어인 라틴어가 더는 신에게 도달할 수 있는 유일한 수단이 아니었다. 근대 개인주의의 이런 요소들에 대해서는 Macfarlane, Alan. (1979) *The origins of English individualism: The family, property, and social transition*. Cambridge: Cambridge University Press 참조.

23 Grob, Gerald. (1983) *Mental illness and American society, 1875-1940*. Princeton, NJ: Princeton University Press, 27. 비교적 최근인 1880년대에도 유럽과 미국에서 이런 시설들은 여전히 차마 볼 수 없을 만큼 열악했다. 1883년에 시카고의 쿡카운티 정신병원에 부임한 클리벤저(S. V. Clevenger)는 대부분의 환자

들이 머릿니가 있고 구속복을 입은 채 불결하게 생활하며 아프면 위스키를 처방받고 의료적 돌봄은 전혀 받지 못한 채 죽어 가는 것을 보았다. 1877년 뉴욕의 블랙웰 정신병원에는 900명을 수용할 수 있는 공간에 1400명 이상의 여성 환자들이 있었고, 이들을 위한 유급 의료 담당자가 단 한 명이었다.

24 Marx, Karl. (1978(1859)) A contribution to the critique of political economy (Preface). In Robert C. Tucker. (Ed.) *The Marx-Engels reader*. New York: W. W. Norton, 4.

25 Foucault, *Madness and civilization*, 48, 62.

26 Haskell, Thomas L. (1985) Capitalism and the origins of the humanitarian sensibility, part 1. *American Historical Review*, *90*(2), 339-361.

27 Gilman, Sander. (1982) *Seeing the insane*. Lincoln: University of Nebraska Press, 44-46 참조.

28 Gilman, *Seeing the insane*, 47.

29 이런 시각은 셀 수 없이 많은 문헌에 나타난다. 예를 들어, '코린트 사람들에게 보내는 첫 번째 편지'(한국의 경우 개신교에서는 '고린도전서'로, 가톨릭에서는 '고린도 신자들에게 보낸 첫째 서간'으로 번역된다.) 3장 18~19절이 있다. "너희 중 누구든 이 시대의 기준에 맞게 지혜롭다고 생각한다면 어리석은 자가 되어 지혜로워져야 한다. 이 세상 지혜도 하느님이 보시기에 어리석은 것이다." 문학과 영화에서도 '광인'은 오랫동안 비이성적 사회를 반영했다. 보리스 칼로프의 영화 〈베들럼Bedlam〉(1946)이 베들렘정신병원의 실성한 재소자들을 그리는데, 실성한 사람들이 어느 날 경비원과 의사 들을 감금하고 검사하며 그들이 멀쩡한 정신을 가졌으니 유죄라고 판결한다.

30 Scull, Andrew T. (1979) *Museums of madness: The social organization of insanity in nineteenth-century England*. New York: St. Martin's Press, 18.

31 Graunt, J. (1662) *Natural and political observations mentioned in a following index, and made upon the bills of mortality... with reference to the government, religion, trade, growth, ayre and the diseases of the said city*. London: J. Martyn, 22(Boulton, Jeremy, & Black, John. (2011) "Those, that die by reason of their madness": Dying insane in London, 1629-1830. *History of Psychiatry*, *23*(1), 27-39에서 재인용).

32 Ray, Isaac. (1962(1838)) *A treatise on the medical jurisprudence of insanity*. Cambridge, MA: Harvard University Press.

33 Report of the Limerick District Lunatic Asylum. (1867) Reprinted in Eghigian, Greg. (Ed.) (2010) *From madness to mental health: Psychiatric disorder and its treatment in western civilization*. New Brunswick, NJ: Rutgers University Press.

34 Stone, Deborah A. (1984) *The disabled state*. Philadelphia: Temple University Press, 44–45.

35 Solomon, Andrew. (2001) *The noonday demon: An atlas of depression*. New York: Scribner, 300.

36 Fudge, Erica. (2006) *Brutal reasoning: Animals, rationality, and humanity in early modern England*. Ithaca, NY: Cornell University Press.

37 심각한 정신 질환이 있는 사람을 짐승으로 묘사하는 것은 다른 문화권에서도 보인다. 남태평양의 섬, 뉴기니의 일부 지역에서는 일탈 행동을 하는 사람을 멧돼지라고 부른다. 또한 '광분하다'를 뜻하는 영어는 고대 노르드어 중 곰을 뜻하는 말에서 왔다. Newman, Philip L. (1964) "Wild man" behavior in a New Guinea highlands community. *American Anthropologist, 66*(1), 1-19 참조.

38 Porter, Roy. (1998) Can the stigma of mental illness be changed? *Lancet, 352*, 1049.

39 Scott, Sir Walter. (Ed.) (1814) *The works of Jonathan Swift*. Edinburgh: Archibald Constable, 554.

40 Gould, Stephen Jay. (1981) *The mismeasure of man*. New York: W. W. Norton, 394-399.

41 Mintz, Steven. (2004) *Huck's raft: A history of American childhood*. Cambridge, MA: Belknap Harvard.

42 Linebaugh, Peter, & Rediker, Marcus. (2001) *The many-headed hydra: Sailors, slaves, commoners, and the hidden history of the revolutionary Atlantic*. Boston: Beacon Press, 51.

43 Levine, Robert A. (1973) *Culture, personality, and behavior*. Chicago: Aldine, 254-265.

44 Federici, Sylvia. (2004) The great Caliban: The struggle against the rebel body. *Capitalism Nature Socialism, 15*(2), 7-16, 7.

45 Federici, The great Caliban, 188.

46 Martin, Emily. (2001) *Woman in the body: A cultural analysis of reproduction*. Boston: Beacon Press.

2장 정신 질환의 발명

1 Foucault, *Madness and civilization*, 213.

2 Sontag, Susan. (1978) *Illness as metaphor*. New York: Picador, 35.

3 Torrey, Edwin Fuller, & Miller, Judy. (2001) *The invisible plague: The rise of mental illness from 1750 to the present*. New Brunswick, NJ: Rutgers University Press에서 재인용.

4 Cross, Simon. (2012) Bedlam in mind: Seeing and reading historical images of madness. *European Journal of Cultural Studies, 15*(1), 19–34.

5 Foucault, *Madness and civilization*, 146에서 재인용.

6 Gontard, Alexander von. (1988) The development of child psychiatry in 19th century Britain. *Journal of Child Psychology and Psychiatry, 29*(5), 569–588.

7 프랑스의 관찰자들이 하워드와 같은 반응을 보였다. 푸코는 범죄자와 빈민이 함께 수용되는 데 경악한 비세트르수용소 회계 담당자가 쓴 편지를 전재한다. 그는 '죄수들을 비세트르에서 빼고 빈민만 두거나, 빈민을 다른 곳으로 보내 죄수만 남도록' 할 것을 요청했다. 그리고 말했다. "후자가 더 나은 방법일 경우, 광인들은 있는 곳에 그대로 둘 수 있을 것입니다. 그들은 또 다른 불행을 안은 자들이고, 인류에게도 끔찍한 고통을 가져오는 자들이기 때문입니다." Foucault, Michel. (2006) *History of madness*. Khalfa, Jean, (Ed.) Murphy, Jonathan, & Khlafa, Jean. (Trans.) London: Routledge, 424–425.

8 Foucault, *Madness and civilization*, 213.

9 Porter, Can the stigma of mental illness be changed?; Grange, K. M. (1961) Pinel and eighteenth century psychiatry. *Bulletin for the History of Medicine, 35*, 442–453; Charland, Louis C. (2010) Science and morals in the affective psychopathology of Philippe Pinel. *History of Psychiatry, 21*(1), 38–53 참조.

10 Chilcoat, Michelle. (1998) Confinement, the family institution, and the case of Claire de Duras's *Ourika*. *L'Esprit Créateur, 38*(3), 6–16, 12.

11 Furst, Lillian R. (2003) *Idioms of distress: Psychosomatic disorders in medical and imaginative literature*. Albany: State University of New York Press, 23.

12 Grinker, Roy R., Sr. (1979) *Fifty years in psychiatry: A living history*. Springfield, IL: Charles C. Thomas, 69.

13 Reil, Johann. (1803) *Rhapsodieen uber die Anwendung der psychischen*

Curmethode auf Geisteszerrüttungen. Halle: In der Curtschen Buchhandlung, 205.

14 Marx, Otto M. (1990) German Romantic psychiatry, part 1. *History of Psychiatry I*, 351 – 381, 365.

15 De Young, Mary. (2015) *Encyclopedia of asylum therapeutics: 1750–1950s*. Jefferson, NC: McFarland.

16 Levy, Norman, & Grinker, Roy R., Sr. (1943) Psychological observations in affective psychoses treated with combined convulsive shock and psychotherapy. *Journal of Nervous and Mental Disease*, *97*(6), 623 – 637, 623.

17 Reil, *Rhapsodieen*, 7 – 8.

18 Marneros, Andreas. (2008) Psychiatry's 200th birthday. *British Journal of Psychiatry*, *193*, 1 – 3.

19 Scull, Andrew. (1975) From madness to mental illness: Medical men as moral entrepreneurs. *European Journal of Sociology*, *16*(2), 218 – 261; Keller, Richard C. (2005) Pinel in the Maghreb: Liberation, confinement, and psychiatric reform in French North Africa. *Bulletin of the History of Medicine*, *79*(3), 459 – 499.

20 Foucault, *Madness and civilization*, 232.

21 Gamwell, Lynn, & Tomes, Nancy. (1995) *Madness in America: Cultural and medical perceptions of mental illness before 1914*. Ithaca, NY: Cornell University Press, 37.

22 Wright, David. (1997) Getting out of the asylum: Understanding the confinement of the insane in the nineteenth century. *Social History of Medicine*, *10*(1), 137 – 155, 143.

23 Gilman, Sander. (2014) Madness as disability. *History of Psychiatry*, *25*(4), 441 – 449, 444.

24 Charland, Louis C. (2007) Benevolent theory: Moral treatment at the York Retreat. *History of Psychiatry*, *18*(1), 61 – 80.

25 피넬은 이런 차이, 더 정확히 말하면 '특색'을 표현하기 위해 '편차(écarts)'라는 단어를 썼다.

26 Mosse, George. (1982) Nationalism and respectability: Normal and abnormal sexuality in the nineteenth century. *Journal of Contemporary History*, *17*, 221 – 246, 225.

27 Gilman, Sander. (1999) *Making the body beautiful: A cultural history of aesthetic surgery*. Princeton, NJ: Princeton University Press 참조.

28 Mosse, George L. (1985) *Nationalism and sexuality: Middle-class morality and sexual norms in modern Europe*. Madison: University of Wisconsin Press, 37.

29 Mosse, *Nationalism and sexuality*, 12; in 1828, George M. Burrows wrote: "The lamentable vice of masturbation is a frequent and formidable cause of insanity." Porter, Roy. (1986) Love, sex, and madness in eighteenth-century England. *Social Research, 53*(2), 211–242, 222에서 재인용.

30 Parvin, T. (1854/1855) Review of European legislation for control of prostitution. *New Orleans Medical and Surgical Journal, 11*, 700–705.

31 Porter, Love, sex, and madness in eighteenth-century England, 228.

32 Darby, Robert. (2003) The masturbation taboo and the rise of routine male circumcision: A review of the historiography. *Journal of Social History, 36*(3), 737–752.

33 Money, John. (1985) *The destroying angel: Sex, fitness and food in the legacy of degeneracy theory, Graham crackers, Kellogg's Corn Flakes and American health history*. Buffalo, NY: Prometheus Books.

34 Whorton, James. (2001) The solitary vice: The superstition that masturbation could cause mental illness. *Western Journal of Medicine 175*(1), 66–68.

35 Sokolow, Jayme A. (1983) *Eros and modernization: Sylvester Graham, health reform, and the origins of Victorian sexuality in America*. London: Associated University Presses.

36 Graham, Sylvester. (1834) *A lecture to young men, on chastity*. Providence, RI: Weeden and Cory, 25–26.

37 Mosse, *Nationalism and sexuality*, 32.

3장 분열된 몸

1 De Montaigne, Michel. (1903) *The journal of Montaigne's travels in Italy by way of Switzerland and Germany in 1580 and 1581* (3 vols.) (G. W. Waters, Trans.) London: John Murray.

2   이런 관점의 잔재를 털어 내기 어려웠다. 미국 법에 따르면 1990년까지 이민 당국에서 동성애자의 이민을 배제하는 것이 허용되었다. 비근한 예로 1986년에 미국 대법원이 비역(성별에 관계없이 두 성인의 합의에 따른 구강성교나 항문성교)을 금지하는 조지아주 법을 인정했다. 이 판결은 1998년에 뒤집혔다.

3   Laqueur, Robert. (1990) *Making sex: Body and gender from the Greeks to Freud.* Cambridge, MA: Harvard University Press. 고대 그리스 의학과 중세 의학의 연속성에 더 초점을 맞춘, 라쿼에 대한 비판적 관점은 Cadden, Joan. (1993) *Meanings of sex difference in the Middle Ages: Medicine, science and culture.* Cambridge: Cambridge University Press를 참조.

4   Laqueur, Thomas. (2012) The rise of sex in the eighteenth century: Historical context and historiographical implications. *Signs: Journal of Women in Culture and Society, 37*(4), 802 – 813. 어찌 보면 당연하지만, 중세의 해부학적 그림은 대부분 남성이 아닌 여성에 대한 것이었다. 여자는 설명이 필요한 일탈적 존재로 여겨졌기 때문이다.

5   Grinker, Roy R. (1994) *Houses in the rainforest: Farmers and foragers in Central Africa.* Berkeley: University of California Press.

6   Gettleman, Jeffrey. (2018) The peculiar position of India's third gender. *New York Times*, February 17, 2018.

7   Davies, Sharyn Graham. (2016) What we can learn from an Indonesian ethnicity that recognizes 5 genders. *U. S. News & World Report*, June 17, 2016.

8   Stip, E. (2015) RaeRae and Mahu: Third Polynesian gender. *Santé mentale au Québec, 40*(3), 193 – 208.

9   Laqueur, *Making sex*, 62.

10   Ortner, Sherry B. (1972) Is female to male as nature is to culture? *Feminist Studies, 1*(2), 5 – 31에서 재인용.

11   Laqueur, *Making sex*, 213.

12   Martin, Emily. (2001) *The woman in the body: A cultural analysis of reproduction.* Boston: Beacon Press 참조.

13   Showalter, Elaine. (1980) Victorian women and insanity. *Victorian Studies, 23*(2), 157 – 181, 169에서 재인용.

14   Tosh, John. (2005) Masculinities in an industrializing society: Britain, 1800 – 1914. *Journal of British Studies, 44*(2), 330 – 342, 336.

15 Chilcoat, Confinement, 13.

16 Chilcoat, Confinement, 13.

17 Scully, Pamela, & Crais, Clifton. (2010) Race and erasure: Sara Baartman and Hendrik Cesars in Cape Town and London. *Journal of British Studies, 47,* 301–323.

18 Qureshi, Sadia. (2004) Displaying Sara Baartman: "The Hottentot Venus." *History of Science, 17,* 233–257.

19 Gilman, Sander L. (1985) *Difference and pathology: Stereotypes of sexuality, race, and madness.* Ithaca, NY: Cornell University Press.

20 Comaroff, John, & Comaroff, Jean. (1991) *Of revelation and revolution, volume 1: Christianity, colonialism, and consciousness in colonial South Africa.* Chicago: University of Chicago Press.

21 Gilman, *Difference and pathology,* 107.

22 Porter, Love, sex, and madness in eighteenth-century England.

23 MacDonald, Michael. (1981) *Mystical Bedlam: Madness, anxiety and healing in seventeenth century England.* Cambridge: Cambridge University Press, 89.

24 Sontag, *Illness as metaphor.*

25 Showalter, Elaine. (1980) Victorian women and insanity. *Victorian Studies, 23*(2), 157–181, 170.

26 Showalter, Elaine. (1986) *The female malady: Women, madness, and English culture 1830–1980.* New York: Pantheon.

27 Rose, *No right to be idle.*

28 Showalter, Victorian women and insanity, 177.

29 D'Emilio, John. (1983) Capitalism and gay identity. In Snitow, Ann, Stansell, Christine, & Thompson, Sharon, (Eds.) *Powers of desire: The politics of sexuality.* New York: Monthly Review Press, 100–113.

30 Mosse, *Nationalism and sexuality,* 5.

31 Halperin, David. (1990) *One hundred years of homosexuality.* New York: Routledge.

32 다음 자료를 참조. Cáceres, C. F. (1999) Sexual-cultural diversity in Lima, Peru. *Culture, Health and Sexuality, 6,* 41–47; Schiffter, Jacobo. (2000) *Public sex in a Latin society.* New York: Routledge; Parker, Richard G. (2009) *Bodies,*

pleasures, and passions: Sexual culture in contemporary Brazil.* (2nd ed.)
Nashville: Vanderbilt University Press; Kulick, Don. (1998) *Travesti: Sex, gender,
and culture among Brazilian transgendered prostitutes.* Chicago: University of
Chicago Press.

33 Halperin, *One hundred years of homosexuality.*

34 Rotundo, E. Anthony. (1989) Romantic friendship: Male intimacy and
middleclass youth in the northern United States, 1800 – 1900. *Journal of Social
History, 23*(1), 1 – 25.

35 Hacking, Ian. (1991) How should we do the history of statistics? In Burchell,
Graham, Gordon, Colin, & Miller, Peter, (Eds.) *The Foucault effect: Studies in
governmentality.* Chicago: University of Chicago Press.

36 Arieno, Marlene A. (1989) *Victorian lunatics: A social epidemiology of mental
illness in mid-nineteenth-century England.* London: Associated University
Presses, 31.

37 Grob, Gerald. (2011) *The mad among us: A history of the care of America's
mentally ill.* New York: The Free Press, 91.

38 Berrios, German E. (1996) *The history of mental symptoms: Descriptive
psychopathology since the 19th century.* Cambridge: Cambridge University Press.

39 Porter, Roy. (1990) Foucault's great confinement. *History of the Human
Sciences, 3*(1), 47 – 54.

40 *Commissioners in Lunacy Annual Report* (1861), *18,* 77(Arieno, *Victorian
lunatics,* 115에서 재인용).

41 Grob, *Mental illness and American society,* 327.

42 Wright, David. (1997) Getting out of the asylum: Understanding the
confinement of the insane in the nineteenth century. *Social History of Medicine,
10*(1), 137 – 155.

43 Bainbridge, William Sims. (1984) Religious insanity in America: The official
nineteenth century theory. *Sociological Analysis, 45*(3), 223 – 239.

44 Deutsch, Albert. (1944) The first U. S. census of the insane (1840) and its use as
pro-slavery propaganda. *Bulletin of the History of Medicine, XV*(5), 469 – 482.

45 Insanity in the Negro race. *Boston Courier,* June 15, 1843, col G.

46 Deutsch, The first U. S. census of the insane, 11에서 재인용.

47 Jarvis, E. (1843) Insanity among the colored population of the free states. *American Journal of the Medical Sciences*, 268 – 282; Jarvis, E. (1843) On the supposed increase in insanity. *American Journal of Psychiatry*, *8*(4), 333 – 364 등을 참조.

48 Jarvis, E. (1842) Statistics of insanity in the United States. *Boston Medical and Surgical Journal*, *27*, 116 – 121. 또한 Pasamanick, Benjamin. (1964) Myths regarding prevalence of mental disease in the American Negro. *JAMA: Journal of the American Medical Association*, *56*(1), 6 – 17 참조.

49 Deutsch, The first U. S. census of the insane, 480.

50 Bevis, W. M. (1921) Psychological traits of the southern negro with observations as to some of his psychoses. *American Journal of Psychiatry*, *1*(69), 69 – 78.

51 Postell, William Dosite. (1953) Mental health among the slave population on southern plantations. *American Journal of Psychiatry*, *110*(1), 52 – 54.

52 Kendi, Ibram X. (2017) *Stamped from the beginning: The definitive history of racist ideas in America*. New York: Bold Type Books.

53 Grinker, Roy R. & Spiegel, John P. (1963) *Men under stress*. New York: McGraw‐Hill.

54 Kardiner, Abram. (2014[1951]) *The mark of oppression*. New York: Martino.

55 Henderson, Carol E. (2002) *Scarring the black body: Race and representation in African-American literature*. Columbia: University of Missouri Press, 48.

56 Painter, Nell Irvin. (1996) *Sojourner Truth: A life, a symbol*. New York: W. W. Norton, 139(Henderson, *Scarring the black body*, 48에서 재인용).

57 Henderson, *Scarring the black body*, 43.

58 Bromberg, Walter, & Simon, Franck. (1968) The "protest" psychosis: A specific type of reactive psychosis. *Archives of General Psychiatry*, *19*(2), 155 – 160.

59 Metzl, Jonathan M. (2009) *The protest psychosis: How schizophrenia became a black disease*. Boston: Beacon Press, 210.

60 Du Bois, W. E. B. (1903) *The souls of black folk*. New York: Dover Publications, 2 – 3.

61 Blow, F. C., et al. (2004) Ethnicity and diagnostic patterns in veterans with psychoses. *Social Psychiatry and Psychiatric Epidemiology*, *39*(10), 841 – 851.

62 Metzl, *The protest psychosis*, xi.

4장 분열된 정신

1 Porter, Roy. (2015) Preface, in Haslam, John. *Illustrations of Madness*. (Porter, Roy, Ed.) London: Routledge, xi.

2 Rosenhan, David. (1973) On being sane in insane places. *Science, 179*, 250 – 258.

3 Decker, Hannah S. (2013) *The making of DSM-III: A diagnostic manual's conquest of American psychiatry*. Oxford: Oxford University Press, 178에서 인용되고 논의된 내용.

4 Decker, *The making of DSM-III*, 179.

5 McNally, Kiernan. (2016) *A critical history of schizophrenia*. New York: Palgrave Macmillan, 11.

6 Haslam, John. (1809) *Observations on madness and melancholy: Including practical remarks on those diseases*. London: J. Callow, 66 – 67.

7 Krauss, William C. (1898) The stigmata of degeneration. *American Journal of Insanity [Psychiatry], 55*(1), 55 – 88.

8 Barrett, Robert. (1998) Conceptual foundations of schizophrenia I: Degeneration. *Australian and New Zealand Journal of Psychiatry, 32*(5), 617 – 626, 620에서 재인용.

9 Barrett, Conceptual foundations of schizophrenia I, 618.

10 Barrett, Robert. (1996) *The psychiatric team and the social definition of schizophrenia: An anthropological study of person and illness*. Cambridge: Cambridge University Press, 191.

11 Barrett, *The psychiatric team and the social definition of schizophrenia*, 192.

12 Talbot, Eugene S. (1898) *Degeneracy: Its causes, signs, results*. London: Walter Scott, Ltd.

13 Dowbiggin, Ian. (1985) Degeneration and hereditarianism in French mental medicine 1840 – 1890: Psychiatric theory as ideological adaptation. In Bynum, W. F., Porter, Roy, & Shepherd, Michael, (Eds.) *The anatomy of madness: Essays in the history of psychiatry, volume I: People and ideas*. London: Tavistock, 209.

14 Albert Lemoine, Dowbiggin, Degeneration and hereditarianism, 188 – 232, 209 에서 재인용.

15 Barrett, Conceptual foundations of schizophrenia I, 623.

16 Barrett, *The psychiatric team and the social definition of schizophrenia*, 211에서 재인용.

17 Barrett, Conceptual foundations of schizophrenia I, 624.

18 Barrett, Robert. (1998) Conceptual foundations of schizophrenia II: Disintegration and division. *Australian and New Zealand Journal of Psychiatry*, *32*(5), 617‒626, 630.

19 Trzepacz, Paula T., & Baker, Robert W. (1993) *The psychiatric mental status examination*. New York: Oxford University Press, 86‒89 참조.

20 한 자아와 다른 자아 또는 정신과 몸이 분리된 사람들을 묘사한 이야기 중 덜 알려진 것이 있다. 예를 들어, 괴테는 소설 『젊은 베르테르의 슬픔』에서 미친 사람의 이야기를 들으면 광기를 이해할 수 있으며 누구나 내면에 온전한 자아와 미친 자아가 공존할 수 있다는 생각을 보여 주었다. Thiher, Allen. (1999) *Neoclassicism, the rise of singularity, and moral treatment*. Ann Arbor: University of Michigan Press. 영문학에서 이중 자아의 편재성에 관해서는 다음을 참조: Miller, Karl. (1985) *Doubles: Studies in literary history*. Oxford: Oxford University Press.

21 Akyeampong, Emmanuel. (2015) A historical overview of psychiatry in Africa. In Akyeampong, Emmanuel, Hill, Allan G., & Kleinman, Arthur, (Eds.) *The culture of mental illness and psychiatric practice in Africa*. Bloomington: Indiana University Press, 24‒49.

22 Vaughn, Megan. (1983) Idioms of madness: Zomba Lunatic Asylum, Nyasaland, in the colonial period. *Journal of Southern African Studies*, *9*(2), 218‒238, 226 에서 재인용.

23 McCulloch, Jock. (1995) *Colonial psychiatry and "the African mind"*. Cambridge: Cambridge University Press, 52에서 재인용.

24 Parle, Julie. (2003) Witchcraft or madness? The Amandiki of Zululand, 1894‒1914. *Journal of Southern African Studies 29*(1), 105‒132, 112.

25 식민 사상에서 마법의 사용에 관해서는 다음을 참조: Smith, James. (2018) Witchcraft in Africa. In Grinker, Roy R., et al., (Eds.) *Companion to the anthropology of Africa*. Oxford: Wiley‒Blackwell.

26 McCulloch, *Colonial psychiatry and "the African mind"*, 17.

27 Stoler, Anne. (1989) Rethinking colonial categories: European communities and the boundaries of rule. *Comparative Studies in Society and History, 31*, 134 – 161.

28 Swartz, Sally. (1995) The black insane in the Cape, 1891 – 1920. *Journal of Southern African Studies, 21*(3), 399 – 415.

29 Keller, Richard. (2001) Madness and colonization: Psychiatry in the British and French empires, 1800 – 1962. *Journal of Social History, 35*(2), 295 – 326.

30 Bloch, Sidney, & Reddaway, Peter. (1978) *Psychiatric terror: How Soviet psychiatry is used to suppress dissent.* New York: Basic Books; Ablard, J. D. (2003) Authoritarianism, democracy and psychiatric reform in Argentina, 1943 – 1983. *History of Psychiatry, 14*, 361 – 376; Lu, S. Y., & Galli, V. B. (2002) Psychiatric abuse of Falun Gong practitioners in China. *Journal of the American Academy of Psychiatry and the Law, 30*, 126 – 130.

31 Ong, Aihwa. (1987) *Spirits of resistance and capitalist discipline: Factory women in Malaysia.* Albany: State University of New York Press.

5장 전쟁의 운명

1 Coco, Adrienne Phelps. (2010) Diseased, maimed, mutilated: Categorizations of disability and an ugly law in late nineteenth-century Chicago. *Journal of Social History, 44*(1), 23 – 37.

2 Coco, Diseased, maimed, mutilated, 31 – 32에서 인용.

3 Schweik, Susan M. (2009) *The ugly laws: Disability in public.* New York: New York University Press.

4 Grinker, Julius. (1912) Freud's psychotherapy. *Illinois Medical Journal, 22*, 185 – 195.

5 Geller, Jay. (1996) Le péché contre le sang: la syphilis et la construction de l'identité juive. *Revue Germanique International, 5*, 141 – 164.

6 Talbott, John E. (1997) Soldiers, psychiatrists and combat trauma. *Journal of Interdisciplinary History, 27*(3), 437 – 454; Reid, Fiona. (2014) "His nerves gave way": Shell shock, history and the memory of the First World War in Britain.

Endeavour, 38(2), 91 – 100, 91.

7   Kleinman, *The illness narratives.*

8   Barham, Peter. (2004) *Forgotten lunatics of the Great War.* New Haven, CT: Yale University Press, 2.

9   *Washington Times Magazine.* (1900) Choose a wife as you would select live stock. December 9, 1900, 3.

10 *Chicago Record-Herald.* (1900) Doctor calls love a dream. December 9, 1900.

11 Loughran, Tracey. (2008) Hysteria and neurasthenia in pre-1914 British medical discourse and in histories of shell-shock. *History of Psychiatry, 19*(1), 25 – 46.

12 Shorter. Edward. (1992) *From paralysis to fatigue: A history of psychosomatic illness in the modern era.* New York: The Free Press, 75에서 재인용.

13 Marcus, Greil. (1998) One step back: Where are the elixirs of yesteryear when we hurt? *New York Times,* January 26, 1998.

14 Lutz, Tom. (1993) *American nervousness, 1903: An anecdotal history.* Ithaca, NY: Cornell University Press. 또한 Beck, Julie. (2016) "Americanitis": The disease of living too fast. *The Atlantic,* March 11, 2016 참조.

15 Grinker, R. R., Sr. (1963) A psychoanalytical historical island in Chicago (1911 – 1912). *Archives of General Psychiatry, 8,* 392 – 404, 395.

16 Clevenger, S. B. (1883) Insanity in Chicago. *Chicago Medical Journal and Examiner, 47*(5), 449 – 463; Rieff, Janice L., Keating, Durkin, & Grossman, James R., (Eds.) (2005) *Encyclopedia of Chicago.* Chicago: Chicago Historical Society도 참조.

17 Raffensperger, John G., & Boshes, Louis G. (Eds.) (1997) *The old lady on Harrison Street: Cook County Hospital 1833–1995.* Chicago: Chicago Historical Society.

18 Duis, Perry R. (1998) *Challenging Chicago: Coping with everyday life 1837– 1920.* Urbana: University of Illinois Press, 334.

19 Barnes, J. K., (Ed.) (1870 – 1888) *Medical and surgical history of the War of Rebellion, 1861–1865.* (6 vols.). Washington, DC: U. S. Government Printing Office 1(1), 638 – 639, 711; 3, 884 – 885.

20 Calhoun, J. Theodore. (1864) Nostalgia as a disease of field service. *Medical and Surgical Reporter, 11,* 131. 다음 문헌도 참조: McCann, W. H. (1941)

Nostalgia: A review of the literature. *Psychological Bulletin, 38*(3), 165‒182; Anderson, David. (2010) Dying of nostalgia: Homesickness in the Union Army during the Civil War. *Civil War History, 56*(3), 247‒282; Clarke, Frances. (2007) So lonesome I could die: Nostalgia and debates over emotional control in the Civil War North. *Journal of Social History, 41*(2), 253‒282; Anderson, Donald Lee, & Anderson, Godfrey Tryggve. (1984) Nostalgia and malingering in the military during the Civil War. *Perspectives in Biology and Medicine, 28*(1), 157‒166; Starobinski, Jean, & Kemp, William S. (1966) The idea of nostalgia. *Diogenes, 14*(81), 103; Hall, J. K., Zilboorg, Gregory, & Bunker, Henry Alden. (Eds.) (1944) *One hundred years of American psychiatry.* New York: Columbia University Press, 374.

21 Leese, Peter. (2002) *Shell shock: Traumatic neurosis and the British soldiers of the First World War.* London: Palgrave Macmillan, 17.

22 Reid, "His nerves gave way", 93.

23 Mosse, George L. (2000) Shell shock as a social disease. *Journal of Contemporary History, 35*(1), 101‒108, 101‒102.

24 Myers, Charles. (1915) A contribution to the study of shell shock. *Lancet, 185*(4772), 316‒320.

25 Winter, Jay. (2000) Shell shock and the cultural history of the Great War. *Journal of Contemporary History, 35*(1), 7‒11, 10. 또한 Lerner, Paul. (2009) *Hysterical men: War, psychiatry, and the politics of trauma in Germany 1890– 1930.* Ithaca, NY: Cornell University Press, 61 참조.

26 De Young, *Encyclopedia of asylum therapeutics*, 202.

27 Winter, Shell shock and the cultural history of the Great War, 7.

28 Martinot, Alain. (2018) Les femmes de la grande guerre. (women of the Great War) *Cahier de Mémoire d'Ardèche et Temps Présent, 139*, 1‒19.

29 Barham, *Forgotten lunatics of the Great War*, 182, 241.

30 Smith, Grafton Elliot, & Pear, T. H. (1918) *Shell shock and its lessons.* (2nd ed.) Manchester, UK: Manchester University Press, 19.

31 Barker, Pat. (1991) *Regeneration.* New York: Plume, 48.

32 Barker, *Regeneration*, 48.

33 *Lancet*, October 31, 1914(Bogacz, Ted. (1989) War neurosis and cultural change

in England, 1914‒1922: The work of the War Office Committee of Enquiry into "Shell‒Shock". *Journal of Contemporary History, 24*(2), 227‒256, 234에서 재인용).

34 Southard, E. E. (1919) *Shell-shock and other neuropsychiatric problems: Presented in five hundred and eighty-nine case histories from the war literature 1914–1918.* Boston: W. M. Leonard.

35 Boehnlein, James K., & Hinton, Devon E. (2016) From shell shock to PTSD and traumatic brain injury: A historical perspective on responses to combat trauma. 그리고 Hinton, Devon E., & Good, Byron. (Eds.) *Culture and PTSD: Trauma in global and historical perspective.* Philadelphia: University of Pennsylvania Press, 161에서 재인용.

36 Crocq, Marc Antoine, & Crocq, Louis. (2000) From shell shock and war neurosis to posttraumatic stress disorder: A history of psychotraumatology. *Dialogues in Clinical Neuroscience, 2*(1), 47‒55.

37 Pols, Hans, & Oak, Stephanie. (2007) War and military mental health: The US psychiatric response in the 20th century. *American Journal of Public Health, 97*(12), 2132‒2142.

38 Lerner, *Hysterical men*, 61에서 재인용.

39 Macleod, Sandy. (2015) Australasian contributions to the "shell shock" literature of World War I. *Australasian Psychiatry, 23*(4), 396‒398, 396.

40 Ellenberger, Henri F. (1970) *The discovery of the unconscious: The history and evolution of dynamic psychiatry.* New York: Basic Books, 95.

41 Lerner, *Hysterical men*, 26.

42 Freud, Sigmund. (1957(1917)) The sense of symptoms. In *The Standard Edition of the complete psychological works of Sigmund Freud, volume 16, 1916–1917.* Strachey, James. (Ed.) London: Hogarth Press, 257‒272.

43 Lerner, *Hysterical men*, 62.

44 Lerner, *Hysterical men*, 62.

45 Shephard, Ben. (2000) *War of nerves: Soldiers and psychiatrists 1914–1994.* London: Jonathan Cape, 101에서 재인용.

46 Ernst, Waltraud. (1991) *Mad tales from the Raj: Colonial psychiatry in South Asia, 1800–1858.* New York: Anthem Press. 또한 Keller, Richard. (2001)

Madness and colonization: Psychiatry in the British and French empires, 1800 – 1962. *Journal of Social History*, *35*(2), 295 – 326 참조.

47 Bogacz, War neurosis and cultural change in England, 227 – 256, 230.

48 Lerner, *Hysterical men*, 40.

49 Lerner, *Hysterical men*, 4 – 5. 20세기의 많은 의사들이 정신신체의학의 창시자인 게오르그 그로덱의 의견에 동의했다. 그가 1923년에 이렇게 썼다. "질환은 외부에서 오는 게 아니라 사람이 스스로 만드는 것이며 외부 세계는 사람이 스스로를 아프게 하려고 이용하는 도구일 뿐이다." Groddeck, Georg. (1979[1923]) *The book of the it*. Northport, AL: Vision Press. 수전 손택은 *llness as Metaphor*에서 의사들이 질병은 사람의 감정을 억눌러서 생긴다고 믿은 것을 암시하기 위해 그로덱의 말을 인용하고 이렇게 표현했다. "성격이 질병을 만든다. 성격이 자기를 표출하지 못하기 때문이다." Sontag, *Illness as metaphor*, 46.

50 Fassin, Didier, & Reichtman, Richard. (2009) *The empire of trauma: An inquiry into the condition of victimhood*. Princeton, NJ: Princeton University Press, 62.

51 Reid, "His nerves gave way", 93.

52 몇몇 역사학자는, 두 차례 세계대전 모두에서 사병과 장교가 다른 병에 걸리게 되었다는 영국군의 가정 뒤에 숨은 이유를 학자들이 충분히 다루지 않았다는 사실에 개탄했다. Shephard, Ben. (1999) "Pitiless psychology": The role of prevention in British military psychiatry in the Second World War. *History of Psychiatry, 10*, 491 – 524 참조.

53 Barbusse, Henri. (1919) *Light*. Fitzwater Wray. (Trans.) New York: E. P. Dutton.

54 Jones, Edgar. (2012) Shell shocked. *Monitor on Psychology*, *43*(6), 18.

55 Shephard, Ben. (2001) *A war of nerves: Soldiers and psychiatrists in the twentieth century*. Cambridge, MA: Harvard University Press, 286.

56 Jones, Edgar, & Wessely, Simon. (2005) *Shell shock to PTSD: Military psychiatry from 1900 to the Gulf War*. Hove, UK: Psychology Press, 215에서 재인용.

57 House of Lords debates volume 39, February 10, 1920, April 28, 1920. London: HMSO(Jones & Wessely, *Shell shock to PTSD*, 150에서 재인용).

58 Jones & Wessely, *Shell shock to PTSD*, 151.

59 Shephard, *War of nerves*, 55.

60 Reid, "His nerves gave way", 97.

61 McNally, Richard J. (2016) Is PTSD a transhistoric phenomenon? In Hinton &

Good, *Culture and PTSD*, 117 – 134.

62 McNally, Is PTSD a transhistoric phenomenon?, 120 – 121.

63 Marlowe, David H. (2001) *Psychological and psychosocial consequences of combat and deployment: With special emphasis on the Gulf War*. Santa Monica, CA: RAND.

64 Arnold, Ken, Vogel, Klaus, & Peto, James. (2008) *War and medicine*. London: Wellcome Collection. 또한 Allen, Arthur. (2007) *Vaccine: The controversial story of medicine's greatest lifesaver*. New York: W. W. Norton, 특히 chapter 4, War is good for babies, 115 – 159 참조.

6장 프로이트를 찾아서

1 Shorter, Edward. (1997) *A history of psychiatry: From the era of the asylum to the age of Prozac*. New York: Wiley.

2 Gilman, Sander. (1987) The struggle of psychiatry with psychoanalysis: Who won? *Critical Inquiry*, *13*, 293 – 313.

3 Grinker, Roy Richard, Sr. (1963) A psychoanalytical historical island in Chicago (1911-1912) *Archives of General Psychiatry*, *8*, 392 – 404.

4 Grinker, Julius. (1912) Freud's psychotherapy. *Illinois Medical Journal*, *22*, 185 – 195.

5 리처드 로이 그린커가 월터 프리먼에게 보낸 1965년 12월 8일 자 편지. 본인 소장 자료.

6 Rogow, Arnold A. (1970) *The psychiatrists*. New York: Putnam, 109. '가장 논란이 많은 현존 정신분석가'를 묻는 다른 조사에서도 많이 꼽힌 열두 명 중 (존 로즌, 그린커, 큐비 등) 세 명만 미국 출신이었다. Rogow, *The psychiatrists*, 111.

7 Bassoe, Peter. (1928) Julius Grinker as a neurologist and as a man. 1928년 2월 16일, 시카고신경학회 앞에서 낭독. 본인 소장 자료.

8 Freud, Sigmund. (2010[1930]) *Civilization and its discontents*. New York: W. W. Norton.

9 Gay, Peter. (1981) Introduction. *Bergasse 19: Sigmund Freud's home and offices, Vienna 1938: The photographs of Edmund Engelman*. Chicago: University of

Chicago Press.

10 Grinker, A psychoanalytical historical island in Chicago, 392 – 404, 392.

11 U. S. Government, Bureau of the Census, Illinois, 1930 census.

12 유대인인 그린커가 1930년에 시카고대학 최초의 정신의학 책임자로 임명되었다. 의과 학부장이자 의대 진료소장이었으며 의대가 있건 없건 모든 대학에 정신의학과를 둬야 한다고 강력하게 주장한 의학박사 프랭클린 매클레인의 권유에 따라 대학은 정신의학을 의과의 일부로 만들었다. 정신의학과의 독립은 1955년의 일이다.

13 Leff, Laurel. (2020) *Well worth saving: American universities' life-and-death decisions on refugees from Nazi Europe*. New Haven, CT: Yale University Press, 105 – 106.

14 Roy R. Grinker와 한 인터뷰, 시카고정신분석연구소 아카이브, 카세트테이프.

15 Gardener, LaMaurice. (1971) The therapeutic relationship under various conditions of race. *Psychotherapy: Theory, Research and Practice, 8*(1), 78 – 87.

16 Rogow, *The psychiatrists*, 73 – 76; 78. The survey and its significance are described in more detail in Luhrmann, T. M. (2000) *Of two minds: The growing disorder in American psychiatry*. New York: Alfred A. Knopf, 220 – 222.

17 Gould, Robert E. (1968) Dr. Strangeclass or how I stopped worrying about the theory and began treating the blue collar worker. *Journal of Contemporary Psychotherapy, 1*(1), 49 – 63.

18 프로이트에게 받은 정신분석에 대한 할아버지의 회상은 출처가 여럿이다. 여기에는 1992년에 할아버지가 돌아가시기 전에 내가 할아버지와 나눈 대화, 시카고정신분석연구소 아카이브에 보관된 인터뷰 테이프, 저서인 *Fifty Years in Psychiatry: A Living History*, 1940년 기사 "Reminiscences of a Personal Contact with Freud"(*American Journal of Orthopsychiatry, 10*(4), 850 – 854)에 포함된 회상 등이 포함된다. 미국 의회도서관의 지그문트 프로이트 컬렉션에 보관된 할아버지와 프로이트 간 편지와 다음 자료도 참조했다. Freeman, Walter. (1968) *The psychiatrist: Personalities and patterns*. New York: Grune and Stratton, 249 – 256; Weinberg, Jack. (1980) Roy R. Grinker, Sr.: Some biographical notes. *Journal of the American Academy of Psychoanalysis, 8*(3), 441 – 449; and Kavka, Jerome. (2000) Sigmund Freud's letters to R. R. Grinker Sr., 1933 – 1934: Plans for a personal analysis. *Psychoanalysis and History, 2*(2), 152 – 161.

19 밀드러드 바먼 그린커(Mildred Barman Grinker)가 지그문트 프로이트에게 보낸 1934년 1월 2일 자 편지. 시카고정신분석연구소 아카이브.

20 Wortis, Joseph S. (1954) *Fragments of an analysis with Freud*. New York: Simon & Schuster.

21 *New York Times*. (1956) Tribute to Freud asks for him the "human privilege of error". April 21, 1956, 37.

22 Grinker, *Fifty years in psychiatry*, 174.

23 그러나 할아버지는 자녀(당시 열세 살이던 우리 고모 조안과 열한 살이던 아버지 로이 2세)에게 정신분석을 받게 했다. 고모와 아버지는 모두 이 분석을 '교육적인 연습'으로 기억하지만, 할아버지는 프로이트에게 보내는 편지에 이것이 치료라고 암시하며 아이들이 '크게 개선되고 있다'고 썼다.

24 R. R. 그린커가 지그문트 프로이트에게 보낸 1936년 2월 18일 자 편지. 본인 소장 자료.

25 본인 소장 자료. 또한 프로이트에 대한 다른 개인적 기억은 Ruitenbeek, Hendrik M. (Ed.) (1973). *Freud as we knew him*. Detroit, MI: Wayne State University Press 참조.

7장 전쟁은 친절하다

1 Glass, Albert J. (1966) Army psychiatry before World War II. In *Medical Department, United States Army, neuropsychiatry in World War II, volume I: Zone of interior*. Washington, DC: Office of the Surgeon General, Department of the Army, 3 – 23, 14.

2 Glass, Army psychiatry before World War II, 9.

3 Tuttle, Arnold Dwight. (1927) *Handbook for the medical soldier*. Baltimore: William Wood(Wanke, Paul. (1999) American military psychiatry and its role among ground forces in World War II. *Journal of Military History*, *63*, 127 – 146, 130에서 재인용).

4 *Military Medical Manual* (2nd ed.) Harrisburg, PA: Military Service Publishing Co.

5 Jones & Wessely, *Shell shock to PTSD*, 67.

6 Bernucci, Robert J., & Glass, Albert J. (1966) Preface. In *Medical Department, United States Army, neuropsychiatry in World War II, volume I: Zone of interior,* xv－xviii, xvii.

7 Glass, Albert J. (1973) Preface. In *Medical Department, United States Army, neuropsychiatry in World War II, volume II: Overseas theaters.* Washington, DC: Office of the Surgeon General, Department of the Army, xvii－x.

8 Bromberg, Walter. (1982) *Psychiatry between the wars, 1918–1945: A recollection.* Westport, CT: Greenwood Press, 153에서 재인용.

9 Gabriel, Richard A., & Metz, Karen S. (1992) *A history of military medicine, volume II: From the Renaissance through modern times.* Westport, CT: Greenwood Press, 250.

10 Bliss, G. (1919). Mental defectives and the war. *Journal of Psycho-Asthenics, 24,* 11－17(Smith, J. David, & Lazaroff, Kurt. (2006) "Uncle Sam needs you" or does he? Intellectual disabilities and lessons from the "Great Wars". *Mental Retardation, 44*(6), 433－437에서 재인용).

11 Smith & Lazaroff, "Uncle Sam needs you" or does he?, 434.

12 Davidson, H. A. (1940) Mental hygiene in our armed forces. *Military Surgeon, 86,* 477－481, 480.

13 Jones & Wessely, *Shell shock to PTSD,* 106. 월터 메닝거는 12퍼센트라는 수치를 "Wartime Lessons for Peacetime Psychiatry". University of Chicago Round Table. September 27, 1946에서 인용한다. https://www.wnyc.org/story/wartime-lessons-for-peacetime-psychiatry에서 오디오 정보를 구할 수 있다. 2018년 5월 18일 검색 내용.

14 Jones & Wessely, *Shell Shock to PTSD,* 106.

15 Pols, Hans. (2011) The Tunisian campaign, war neuroses, and the reorientation of American psychiatry during World War II. *Harvard Review of Psychiatry, 19,* 313－320, 314.

16 Jones & Wessely, *Shell shock to PTSD,* 106. 또한 Glass, Albert J. (1966) Army psychiatry before World War II. *Medical Department, United States Army, europsychiatry in World War II, volume I: Zone of interior,* 3－23, 7 참조.

17 Herman, Ellen. (1995) *The romance of American psychology: Political culture in the age of experts.* Berkeley: University of California Press, 89.

18 Jones & Wessely, *Shell Shock to PTSD*, 106. 또한 Shephard, *War of nerves*, 201 참조.

19 Whitney, E. A., & MacIntyre, E. M. (1944) War record of Elwyn boys. *American Journal of Mental Deficiency*, *49*, 80 – 85(Smith & Lazaroff, "Uncle Sam needs you" or does he?, 435에서 재인용).

20 Scheerenberger, R. C. (1983) *A History of Mental Retardation*. Baltimore: Paul H. Brookes, 75. 또한 Doll, Edgar A. (1944) Mental defectives and the war. *American Journal of Mental Deficiency*, *49*, 64 – 66 참조.

21 Brill, Norman Q., & Kupper, Herbert I. (1966) The psychiatric patient after discharge. *Medical Department, United States Army, neuropsychiatry in World War II, volume I: Zone of interior*, 729 – 733, 731.

22 Jaffe, Eric. (2014) *A curious madness: An American combat psychiatrist, a Japanese war crimes suspect, and an unsolved mystery from World War II*. New York: Scribner, 130.

23 Menninger, William C. (1948) *Psychiatry in a troubled world*. New York: Wiley. 또한 Glass, Army psychiatry before World War II, 3 – 23, 9 참조.

24 Bond, Douglas D. (1973) General neuropsychiatric history. In *Medical Department, United States Army, neuropsychiatry in World War II, Volume II: Overseas theaters*, 851 – 879, 857.

25 Shephard, *War of nerves*, 213.

26 Jaffe, *A curious madness*, 139.

27 Appel, John. (1946) Incidence of neuropsychiatric disorders in the United States Army in World War II. (preliminary report) *American Journal of Psychiatry*, *102*(4), 433 – 436, 435.

28 Pols, The Tunisian campaign, 316.

29 Shepherd, *War of nerves* 및 Lieberman, Jeffrey A. (2015) *Shrinks: The untold story of psychiatry*. New York: Back Bay Books 권두 삽화에서 재인용.

30 Pols, The Tunisian campaign, 317.

31 Menninger, Walter W. (2004) Contributions of William C. Menninger to military psychiatry. *Bulletin of the Menninger Clinic*, *68*(4), 277 – 296에서 인용.

32 Glass, Col. Albert J. (1954) Psychotherapy in the combat zone. *American Journal of Psychiatry*, *110*(10), 725 – 731, 727.

33 Pols, Hans. (1992) The repression of war trauma in American psychiatry after WWII. *Clio medica: Acta Academia Internationalis Historiae Medicinae, 55,* 251−276, 255−256.

34 Hadfield, J. A. (1942) War neurosis: A year in a neuropathic hospital. *British Medical Journal, 1*(4234), 281−285, 281.

35 Grinker, Roy R., & Spiegel, John. (1943) *War neuroses in North Africa.* New York: Josiah Macy Jr. Foundation for the Air Surgeon, Army Air Forces, 12. 이 책은 전쟁 뒤 기밀 목록에서 빠져 1945년에 필라델피아의 블래키스턴 컴퍼니에서 출판되었다. 1963년에는 뉴욕의 맥그로힐이 『스트레스 받는 남자들Men Under Stress』이라는 확장판을 펴냈다.

36 *The doctor fights.* NBC Radio. August 7, 1945. Empire Broadcasting Corporation, vinyl (8discs) 78rpm.

37 Laurence, William. (1944) "Guilt feelings" pictured in fliers: Army Air Force psychiatrists tell associates of "mental X-rays" after missions. *New York Times,* May 17, 1944, 36.

38 Sargant, William, & Slater, Eliot. (1940) Acute war neuroses. *Lancet, 236*(6097), 1−2, 6.

39 Horsley, J. Stephen. (1936) Narco-analysis. *Lancet, 227*(5862), 55−56.

40 Drayer, Calvin S., & Glass, Albert J. (1973) Introduction. In *Medical Department United States Army, neuropsychiatry in World War II, volume II: Overseas theaters,* 1−23, 8.

41 Drayer and Glass, Introduction, 17. 그러나 1946년에 국가적 관심을 받은 소송에서 할아버지가 17세 소년에게 살인 사건의 자백을 받기 위해 마취를 이용했다. Kaempffert, Waldemar. (1946) "Truth Serum", reportedly used in Heirens case, is well known to psychiatrists. *New York Times,* August 4, 1946.

42 Mackenzie, DeWitt, Worden, Major Clarence, & Kirk, Major General Norman T. (1945) *Men without guns.* Philadelphia: Blakiston Company, 45.

43 National Broadcasting Corporation. (1946) Medicine serves America: Psychiatric objectives of our time, with Dr. Roy R. Grinker. December 11, 1946. 4discs, 78rpm. 본인 소장 자료.

44 Bérubé, Allan. (1991) *Coming out under fire: The history of gay men and women in World War Two.* New York: Plume, 152.

45 Severinghaus, E. L., & Chornyak, John. (1945) A study of homosexual adult males. *Psychosomatic Medicine, 7,* 302 – 305; Cornsweet, A. C., & Hayes, M. F. Conditioned response to fellatio. *American Journal of Psychiatry, 103,* 76 – 78; Solomon, Joseph C. (1948) Adult character and behavior disorders. *Journal of Clinical Psychopathology, 9,* 1 – 55; Kessler, Morris M., & Poucher, George E. (1945) Coprophagy in absence of insanity: A case report. *Journal of Nervous and Mental Diseases, 102,* 290 – 293.

46 Bérubé, *Coming out under fire,* 165 – 166.

47 Greenspan, Herbert, & Campbell, John D. (1945) The homosexual as a personality type. *American Journal of Psychiatry, 101,* 682 – 689.

48 Bérubé, *Coming out under fire,* 62 – 63.

49 Bérubé, *Coming out under fire,* 83.

50 Serlin, David. (2003) Crippling masculinity: Queerness and disability in U. S. military culture, 1800 – 1945. *Gay and Lesbian Quarterly, 9*(1 – 2), 149 – 179.

51 Homosexuals, Circular No. 3. War Department. Washington, DC, January 3, 1944. Papers of John Spiegel, courtesy of Heli Meltsner.

52 Estes, Steve. (2018) The dream that dare not speak its name: Legacies of the civil rights movement and the fight for gay military service. In Bristol, Douglas Walter, Jr., & Stur, Heather Marie. (Eds.) *Integrating the U. S. military: Race, gender, and sexual orientation since World War II.* Baltimore: Johns Hopkins University Press, 198 – 218.

53 West, Louis Jolyon, Doidge, William T., & Williams, Robert L. (1958) An approach to the problem of homosexuality in the military service. *American Journal of Psychiatry, 115*(5), 392 – 401, 396.

54 West, Doidge, & Williams, An approach to the problem of homosexuality in the military service, 398.

55 존 스피걸의 손녀이자 수상 경력이 있는 저널리스트 앨릭스 스피걸이 DSM에서 동성애를 삭제하는 데 스피걸이 한 일과 그의 사적인 삶에 대해 상세히 이야기한다. Spiegel, Alix. (2002) 81words. Radio broadcast of *This American life.* National Public Radio. January 18, 2002.

56 Leed, Eric J. (1979) *No man's land: Combat & identity in World War I.* Cambridge: Cambridge University Press.

57 Grinker, Roy Richard. (2010) The five lives of the psychiatry manual. *Nature*, *468*(11), 168–170; Grob, Gerald N. (1991) Origins of DSM-I: A study in appearance and reality. *American Journal of Psychiatry*, *148*(4), 421–431. Houts, Arthur C. (2000) Fifty years of psychiatric nomenclature: Reflections on the 1943 War Department Technical Bulletin, Medical 203. *Journal of Clinical Psychology*, *56*(7), 935–967.

58 Pols, The repression of war trauma in American psychiatry after WWII, 251–276, 256.

59 Grinker, *Fifty years in psychiatry*.

60 Grinker, *Fifty years in psychiatry*.

61 캐나다 정신과 의사 카임 샤탄(1924–2001)이 한 말로 이야기되곤 한다.

8장 노머와 노먼

1 Kinder, John M. (2015) *Paying with their bodies: American war and the problem of the disabled veteran*. Chicago: University of Chicago Press, 260–261; Terkel, Studs. (1984) *The good war: An oral history of World War II*. New York: The New Press.

2 Pols, The repression of war trauma in American psychiatry after WWII, 251–276, 261.

3 Pols, The repression of war trauma in American psychiatry after WWII.

4 전후 남성성에 대한 도전은 다음 자료를 참조. Jeffords, Susan. (1989) *The remasculinization of America: Gender and the Vietnam War*. Bloomington: Indiana University Press.

5 *Chicago Daily News*. (1953) Cry for "normal" times stirs warning. November 17, 1953, 5.

6 Nisbet, Robert. (1945) The coming problem of assimilation. *American Journal of Sociology*, *50*(4), 261–270, 263.

7 Gerber, Heroes and misfits, 548.

8 Pols, The repression of war trauma in American psychiatry after WWII, 263–264, emphasis mine.

9   Wartime lessons for peacetime psychiatry.

10 Wartime lessons for peacetime psychiatry. 1950년대 후반에 드와이트 D. 아이젠하워 장군이 의뢰한 주요 연구는 '태어날 때 정상이었지만 제2차 세계대전 때 상태가 나빠진 젊은이들이 대부분 어린 시절과 사춘기에 심각한 박탈을 겪었다는 데 주목'했다. Ginsberg, E. (1959) *The ineffective soldier, volume 2: Breakdown and recovery*. New York: Columbia University Press.

11 Braceland, Francis J. George Neely Raines: A memorial. Unpublished eulogy. National Archives, Washington, DC.

12 Lundberg, Ferdinand, & Farnham, Marynia. (1947) *Modern woman: The lost sex*. New York: Harper and Brothers.

13 Blum, Deborah. (2011) *Love at Goon Park: Harry Harlow and the science of affection*. New York: Basic Books.

14 *New York Times*. (1973) The APA ruling on homosexuality. December 23, 1973.

15 Lieberman, Jeffrey. (2015) *Shrinks: The untold story of psychiatry*. New York: Little, Brown, 122.

16 Creadick, Anna. (2010) *Perfectly average: The pursuit of normality in postwar America*. Amherst: University of Massachusetts Press.

17 Hooton, Earnest. A. (1945) *Young man, you are normal*. New York: Putnam, 102.

18 *Smithsonian*에서 재인용. https://www.smithsonianmag.com/history/reckless-breeding-of-the-unfit-earnest-hooton-eugenics-and-the-human-body-of-the-year-2000-15933294/#1oqqUTIrzMes26o0.99.

19 Cantor, Nathaniel. (1941) What is a normal mind? *American Journal of Orthopsychiatry*, *11*, 676–683, 682. On the rarity of the "normal" 또한 Lunbeck, Elizabeth. (1994) *The psychiatric persuasion: Knowledge, gender, and power in modern America*. Princeton, NJ: Princeton University Press 참조.

20 Cryle, Peter, & Stephens, Elizabeth. (2017) *Normality: A critical genealogy*. Chicago: University of Chicago Press, 333에서 재인용.

21 Kinsey, Alfred C., Pomeroy, Wardell R., & Martin, Clyde E. (2003) Sexual behavior in the human male. *American Journal of Public Health*, *93*(6), 894–898에 전재된 동성애 행위에 대한 내용. 저자들은 이렇게 썼다. "적어도 남성 인구의 37퍼센트는 사춘기에서 노년기 사이에 동성애를 경험한다. 거리를 지

날 때 만나는 남자 세 명 중 한 명이 넘는 수치다. 35세까지 미혼인 남성들 중에서는 사춘기 이후 동성애를 경험한 경우가 거의 50퍼센트다." Kinsey, Alfred C., Pomeroy, Wardell R., & Martin, Clyde E. (1948) *Sexual behavior in the human male*. Philadelphia: W. B. Saunders, 610 – 666에 처음 인용되었다.

22 Cryle & Stephens, *Normality*, 350.

23 Grinker, Roy R., Sr., Grinker, Roy R., Jr., & Timberlake, John. (1962) Mentally healthy young males(homoclites). *Archives of General Psychiatry*, 6(6), 405 – 453.

24 Murray, Henry A. (1951) In nomine diaboli. *New England Quarterly*, 24(4), 435 – 452.

25 *New York Times*. (1949) The patient at Bethesda. April 13, 1949, 28.

26 Rogow, Arnold A. (1963) *James Forrestal: A study of personality, politics, and policy*. New York: Macmillan; Hoopes, Townsend, & Brinkley, Douglas. (2000) *Driven patriot: The life and times of James Forrestal*. Annapolis, MD: Naval Institute Press, 10.

27 Hoopes & Brinkley, *Driven patriot*.

28 Werner, August A., et al. (1934) Involutional melancholia: Probable etiology and treatment. *JAMA: Journal of the American Medical Association*, 103(1), 13 – 16.

29 흥미롭게도 철학자 낸시 셔먼이 2015년 저서에서 시어터오브워 프로덕션이 무대에 올린 「아이아스」의 낭독을 참전 군인의 수치심과 자살 욕구, 도덕적 회복을 향한 욕구의 비유로 언급한다. Sherman, Nancy. (2015) *Afterwar: Healing the moral wounds of our soldiers*. Oxford: Oxford University Press.

30 Huie, William Bradford. (1950) Untold facts in the Forrestal case. *American Mercury*, 71(324), 643 – 652.

31 Pearson, Drew. (1949) Pearson replies: A communication. *Washington Post* (editorial) May 30, 1949.

32 *Washington Post* (editorial) May 23, 1949.

33 Group for the Advancement of Psychiatry. (1973) *The VIP with psychiatric impairment*. New York: Scribner, 1.

34 Group for the Advancement of Psychiatry. *The VIP with psychiatric impairment*, 1.

9장 한국전쟁에서 베트남전쟁까지

1 Truman, Harry S. (1948) 국가보건회의 만찬 자리에서 한 말. Public Papers, Harry S. Truman, 1945 - 1953, May 1. Harry S. Truman Presidential Library and Museum. 2018년 11월 27일 www.trumanlibrary.org에서 검색.

2 Brosin, in Wartime lessons for peacetime psychiatry.

3 Menninger, in Wartime lessons for peacetime psychiatry.

4 Rees, John Rawlings. (1945) *The shaping of psychiatry by war*. London: Chapman and Hall. 2018년 5월 24일 https://archive.org/stream/shapingofpsychia029218mbp/shapingofpsychia029218mbp_djvu.txt에서 검색.

5 Wartime lessons for peacetime psychiatry.

6 Descartes, Rene. (1968) *Discourse on method and the meditations*. Sutcliffe, F. E. (Ed. and Trans.) Harmondsworth: Penguin.

7 McGaugh, Scott. (2011) *Battlefield angels: Saving lives under enemy fire from Valley Forge to Afghanistan*. Oxford: Osprey Publishing, 161.

8 Shephard, *War of nerves*, 342.

9 Ritchie, Elspeth Cameron. (2002) Psychiatry in the Korean War: Peril, PIES, and prisoners of war. *Military Medicine, 167*(11), 898 - 903.

10 TV 드라마 〈매시M*A*S*H〉는 마지막 편에서 정신의학의 중요성을 훌륭하게 보여 주었다. 우울증에 빠져 일을 못 하게 된 주인공 호크아이(앨런 알다 분)가 군 정신과 의사의 도움으로 자신에게 트라우마를 안겨 준 정신장애의 원인을 이해한 뒤에 건강을 회복한다.

11 Walaszek, Art. (2017) Keep calm and recruit on: Residency recruitment in an era of increased anxiety about the future of psychiatry. *Academic Psychiatry, 41*, 213 - 220.

12 서유럽과 비교해 동유럽, 특히 소련의 정신분석가들은 항상 인기가 없었다. 소련 심리학자들은 인간의 무의식보다는 의식에, 환자의 환상보다는 현실에 관심이 더 많았다. Matza, Tomas. (2018) *Shock therapy: Psychology, precarity, and well-being in Postsocialist Russia*. Durham: Duke University Press, 46 참조.

13 Funkenstein, D. H. (1965) The problem of increasing the number of psychiatrists. *American Journal of Psychiatry, 121*(9), 852 - 863.

14 Grinker, Roy R., Sr. (1982) Roy R. Grinker, Sr. In Michael Shepherd, (Ed.)

Psychiatrists on psychiatry. Cambridge: Cambridge University Press, 29 – 41, 37.

15 Grinker, Roy R., Sr. (1965) The sciences of psychiatry: Fields, fences, and riders. *American Journal of Psychiatry*, *122*, 367 – 376. 또한 Decker, *The making of DSM-III*, 8 참조.

16 Berger, Milton Miles. (1946) Japanese military psychiatry in Korea. *American Journal of Psychiatry*, *103*(2), 214 – 216.

17 Yoo, *It's madness*, 48.

18 Glass, A. J. (1953) Psychiatry in the Korean campaign: A historical review. *U. S. Armed Forces Medical Journal*, *4*(11), 1563 – 1583. 또한 Norbury, F. B. (1953) Psychiatric admissions in a combat division in 1952. *Medical Bulletin of the U. S. Army, Far East*, *1*(8), 130 – 133 참조.

19 Yum, Jennifer. (2014) *In sickness and in health: Americans and psychiatry in Korea, 1950–1962*. PhD dissertation, Harvard University, Cambridge, MA, 79 – 100.

20 Yum, *In sickness and in health*, 106.

21 Gerber, David A. (1994) Heroes and misfits: The troubled social reintegration of disabled veterans in "The Best Years of Our Lives". *American Quarterly*, *46*(4), 545 – 574.

22 Carruthers, Susan L. (2009) *Cold War captives: Imprisonment, escape, and brainwashing*. Berkeley: University of California Press, 5장 Prisoners of Pavlov: Korean War captivity and the brainwashing scare 참조.

23 Ritchie, Psychiatry in the Korean War, 902.

24 Halliwell, Martin. (2012) American psychiatry, World War II and the Korean War. In Piette, Adam, & Rawlinson, Mark, (Eds.) *The Edinburgh companion to twentieth-century British and American war literature*. Edinburgh: Edinburgh University Press, 294 – 303, 298.

25 *New York Times*. (1954) The fruits of brainwashing. January 28, 1954, 26.

26 Gallery, Rear Adm. D. V.[Carruthers, Susan L. (2018) When Americans were afraid of being brainwashed. *New York Times*, (opinion page) January 18, 2018 에서 재인용].

27 Carruthers, Susan L. (2009) *Cold War captives*. Los Angeles: University of California Press, 187.

28 Carruthers, *Cold War captives*, 18, 187.

29 Shephard, *War of nerves*, 343. 셰퍼드는 스무 명을 넘긴 적이 없다고 말하는 반면 앨러턴은 그 수를 스물세 명으로 제시한다. Allerton, William S. (1969) Army psychiatry in Viet Nam. In Bourne, P. G., (Ed.) *The psychology and physiology of stress*. New York: Academic Press, 2 – 17, 9.

30 Jones, F. D., & Johnson, A. W. (1975) Medical and psychiatric treatment policy and practice in Vietnam. *Journal of Social Issues*, *31*(4), 49 – 65.

31 Glass, Albert. (1974) Mental health programs in the armed forces. In Caplan, G., (Ed.) *American handbook of psychiatry*. New York: Basic Books, 800 – 809, 801.

32 Scott, Wilbur. (1990) PTSD in DSM –III: A case in the politics of diagnosis and disease. *Social Problems*, *37*(3), 294 – 310, 297.

33 Marlowe, *Psychological and Psychosocial Consequences of Combat and Deployment*, 73. 다음 자료들도 참조했다. Horowitz, M. (1975) A prediction of delayed stress response syndromes in Vietnam veterans. *Journal of Social Issues*, *31*(4); Bourne, P. (1970) Military psychiatry and the Viet Nam experience. *American Journal of Psychiatry*, *127*, 481 – 488; Jones, F. D., & Johnson, A. W. (1975) Medical and psychiatric treatment policy and practice in Vietnam. *Journal of Social Issues*, *31*(4), 49 – 65. 리처드 맥널리는 이렇게 쓴다. "아이러니하게도 역사 연구는 베트남전에서 정신적 사상자가 다른 전쟁에 비해 거의 발생하지 않았다는 것을 확인해 주었다. 정신의학적 문제 발생률이 1000명당 12명에 불과했다. 그 반면 한국전쟁 때는 1000명당 37명이었고, 제2차 세계대전 때는 1000명당 28~101명이었다. McNally, Richard J. (2003) Progress and controversy in the study of posttraumatic stress disorder. *Annual Review of Psychology*, *54*, 229.

34 예를 들어, 1967년부터 1968년까지 12개월 동안 베트남에 있던 (1만 5000~1만 8000명의 군인을 포함하는) 육군 사단은 월평균 네 명의 환자만을 정신의학적 이유로 제대시켰다고 보고했다. Allerton, Army psychiatry in Viet Nam, 14 – 15.

35 Marlowe, *Psychological and psychosocial consequences of combat and deployment*, 86.

36 Marlowe, *Psychological and psychosocial consequences of combat and deployment*, 73.

37 Robert Huffman (Marlowe, *Psychological and psychosocial consequences of combat*

and deployment, 76에서 재인용).

10장 외상 후 스트레스 장애

1   Lifton, Robert Jay. (1975) The post-war war. *Journal of Social Issues*, *31*(4), 181 – 195, 183.

2   Associated Press. (1973) Cease-fire, peace bring official U. S. Thanksgiving. January 28, 1973.

3   Decker, *The making of DSM-III*, 8에서 재인용.

4   Ennis, Bruce J. (1972) *Prisoners of psychiatry: Mental patients, psychiatrists, and the law*. New York: Harcourt Brace Jovanovich.

5   Willis, Ellen. (1973) Prisoners of psychiatry. *New York Times*, March 4, 1973.

6   Rosenhan, On being sane in insane places.

7   Cahalan, Susannah. (2019) *The great pretender: The undercover mission that changed our understanding of madness*. New York: Grand Central Publishing.

8   Kety, Seymour S. (1974) From rationalization to reason. *American Journal of Psychiatry*, *139*(9), 957 – 963, 959. 다음 자료도 참조. Spitzer, Robert L. (1975) On pseudoscience in science, logic in remission, and psychiatric diagnosis: A critique of Rosenhan's "On Being Sane in Insane Places". *Journal of Abnormal Psychology*, *84*(5), 442 – 452.

9   Wilson, Mitchell. (1993) DSM-III and the transformation of American psychiatry: A history. *American Journal of Psychiatry*, *150*(3), 399 – 410, 402.

10 Luhrmann, *Of two minds*, 225.

11 Charlton, Linda. (1973) One question marks Ford hearing. *New York Times*, November 2, 1973, 23.

12 Blairs, William M. (1968) Psychiatric aid to Nixon denied. *New York Times*, November 14, 1968. 1972년에 허치네커가 이렇게 말했다. "나는 유대인들이 미국인들에게 조현병을 전염시킨 것에 대해 의심하지 않는다. 유대인은 조현병의 매개체이며 과학이 백신을 개발하지 못한다면 유행병 수준에 이를 것이다." *Psychiatric News*. (1972) Physician claims Jews are schizo carriers. October 25, 1972. Washington, DC: American Psychiatric Association.

13 Cannon, James A. (1994) *Time and chance. Gerald Ford's appointment with history*. Ann Arbor: University of Michigan Press, 241. 이 내용은 *Congressional Record*에도 있다.

14 Charlton, One question marks Ford hearing.

15 Charlton, One question marks Ford hearing.

16 Burkett, B. G., & Whitley, Glenna. (1998) *Stolen valor: How the Vietnam generation was robbed of its heroes and its history*. Dallas: Verity, 149에서 재인용. 애초의 인용: Wicker, Tom. (1975) The Vietnam disease. *New York Times*, May 27, 1975. Wicker는 이렇게 썼다. "해외에서 헤로인 사용 수치는 『뉴욕타임스』가 2년 전에 보고한 것이다. 다른 모든 통계는 *Penthouse Magazine*에 실린 일련의 논문에서 나왔다."

17 Hagopian, Patrick. (2009) *The Vietnam War in American memory: Veterans, memorials, and the politics of healing*. Amherst: University of Massachusetts Press, 53.

18 Scott, Wilbur J. (1993) *The politics of readjustment: Vietnam veterans since the war*. New York: Aldine de Gruyter.

19 Associated Press. (1968) Veterans find jobs faster. *New York Times*, May 3, 1968, 35.

20 Lamb, David. (1975) Vietnam veterans melting into society. *Los Angeles Times*, November 3, 1975, B1. 또한 Musser, Marc J., & Stenger, Charles A. (1972) A medical and social perception of the veteran. *Bulletin of the New York Academy of Medicine*, 48(6), 859 – 869 참조.

21 Borus, Jonathan. (1975) Incidence of maladjustment in Vietnam returnees. *Archives of General Psychiatry*, 30, 554 – 557. 보러스는 이렇게 썼다. "베트남전쟁 후 재적응의 광범위한 어려움에 대해 다소 주관적인 보고들과 대조적으로, 현역군인으로 참전한 사람들 중 비교적 소수만이 미국에서 예전 삶으로 돌아가는 과정에 규율적 또는 법적·감정적 부적응 지표를 기록했다는 것을 데이터가 보여 준다. 베트남전 참가 군인의 부적응 지표가 동일한 사회적 환경의 비참전 군인보다 크지 않다는 사실은 베트남전쟁 경험이나 재진입 과정 자체가 다수의 참전 제대군인들에게 심신을 약화하는 스트레스라는 가정에 도전한다.

22 Hoiberg, Anne. (1980) Military effectiveness of navy men during and after Vietnam. *Armed Forces & Society*, 6(2), 232 – 246; Wessely, Simon, & Jones,

Edgar. (2004) Psychiatry and the "lessons of Vietnam": What were they and are they still relevant? *War and Society, 22*(1), 89 – 103, 97에 설명되었다.

23 Marlowe, *Psychological and psychosocial consequences of combat and deployment,* xv.

24 Hierholzer, Robert, et al. (1992) Clinical presentation of PTSD in World War II combat veterans. *Hospital and Community Psychiatry, 43*(8), 816 – 820, 817.

25 Shatan, Chaim. (1972) Post-Vietnam syndrome. *New York Times,* May 6, 1972.

26 Brown, D. E. (1970) The military: A valuable arena for research and innovation. *American Journal of Psychiatry, 127*(4), 511 – 512.

27 Scott, Wilbur J. (1990) PTSD in DSM-III: A case in the politics of diagnosis and disease. *Social Problems, 37,* 294 – 310, 303.

28 Maier, Thomas. (1970) The army psychiatrist: An adjunct to the system of social control. *American Journal of Psychiatry, 126*(7), 163.

29 Perhaps the most important, data-driven, conclusion that no new category was necessary is: Helzer, John E., Robins, Lee N., & Davis, D. H. (1976) Depressive disorders in Vietnam returnees. *Journal of Nervous and Mental Disease, 168*(3), 177 – 185

30 Wilson, John. (1994) The historical evolution of PTSD diagnostic criteria: From Freud to DSM-IV. *Journal of Traumatic Stress, 7*(4), 681 – 698.

31 Scott, *The politics of readjustment,* 3.

32 Grinker, Roy R., Sr. (1945) The medical, psychiatric and social problems of war neuroses. *Cincinnati Journal of Medicine, 26,* 241 – 259, 245.

33 Adler, Alexandra. (1945) Two different types of post-traumatic neuroses. *American Journal of Psychiatry, 102*(2), 237 – 240.

34 Andreasen, Nancy J. C., Norris, A. S., & Hartford, C. E. (1971) Incidence of long-term psychiatric complications in severely burned adults. *Annals of Surgery, 174*(5), 785 – 793.

35 Friedman, Matthew J., Keane, Terence M., & Resnick, Patricia A. (2007) *Handbook of PTSD: Science and practice.* New York: Guilford Press, 4.

36 Evans, Kathy M., et al. (2005) Feminism and feminist therapy: Lessons from the past and hopes for the future. *Journal of Counseling and Development, 83*(3), 269 – 277, 269 – 270.

37 Burstow, Bonnie. (2005) A critique of posttraumatic stress disorder and the DSM. *Journal of Humanistic Psychology 45*(4), 429 – 445, 430.

38 American Psychiatric Association. (1980) *DSM-III: Diagnostic and statistical manual of mental disorders.* Washington, DC: American Psychiatric Association, 236 – 239.

39 Green, B. L., et al. (1991) Children and disaster: Age, gender, and parental effects on PTSD symptoms. *Journal of the American Academy of Child and Adolescent Psychiatry, 30*, 945 – 951.

40 Desivilya, H. S., R. Gal, & Ayalon, O. (1996) Extent of victimization, traumatic stress symptoms, and adjustment of terrorist assault survivors: A long-term follow-up. *Journal of Trauma and Stress, 9*, 881 – 889.

41 Yehuda, R., et al. (1997) Individual differences in post-traumatic stress disorder symptom profiles in holocaust survivors in concentration camps or in hiding. *Journal of Trauma and Stress, 10*, 453 – 463.

42 Kulka, R. A., et al. (1988) *Contractual report of findings from the National Vietnam Veterans' readjustment study: Volumes 1–4.* Raleigh, NC: Research Triangle Institute.

43 Schnurr, P. P., et al. (2003) A descriptive analysis of PTSD chronicity in Vietnam veterans. *Journal of Trauma and Stress, 16*(6), 545 – 553.

44 Griffith, James. (2014) Prevalence of childhood abuse among Army National Guard soldiers and its relationship to suicidal behavior. *Military Behavioral Health Journal, 2*, 114 – 122.

45 Black, S. A., Gallaway, M. S., & Bell, M. R. (2011) Prevalence and risk factors associated with suicide of army soldiers, 2001 – 2009. *Military Psychology, 23*, 433 – 451.

46 Breslau, Joshua. (2004) Cultures of trauma: Anthropological views of posttraumatic stress disorder in international health. *Culture, Medicine and Psychiatry, 28*, 113 – 126, 114.

47 Watters, Ethan. (2010) *Crazy like us: The globalization of the American psyche.* New York: The Free Press, 71; Theidon, Kimberly. (2013) *Intimate enemies: Violence and reconciliation in Peru.* Philadelphia: University of Pennsylvania Press.

48 McNally, Is PTSD a transhistoric phenomenon?

49 Hinton & Good, *Culture and PTSD*.

50 Wool, Zoë. (2015) *After war: The weight of life at Walter Reed*. Durham, NC: Duke University Press, 132.

51 Wool, *After war*, 151 – 155.

52 Hinton, Devon E., & Good, Bryon J. (2016) The culturally sensitive assessment of trauma: Eleven analytic perspectives, a typology of errors, and the multiplex models of distress generation. In Hinton & Good, *Culture and PTSD*, 50 – 113.

53 Hinton, Devon E., et al. (2010) Khyâl attacks: A key idiom of distress among traumatized Cambodia refugees. *Culture, Medicine and Psychiatry, 34*, 244 – 278.

54 Young, Allan. (1980) The discourse on stress and the reproduction of conventional knowledge. *Social Science and Medicine, 14*(3), 133 – 146.

55 Pupavac, Vanessa. (2002) Pathologizing populations and colonizing minds: International psychosocial programs in Kosovo. *Alternatives, 27*, 489 – 511.

11장 병에 대한 기대

1 Stander, Valerie A., & Thomsen, Cynthia J. (2016) Sexual harassment and assault in the U. S. military: A review of policy and research trends. *Military Medicine, 181*(1), 20 – 27. 미국 보훈부는 MST를 '보훈부가 고용한 정신보건 전문가들이 판단할 때, 참전 군인이 현역 복무 중 또는 훈련 중에 발생한 성적인 신체 폭행이나 구타 또는 성희롱에 따른 심리적 트라우마'로 정의한다. 다음 자료를 참조. Department of Veterans Affairs. (2010) *Military sexual trauma (MST) programming*. VHA Directive 2010-033. Washington, DC: Veterans Health Administration. http://www .va.gov/vhapublications/ViewPublication .asp?pub_ID=2272. 2015년 5월 28일 검색.

2 Hagen, Melissa J., et al. (2018) Event-related clinical distress in college students: Responses to the 2016 U. S. presidential election. *Journal of American College Health*, DOI: 10.1080/07448481.2018.1515763, 1 – 5.

3 Sontag, *Illness as metaphor*, 3.

4   Hoge, C. W., et al. (2004) Combat duty in Iraq and Afghanistan, mental health problems, and barriers to care. *New England Journal of Medicine*, *351*, 13 – 22.

5   Reimann, Carolyn A., & Mazuchowski, Edward L. (2018) Suicide rates among active duty service members compared with civilian counterparts, 2005 – 2014. *Military Medicine*, *183*(3/4), 396 – 402.

6   Ronald C. Kessler, et al. (2014) Thirty-day prevalence of *DSM-IV* mental disorders among nondeployed soldiers in the US Army: Results from the army study to assess risk and resilience in soldiers in the US Army. (Army STARRS) *JAMA Psychiatry*, *71*(5), 504 – 513.

7   Nock, Matthew K., et al. (2013) Mental disorders, comorbidity and preenlistment suicidal behavior among new soldiers in the US Army: Results from the army study to assess risk and resilience in service members. (Army STARRS) *Suicide and Life-Threatening Behavior*, *45*(5), 588 – 599.

8   Williamson, Vanessa, & Mulhall, Erin. (2009) Invisible wounds: Psychological and neurological injuries confront a new generation of veterans. New York: Iraq and Afghanistan Veterans of America,11.

9   Williamson & Mulhall, Invisible wounds, 12.

10 Petryna, Adriana. (2003) *Life exposed: Biological citizenship after Chernobyl*. Princeton, NJ: Princeton University Press, 175.

11 Young, Allan. (1995) *The Harmony of illusions: Inventing post-traumatic stress disorder*. Princeton, NJ: Princeton University Press.

12 Trivedi, Ranak B., et al. (2015) Prevalence, comorbidity, and prognosis of mental health among US veterans. *American Journal of Public Health*, *105*(12), 2564 – 2569.

13 Hoge, Charles W. (2010) *Once a warrior, always a warrior: Navigating the transition from combat to home, including combat stress, PTSD, and mTBI*. Guilford, CT: GPP Life, 178.

14 Chiarelli, Gen. Peter, interview with PBS *News Hour*, November 4, 2011.

15 Chiarelli, interview with PBS *News Hour*.

16 Paul Rieckhoff, executive director, Iraq and Afghanistan Veterans of America, interview with PBS *News Hour*, November 4, 2011.

17 Thompson, Mark. (2011) The disappearing "disorder": Why PTSD is becoming

PTS. *Time* magazine, June 5, 2011.

18 Sherman, Nancy. (2015) *Afterwar: Healing the moral wounds of our soldiers.* Oxford: Oxford University Press, 14.

19 Junger, Sebastian. (2010) *War.* New York: Twelve, 40 – 41.

20 Engel, Charles C., Jr. (2004) Post-war syndromes: Illustrating the impact of the social psyche on notions of risk, responsibility, reason, and remedy. *Journal of the American Academy of Psychoanalysis and Dynamic Psychiatry, 32*(2), 321 – 334.

21 *Presidential Advisory Committee on Gulf War Veterans' Illnesses: Final Report.* December 1996. Washington, DC: U. S. Government Printing Office.

22 Murphy, F., Kang, H. K., & Dalager, N. (1999) The health status of Gulf War veterans: Lessons learned from the Department of Veterans Affairs health registry. *Military Medicine, 164*(5), 327–331.

23 Roy, M. J., et al. (1998) Signs, symptoms, and ill-defined conditions in Persian Gulf War veterans: Findings from the comprehensive clinical evaluation. *Psychosomatic Medicine, 60*(6), 663 – 668.

24 *Newsnight.* (1993) British Broadcasting Corporation. June 7, 1993, and July 5, 1993.

25 Durodié, Bill. (2006) Risk and the social construction of "Gulf War Syndrome". *Philosophical Transactions of the Royal Society of London, 361*(1468), 689 – 695.

26 Showalter, Elaine. (1997) *Hystories: Hysterical epidemics and modern culture.* New York: Columbia University Press, 19 – 20.

27 Wessely, Simon, & White, Peter D. (2004) There is only one functional somatic syndrome. *British Journal of Psychiatry, 185*, 95 – 96.

28 Ford, Julian, et al. (2001) Psychosomatic stress symptomatology is associated with unexplained illness attributed to Persian Gulf War military service. *Psychosomatic Medicine, 63*, 842 – 849, 847.

29 Bullman, Tim A., et al. (2005) Mortality in US Army Gulf War veterans exposed to 1991 Khamisiyah chemical munitions destruction. *American Journal of Public Health, 95*(8), 1382 – 1388.

30 Goldberg, David. (1979) Detection and assessment of emotional disorders in a primary-care setting. *International Journal of Mental Health, 8*(2), 30 – 48.

31 Kroenke, Kurt, et al. (1994) Physical symptoms in primary care: Predictors of

psychiatric disorders and functional impairment. *Archives of Family Medicine*, *3*, 774-779.

32 Chrousos, G. P., & Gold, P. W. (1992) The concepts of stress and stress system disorders: Overview of physical and behavioral homeostasis. *JAMA: Journal of the American Medical Association*, *267*(9), 1244-1252.

12장 비밀 말하기

1 Plato. (2007) *The Republic*. New York: Penguin, 516.

2 Sontag, *Illness as metaphor*, 7.

3 Kinder, *Paying with their bodies*, 8.

4 Mintz, *Huck's raft*, 281.

5 *Mills v. Board of Education of District of Columbia*. (1972) U. S. District Court for the District of Columbia. 348 F. Supp. 866.

6 The formal name of the law is the Mental Retardation and Community Mental Health Centers Construction Act of 1963.

7 Goffman, Erving. (1961) *Asylums: Essays on the social situation of mental patients and other inmates*. New York: Doubleday Anchor, 386.

8 McNamara, Eileen. (2018) *Eunice: The Kennedy who changed the world*. New York: Simon & Schuster.

9 McNamara, *Eunice*.

10 Oosterhius, Harry. (2005) Outpatient psychiatry and mental health care in the twentieth century: International perspectives. In Gijswijt-Hofstra, et al., (Eds.) *Psychiatric cultures compared: Psychiatry and mental health care in the twentieth century: Comparisons and approaches*. Amsterdam: Amsterdam University Press, 248-274, 261.

11 Hopper, Kim. (1988) More than passing strange: Homelessness and mental illness in New York City. *American Ethnologist*, *15*(1), 155-167.

12 Brodwin, Paul E. (2013) *Everyday ethics: Voices from the front line of community psychiatry*. Berkeley: University of California Press, 32.

13 Lamb, H. R. (1984) Deinstitutionalization and the homeless. *Hospital and*

Community Psychiatry, *35*(9), 899–907.

14 Lyon-Callo, Vin. (2001) Making sense of NIMBY: Poverty, power, and community opposition to homeless shelters. *City and Society, 13*(2), 183–209.

15 Roth, Alisa. (2018) *Insane: America's criminal treatment of mental illness.* New York: Basic Books.

16 Sacks, Oliver. (2009) The lost virtues of the asylum. *New York Review of Books*, September 24, 2009.

17 Bloland, Sue Erikson. (2005) *In the shadow of fame: A memoir by the daughter of Erik H. Erikson.* New York: Viking, 22.

18 Friedman, Lawrence J. (1999) *Identity's architect: A biography of Erik H. Erikson.* New York: Scribner, 22–23, 208–220.

19 Friedman, *Identity's architect*, 210.

20 Bloland, *In the shadow of fame*, 87.

21 Friedman, *Identity's architect*, 212.

22 Sutter, John David. (2007) Once a shadowland. *The Oklahoman.* June 10, 2007. https://oklahoman.com/article/3064415/once-a-shadowlandbrspan-classhl2today-patients-at-griffin-memorial-hospital-can-get-treatment-and-go-on-to-lead-productive-lives-the-states-oldest-mental-health-institution-was-span. 2020년 4월 17일 검색.

23 Sheehan, Susan. (1982) *Is there no place on earth for me?* New York: Houghton Mifflin, 10.

24 Sheehan, *Is there no place on earth for me?*, 11에서 재인용.

25 Applebaum, Paul S. (1999) Law & psychiatry: Least restrictive alternative revisited: Olmstead's uncertain mandate for community-based care. *Psychiatric Services, 50*(10), 1271–1273.

26 Eyal, Gil, et al. (2010) *The autism matrix: The social origins of the autism epidemic.* Cambridge: Polity Press.

27 Srole, Leo, et al. (1962) *Mental health in the metropolis: The mid-town Manhattan study, volume 1.* Thomas A. C. Rennie Series in Social Psychiatry. New York: Blakiston.

28 Leighton, D. C., et al. (1963) Psychiatric findings of the Stirling County study. *American Journal of Psychiatry, 119*, 1021–1026.

29 Bourdon, Karen H., et al. (1992) Estimating the prevalence of mental disorders in U. S. adults from the epidemiologic catchment area survey. *Public Health Reports, 107*(6), 663–668.

30 Bagalman, Erin, & Cornell, Ada S. (2018) Prevalence of mental illness in the United States: Data sources and estimates. Washington, DC: Congressional Research Service; Kessler, R. C., et al. (2005) Lifetime prevalence and age-of-onset distributions of DSM-IV disorders in the national comorbidity survey replication. (NCS-R) *Archives of General Psychiatry, 62*(6), 593–602; Kessler, R. C., et al. (2005) Prevalence, severity, and comorbidity of twelve-month DSMIV disorders in the national comorbidity survey replication. (NCS-R) *Archives of General Psychiatry, 62*(6), 617–627.

31 Eyal, Gil, et al., *The autism matrix.*

32 Blashfield, Roger K., et al. (2014) The cycle of classification: DSM-I through DSM-5. *Annual Review of Clinical Psychology, 10,* 25–51, 41.

33 Bradley, Charles. (1937) The behavior of children receiving Benzedrine. *American Journal of Psychiatry, 94,* 577–581. 그러나 항정신성 약물로 소아를 치료하는 것은 논란이 매우 컸고, 1970년대까지 대부분의 제약 회사는 흥분제 연구에 대한 자금 지원을 거부했다. 사실상 국립정신건강연구소가 소아 정신약리학 연구의 유일한 자금 제공처였다. 1937~1950년에 소아에 대한 흥분제 사용과 관련해 발표된 논문은 손가락으로 꼽을 정도였다.

34 Kefauver Hearings. (1961) *Administered drug prices. Report of the Committee on the Judiciary. United States Senate Subcommittee on Antitrust and Monopoly.* Washington, DC: U. S. Government Printing Office, 156.

35 Centers for Disease Control and Prevention. (2005) Mental health in the United States: Prevalence of diagnosis and medication treatment for attention deficit/hyperactivity disorder: United States, 2003. *MMWR: Morbidity and Mortality Weekly Report, 54*(34), 842–847.

36 Kolata, Gina. (1990) Researchers say brain abnormality may help to explain hyperactivity. *New York Times*, November 15, 1990, B18.

37 Nelson, Bryce. (1983) The biology of depression makes physicians anxious. *New York Times*, September 11, 1983.

38 Sullivan, P. F. (1995) Mortality in anorexia nervosa. *American Journal of*

Psychiatry, 152, 1073－1074.

39 Watters, *Crazy like us.*

40 Kravetz, Lee Daniel. (2017) The strange contagious history of bulimia. *New York* magazine, (The Cut) July 31, 2017.

41 Mann, Traci, et al. (1997) Are two interventions worse than none? Joint primary and secondary prevention of eating disorders in college females. *Health Psychology, 16*(3), 215－225.

42 Mann, Are two interventions worse than none?, 224.

43 Davis, Lennard J. (2010) Obsession: Against mental health. In Jonathan M Metzl & Kirkland, Anna, (Eds.) *Against health: How health became the new morality.* New York: New York University Press, 121－132, 29.

44 Hinshaw, Stephen P., & Scheffler, Richard M. (2014) *The ADHD explosion: Myths, medication, money, and today's push for performance.* Oxford: Oxford University Press, 156.

45 Mandell, D. S., et al. (2009) Racial/ethnic disparities in the identification of children with autism spectrum disorders. *American Journal of Public Health, 99*(3), 493－498. 또한 Blanchett, W. J., Klingner, J. K., & Harry, B. (2009) The intersection of race, culture, language, and disability implications for urban education. *Urban Education, 44*, 389－409 참조.

46 Polyak, Andrew, Kubina, Richard M., & Girirajan, Santhosh. (2015) Comorbidity of intellectual disability confounds ascertainment of autism: Implications for genetic diagnosis. *American Journal of Medical Genetics. Part B: Neuropsychiatric Genetics, 168*(7), 600－608.

47 일부 임상의와 연구자 들은 이제 증후군성 자폐와 비증후군성(특발성) 자폐까지 구분한다. 증후군성 자폐는 다운증후군과 엔젤만증후군, 코헨증후군, 윌리엄스증후군, 취약X증후군, 레트증후군, 코넬리아드랑증후군, 22q11결손증후군, 프래더윌리증후군 등과 관련된 자폐 스펙트럼 장애가 있는 사람들에게 임상적으로 유용한 단어가 되고 있다. Gillberg, Christopher, & Coleman, Mary. (2000) *The biology of the autistic syndromes.* (3rd ed.) London: High Holborn House 참조.

48 Rødgaard, Eya－Mist, et al. (2019) Temporal changes in effect sizes of studies comparing individuals with and without autism: A meta-analysis. *JAMA Psychiatry.* Published online August 21, 2019.

49 Sato, Mitsumoto. (2006) Renaming schizophrenia: A Japanese perspective. *World Psychiatry, 5*(1), 53–55.

50 Nishimura, Y., & Ono, H. (2006) A study on renaming schizophrenia and informing diagnosis. In Ono, Y., (Ed.) *Studies on the effects of renaming psychiatric disorders.* Tokyo: Ministry of Health, Labor and Welfare, 6–13. 일본어 자료.

51 Sartorius, Norman, et al. (2014) Name change for schizophrenia. *Schizophrenia Bulletin, 40*(2), 255–258.

52 Koike, Shinsuke, et al. (2015) Long-term effect of a name change for schizophrenia on reducing stigma. *Social Psychiatry and Psychiatric Epidemiology, 50*, 1519–1526.

53 George, Bill, & Klijn, Aadt. (2013) A modern name for schizophrenia would diminish self-stigma. *Psychological Medicine, 43*, 1555–1557.

54 한국에도 비슷한 양상이 존재한다. 효 사상이 있어도 한국은 OECD 국가 중 노인 빈곤율이 가장 높다. 많은 노인이 홀로 생활하거나 시설에서 지낸다. Jeon, Boyoung, et al. (2017) Disability, poverty, and the role of the basic livelihood security system on health services utilization among the elderly in South Korea. *Social Science and Medicine, 178*, 175–183 참조.

13장 여느 질환과 마찬가지라고?

1 Whitaker, Robert. (2010) *Anatomy of an epidemic: Magic bullets, psychiatric drugs, and the astonishing rise of mental illness in America.* New York: Crown, 280.

2 Lane, Christopher. (2007) *Shyness: How normal behavior became a sickness.* New Haven, CT: Yale University Press, 38.

3 Macalpine, Ida, & Hunter, Richard. (1966) The "insanity" of King George III: A classic case of porphyria. *British Medical Journal, 1*, 65–71, 71.

4 Andreasen, Nancy. (1984) *The broken brain: The biological revolution in psychiatry.* New York: HarperPerennial, 2.

5 Murray, C. J. (1994) Quantifying the burden of disease: The technical basis for

disability-adjusted life years. *Bulletin of the World Health Organization, 72*(3), 429‑445.

6   Rose, Nikolas. (1996) *Inventing ourselves: Psychology, power, and personhood.* Cambridge: Cambridge University Press, 109. 또한 Gould, *The mismeasure of man* 참조.

7   Hoogman, Martine, et al. (2019) Brain imaging of the cortex in ADHD: A coordinated analysis of large-scale clinical and population-based samples. *American Journal of Psychiatry, 176*(7), 531‑542; Wannan, Cassandra M. J., et al. (2019) Evidence for network-based cortical thickness reductions in schizophrenia. *American Journal of Psychiatry, 176*(7), 552‑563.

8   Rapoport, Judith L., et al. (1999) Progressive cortical change during adolescence in childhood-onset schizophrenia: A longitudinal magnetic resonance imaging study. *Archives of General Psychiatry, 56*(7), 649‑654.

9   Kessler, Ronald C., et al. (2005) Lifetime prevalence and age-of-onset distributions of DSM-IV disorders in the national comorbidity survey replication. *Archives of General Psychiatry, 62*, 593‑602.

10 Dawson, Geraldine, et al. (2018) Atypical postural control can be detected via computer vision analysis in toddlers with autism spectrum disorder. *Nature Scientific Reports, 8* (17008).

11 Marmar, Charles, et al. (2019) Speech-based markers for posttraumatic stress disorder in US veterans. *Depression and Anxiety.* Published online DOI: 10.1002/da.22890.

12 Kleinman, Arthur. (2019) *The soul of care: The moral education of a husband and doctor.* New York: Viking.

13 Hinshaw, Stephen P. (2007) *The mark of shame: Stigma of mental illness and an agenda for change.* Oxford: Oxford University Press, 86.

14 Insel, T., & Quirion, R. (2005) Psychiatry as a clinical neuroscience discipline. *JAMA: Journal of the American Medical Association, 294*, 2221‑2224.

15 Patel, Vikram, et al. (2011) A renewed agenda for global mental health. *Lancet, 378*(9801), 1441‑1442, 1441.

16 Collins, Pamela Y., et al. (2011) Grand challenges in global mental health. *Nature, 475*(7354), 27‑30, 27. 전모를 공개하자면, 저자들이 그 기사를 준비할

때 나는 mhGAP 그룹이 커다란 난제에 대한 의견을 제출하도록 요청한 연구자 200명 중 한 명이었다.

17 Pandolfi, Mariella. (2003) Contract of mutual (in)difference: Governance and the humanitarian apparatus in contemporary Albania and Kosovo. *Indiana Journal of Global Legal Studies, 10*(1), 369 – 381, 381.

18 Ortega, Francisco, & Wenceslau, Leandro David. (2020). Challenges for implementing a global mental health agenda in Brazil: The "silencing" of culture. *Transcultural Psychiatry, 57*(1), 57 – 70.

19 Ticktin, Miriam. (2006). Where ethics and politics meet: The violence of humanitarianism in France. *American Ethnologist, 33*(1), 33 – 49, 39; 다음도 참조: Ticktin, Miriam. (2011). *Casualties of care: Immigration and the politics of humanitarianism in France.* Berkeley: University of California Press.

20 Weissman, Myrna. (2001). Stigma. *JAMA: Journal of the American Medical Association, 285*(3), 261 – 262.

21 Dumit, Joseph. (2003). "Is it me or my brain?": Depression and neuroscientific facts. *Journal of Medical Humanities, 24*(1 – 2), 35 – 47.

22 Feder, Henry M., et al. (2007). A critical appraisal of "chronic Lyme disease." *New England Journal of Medicine, 357,* 1422 – 1430; Marques, Adriana. (2008). Chronic Lyme disease: A review. *Infectious Disease Clinics of North America, 22,* 341 – 360.

23 Creed, F. (1999). The importance of depression following myocardial infarction. *Heart, 82*(4), 406 – 408; Barefoot, J. C., et al. (2000). Depressive symptoms and survival of patients with coronary artery disease. *Psychosomatic Medicine, 62*(6), 790 – 795.

24 Taylor, Stuart, Jr. (1982). CAT scans said to show shrunken Hinckley brain. *New York Times,* June 2, 1982.

25 Dumit, Joseph. (2004). *Picturing personhood: Brain scans and biomedical identity.* Princeton, NJ: Princeton University Press, 63.

26 Magliano, L., et al. (2004). Beliefs of psychiatric nurses about schizophrenia: A comparison with patients' relatives and psychiatrists. *International Journal of Social Psychiatry, 50,* 319 – 330.

27 Angermeyer, Matthias C., & Matschinger, Herbert. (2005). Causal beliefs and

attitudes to people with schizophrenia: Trend analysis based on data from two population surveys in Germany. *British Journal of Psychiatry, 186*, 331‒334.

28 Pescosolido, Bernice A., et al. (2010). "A disease like any other"? A decade of change in public reactions to schizophrenia, depression, and alcohol dependence. *American Journal of Psychiatry, 167*(11), 1321‒1330, 1324.

29 Nadesan, Majia Holmer. (2008). Constructing autism: A brief genealogy. In Osteen, Mark (Ed.), *Autism and representation*. New York: Routledge, 78‒95; 다음도 참조: Ten Have, H. A. M. J. (2001). Genetics and culture: The geneticization thesis. *Medicine, Health Care and Philosophy, 4*, 295‒304.

30 Silberman, Steve. (2015). *Neurotribes*. New York: Avery, 14.

31 Binder, Laurence M., Iverson, Grant L., & Brooks, Brian L. (2009). To err is human: "Abnormal" neuropsychological scores and variability are common in healthy adults. *Archives of Clinical Neuropsychology, 24*, 31‒46.

32 Hilker, Rikke, et al. (2018). Heritability of schizophrenia and schizophrenia spectrum based on the nationwide Danish twin register. *Biological Psychiatry, 83*(6), 492‒498.

33 이 비교는 다음 문헌에서 자세히 설명된다: Meehl, P. E. (1977). Specific etiology and other forms of strong influence: Some quantitative meanings. *Journal of Medicine and Philosophy, 2,* 33–53; 다음도 참조: Murphy, Dominic. (2006). *Psychiatry in the scientific image.* Cambridge, MA: MIT Press, 118–119.

34 Benavides‒Rawson, Jorge, & Grinker, Roy Richard. (2018). Reactive attachment disorder and autism spectrum disorder: Diagnosis and care in a cultural context. In Fogler, J. M., & Phelps, R. A. (Eds.), *Trauma, autism, & neurodevelopmental disorders: Integrating research, practice, and policy.* Switzerland: Springer Nature.

35 Richters, M. M., & Volkmar, F. R. (1994). Reactive attachment disorder of infancy or early childhood. *Journal of the American Academy of Child and Adolescent Psychiatry, 33*, 328‒332.

36 Hanson, R. F., & Spratt, E. G. (2000). Reactive attachment disorder: What we know about the disorder and implications for treatment. *Child Maltreatment, 5*(2), 137‒146.

37 Kim, Young Shin, et al. (2011). Prevalence of autism spectrum disorders in a total population sample. *American Journal of Psychiatry, 168*(9), 904‒912.

38 Vickery, George Kendall. (2005). *A cold of the heart: Japan strives to normalize depression*. PhD dissertation, University of Pittsburgh, Department of Anthropology.

39 Weaver, Lesley Jo. (2019). *Sugar and tension: Diabetes and gender in modern India*. New Brunswick, NJ: Rutgers University Press, 84.

40 Kitanaka, Junko. (2012). *Depression in Japan: Psychiatric cures for a society in distress*. Princeton, NJ: Princeton University Press, 34.

41 Kitanaka, *Depression in Japan*, 36.

42 Sexton, Anne. The double image (lines 8 – 11). In *The complete poems*. New York: Mariner, 35.

14장 마법의 지팡이처럼

1 Electroconvulsive therapy. (1985) *NIH Consensus Statement*, *5*(11), June 10 – 12, 1 – 23.

2 Centers for Disease Control and Prevention; https://webappa.cdc.gov/cgi-bin/broker.exe.

3 El-Hai, Jack. (2005) *The lobotomist: A maverick magical genius and his quest to rid the world of mental illness*. New York: Wiley, 116 – 117.

4 Dully, Howard, & Fleming, Charles. (2007) *My lobotomy*. New York: Three Rivers Press; Raz, Mical. (2013) *The lobotomy letters: The making of American psychosurgery*. Rochester, NY: University of Rochester Press; Whitaker, Robert. (2002) *Mad in America: Bad science, bad medicine, and the enduring mistreatment of the mentally ill*. New York: Basic Books.

5 Associated Press. (1949) Zurich, Lisbon brain specialists divide Nobel Prize for Medicine. *New York Times*, October 28, 1949.

6 Caruso, James P., & Sheehan, Jason P. (2017) Psychosurgery, ethics, and media: A history of Walter Freeman and the lobotomy. *Neurosurgical Focus*, *43*(3), 1 – 8.

7 Paul Offit makes the comparison to Jeffrey Dahmer in his book *Pandora's Lab: Seven Stories of Science Gone Wrong*. Offit, Paul. (2017) *Pandora's lab: Seven stories of science gone wrong*. Washington, DC: National Geographic, 131 – 132.

8   Johnson, Jenell. (2011) Thinking with the thalamus: Lobotomy and the rhetoric of emotional impairment. *Journal of Literary and Cultural Disability Studies*, *5*(2), 185 – 200, 191.

9   Braslow, Joel(Johnson, Jenell. (2014) *American lobotomy: A rhetorical history*. Ann Arbor: University of Michigan Press, 54에서 재인용). 또한 Braslow, Joel. (1997) *Mental ills and bodily cures: Psychiatric treatment in the first half of the twentieth century*. Berkeley: University of California Press, 162 참조.

10   Swayze, Victor W., 2nd. (1995) Frontal leukotomy and related psychosurgical procedures in the era before antipsychotics (1935 – 1954): A historical overview. *American Journal of Psychiatry*, *152*(4), 505 – 515, 507에서 재인용.

11   Freeman, Walter, & Watts, James W. (1950) *Psychosurgery in the treatment of mental disorders and intractable pain*. Springfield, IL: Charles C. Thomas, 148.

12   Dreger, Alice Domurat. (2004) *One of us: Conjoined twins and the future of the normal*. Cambridge, MA: Harvard University Press.

13   Kaempffert, Waldemar. (1941) Turning the mind inside out. *Saturday Evening Post*, May 24, 1941, 19.

14   American Medical Association. (1941) Neurosurgical treatment of certain abnormal mental states: Panel discussion at Cleveland session. *JAMA: Journal of the American Medical Association*, *117*(7), 517 – 527.

15   특정한 비정상적 정신 상태의 신경외과 치료에 대한 공개 토론회. Walter Freeman, M. A. Tarumianz, Theodore Erickson, J. G. Lyerly, H. D. Palmer, Roy Grinker 등이 초청된 참가자였으며 사회자는 Paul Bucy였다. 다음과 같은 요약본이 출판되었다. Neurosurgical treatment of certain abnormal mental states. *JAMA: Journal of the American Medical Association*, *117*(1941), 517 – 526. 토론 내용을 입력한 전체 원고는 조지워싱턴대학 겔먼도서관의 Freeman/Watts 기록 보관소 16번 상자, 23번 폴더에 보관되어 있다. *JAMA*로 출판되지 않은 내용은 이 자료에서 인용했다.

16   Johnson, *American lobotomy*, 35.

17   Solomon, Andrew. (2003) *Noonday demon*. New York: Scribner, 120 – 123.

18   Styron, William. (1988) Why Primo Levi need not have died. *New York Times*, December 19, 1988.

19   West, James L. W. (1998) *William Styron: A life*. New York: Random House.

20 Styron, William. (1992) *Darkness visible: A memoir of madness*. New York: Vintage, 84.

21 Cregan, Mary. (2019) *The scar: A personal history of depression and recovery*. New York: W. W. Norton.

22 Kennedy, Pagan. (2018) The great god of depression. *New York Times*, August 3, 2018.

23 The Associated Press. (2003)(Raak, Bill. Former U. S. senator Tom Eagleton dies at 77. St. Louis Public Radio, (NPR) March 5, 2007에서 재인용). https://news. stlpublicradio.org/post/former-us-senator-tom-eagleton-dies-77#stream/0. 2019년 8월 16일 검색.

24 Sackett, Russell. (1972) Positive v. negative in Tom Eagleton story. *Capital Times*, July 27, 1972.

25 Giglio, James N. (2009) The Eagleton affair: Thomas Eagleton, George McGovern, and the 1972 vice presidential nomination. *Presidential Studies Quarterly*, *39*(4), 647 – 676, 671 – 672에서 재인용.

26 응시와 장애에 관해 다음 자료를 참고. Garland-Thomson, Rosemarie. (2009) *Staring: How we look*. Oxford: Oxford University Press; Bogdan, Robert. (1990) *Freak show: Presenting human oddities for amusement and profit*. Chicago: University of Chicago Press.

27 Brown, Lydia X. Z. (2019) Autistic young people deserve serious respect and attention—not dismissal as the pawns of others. *Washington Post*, December 14, 2019.

28 Prendergast, Catherine. (2001) On the rhetorics of mental disability. In Wilson, J. C., & Lewiecki-Wilson, C. (Eds.) *Embodied rhetorics: Disability in language and culture*. Carbondale: Southern Illinois University Press, 45 – 60.

29 Bormann, Ernest G. (1973) The Eagleton affair: A fantasy theme analysis. *Quarterly Journal of Speech*, *59*(2), 143 – 159.

30 McGinnis, Joe. (1972) I'll tell you who's bitter, my aunt Hazel. *Life* magazine, August 18, 1972, 30 – 31.

31 Thompson, Alex. (2015) Could America elect a mentally ill president? *Politico*, November/December 2015에 인용된 『패밀리서클』지 기사. https://www. politico.com/magazine/story/2015/10/politics-mental-illness-history-213276.

2020년 1월 8일 검색.

32 Sackeim, Harold A., Prudic, Joan, & Devanand, D. P. (2000) A prospective, randomized, double-blind comparison of bilateral and right unilateral electrocon-vulsive therapy at different stimulus intensities. *Archives of General Psychiatry*, *57*(5), 425–434.

33 Dukakis, Kitty, & Tye, Larry. (2006) *Shock: The healing power of electroconvulsive therapy*. New York: Avery, 190–191.

34 Sackeim, H. A. (1999) The anticonvulsant hypothesis of the mechanisms of action of ECT: Current status. *Journal of ECT, 15*, 5–26.

35 Prudic, J. (2005) Electroconvulsive therapy. In Saddock, B. J., & Saddock, V. A., (Eds.) *Comprehensive textbook of psychiatry*. (8th ed., vol. 2) Philadelphia: Lippincott Williams & Wilkins.

36 Singh, Amit, & Kar, Sujita Kumar. (2017) How electroconvulsive therapy works: Understanding the neurobiological mechanisms. *Clinical Psychopharmacology and Neuroscience*, *15*(3), 210–221.

37 Luchini, Frederica, et al. (2015) Electroconvulsive therapy in catatonic patients: Efficacy and predictors of response. *World Psychiatry*, *5*(2), 182–192. Kho, King Han, et al. (2003). A meta-analysis of electroconvulsive therapy efficacy in depression. *Journal of ECT*, *19*(3), 139–147.

38 McCall, W. Vaugh. (2007) What does Star*D tell us about ECT? *Journal of ECT*, *23*(1), 1–2.

39 Himwich, Harold E. (1943) Electroshock: A round table discussion. *American Journal of Psychiatry*, *100*, 361.

40 Sackeim, H. A. (2000). Memory and ECT: From polarization to reconciliation. *Journal of ECT*, *16*(2), 87–96.

41 Davis, Nicola, & Duncan, Pamela. (2017) Electroconvulsive therapy on the rise again in England. *Guardian*, April 17, 2017. https://www.theguardian.com/society/2017/apr/17/electroconvulsive-therapy-on-rise-england-ect-nhs. 2019년 5월 1일 검색.

42 Whitaker, *Mad in America*, 106.

43 McCall, W. Vaughn. (2013) Foreword. In Ghaziuddin, Neera, & Walter, Gary, (Eds.) *Electroconvulsive therapy in children and adolescents*. Oxford: Oxford

University Press, ix－x.

44 Shorter, Edward. (2013) The history of pediatric ECT. In Ghaziuddin & Walter, *Electroconvulsive therapy*, 1－17.

45 Shorter, Edward. (2013) Electroconvulsive therapy in children. *Psychology Today*, December 1, 2013. https://www.psychologytoday.com/us/blog/how-everyone-became-depressed/201312/electroconvulsive-therapy-in－children. 2020년 4월 17일 검색.

46 Harris, Victoria. (2006) Electroconvulsive therapy: Administrative codes, legislation, and professional recommendations. *Journal of the American Academy of Psychiatry and the Law, 34*(3), 406－411.

47 Smith, Daniel. (2001) Shock and disbelief. *The Atlantic*, February 2001, https://www.theatlantic.com/magazine/archive/2001/02/shock－and－disbelief/302114/ 2020년 4월 21일 검색.

48 Cregan, *The scar*.

15장 몸이 말할 때

1 Ilechukwu, Sunny T. C. (1988) Letter. *Transcultural Psychiatric Review, 25*(4), 310－314.

2 Ilechukwu, Sunny T. C. (1992) Magical penis loss in Nigeria: Report of a recent epidemic of a koro-like syndrome. *Transcultural Psychiatric Review, 29*(1), 91－108, 96.

3 Epstein, Stephen. (1996) *Impure science: AIDS, activism, and the politics of knowledge.* Berkeley: University of California Press.

4 Dresser, Rebecca. (2001) *When science offers salvation: Patient advocacy and research ethics.* Oxford: Oxford University Press.

5 Fitzpatrick, Michael. (2009) *Defeating autism: A damaging delusion.* London: Routledge.

6 Hutchinson, Louise. (1959) Institute treats both body and mind in mental illnesses. *Chicago Sunday Tribune*, April 26, 1959, 13.

7 Freeman, Lucy. (1952) Studies link ills of body and mind: New psychosomatic

institute at Chicago doing research into causes of tensions. *New York Times*, June 1, 1952, 19.

8   Stone, J. A., et al. (2010) Who is referred to neurology clinics?—The diagnoses made in 3781 new patients. *Clinical Neurology and Neurosurgery, 112*(9), 747‑751; Stone, J., et al. (2009) Symptoms "unexplained by organic disease" in 1144 new neurology out‑patients: How often does the diagnosis change at follow‑up? *Brain, 132*(pt. 10), 2878‑2888.

9   Barsky, Arthur J., & Borus, Jonathan F. (1995) Somatization and medicalization in the era of managed care. *JAMA: Journal of the American Medical Association, 274*(24), 1931‑1934.

10 Bonhomme, Julien. (2016) *The sex thieves: The anthropology of a rumor*. Chicago: HAU Books.

11 Jackson, Michael. (1998) *Minima ethnographica: Intersubjectivity and the anthropological project*. Chicago: University of Chicago Press; Geller, A. (1997) Witch doctors torched after men see penises shrink. *New York Post*, March 8, 1997, 12. CNN. (1997) 7 killed in Ghana over "penis‑snatching" episodes. January 18, 1997. Kamara, F. (2002) Blindman escapes mob justice for alleged penis snatching. *Daily Observer*, (Gambia) April 30, 2002; Reuters. (1997) Senegal vigilantes slay suspected "genital thieves". *San Jose Mercury News*, (California) August 2, 1997.

12 Bures, Frank. (2008) A mind dismembered: In search of the magical penis thieves. *Harper's*, June 2008, 60‑65.

13 Dan‑Ali, Mamir. (2001) "Missing" penis sparks mob lynching. BBC *News Online*, April 12, 2001. http://news.bbc.co.uk/2/hi/africa/1274235.stm. 2019년 10월 7일 검색.

14 Gwee, A. L. (1968) *Koro*: Its origin and nature as a disease entity. *Singapore Medical Journal, 9*(1), 3‑6.

15 Schdev, P. S., & Shukla, A. (1982) Epidemic koro syndrome in India. *Lancet, 2*(8308), 1161; Atalay, Haken. (2007) Two cases of koro syndrome. *Turkish Journal of Psychiatry, 18*(3), 1‑4; Al‑Sinawi, Hamed, Al‑Adawi, Samir, & Al‑Guenedi, Amr. (2008) Ramadan fasting triggering koro‑like symptoms during acute alcohol withdrawal: A case report from Oman. *Transcultural Psychiatry*,

45(4), 695 – 704; Ang, P. C., & Weller, M. P. I. (1984) Koro and psychosis. *British Journal of Psychiatry, 145*, 355; Kim, Junmo, et al. (2000) A case of urethrocutaneous fistula with the koro syndrome. *Journal of Urology, 164*(1), 123.

16 Micale, Mark S. (1995) *Approaching hysteria: Disease and its interpretations.* Princeton, NJ: Princeton University Press, 182.

17 Kerckhoff, A. C., & Back, K. W. (1968) *The June bug: A study of hysterical contagion.* New York: Appleton–Century–Crofts.

18 Swanson, Randall, et al. (2018) Neurological manifestations among US government personnel reporting directional audible and sensory phenomena in Havana, Cuba. *JAMA: Journal of the American Medical Association, 319*(11), 1125 – 1133, 1127.

19 Hurley, Dan. (2019) Was it an invisible attack on U. S. diplomats, or something stranger? *New York Times Magazine*, May 15, 2019.

20 Hurley, Was it an invisible attack?

21 Peikoff, Kira. (2014) My son almost lost his mind from strep throat. *Cosmopolitan*, October 1, 2014.

22 Swedo, S. E., et al. (1998) Pediatric autoimmune neuropsychiatric disorders associated with streptococcal infections: Clinical description of the first 50 cases. *American Journal of Psychiatry, 155*, 264 – 271.

23 PANDAS Network. 1 in 200 Children May Have PANDAS/PANS. http://www.pandasnetwork.org/understanding – pandaspans/statistics/ 2020년 4월 21일 검색.

24 Dominus, Susan. (2012) What happened to the girls in LeRoy. *New York Times Magazine*, March 7, 2012.

25 Gulley, Neale. (2012) School's end clears up New York students' mystery twitching. Reuters, June 23, 2012. https://www.reuters.com/article/us–students–twitcnew–york–h/schools–end–clears–up – new–york–students–mystery–twitching – idUSBRE85M0DF20120623 2019년 7월 18일 검색.

26 Clauw, D. J., & Chrousos, G. P. (1997) Chronic pain and fatigue syndromes: Overlapping clinical and neuroendocrine features and potential pathogenic mechanisms. *Neuroimmunomodulation, 4*, 134 – 153; Fukuda, K., et al. (1998)

Chronic multisymptom illness affecting air force veterans of the Gulf War. *JAMA: Journal of the American Medical Association, 280*(11), 981-988.

27 Donta, Sam T., et al. (2003) Cognitive behavioral therapy and aerobic exercise for Gulf War veterans' illnesses: A randomized controlled trial. *JAMA: Journal of the American Medical Association, 289*(11), 1396-1404.

28 Seagrove, J. (1989) The ME generation. *Guardian*, May 19, 1989.

29 Hawkes, Nigel. (2011) Dangers of research into chronic fatigue syndrome. *British Medical Journal, 342*, d3780.

16장 네팔에서 몸과 정신의 연결

1 Kohrt, Brandon A., et al. (2008) Comparison of mental health between former child soldiers and children never conscripted by armed groups in Nepal. *JAMA: Journal of the American Medical Association, 300*(6), 691-702.

2 Kohrt, Brandon A., & Hruschka, Daniel J. (2010) Nepali concepts of psychological trauma: The role of idioms of distress, ethnopsychology and ethnophysiology in alleviating suffering and preventing stigma. *Culture, Medicine and Psychiatry, 34*(2), 322-352, 337.

3 네팔의 구마(驅魔)에 대해서는 다음을 참조. Peters, Larry. (1982) *Ecstasy and healing in Nepal: An ethnopsychiatric study of Tamang shamanism*. Malibu, CA: Undena Publications; Desjarlais, Robert. (1992) *Body and emotion: The aesthetics of illness and healing in the Nepal Himalayas*. Philadelphia: University of Pennsylvania Press.

4 Kohrt, Brandon A., et al. (2012) Political violence and mental health in Nepal: Prospective study. *British Journal of Psychiatry, 201*(4), 268-275.

5 World Health Organization. (2001) *World health report. Mental health: New understanding, new hope*. https://www.who.int/whr/2001/en/ 2019년 3월 27일 검색.

6 Castañeda, Heide. (2011) Medical humanitarianism and physicians' organized efforts to provide aid to unauthorized migrants in Germany. *Human Organization, 70*(1), 1-10, 4.

7 '최소한의 적절한 관리'는 일반적으로 그 전 12개월 이내 관리 또는 적어도 1개월의 약물 치료에 덧붙여 종류와 무관하게 5회 이상 병원 방문 또는 종교적 조언자, 사회복지사, 상담사를 포함해 종류와 무관하게 9회 이상의 전문가 방문으로 정의된다. Wang, P. S., et al. (2007) Use of mental health services for anxiety, mood, and substance disorders in 17 countries in the WHO world mental health surveys. *Lancet*, *370*, 841 – 850.

8 Thornicroft, Graham, et al. (2017) Undertreatment of people with major depressive disorder in 21 countries. *British Journal of Psychiatry*, *210*(2), 119 – 124.

9 예를 들면, Damasio, Antonio R. (2008(1994)) *Descartes' error: Emotion, reason and the human brain*. New York: Random House 참조.

10 Hsu, S. I. (1999) Somatisation among Asian refugees and immigrants as a culturally shaped illness behaviour. *Annals of the Academy of Medicine, Singapore*, *6*, 841 – 845.

11 Ecks, Stefan. (2014) *Eating drugs: Psychopharmaceutical pluralism in India*. New York: New York University Press, 7.

12 Kohrt, Brandon, & Harper, Ian. (2008) Navigating diagnoses: Understanding mind – body relations, mental health, and stigma in Nepal. *Culture, Medicine and Psychiatry*, *32*(4), 462 – 491, 479.

13 포토보이스라고 불리는 이 방법은 민감한 개인적 문제에 관한 대화를 쉽게 하고 연구 대상에게 자신의 이미지와 목소리를 이용해 연구에 적극적으로 참여할 방법을 제공하기 위해 공중보건 의료인들이 처음 개발했다. Wang, C., & Burris, M. A. (1997) Photovoice: Concept, methodology, and use for participatory needs assessment. *Health Education and Behavior*, *24*, 369 – 387 참조.

17장 위험의 존엄성

1 Silberman, Steve. (2001) The geek syndrome. *Wired*, December 2001. http://www.wired.com/wired/archive/9.12/aspergers.html 2020년 4월 20일 검색.

2 Werner, Shirli, et al. (2018) "Equal in uniform": People with intellectual disabilities in military service in Israel. *International Journal of Disability*,

Development and Education, 65(5), 569－579; Werner, Shirli, & Hockman, Yael. (2017) Social inclusion of individuals with intellectual disabilities in the military. *Research in Developmental Disabilities, 65*, 103－113.

3 Rubin, Shira. (2016) The Israeli army unit that recruits teens with autism. *The Atlantic*, January 6, 2016.

4 Kahan, Yossi. The IDF Has Room for All. https://israelforever.org/interact/ blog/the_idf_has_room_for_all/ 2019년 4월 10일 검색. Kinross, Louise. (2015) Israeli military opens training to disabled youth. *Bloom: Holland Bloorview Rehabilitation Hospital*. January 11, 2015. http://bloom－ parentingkidswithdisabilities.blogspot.com/2015/01/israeli-military-opens-training-to.html 2019년 4월 10일 검색.

5 Giddens, Anthony. (1999) *The third way: The renewal of social democracy*. Cambridge: Polity Press.

6 Polanyi, Karl. (2001(1957)) *The great transformation: The political and economic origins of our time*. Boston: Beacon Press.

7 Evans, Bonnie. (2017) The autism paradox. *Aeon*. https://aeon.co/essays/the-intriguing-history-of-the－autism－diagnosis 2018년 9월 5일 검색. 또한 Evans, Bonnie. (2017) *The metamorphosis of autism: A history of child development in Britain*. Manchester, UK: Manchester University Press 참조.

8 Russell, Marta, & Malhorta, Ravi. (2002) Capitalism and disability. *Socialist Register, 38*, 211－228, 217－218.

9 Brucker, Debra L., et al. (2015) More likely to be poor whatever the measure: Working-age persons with disabilities in the United States. *Social Science Quarterly, 96*(1), 273－295.

10 Barnes, C., Mercer, G., & Shakespeare, T. (1999) *Exploring disability: A sociological introduction*. Cambridge: Polity Press.

11 Thornton, P., & Lunt, N. (1995) *Employment for disabled people: Social obligation or individual responsibility*. York, UK: Social Policy Research Unit, University of York.

12 Schall, Carol, Wehman, Paul, & McDonough, Jennifer L. (2012) Transition from school to work for students with autism spectrum disorders: Understanding the process and achieving better outcomes. *Pediatric Clinics of North America, 59*,

189 – 202.

13 Dixon, K. A., Kruse, D., & Van Horn, C. E. (2003) *Restricted access: A survey of employers about people with disabilities and lowering barriers to work.* New Brunswick, NJ: Heldrich Center for Workforce Development, Rutgers University.

14 Anthony, William A., & Blanch, Andrea. (1987) Supported employment for persons who are psychiatrically disabled: An historical and conceptual perspective. *Psychosocial Rehabilitation Journal, 11*(2), 6 – 23.

15 Shakespeare, Tom. (2013) The social model of disability. In Davis, Lennard J., (Ed.) *The disability studies reader.* (4th ed.) New York: Routledge, 214 – 221.

16 Meager, Nigel, & Higgins, Tim. (2011) Disability and skills in a changing economy. London: UK Commission for Employment and Skills, Briefing Paper Series.

17 Organisation for Economic Co-operation and Development. (OECD) (2017) Future of work and skills. Paper presented at the Second Meeting of the G20 Employment Working Group, February 15 – 17, 2017.

18 Belous, Richard S. (1998) The rise of the contingent workforce: Growth of temporary, part-time, and subcontracted employment. *Looking Ahead, 19*(1), 2 – 24; Barker, Kathleen, & Christensen, Kathleen. (Eds.) (1998) *Contingent work: American employment relations in transition.* Ithaca, NY: ILR Press; Thomason, Terry, Burton, John F., Jr., & Hyatt, Douglas E. (Eds.) (1998) *New approaches to disability in the workplace.* Madison, WI: Industrial Relations Research Association.

19 Wehman, Paul, et al. (2016) Employment for adults with autism spectrum disorders: A retrospective review of a customized employment approach. *Research in Developmental Disabilities, 53–54,* 61 – 72.

20 Wehman, Paul, et al. (2013) Supported employment. In M. Wehmeyer, (Ed.) *The Oxford handbook of positive psychology and disability.* New York: Oxford University Press, 338 – 364.

21 Siperstein, G. N., Heyman, M., & Stokes, J. E. (2014) Pathways to employment: A national survey of adults with intellectual disabilities. *Journal of Vocational Rehabilitation, 41*(3), 165 – 178.

22 Kessler Foundation. (2018) National trends in disability employment. (nTIDE) https://www.kesslerfoundation.org/content/ntide-january-2018-jobs-report-americans-disabilities-kick-new-year-sharp-gains-labor-market 2020년 4월 21일 검색.

23 Dominus, Susan. (2019) Open office. *New York Times Magazine*, February 21, 2019.

24 Taylor, Sunaura. (2004) The right not to work: Power and disability. *Monthly Review*, March 2004, 30-44.

25 Rothman, Joshua. (2017) Are disability rights and animal rights connected? *The New Yorker*, June 5, 2017.

26 Taylor, Sunaura. (2017) *Beasts of burden: Animal and disability liberation*. New York: The New Press.

27 Taylor, The right not to work, 43.

28 Murphy, Robert Francis. (2001) *The body silent: The different world of the disabled*. New York: W. W. Norton, 97.

29 Perske, Robert. (1972) The dignity of risk and the mentally retarded. *Mental Retardation*, *10*(1), 24-26, 24.

30 Parsons, Craig. (2008) The dignity of risk: Challenges in moving on. *Australian Nursing Journal*, *15*(9), 28.

결론 스펙트럼에서

1 Albert, Katherine. (1924) Now everybody's crazy. *Los Angeles Times*, July 13, 1924, B12.

2 American Psychiatric Association. (2013) DSM-5: *Diagnostic and Statistical Manual of Mental Disorders*. Washington, DC: American Psychiatric Association, 12.

3 Kessler, Ronald C. (2002) The categorical versus dimensional assessment controversy in the sociology of mental illnesses. *Journal of Health and Social Behavior*, *43*(2), 171-188.

4 Hopper, Kim, et al. (Eds.) (2007) *Recovery from schizophrenia: An international*

perspective. Oxford: Oxford University Press.

5   Halperin, David. (1997) *Saint Foucault: Towards a gay hagiography*. Oxford: Oxford University Press, 61. 또한 Corrigan, Patrick W. (2018) *The stigma effect: Unintended consequences of mental health campaigns*. New York: Columbia University Press 참조.

6   Scott, Robert. (1969) *The making of blind men: A study of adult socialization*. New York: Routledge.

7   Corrigan, Patrick W., & Rao, Deepa. (2012) On the self-stigma of mental illness: Stages, disclosure, and strategies for change. *Canadian Journal of Psychiatry, 57*(8), 464–469.

8   Dumit, Is it me or my brain?

9   Rose, Nikolas. (2019) *Our psychiatric future: The politics of mental health*. Cambridge: Polity Press, 115.

10 예를 들면, Sholz, Jan, et al. (2009) Training induces changes in white matter architecture. *Nature Neuroscience, 12*(11), 1370–1371; Villarreal, Gerardo, Hamilton, Douglas, & Brooks, William M. (2002) Reduced hippocampal volume and total white matter volume in posttraumatic stress disorder. *Biological Psychiatry, 52*(2), 119–125 등 참조.

11 Harrington, Anne. (2019) *Mind fixers: Psychiatry's troubled search for the biology of mental illness*. New York: W. W. Norton, 272–273.

12 Super, Charles M., et al. (2008) Culture, temperament, and the "difficult child": A study in seven western cultures. *European Journal of Developmental Science, 2*(1–2), 136–157.

13 Throop, Jason. (2010) *Suffering and sentiment: Exploring the vicissitudes of experience and pain in Yap*. Berkeley: University of California Press.

14 Biehl, Joao. (2005) *Vita: Life in a zone of social abandonment*. Berkeley: University of California Press.

15 O'Nell, Theresa. (1998) *Disciplined hearts: History, identity, and depression in an American Indian community*. Berkeley: University of California Press.

16 Metzl & Kirkland, *Against health*, 2.

17 Kleinman, Arthur. (1980) *Patients and healers in the context of culture: An exploration of the borderland between anthropology, medicine, and psychiatry*.

Berkeley: University of California Press, 72 – 73.

18 Nietzsche, Friedrich. (1997(1881)) *Daybreak: Thoughts on the prejudice of morality* (R. J. Hollingdale, Trans.) Cambridge: Cambridge University Press, 34.

찾아보기

정상은 없다
문화는 어떻게 비정상의 낙인을 만들어내는가

초판 1쇄 발행 2022년 7월 18일
초판 5쇄 발행 2023년 10월 25일

지은이 | 로이 리처드 그린커
옮긴이 | 성해영
교정 | 김정민
디자인 | 위드텍스트 이지선

펴낸이 | 박숙희
펴낸곳 | 메멘토
신고 | 2012년 2월 8일 제25100-2012-32호
주소 | 서울시 은평구 연서로26길 9-3(대조동) 301호
전화 | 070-8256-1543 팩스 | 0505-330-1543
이메일 | mementopub@gmail.com

ISBN 979-11-92099-06-4 (03380)

파본은 구입하신 서점에서 바꿔 드립니다.
책값은 뒤표지에 있습니다.